조선시대 표류 중국인 정책 변화 추이에 대한 연구

朝鮮時代 漂流 中國人 政策 變化 推移 硏究

대림검

중국 山東大學 한국어학과 졸업 (문학학사)
중국 南京大學 外國語學院 졸업 (문학석사)
고려대학교 한국사학과 졸업 (문학박사)
현 중국 浙江大學 歷史學院 박사후

주요논문
「동아시아 공동체에 있어 해역 공간의 재인식」 (2017)
「漂流記錄을 통해 본 19세기 초 조선 선비의 實踐論과 對淸認識」 (2018)
「조선후기 정부의 海洋認識에 나타난 防禦的 성격」 (2019)
「淸의 日本 漂流民 送還과 朝鮮의 對應」 (2019)
「조선 중종~선조대 표류중국인의 수용과 송환 정책」 (2021)

조선시대 표류 중국인 정책 변화 추이에 대한 연구
朝鮮時代 漂流 中國人 政策 變化 推移 研究

초판 인쇄 2024년 04월 05일
초판 발행 2024년 04월 12일

저   자 대림검
펴 낸 이 한정희
펴 낸 곳 경인문화사
편   집 한주연 김지선 유지혜 이보은
마 케 팅 하재일 유인순
등   록 제406-19736-000003호
주   소 경기도 파주시 회동길 445-1 경인빌딩 B동 4층
전   화 (031) 955-9300 팩 스 (031) 955-9310
홈페이지 http://www.kyunginp.co.kr
이 메 일 kyungin@kyunginp.co.kr

ⓒ 대림검, 2024

ISBN 978-89-499-6794-3 93910
정 가 34,000원

이 저서는 2020년도 대한민국 교육부와 한국학중앙연구원(한국학진흥사업단)을 통해 해외
한국학 씨앗형 사업의 지원(AKS-2020-INC-2230008)과, 한국국제교류재단(KF) 박사후연구 펠
로십 사업의 지원을 받아 수행된 연구임.

조선시대 표류 중국인 정책 변화 추이에 대한 연구

朝鮮時代 漂流 中國人 政策 變化 推移 研究

대림검 지음

경인문화사

머리말

본서는 필자의 박사논문을 바탕으로 수정·보완한 것이다. 이 주제를
잡게 된 것은 우연이고 운명인 것 같다. 고등학교 때까지 수학·물리학·화
학·생물학 공부에 몰두했던 필자가 어찌저찌 하다 보니 대학교에 들어
가서 한국어 공부를 시작하게 되었다. 외국어를 배우면서 그 나라의 역
사·문화에 관심을 갖게 되는 것이 십상이다. 필자도 예외가 아니었다. 한
국어를 배우면 배울수록 한국어 발음과 우리 고향(중국 浙江省 台州市) 사투
리 발음 사이에 비슷한 부분이 많다는 점이 느껴졌고, 그 원인을 찾는 과
정에서 옛날에 우리 고향에 新羅坊이 존재했었다는 사실까지 알게 되었
다. 이에 호기심이 커져 우리 고향과 한반도 사이에 역사상 또 다른 연결
고리가 없는지를 검색한 결과, 崔溥라는 이름이 눈에 띄었다.

1487년 최부가 제주 추쇄경차관으로 부임했다가 이듬해 부친상을
당해 돌아오던 도중 풍랑으로 중국 浙江省 台州府에 표착했고, 명나라
정부의 구휼을 받아 육로로 귀국하였다. 그 후 왕명으로 『漂海錄』을 저
술하여 중국의 산천·도로·기후·풍속·기술 등을 소개하였다. 표류를 통
해 이루어진 한중 양국의 문화교류였다. 이것은 표류에 대한 필자의 최
초의 관심을 불러일으켰다. 그 뒤 중국 浙江省에 표류했다가 귀국하던
조선인이 쓴 표해록 텍스트에 주목하다가 19세기 초 崔斗燦이 쓴 『乘槎
錄』과 梁知會가 쓴 『漂海錄』을 만났다. 이를 연구대상으로 삼아 필자는
중국 南京大學에서 '19세기 조선 지식인의 이중적인 對淸인식'을 주제
로 석사논문을 완성하였다.

실제로 자료 수집 과정에서 浙江省뿐만 아니라 다른 중국 지역에 표
류했던 조선인에 관한 기록과 한반도에 표류했던 중국인에 관한 기록을

종종 발견함에 따라 표해록 텍스트가 남겨지지 않은 더 많은 표류 사실을 확인하였다. 이로부터 '한중 표류 기록'을 망라하여 전근대 표류를 통해 이루어진 한중 양국 해상교류의 모습을 전체적으로 보여주려는 의욕이 생겼다. 이를 위해 관련 자료가 더 많이 소장되어 있는 한국에 와서 유학 생활을 시작하였다.

하지만 박사 시절의 공부를 통해 표류 연구를 시작하게 된 동기, 그 의욕 자체에 다소 문제가 있다는 것을 깨달았다. 즉 '전체적인' 시각으로 한중 표류 사건을 파악하려는 시도가 적절하지 않다는 것이다. 이는 필자뿐만 아니라 최근 표류 연구자들의 공통적인 문제점으로 보인다. 지금까지 표류 연구의 방법론으로서 荒野泰典의 '漂流民送還體制'론이 유명하다. 이 체제론은 일본의 외국 표류자 대응법을 고찰하는 데 유용하지만, 동아시아 다른 나라의 경우에도 이것이 적용 가능할 것인지에 대해 의심할 여지가 있다. 그럼에도 불구하고 연구자들은 이 체제론을 '보편적인 이론'으로 간주하면서 동아시아 해역에서 일어났던 표류 사건을 분석할 때 꼭 원용하고자 한다. 물론 결과적으로 보면 동아시아 각 나라에서 외국 표류자를 대응하는 방식은 '송환체제'론에서 제시된 그 방식과 큰 차이가 없다. 그러나 각자의 대응 방식이 형성된 과정과 원인에서 분명히 서로 다른 부분이 존재한다. 다시 말하자면 각자의 대응 방식의 성격이 서로 달랐다는 것이다. 따라서 전체적인 시각으로 표류 사건의 발생과 이에 대한 여러 나라의 대응책을 살펴봄으로써 그 '보편성'을 도출하기보다는 각 나라의 대응책 형성 과정을 따로 밝혀 그 '특수성'을 조명하는 작업이 더 유의미하다고 생각한다.

이러한 문제의식을 견지하면서 박사과정 동안 조선시대 표류 중국인 대응책의 특수성에 대한 천착을 거듭하여 대응책의 형성과 그 변화 양상을 추적하였고, 조선의 표류 중국인 대응책은 전례에 따른 관행에서 成文化된 규례까지 우여곡절을 겪은 변화 과정을 걸쳤다는 사실을 확인하였다. 이는 對중국·일본 관계 변화에 따른 결과로서 중국이나 일본의 표류자 대응책과 달랐음을 알 수 있었다.

지금까지 진행된 필자의 연구는 최초의 의욕만큼의 성과를 거두지 못한 것이 분명하다. 한중 양국 간 일어났던 표류 사건의 全景을 바라보려면 조선의 표류 중국인 정책뿐만 아니라 중국의 표류 조선인 정책, 나아가 양국의 표류 외국인 정책까지 두루 살펴볼 필요가 있다. 이 연구를 디딤돌로 삼아 향후 이 분야에서 더 많은 진전을 이룰 수 있도록 노력할 것이다.

많은 한계를 갖는 이 책을 내면서 부끄러운 마음이 크나 그나마 이 정도의 체계를 갖추게 된 것은 여러 선생님의 가르침이 있었기에 가능하였다. 지도교수이신 이진한 선생님과 송양섭 선생님은 이 연구주제를 이해해주시고 각각 해양사 관점과 조선시대사 관점에서 많은 지적과 조언을 해주셨다. 6년 동안의 유학 생활을 원만하게 마무리할 수 있었던 것은 두 분의 배려에 힘입은 바 크다. 고려대 한국사학과 최덕수·정태헌·박대재·강제훈·허은·유바다 선생님과 민족문화연구원 김선민 선생님은 이 글을 수정하는 데와 필자의 한국사 소양을 키우는 데 많은 도움을 주셨다. 한남대 이정신 선생님, 고려대 조영헌 선생님, 동국대 서인범 선생님, 군사편찬연구소 김경록 선생님은 항상 필자를 챙겨주시고 더 의미있는 유학 생활을 보낼 수 있도록 도와주셨다. 또한 필자를 학문의 세계와 관계를 맺게 해주신 석사 지도교수이신 윤은자 선생님과 중국 南京大學 윤해연·최창록·정선모·서여명 선생님의 은혜도 잊지 않을 것이다.

아래와 같은 여러분들에 대한 고마움도 빼놓을 수 없다. 고려대학교 한국사학과 조선후기팀 선후배들은 생활과 연구에서 늘 외국인으로서의 필자의 부족함을 이해해주시고 도움을 베푸는 것을 아끼지 않으셨다. 글을 수정하는 과정에서도 많은 도움을 주셨다. 함께 한국사를 공부하고 많은 이야기를 나눌 수 있었던 6년간의 시간은 필자에게 크나큰 복이었다. 한국학중앙연구원 이빈빈 중국인 박사생은 자료수집과 그림을 제작하는 데 도움을 주었다. 경인문화사의 한정희 대표님과 한주연 선생님은 꼼꼼하게 책을 만들어주셨다. 이렇게 주변에 좋은 분들이 계신 것은 행운이라고 하지 않을 수 없다. 진심으로 감사의 말씀을 드린다.

늘 한결같은 마음으로 지지해주신 부모님과 처가의 부모님께 이 책을 작은 선물로 바치고 싶다. 같이 유학 생활을 보내고 항상 옆에 있어 격려해 준 가족 박미혜에게도 책 출판의 기쁨을 나누며 수고했다는 말을 전하고 싶다. 또한 우리 딸 대민서가 밝고 긍정적인 마음으로 건강하게 자라는 데 이 책이 조금이나마 도움이 될 수 있었으면 하는 마음이다.

2023년 12월 19일
중국 浙江省 杭州에서

차례

序論

1. 문제의식

흔히 조선시대 대외정책의 틀을 '사대교린'이라 한다.[1] 그 가운데 사대는 조선과 명·청 사이에 맺어진 차등적 국제관계를 의미하는 표현으로 치부된다.[2] 이러한 차등적 관계는 양국 간의 힘의 강약을 전제로, 조공·책봉이라는 황제-국왕 간의 의례적인 행위를 통해 구현되었다.[3] 다만, 실제적으로 조공·책봉에 관한 일련의 구체적인 교섭은 양국의 사신이 담당하였고, 이들은 주로 북방의 육로를 통해 서울과 북경을 왕래하였기 때문에, 조선-명·청 간의 조공책봉 관계 또한 육로 중심의 질서로 이해되었다. 이러한 경향에 따라 조선과 명·청의 관계는 '국가 對 국가'라는 관점에서 인식되어 왔고, 使行·戰爭·邊境·貿易 문제 등 조선시대 對中國關係의 주요한 이슈들 또한 '육지지향'적인 성격을 지니고 있었다.

그런데 조선의 對中國關係를 단순히 육지 위주의 교섭이라는 시각으로 이해해서는 안 된다. 국가와 국가의 관계만 주목하면 국가와 지역의 관계, 지역과 지역의 관계를 간과할 수 있기 때문이다. 문제는 오랜 시간 동안 한국사의 이해가 대체로 북방과의 관계를 중심으로 전개되었다는 점이다.[4] 이 고정관념을 극복하기 위해서는 새로운 역사의 '場

---

1) 全海宗, 1981, 『歷史와 文化: 韓國과 中國, 日本』, 一潮閣, 17~18쪽.
2) 이춘식, 1997, 『事大主義』, 고려대학교 출판부.
3) 다만 이러한 관계는 1648년 베스트팔렌 조약에 의해 등장한 '주권 국가' 간의 외교 관계와 구분된다는 점을 유의할 필요가 있다(홍성구, 2020, 「문서 외교와 언어 외교」, 동북아역사재단 북방사연구소 편, 『주제로 보는 조선시대 한중관계사』, 동북아역사재단, 227쪽). 즉 '주권 국가' 간의 '평등'의식을 가지고 차등적 관계를 '불평등한 관계'로 평가할 수 없고, 이 관계는 동아시아의 전통 국가들이 각자의 국가 안보를 확보하고 현실적인 이익을 추구하기 위해 공동으로 구축하고 유지해 왔던 의례 관계로 보아야 한다는 것이다.
4) 이문기 외 지음, 2007, 『한·중·일의 해양인식과 해금』, 동북아역사재단, 11~12쪽.

(field)'⁵⁾을 구축할 필요가 있는데, 해양이라는 공간이 그 대안으로 부각된다. 실제로 바다와 섬의 인류문화학적 중요성이 부상하고 있는 상황에서⁶⁾ 한·중·일 삼국을 둘러싸고 있는 동아시아 해역이 세계사의 측면에서 주목을 받고 있다.⁷⁾ 이러한 의미에서 삼면이 바다인 한반도의 지리적 조건을 고려하였을 때, 한국사에서 해양이 지니는 역사적 공간으로서의 중요성 또한 부인할 수 없다. 한국학계에서 육지 중심, 주로 북방에 관심을 두고 연구가 진행된 가운데에서도, 海洋史 관련 연구가 꾸준히 축적되는 한편, 海洋史觀에 입각한 역사연구의 당위성이 부각되었다는 사실은 이를 말해준다.⁸⁾

---

5) '場'의 함의에는 역사가 역사로 될 수 있는 전제로서의 지리적·문화적 공간 요소들을 포함하고 있다. '場'의 위상·성격·규모에 따라 역사 주체의 성격은 규정된다(Niklas Olsen, 2015, "Reinhart Koselleck's theoretical reflections of the space in history and empirical research", *International Social Science Journal(Chinese Edition)*, Vol.32(4), p.114).

6) Klaus Dodds and Stephen A. Royle, 2003, "The Historical Geography of Islands Introduction: rethinking islands", *Journal of Historical Geography*, 29(4), pp.487~488.

7) Angela Schottenhammer ed, 2007, *The East Asian Maritime World 1400-1800: Its Fabrics of Power and Dynamics of Exchanges*, Wiesbaden: Harrassowitz ; François Gipouloux, 2009, *La Méditerranée asiatique: villes portuaires et réseaux marchands en Chine, au Japon et en Asie du Sud-Est, xvie-xxie siècle*, Paris: CNRS Éditions(프랑수아 지푸루 지음, 노영순 옮김, 2014, 『아시아 지중해: 16-21세기 아시아 해항도시와 네트워크』, 선인) ; 復旦大學文史研究院 編, 2011, 『世界史中的東亞海域』, 中華書局 ; 羽田正 編, 2013, 『海から見た歴史』, 東京大學出版會(하네다 마사시 엮음, 조영헌·정순일 역, 2018, 『바다에서 본 역사: 개방, 경합, 공생』, 민음사).

8) 韓相復, 1988, 『海洋學에서 본 韓國學』, 海潮社 ; 張學根, 1994, 『韓國 海洋活動史』, 海軍士官學校 ; 윤명철, 2003, 『한국 해양사』, 학연문화사 ; 하우봉 외, 2004, 『(해양사관으로 본)한국사의 재조명』, 해상왕장보고기념사업회 ; 강봉룡, 2005, 『바다에 새겨진 한국사』, 한얼미디어 ; 강봉룡 외, 2007, 『해양사와 해양문화』, 景仁文化社 ; 정진술 외, 2008, 『(다시 보는)한국해양사』, 신서원 ; 한국해양재단,

　이러한 해양사 연구의 진전에도 불구하고 해양사의 시각으로 본 조선의 對中國關係史는 상대적으로 연구자들의 관심 분야에서 소외된 상태이다. 그 이유는 크게 세 가지로 요약할 수 있다. 첫째, 명 영락연간의 북경 천도 이후부터 청대까지 조선 사신의 중국 사행이 주로 육로를 통해 이루어졌는데, 이로 인해 북방 노선이 더욱 중요해졌고 동시에 관련 기록도 대량으로 남게 되었다. 둘째, 후금에 의해 도발된 정묘호란과 병자호란으로 조선의 국가 이데올로기가 '조선중화주의'로 전환되었다는 것은 '華夷觀'에 대한 인식을 중원의 한족과 북방 소속민족에 한정시켰다. 셋째, 고려 말 왜구의 침략을 대비하기 위한 해양 통제가 조선시대까지 이어져 海禁策[9]으로 정착된 사실은 조선시대 對中國關係의 관심이 주로 육지에 집중되는 결과를 낳았다. 이로 인하여 해양은 부차적인 공간에 불과한 것으로 치부하는 경향이 생겼다.

　그러나 실제로 동아시아 해역에서는 북방 육지에 못지않게 활발한 교류와 교역이 전개되었다. 그 가운데 한·중 양국 간의 海上 교류는 여러 형태로 이루어졌고, 그 중의 하나가 바로 표류이다. 표류는 船難의 한 결과로서 전 세계에 걸쳐 발생하는 보편적인 현상이다.[10] 조선과 중국 간

　　2013, 『한국해양사』 I ~Ⅲ, 한국해양재단.

　9) 조선후기 정부의 해금책의 실시 양상에 대해서는 강봉룡, 2002, 「한국 해양사의 전환: '海洋의 시대'에서 '海禁의 시대'로-」, 『島嶼文化』20 ; 金源模, 2004, 「19세기 韓英 航海文化交流와 朝鮮의 海禁政策」, 『문화사학』21 ; 우인수, 2007, 「조선후기 해금정책의 내용과 성격」, 이문기 외 지음, 『한·중·일의 해양인식과 해금』, 동북아역사재단 ; 한임선·신명호, 2009, 「조선후기 海洋境界와 海禁」, 『동북아문화연구』21 ; 戴琳劍, 2019a, 「조선후기 정부의 海洋認識에 나타난 防禦的 성격 -漂流民에 대한 태도를 중심으로-」, 『震檀學報』132 등을 참조.

　10) William J. McCarthy, 2011, "Gambling on Empire: The Economic Role of Shipwreck in the Age of Discovery", International Journal of Maritime History, Vol.23(2), p.83.

의 海上 교류에서도 해난사고로 인한 표류가 많이 발생하였다는 점에서
예외는 아니다.

양국 간의 표류가 가장 많이 발생했던 해역은 한반도와 중국 사이에
위치하는 西海(또는 黃海)이다. 고대부터 고려시대까지는 海上 통로로서
의 서해가 크게 활성화되었고, 그 해로의 활용도는 각 시기의 造船·航海
기술에 따라 조금씩 차이가 있었다. 기존 연구에 따르면, 삼국시대까지
는 서해 북쪽 경계의 연안을 따른 항로를 주로 사용하였고, 선박이 遼東
半島의 鐵山에 도착하면 남쪽으로 향하여 烏湖島를 비롯한 여러 섬들을
거쳐 山東 登州까지 이를 수 있었다. 그 이외에 山東半島의 成山에서 출

〈그림 1〉 역사상 한·중 양국 간의 주요 서해 항로
출전 : 孫兌鉉, 1982, 『韓國海運史』, 亞成出版社, 32쪽 그림을 가공함.

발하여 서해를 횡단하여 白翎島에 이르는 항로가 있었고, 明州(寧波)에서 출발하여 서해를 斜斷하여 黑山島까지 이르는 항로가 활용되기도 하였다.[11] 이처럼 서해는 고대부터 한·중 海上 통로로 활용되었고, 이와 함께 표류의 다발지역으로서의 성격도 뚜렷해졌다.

표류가 등장하게 된 것은 해당 해역의 해류·기후와 깊이 연관된다. 동아시아에 가장 큰 영향을 끼치는 해류는 쿠로시오[黑潮]라고 하는 暖流이다. 필리핀군도 동해안에서 북·동쪽으로 轉向한 북적도 해류에 의해 형성된 것이다. 쿠로시오의 한 지류가 제주도 남쪽 바다에서 北上하다 양쪽으로 갈라지는데, 하나는 九州 서쪽을 北東進하여 大韓海峽을 지나서 동해로 들어가는 對馬暖流가 되고, 하나는 서해 남쪽 해안에 부딪쳐 서해 연안을 타고 올라가는 黃海暖流가 된다.[12] 황해난류가 북상하여 보하이만[渤海灣]에 들어가서 계절풍에 의해 迂回하면 다시 山東半島와 遼東半島 사이에 위치하는 보하이해협[渤海海峽] 그 남쪽으로 휘돌아 나간다. 이때 바닷물은 중국 山東半島 북쪽 바다에 흘러들어간 후 육지에서 흘러나온 淡水의 영향을 받아 중국 연안을 타고 남쪽으로 내려가는데, 이 해류를 中國大陸沿岸流라고 부른다. 반면에 한반도 서쪽 연안을 따라 흐르는 해류를 西海沿岸流라고 칭한다. 이 해류는 주로 북서계절풍에 의해 형성된 吹送流이기 때문에 겨울에 특별히 세력이 강하다.[13] 이처럼 황해난류와 연안류는 서해의 주요 수계로 인식된다. 한편 황해난류는 항상 북쪽으로 향하고 있고, 보하이만에 들어갈 때 중국대륙연안류와 부딪혀

---

11) 연안해로·횡단해로·사단해로의 활용 양상에 대해서는 강봉룡, 2013, 「고대~고려시대의 海路와 섬」, 『大丘史學』110, 9~27쪽을 참조.

12) 水路部, 1996, 『朝鮮半島沿岸水路誌』, 海上保安廳, 28쪽. 또한 대한해협에서 대마난류의 일부가 주류로부터 분리되어 한반도 동해안을 따라 북쪽으로 이동하는데 이 지류는 大韓暖流(또는 東韓暖流)라고 한다.

13) 大韓民國水路局, 1994, 『近海航路誌』, 58쪽.

〈그림 2〉 서해 해류도 (왼쪽: 2월; 오른쪽: 8월)
출전 : 日高孝次, 1942, 『海流の話』, 岩波書店, 186쪽·188쪽 그림을 참조하여 재제작.

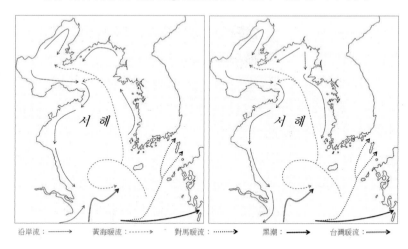

沿岸流 : ⟶   黃海暖流 : ⋯⋯⟶   對馬暖流 : ⋯⋯⟶   黑潮 : ⟶   台灣暖流 : ⟶

합류할 수 있다. 그 합류점은 주로 보하이해협에 위치한다.

한편 표류 기록에서 늘 나타난 '遭風[바람을 만남]'이라는 표현을 통해 엿볼 수 있듯이, 바람은 표류의 주된 원인이다. 서해는 동아시아 연안의 信風 구역에 위치하기 때문에 우선 계절풍이 현저하다. 冬季에는 북풍 혹은 북서풍이 불고 夏季에는 남풍 혹은 남서풍이 유행한다. 전자가 후자에 비해 風勢가 강하다는 것이 특징적이다. 즉 해난사고가 발생할 가능성이 하계보다 동계에 현저히 높다는 뜻이다. 또한 양력 월별로 보면 9월경부터 偏北風이 불기 시작하고 10월부터 3월까지는 북풍 혹은 북서풍이 유행하며, 4월부터 8월까지는 주로 不定風이 불고 풍력이 그다지 세지 않다.[14]

그 이외에 低氣壓으로 인하여 발생하는 태풍과 旋風이 있다. 서해에 영향을 미칠 수 있는 태풍은 주로 양력 7·8월에 발생하는데, 『南越志』를

14) 海軍本部水路官室, 1952, 『韓國沿岸水路誌』 제1권, 8쪽.

통해서 그 사실을 확인할 수 있
다.[15] 태풍이 불면 그 이동경로 부
근에는 강한 바람과 폭우가 수반
되는데, 항해 도중 태풍을 마주하
면 피해를 입을 가능성이 컸다.
명종 12년(1557) 승문원에서는
"왜구들이 중국을 침구하기 위해
왕래할 때는 항상 大洋을 경유하
고 순풍을 따라 선박을 부리기 때
문에 태풍을 만나지 않으면 조선
의 해변에 가까이 오지 않는다."

〈그림 3〉 월별 태풍의 주요 경로
출전 : 大韓民國水路局, 1994, 『近海航路誌』,
35쪽 재인용.

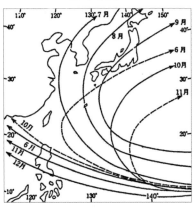

고 아뢴 바 있었다.[16] 이 말은 거꾸로 중·일 간에 오가는 선박이 태풍의
영향을 받으면 한반도로 표류하게 될 수 있다는 점을 시사해준다.

선풍이란 아시아 대륙에서 발생하여 동쪽으로 이동해서 서해 일대에
맹위를 떨치는 온대저기압을 가리킨다. 선풍의 세력이 강한 시기는 보
통 11월부터 8월까지다. 선풍의 풍력은 태풍에 비견할 수 없지만 영향
구역은 태풍보다 넓다. 선풍이 海上으로 나오면 속도가 증대될 수 있는
까닭에 태풍 못지않게 항해를 방해하는 요인으로 작용하였다.[17]

서해 항해에 큰 영향을 끼칠 수 있는 바람은 겨울철의 계절풍과 여름

---

15) 『太平御覽』 卷9, 天部9, "南越志曰: 熙安間多颶風, (…) 常以六七月興."

16) 『明宗實錄』 卷22, 明宗 12年 4月 壬寅. "彼之寇擾上國往來之路, 常由大洋, 因順風使
船. 非遇颶風, 不近我國海邊."

17) 이처럼 세차게 일어난 파도는 겨울에 특히 현저하다. 순조 3년(1803)에 동지사 사
행을 다녀온 일이 적힌 『薊山紀程』에서는 겨울의 보하이의 파도에 대해 그 소리가
마치 鐵騎가 차고 짓밟는 듯이 사람을 편히 잠을 자지 못하게 할 정도라고 묘사하였
다(李海應, 『薊山紀程』 卷5, 附錄, 「山川」, "聞海濤洶湧, 隱如鐵騎之蹴踏, 不能穩枕.").

철의 태풍이라 할 수 있다. 하지만 겨울철에 일어났던 표류 사건은 여름
철의 일어났던 그것보다 더 많았다. 이러한 현상은 태풍이 가져올 위해
를 최소화하기 위해 출항을 피하려고 했던 항해자의 의도와 관련이 있
는 것으로 보인다.

이처럼 서해를 통해 형성된 한·중 양국의 海上 통로가 존재하였고,
이 통로를 이용하는 과정에서 표류 사건이 발생하였다. 중국인의 한반
도 표류와 관련된 기록은 6세기 말부터 확인된다. 예컨대, 百濟 威德王
이 탐라에 漂到했던 隋의 戰船에 대해 물자를 풍성하게 주어 귀국케 했
다는 기록이 대표적이다.[18] 고려시대에 이르러서는 남방해로를 통하여
宋과의 외교교섭이 절실하였으므로, 표류 중국인에 대한 구조와 송환 처
리는 對宋關係의 일환으로서 진행되었다. 당시 송환의 담당자는 明州와
禮成港 간의 海上 통로를 이용하여 무역활동에 종사한 상인들이었다.[19]
1392년 조선이 개국된 후에도 중국인의 표류가 단속적으로 발생하였
고, 16세기 이후 그 발생 빈도가 확연히 높아졌다. 17세기 중·후기에 이
르러 표류 중국인이 대량으로 출현하였고, 동시에 조선의 도서지역에서
私貿易 등의 불법 행위가 성행하였다. 이는 조선 정부가 표인에 대한 적
절한 대책 마련을 부심하는 계기가 되었다. 중앙정부는 연해지방의 海
防을 강화하는 동시에, 표류 중국인에 대한 구조·접대·송환 등 처리 절차
를 前例에 따르면서도 정황적으로 조정·실시함으로써 효과적인 대응책
을 모색하고자 하였다. 지역민들의 생활 또한 표류 중국인의 내박과 이
에 대한 정부의 대응책 변동에서 영향을 받았다. 이렇듯 표류 중국인의
발생과 이와 관련된 官·民의 대응 및 異文化 접촉은 육지를 통한 왕래와

---

18) 『三國史記』 卷27, 百濟本紀5, 威德王 36年 ; 『增補耽羅誌』 卷7, 古今事蹟.
19) 전영섭, 2011, 「10~13세기 漂流民 送還體制를 통해 본 동아시아 교통권의 구조
   와 특성」, 『石堂論叢』 50 ; 이진한, 2014, 『고려시대 무역과 바다』, 경인문화사.

달리 실질적으로 고대·전근대 한·중 교류의 한 축으로 존재하였다. 본 연구는 16-19세기 조선이 중국인의 표류를 대응하는 방식과 그 성격을 규명하고, 동시에 이에 반영된 조선의 對중국인식을 살펴봄으로써 '바다지향'적인 對중국관계의 일면을 제시하고자 한다.

2. 용어 및 연구사 검토

지금까지 '표류'라는 표현은 연구자들이 나름의 이해에 따라 사용하였다. 그 중에서 명확하게 제시된 정의는 다음과 같다.

최초에 하루나 아키라[春名徹]는 표류를 "해난을 당하고도 살아남은 사람들 가운데 외국이나 무인도 등 자기가 속한 문화 영역에서 벗어난 사례"로 개념 짓고 특히 살아서 돌아오는 자가 있어야 비로소 표류가 성립된다는 점을 강조하였다.[20] 이에 비해 崔昭子는 표류를 "해상에서 기상악화와 같은 돌발적인 상황에 처하여 방향을 잃고 원래의 목적지가 아닌 다른 곳에 다다르게 되는 것"으로 정의함으로써 표류가 일어난 경과를 명확히 제시하였다.[21] 尹明喆은 진일보하여 표류를 "바다 내지 강 또는 넓은 호수에서 특별한 이유로 배가 방향을 잃고 위험한 상태에서 움직이는 상황"을 의미하는 표현으로 설정하여 그 개념의 범위를 확대시키고자 하였다.[22] 반면에 劉序楓은 보다 좁고 명확한 범위에서 표류를 "배가 항해하는 도중 악천후로 인하여 조종할 수 없게 되자 목적지가

---

20) 春名徹, 2001, 「漂流民の世界」, 尾本惠市 외, 『海のアジア(5): 越境するネットワーク』, 岩波書店, 151쪽.
21) 최소자, 2007, 「표류민」, 오금성 외, 『명청시대 사회경제사』, 이산, 287쪽.
22) 윤명철, 2008, 「漂流의 발생과 역할에 대한 탐구 -동아시아 해역을 배경으로-」, 『東아시아古代學』18, 86쪽.

아닌 다른 나라 혹은 지역으로 떠내려가는 것"을 가리키는 말로 규정하
였다.[23] 한편 표류를 대신하여 '漂着'이라는 표현을 이용하는 李薰과 孫
承喆의 경우에는 "바다를 항해하는 도중 돌풍 등의 일기불순이나 해류
에 휘말려 표류하다가 목적지가 아닌 다른 곳에 도착하는 것"은 표착이
라고 밝힌 바 있다.[24] 최근에 金奈永은 기존의 정의를 바탕으로 하여 표
류란 "항해 도중 뜻하지 않은 일기불순(바람 또는 태풍 등)과 해류에 떠밀려
자신의 의사와는 상관없이 목적지 또는 자신이 속한 문화 영역 밖으로
이탈된 해난사고"를 의미한다고 주장하였다.[25]

　위와 같은 견해들은 한정적이고도 복합적인 표류의 개념을 정의하는
데 크게 기여한 것으로 생각된다. 서로 간에 미묘한 차이점이 있음에도
불구하고, 표류를 역사학의 연구대상이 될 수 있도록 만드는 조건으로
서는 ①항해 중인 선박이 일기불순을 포함한 돌발적인 상황을 만남, ②
선박이 방향을 잃거나 조종할 수 없게 됨, ③목적지가 아닌 곳에 닿게 됨
등 요소들이 있어야 한다는 점에서 합의가 된 모양이다. 이 요소들의 내
포를 정확하게 파악하기 위해 여기서 추가로 몇 가지 소견을 제시하고
자 한다.

　①에는 '선박에 사람을 태웠다'라는 의미를 함축하고 있다고 생각한
다. 하루나가 지적했듯이, 표류 기록은 인간의 생사와 관련된 '場'에서
생겨난 것이다.[26] 다시 말해서 표류의 역사는 항상 그 밑바탕에 사람의

---

23) 劉序楓, 2008a, 「漂流, 漂流記, 海難」, 桃木至朗 編, 『海域アジア史研究入門』, 岩波
　　書店, 217쪽.
24) 李薰, 2000, 『朝鮮後期 漂流民과 韓日關係』, 國學資料院, 9쪽 ; 孫承喆, 2015, 「조
　　선후기 강원도의 표류민 발생과 송환 −1819년 안의기 일행 표류를 중심으로−」,
　　『인문과학연구』45, 222쪽.
25) 金奈永, 2017a, 『조선시대 濟州島 漂流·漂到 연구』, 제주대학교 사학과 박사학위
　　논문, 15쪽.
26) 春名徹, 2001, 앞의 논문, 153쪽.

움직임이 깔려 있음을 염두에 두어야 할 것이다.

②에서 나타난 '조종할 수 없게 되는' 상태는 과연 역사학 연구대상으로서의 표류가 성립되는 데 반드시 필요할 요소인지 의문이다. 표류 사례 중에서 조종 가능한지를 판단할 수 없는 경우가 적지 않았기 때문이다. 먼저 왜 조종 못하게 될 수 있는가에 대해 살펴보자. 항해기술이 발달하지 않은 전근대시기에 선박이 항해하려면 돛대[桅]·노[櫓]·키[柁] 등의 장치가 필요하였다. 돛대는 돛을 달아 바람의 힘을 이용하여 노와 함께 선박을 움직이게 하는 기능을 발휘하고, 키는 船尾에 붙어 이동의 방향을 조정하였다. 하지만 바람이 세면 돛대가 부러질 수 있었다. 또한 항해자의 입장에서 속도를 늦추고 뒤집힐 위험성을 줄이기 위해서는 주동적으로 돛을 줄여야 하였다.[27] 다만 어떤 상황이든 선박의 '동력'이 상실되는 결과를 초래한다는 사실에는 다름이 없었다. 이처럼 돛 때문에 해류에 떠밀려 갈 수밖에 없게 된 상황을 조종 불가로 볼 수 있을 것이고, 그 판단 기준은 돛대 등의 장치의 상태가 완전한지 여부에 달려 있을 것이다. 조선시대의 경우에도 주로 돛대와 키를 포함한 船體의 훼손 정도에 의거하여 표류 여부를 가늠하였다.

그런데 17세기 이래 표류해 온 중국선 가운데 선체가 튼튼하거나 부분적으로만 파손된 사례는 선체가 완전히 부서진 사례보다 오히려 더 큰 비중을 차지하였다. 즉 돛대가 부러지지 않은 경우가 더 많았다는 것이다. 이러한 선박의 경우, 來泊하기 전에 조종 가능 여부를 판별하기가 쉽지 않았다. 항해자의 의지가 작용할 가능성도 있었기 때문이다. 바꾸어 말하면 선박이 海上에서 강풍에 마주했을 때 당분간 조종 불가의 상

---

27) 성종 18년(1487) 풍랑을 만나서 동중국해를 표류했던 崔溥(1454-1504)도 표류 도중에 센 바람의 영향을 줄이기 위해 도끼로 돛대를 찍어 넘기라고 지시한 적 있었다(崔溥, 『漂海錄』 卷1, 弘治元年 閏正月 4日, "舟以二檣高大, 尤易傾撓, 勢將覆壓, 命肖斤實操斧去之.").

태가 될 수 있었다고 하더라도, 센 바람이 지속적으로 부는 것은 아니기에[28] 바람이 지나간 후 조종 가능한지 여부는 실제로 항해자의 의지와 관련이 있었고, 항해자가 의도적으로 '조종 불가'의 상태를 유지하면서 위장 표류를 할 가능성도 없지 않았던 것이다. 문제는 사료만으로는 선박이 과연 '부득이' 표류해왔는지 여부를 알 수 없다는 것이다. 이러한 기록 자체의 한계점을 인정한다면, 표류의 개념을 정의하는 데 ②를 고려할 필요가 없을 듯하다.

한편 표류는 그 발생 자체가 역사상의 사건으로 인지되어야 비로소 역사학의 연구대상으로 성립될 수 있다. 이러한 인지는 어떤 형식으로든 남겨진 記述에 의해서야 비로소 가능한데, 그 전제로서는 표류를 당한 당사자가 최종적으로 누군가에 의해 발견·구조되어야 하였다.[29] 그러므로 ③에는 '누군가가 표류 조난자를 발견하거나 구조하다'라는 뜻을 내포하고 있다고 생각한다.

본 연구에서는 '선박이 항해 도중 예상치 못한 상황에 처한 뒤 다른 나라나 지역으로 떠내려가게 된 과정'이라는 의미로 '표류'라는 표현을 사용하고자 하고, 표류를 당한 선박을 '漂船'이라고 하겠다.[30]

---

28) 표류가 본격적으로 시작한 것은 불순한 일기가 안정해진 후에야 비로소 이루어진다. 이에 대해서는 아래와 같은 묘사가 참조할 만하다.
"폭풍이 일고 파도가 배를 덮쳐 이제라도 바다 속으로 삼켜들어 갈 듯한 캄캄한 밤, 배에 탄 사람들은 쏟아지는 폭우 한가운데서 막 죽음의 그림자를 본다. (…) 긴 긴 밤이 지나고 고요한 아침이 오자 그들은 섬 하나 보이지 않는 망망대해에 떠 있는 자신들을 발견하고 한숨 짓는다. 표류가 시작된 것이다."(한일관계사학회 편, 2001, 『조선시대 한일표류민연구』, 國學資料院, 4쪽.)

29) 이케우치 사토시[池內敏]도 표류를 당한 주체는 누군가에 의해 발견·구조되지 않으면 아무에게도 알려지지 않은 채 사라질 수밖에 없다고 지적한 바 있다(池內敏, 1998, 『近世日本と朝鮮漂流民』, 臨川書店, 4쪽).

30) 제대로 정박하지 못하여 바람·조수에 따라 표실된 無人船은 본 연구의 분석대상에서 제외하였다.

또한 표선을 탑승한 사람을 漂流民 혹은 漂民이라는 표현으로 지칭하는 것이 일반적이다. 표류민이란 주로 일본측 사료에서 나타난 표현이고 표민이란 주로 조선시대 관찬사료에서 나타난 표현이라는 점은 기존 연구에 의해 지적되었다.[31] 그 이외에 漂人·漂流人·漂風人·漂海人·漂到人·漂風民·漂海民 등 용례들도 확인된다. 흥미로운 것은 역사상 이러한 용례의 사용에서 특정한 경향이 드러났다는 점이다. 이 경향을 살펴보기 위해서는 『朝鮮王朝實錄』과 『備邊司謄錄』을 중심으로 관련 용례들을 검색하였다. 그 결과는 아래 〈표 1〉과 같다.[32]

〈표 1〉 『實錄』과 『備邊司謄錄』에서 나타난 해양 표류자 관련 용례 건수

지칭대상 용례	朝鮮人		中國人		日本人		琉球人		呂宋人·西洋人		특정 지칭대상 없음		계 (기사 총수)	
	A	B	A	B	A	B	A	B	A	B	A	B	A	B
漂流民													0 (0)	0 (0)
漂人	13	74	28	306	4	4	9	23	4	5	10	39	68 (70)	454 (475)
漂民	44	141	1	2	4		1				12	9	62 (70)	152 (128)
漂流人	151	6	17	3	2		23			2		2	193 (216)	13 (76)

---

31) 湯熙勇, 2011a, 「17-19世紀東亞海域海漂民救助機制──形成與特性」, "The Formative His- tory of Sea-port Cities and the Structural Features of Sea-areas" 국제학술회의 논문집, 67쪽; 金奈永, 2017a, 앞의 논문, 15쪽.

32) 검색은 주로 국사편찬위원회에서 개발된 데이터베이스에 의해 진행했다.
조선왕조실록: http://sillok. history.go.kr/main/main.do
비변사등록: http://db.history.go.kr/item/level.do?itemId=bb
마지막 검색일은 2021년 12월 4일이다.

지칭대상 / 용례	朝鮮人		中國人		日本人		琉球人		呂宋人·西洋人		특정지칭대상없음		계(기사 총수)	
	A	B	A	B	A	B	A	B	A	B	A	B	A	B
漂風人	12	7										2	12 (13)	9 (9)
漂海人	13	32	12	21									27 (27)	63 (72)
漂到人			4	25	1	3	2	1				1	7 (7)	30 (58)
漂風民												1	0 (0)	1 (1)
漂海民		1											0 (0)	1 (1)
▲漂倭					26	64							26 (26)	64 (64)
▲漂漢			35	110									35 (35)	110 (110)
▲漂胡			4	7									4 (4)	7 (7)
▲漂夷									1	1			1 (1)	1 (1)
▲漂流唐人			44	1									44 (44)	1 (1)
▲漂到彼人			3	15									3 (3)	15 (15)

*출전 : A)『朝鮮王朝實錄』; B)『備邊司謄錄』.

** ▲로 표시된 용례는 특정대상 하나만 지칭할 수 있는 전문용어임.

〈표 1〉을 통해 알 수 있듯이, 흔히 사용되는 표류민이라는 표현은 조선시대 관찬사료에서 나타난 용어가 아니었다. 이 표현은 독립적인 용어로 검색되기보다 漂流民家·漂流民戶·漂流民事 등 용어의 일부로 검출됨에 불과하다. 대신에 사료에서 나타난 용어 중 표인·표민·표류인 등 일

반 용어와 표한·표왜·표호 등 전문 용어가 구분된다. 일반 용어의 경우에는 표인은 보편적인 의미에서 해양 표류자를 일괄할 수 있는 표현으로 가장 많이 사용되었고, 그 중에서 중국인을 지칭하는 용례수가 압도적으로 많았다. 반면에 표민·표류인·표풍인은 주로 타지로 표류해 간 조선인을 지칭하는 표현으로 쓰였으며, 표해인은 주로 조선인이나 중국인을 지칭하는 데 쓴 표현으로 보인다. 한편 조선에 표류해 온 중국인을 가리키는 전문 용어 중에서 표한은 가장 큰 비중을 차지했지만, 漢人과 淸人의 구분에 따라 표호·표도피인 등 표현들도 존재하였다. 본 연구에서는 일반적 의미에서 해양 표류자를 가리키는 용어로 표인을 사용하고자 한다.

동아시아 해역에서 일어난 표류 사건은 오래전부터 관련 연구자들에 의해 주목받아 왔다. 관련 연구는 주로 한·중·일 3국에서 진행되었다. 다음으로 국가별로 전체적인 표류연구 현황과 중국인의 조선 표류 관련 연구 진전을 분석해보도록 하겠다.

일본 학계는 최초로 동아시아 해역 표류 사건에 대한 관심을 불러일으켰다. 초기 연구에서는 주로 일본 측의 자료를 이용하면서 외국인의 일본 표류와 일본인의 타지 표류를 살펴보았다.[33] 그리고 한반도에서 일어났던 표류 사건에 대한 주목은 대부분 한·일 표류 사건에 집중되었고, 주로 체제론적·지역사적·외교사적·경제사적·사상사적 측면에서 접근하였다.[34] 그 가운데 아라노 야스노리[荒野泰典]는 체제론적 측면에서 일본과 조선·중국·류큐 간의 표인 송환 절차를 비교분석하면서 '표류민송환체제'(이하 '송환체제'로 약칭)를 제시하였다.[35] 물론 이에 대한 이견도 있

---

33) 春名徹, 1994, 「近世東アジアにおける漂流民送還體制の形成」, 『調布日本文化』4, 1~2쪽.

34) 구체적인 연구사 정리는 李薰, 2000, 앞의 책, 13~20쪽을 참조.

35) 荒野泰典, 1983, 「近世日本の漂流民送還體制と東アジア」, 『歷史評論』400 ; 荒野泰典, 1988, 『近世日本と東アジア』, 東京大學出版會.

다. 하루나 아키라[春名徹]는 '송환체제'론의 일본중심주의적 한계점을 지적하면서 이를 중국을 중심으로 하는 '동아시아에서의 송환체제'로 확대시키고자 하였다. 그는 '송환체제'를 '표류민송환제도'로 수정하고 이 '제도'의 형성과 전개에 대해 중국의 對표민 정책에 따라 변화한 것으로 보아야 한다고 주장하였다.[36] 또한 이케우치 사토시[池內敏]는 조·일간의 표류 사건을 망라해서 조사하였고, 특히 일본에 표류했던 조선인의 구조·송환 절차를 종합적으로 분석함으로써 표류 조선인의 송환은 '체제' 하에 이루어진 것이 아니라 지역에 따라 다를 수 있다는 점을 검증하였다.[37]

한편 조·중간의 표류 사건을 주목하는 연구자로서는 마츠우라 아키라[松浦章]가 있다. 그는 중국인의 조선 표류와 관련된 問情·筆談 기록을 활용함으로써 청대 帆船 경제활동의 실상, 표인의 언어적 특징, 표류를 통해 이루어진 조·중간의 문화교섭 등 다양한 주제들을 다루고 있다.[38] 그리고 조선의 해난구조 형태에 대해 "중국선이든 일본선이든 인명구조에 힘썼다는 것은 기본적으로 국가의 자세로 결정되었다"고 평가하

36) 春名徹, 1994, 앞의 논문 ; 春名徹, 1995a, 「東アジアにおける漂流民送還制度の展開」, 『調布日本文化』5 ; 春名徹, 1995b, 「漂流民送還制度の形成について」, 『海事史研究』52 ; 春名徹, 2005, 「近世漂流民送還制度の終焉」, 『南島史學』65·66.
37) 池內敏, 1998, 앞의 책.
38) 松浦章, 1982, 「李朝時代における漂着中國船の一資料: 顯宗八年の明船漂着と「漂人問答」を中心に」, 『關西大學東西學術研究所紀要』15 ; 松浦章, 1984, 「李朝漂着中國帆船の「問情別單」について(上)」, 『關西大學東西學術研究所紀要』17 ; 松浦章, 1985, 「李朝漂着中國帆船の「問情別單」について(下)」, 『關西大學東西學術研究所紀要』18 ; 松浦章, 2002, 『清代海外貿易史の研究』, 朋友書店 ; 松浦章, 2008, 「十九世紀初期に朝鮮·中國へ漂着した難民との言語接觸」, 『朝鮮學報』208 ; 松浦章, 2009, 「近世東アジア海域における中國船の漂着筆談記錄」, 『韓國學論集(漢陽大)』45 ; 松浦章, 2010a, 『清代帆船沿海航運史の研究』, 關西大學出版部 ; 松浦章, 2010b, 『近世東アジア海域の文化交涉』, 思文閣出版 ; 松浦章, 2013a, 『近世東アジア海域の帆船と文化交涉』, 關西大學出版部 ; 松浦章, 2013b, 『近世中國朝鮮交涉史の研究』, 思文閣出版.

였다.[39]

그 이외에 로쿠탄다 유타카[六反田豊]는 특별히 제주 지역에 주목하여 『濟州啓錄』을 중심으로 제주민의 표류와 출신지 사칭 문제를 검토하였다.[40]

한국학계 표류연구의 초기 테마는 주로 한·일관계에 집중되었다. 2003년 국립제주박물관에서 열린 '항해와 표류의 역사' 특별전에 발맞추어 同名의 책이 출간되었는데, 책에는 아라노의 논문을 수록하였다.[41] 이 계기로 '송환체제'론이 한국 학계에 의해 수용되기 시작하였다. 그 영향 하에 표류연구의 외연은 확장되었고, 중국·류큐·태국·베트남·필리핀 등 다양한 지역들이 연구대상으로 포함되었다는 점은 큰 특징이라 하겠다.[42] 그 가운데 조·중 양국과 관련된 연구의 경우 아래와 같이 세 가지 종류로 정리할 수 있다.

첫째, 개별 사례를 주제로 다루면서 표류경위·송환과정 등 기본적 사실과 문화교섭·상호인식 등 교류사적 측면에서의 접촉을 밝힌 단편 연구들이다. 이 종류는 여태까지 가장 많이 진행되던 연구의 패턴으로 주로 漢文學 연구자들에 의해 이루어졌다. 활용된 자료는 각종 漂流記와 漂海錄, 그리고 문집에서 나타난 표류 逸話 등에 한정된다.[43] 최근에 중

39) 松浦章, 2007, 「近世東アジア海域諸國における海難救助形態」, 『關西大學東西學術研究所紀要』40, 6쪽.

40) 六反田豊, 1999, 「十九世紀濟州島民の海難と漂流 -濟州啓錄の分析-」, 『年報朝鮮學』7 ; 六反田豊, 2002, 「朝鮮後期濟州島漂流民の出身地詐稱」, 『朝鮮史研究會論文集』40.

41) 아라노 야스노리, 2003, 「근세 동아시아의 표류민 송환 체제와 국제 관계」, 김영원 외, 『항해와 표류의 역사』, 숲.

42) 金京玉, 2017, 「근세 동아시아 해역의 표류연구 동향과 과제」, 『明淸史研究』48, 221쪽.

43) 이 종류의 구체적인 연구사 정리는 崔英花, 2017, 『朝鮮後期 漂海錄 硏究』, 연세대학교 국어국문학과 박사학위논문, 4~9쪽을 참조.

국에 표류한 조선인에 의해 작성된 漂海敍事를 연구대상으로 삼고 문화콘텐츠의 측면에서 그 텍스트가 담고 있는 역사·민족·종교 등의 배경과 문학적 가치를 규명하는 연구가 증가하는 추세이다.[44]

둘째, 일정한 시공간적 범위를 설정하고 그 범위에서 일어났던 표류 사건을 분석하는 연구들이다. 우선 공간적 범위를 살펴보면, 호남지역과 제주도는 외국인의 漂到와 본국인의 표류가 가장 많이 발생했던 곳으로 주목된다. 예컨대, 김경옥은 『비변사등록』에 실린 問情別單을 중심으로 18~19세기 호남 도서지역 漂到民들의 현황과 추이를 검토하였고,[45] 김동전은 같은 자료를 통해 18세기 중국에 표류했던 제주민의 漂還 실태를 규명하였으며,[46] 高惠蓮은 표해록을 활용하면서 제주와 浙江省 사이의 海上 루트를 복원하였다.[47] 또 王天泉은 명대 제주민의 중국 표류에 대한 구조 및 송환을 분석하였고,[48] 高昌錫과 이수진은 『濟州啓錄』을 가지고 각자 외국인의 제주 漂到 실태와 제주민의 중국 표류 및 송환 과정을 검토하였다.[49] 최근 金奈永은 조선시대 외국인의 제주 漂到와 제주민의 외국 표류 사례를 광범위하게 정리하고 표인 송환의 절차, 제주민

44) 崔英花, 2017, 위의 논문 ; 아시아문화연구소 엮음, 2018, 『동아시아 표해록』, 역사공간 ; 김강식, 2018, 『조선시대 표해록 속의 표류민과 해역』, 도서출판 선인.

45) 金京玉, 2008, 「18~19세기 서남해 도서지역 漂到民들의 추이 -『備邊司謄錄』 「問情別單」을 중심으로-」, 『朝鮮時代史學報』44.

46) 김동전, 2016, 「18세기 '問情別單'을 통해 본 중국 漂着 濟州人의 漂還 실태」, 『한국학연구』42.

47) Koh Heyryun, 2007, "A Note on the sea route between Cheju Island and Zhejiang Province", Angela Schottenhammer ed, op.cit., pp.151~168.

48) 王天泉, 2012, 「朝鮮 漂流民에 대한 明의 救助體制 -중국표착 제주 표류민을 중심으로-」, 『역사민속학』40.

49) 高昌錫, 1993, 「濟州啓錄에 나타난 濟州漂致彼人의 實態」, 『耽羅文化』13 ; 高昌錫, 1997, 『19세기 濟州社會 硏究』, 일지사 ; 이수진, 2017, 「조선후기 제주 표류민의 중국 표착과 송환 과정 -제주계록(濟州啓錄)』을 중심으로-」, 『溫知論叢』53.

의 故漂양상, 정보·지식의 유입 등 다양한 주제를 다루었다.[50] 다음으로
시기적 범위를 살펴보면, 명과 청을 나누어 분석하는 경향이 확인된다.
그 가운데 표류 중국인에 관한 연구의 경우, 趙娟은 조선초기 明人의 조
선 표류와 이들에 대한 송환 절차의 성립을 정리하였고,[51] 王天泉은 국
제정치 차원에서 淸初 시기 조선의 표류 중국인 송환 방식의 변화를 고
찰하였으며,[52] 최소자는 18세기 중·후기를 중심으로 중국인의 조선 표
류 양상을 살펴보았다.[53] 또 김경옥은 연대기 자료를 통해 18~19세기
표류 중국인의 현황과 항해목적을 해당 시기 조·청관계의 변화와 함께
분석했는가 하면,[54] 최영화는 『통문관지』를 중심으로 17세기 중반부터
19세기 말까지 중국인의 조선 표류 양상과 송환 규례를 밝혔다.[55] 한편
민덕기는 실록을 중심으로 명청교체의 전후 漢人의 조선 표류 사례를 정
리하였다.[56]

셋째, 이론 구축 혹은 표류 정보 시스템 구축에 관한 연구들이다. 전
자의 경우 '송환체제'론을 보완하고 확대시키기 위해 '제3국 경유 송환

---

50) 金奈永, 2017a, 앞의 논문 ; 김나영, 2017b, 「조선후기 濟州人의 故漂양상에 대한
   고찰」, 『韓國史研究』177 ; 김나영, 2018, 「조선시대 제주도 漂流·漂到人을 통한 정
   보·지식의 유입 양상」, 『역사민속학』54.
51) 趙娟, 2020, 『朝鮮 初期 對明 漂流民 送還 절차의 성립과 그 성격』, 성균관대학교
   사학과 석사학위논문.
52) 王天泉, 2016b, 『朝鮮의 中國 漂流民 송환 방식 변화와 淸初 동아시아 해역』, 제주
   대학교 한국학협동과정 박사학위논문.
53) 최소자, 2007, 앞의 논문, 289~303쪽.
54) 김경옥, 2014, 「조선의 對淸關係와 西海海域에 표류한 중국 사람들」, 『韓日關係史
   研究』49.
55) 최영화, 2015, 「朝鮮後期 官撰史料를 통해 본 중국인 漂流 사건의 처리」, 『島嶼文
   化』46.
56) 민덕기, 2020, 「16~17세기 표류 중국인에 대한 조선의 인식과 대응 - '人情'과
   '大義' 및 '事大'라는 측면을 중심으로」, 『해항도시문화교섭학』23.

유형'과 '표류민 구조 시스템' 등 개념들이 제시되었고,[57] 후자의 경우 표류 정보를 시각적 데이터 관계망으로 제공할 수 있도록 조선시대 표류노드가 구축되었다.[58]

중국학계의 초기 표류연구는 주로 福建-臺灣, 廣東-동남아시아 등 지역을 통해 연결된 해역 공간에 착안하였다. 때문에 한·중 표류는 처음에 주된 연구대상에서 제외되었다. 1990년대 葛振家가 崔溥의 『漂海錄』을 소개한 후부터 비로소 본격적으로 주목받기 시작하였다.[59] 주로 조선인의 표해록에 함축된 '中國敍事'에 관심을 기울였다. 이와 더불어 동아시아 해역과 관련된 이론 구축 및 자료의 데이터베이스화에 연구자들의 관심이 쏠리고 있다. 그 가운데 한국 측의 자료를 이용해서 한·중 양

---

57) 신동규, 2002, 「근세 漂流民의 송환유형과 '國際關係' -조선과 일본의 제3국 경유 송환유형을 중심으로-」, 『江原史學』17·18 ; 신동규, 2007, 『근세 동아시아 속의 日·朝·蘭 國際關係史』, 景仁文化社 ; 김강일, 2010, 「전 근대 한국의 海難救助와 漂流民 구조 시스템」, 『동북아역사논총』28.

58) 이수진, 2015, 「조선시대 표류노드 시각망 구축 과정 -표류 기록의 의미 요소 추출을 중심으로-」, 『溫知論叢』45 ; 허경진·구자현, 2016, 『조선시대 표류노드 시각망 연구일지』, 보고사.

59) 葛振家, 1992, 『漂海錄——中國紀行』, 社會科學文獻出版社 ; 葛振家, 2002, 『崔溥《漂海錄》評注』, 線裝書局. 이후 『漂海錄』을 중심으로 표류 연구가 활발히 전개되었는데, 특히 浙江大學 韓國硏究所에서는 지역사적 관점에서 관련 연구를 적극적으로 추진하였다. 2018년 이 연구소가 주최한 '中國浙江地區與韓國友好交流國際學術會議暨崔溥漂海登陸530週年紀念會'는 중국 국내의 표류 연구를 다시 고조시켰다(安成浩, 2018, 「中國浙江地區與韓國友好交流國際學術會議綜述」, 『當代韓國』97). 이처럼 중국에서 한·중 海上 교류에 대한 연구에 가장 심혈을 기울인 지역은 浙江省이고 관련 연구 성과도 그만큼 많이 축적된 편이라고 할 수 있겠다. 중국에서 『漂海錄』에 관한 연구사 정리에 대해서는 敖英, 2019, 「當代中國對崔溥及其《漂海錄》的研究現狀述評」, 千勇·金健人 편, 『中韓社會與海洋交流硏究』, 民族出版社, 356~375쪽을 참조. 반면에 한국에서 최초에 『漂海錄』 연구를 추진하던 대표적 연구자로서는 박원호를 들 수 있다(박원호, 2006, 『崔溥漂海錄硏究』, 고려대학교출판부).

국 간의 표류를 다룬 연구들은 21세기에 들어 연이어 발표되었다.[60] 이 외에 조공·책봉 관계의 관점에 입각하여 명·청시대의 표류 조선인 정책을 고찰하는 연구[61]와 清初 漢商 林寅觀의 제주 漂到를 살펴보는 연구들이[62] 다수 진행되었고, 지역사적 관점에서 浙江[63]·上海[64]·山東[65]·臺灣[66] 등 특정 지역의 조선인 표류 사건을 분석하는 연구도 제출되었다. 다만 중국인의 조선 표류에 대해 장기간의 시계열을 고찰한 연구는 아직 미미한 상태이다.[67] 한편 표류연구에 힘을 기울인 臺灣 학자의 경우, 劉序

60) 廖一瑾, 2006,「從〈李朝顯宗實錄〉看朝鮮對待明鄭台灣漂人之兩難」,『韓國學報』19 ; 陳波, 2011,「被擄人, 漂流人及明代的海防軍──以朝鮮史料《事大文軌》爲中心」, 復旦大學文史硏究院 編,『世界史中的東亞海域』, 中華書局 ; 周國瑞·陳尙勝, 2014,「淸光緒年間中朝海事交涉硏究(1882-1894)──以海難船隻被搶爲中心」,『甘肅社會科學』2014-1 ; 李善洪, 2015,「淸與朝鮮間'漂民'救助問題管窺──以《同文彙考》中'漂民'文書爲中心」,『吉林大學社會科學學報』55.

61) 何雪芹, 2006,「明朝對華朝鮮漂流民的救助與遣返辦法」, 중국 南京大學 석사학위 논문 ; 劉迎勝, 2007, "乾隆年間淸政府處理朝鮮海難事件案例硏究: 看待宗藩關係的另一種視角", Angela Schotten- hammer ed, op.cit., pp.137~150.

62) 陳尙勝, 1997,「禮義觀與現實衝突──朝鮮王朝對於淸初漂流漢商政策波動的研究」,『中韓關係史論』, 齊魯書社 ; 孫衛國, 2007,「義理與現實的衝突──從丁未漂流人事件看朝鮮王朝之尊明貶淸文化心態」,『漢學研究』25-2 ; 高志超, 2014,「漢人漂流民與中朝、日朝間交涉(1641-1689)」,『東北史地』2014-5 ; 黃普基, 2018,「17世紀後期朝鮮王朝政壇的"奉淸""崇明"之辨──以1667年南明漂流民事件爲中心」,『中山大學學報(社會科學版)』2018-3.

63) 屈廣燕, 2017,『文化傳輸與海上交往──元明淸時期浙江與朝鮮半島的歷史聯系』, 海洋出版社 ; 屈廣燕, 2020,『海患、海難與海商──朝鮮文獻中明淸浙江涉海活動的整理與研究』, 海洋出版社.

64) 孫科志·劉牧琳, 2016,「晚淸時期上海的朝鮮人研究」,『史林』2016-5, 17~19쪽.

65) 劉海萌, 2014,「淸代山東帆船的朝鮮漂着和登州府的自然災害」, 松浦章 외,『近代東亞海域交流 -航運、海難、倭寇-』, 博揚文化.

66) 李智君, 2017,「無遠弗屆與生番地界──淸代臺灣外國漂流民的政府救助與外洋國土理念的轉變」,『海交史研究』2017-2.

67) 관견으로는 여태까지 屈廣燕의 연구가 유일한 성과였다. 다만 그 연구 시기는

楓은 현재 공개된 淸代 檔案 자료 중 표류와 관련된 기사 목록을 정리하였고[68] 17세기 이후 조선·중국·일본·류큐 간의 표류 사건에 대해 다양한 주제로 다수의 글을 발표하였으며,[69] 湯熙勇은 臺灣을 중심으로 청과 주변국 간의 표인 상호 구조 방식과 그 변화 양상에 초점을 맞추어 연구를 진행하였다.[70]

종합해서 보면, 일본학계는 동아시아 표류연구를 추진하는 데 선두자의 역할을 수행하였다. 특히 '송환체제'론은 거의 표류연구의 範式이될 정도로 지금까지 일본 국내외의 표류 연구자에게 영향을 미치고 있

청의 展海令이 반포된 이후였다(屈廣燕, 2018, 「朝鮮西海域淸朝海難船情況初探 (1684-1881)」, 『淸史硏究』2018-2).

68) 劉序楓, 2004, 『淸代檔案中的海難史料目錄(涉外篇)』, 中央硏究院人文社會科學硏究 中心, 3~30쪽.

69) 그 중에서 한·중 표류와 관련된 연구 성과는 아래와 같다.
劉序楓, 2005, 「淸代環中國海域的海難事件硏究——以嘉慶年間漂到琉球、呂宋的朝 鮮難民返國事例爲中心」, 『第九屆中琉歷史關係國際學術會議論文集』, 海洋出版社 ; 劉序楓, 2006, 「淸代檔案與環東亞海域的海難事件硏究——兼論海難民遣返網絡的 形成」, 『故宮學術季刊』23(3) ; 劉序楓, 2008b, 「近世朝鮮船的海外漂流——以經由 中國返國的事例爲中心」, '표류의 역사 강진' 한·중·일 국제학술대회, 강진신문사 ; 劉序楓, 2009, 「近世東亞海域的僞裝漂流事件: 以道光年間朝鮮高閑祿的漂流中國事 例爲中心」, 『韓國學論集』45 ; 劉序楓, 2010a, 「淸代 中國의 外國人 漂流民의 救助 와 送還에 대하여 -朝鮮人과 日本人의 사례를 중심으로-」, 『동북아역사논총』28 ; 劉序楓, 2010b, 「淸代前期的朝鮮與琉球——以朝鮮人的琉球漂流紀錄爲中心」, 『第 十二屆中琉歷史關係國際學術會議論文集』, 北京圖書出版社 ; 劉序楓, 2012, 「中國現 存的漂海記錄及其特徵」, 『島嶼文化』40 ; 劉序楓, 2013, 「18-19世紀朝鮮人的意外 之旅: 以漂流到臺灣的見聞記錄爲中心」, 『石堂論叢』55.

70) 湯熙勇, 1999, 「淸代臺灣的外籍船難與救助」, 『中國海洋發展史論文集』7, 中央硏究 院中山人文社會科學硏究所 ; 湯熙勇, 2002a, 「淸順治至乾隆時期中國救助朝鮮海難 船及漂流民的方法」, 『中國海洋發展史論文集』8, 中央硏究院中山人文社會科學硏究 所 ; 湯熙勇, 2002b, 「淸代前期中國における朝鮮國の海難船と漂流民救助につい て」, 『南島史學』59 ; 湯熙勇, 2011b, 『近代中國救助外國籍海難船の硏究』, 일본 關 西大學 박사학위논문.

다. 한국과 중국은 일본 연구 성과의 영향을 받아 표류에 관한 다양한 주제를 다루면서 자국을 중심으로 이루어진 海上 네트워크를 복원 및 재현하는 데 힘쓰고 있다. 그럼에도 불구하고 상기의 연구 동향에 대해 3가지 문제점을 지적할 수 있다.

첫째, 체제론의 적용 문제다. 결과적으로 보면 전근대 동아시아 나라의 표인 송환 절차가 기본적으로 '송환체제'와 비슷한 형태로 드러났지만, 그 형성 과정을 살펴보면 차이점을 발견할 수 있다. 아라노에 의하면, 일본의 경우 국가권력이 대외관계를 독점하지 못했을 때에는 漂到地에서 자의로 표인과 그들이 소지한 화물을 일종의 '遭難物'로 취급하고 점취하는 관행이 있었다. 1640년대 막부가 중앙정권을 장악하고 대외관계를 독점하게 된 후에야 비로소 '송환체제'가 형성되었다.[71] 따라서 '송환체제'의 형성은 대외관계에 대한 중앙의 통제력 강약에 달려 있었다고 할 수 있다. 반면에 조선은 건국부터 중앙집권체제를 관철하고 유지하였기 때문에, 대외관계도 국가 주도하에 이루어지게 되었다. 따지고 보면 조선의 표인 송환 절차는 처음부터 '체제화'를 위한 토대가 이미 마련되었다. 다만 조선은 지리적이든 정치적이든 중원왕조와의 연결이 긴밀하였으므로 중원왕조에서부터 영향을 받지 않을 수 없었다. 즉 조선의 표인 송환 절차를 규명하기 위해 '송환체제'를 그대로 적용하기 보다는 절차의 형성 과정에서 작용되었던 중원왕조의 요소들을 따로 검토해야 할 것이다.

둘째, 연구 주제의 문제다. '송환체제'의 영향 때문인지 모르겠지만, 기존의 표류연구는 주로 '송환'에 중점을 두고 정착된 송환 절차의 양상을 제시하는 데 힘을 기울이는 경향이 있다. 거시적인 시각에서 표류 사건의 발생 과정과 대응 및 처리 양상을 체계적으로 밝히지 못한 채 '개별

---

71) 荒野泰典, 1988, 앞의 책, 118~120쪽.

사건의 송환 처리'에만 주목하게 되면, 비슷한 결론을 반복적으로 도출하는 결과를 초래할 수밖에 없다. 한편 표류 중국인에 관한 연구를 살펴보면 명의 표인과 청의 표인을 나누어 고찰하는 경향이 있고, 연구 주제가 특히 청대 표류 중국인의 발생에 편중된다. 물론 청대 중국인의 조선 표류 관련 기록이 명대의 기록보다 압도적으로 많다는 점을 고려하면 이것은 당연한 결과로 볼 수 있겠지만, 이로써 조선의 표류 중국인 처리 원칙, 즉 처리 방식 뒤에 숨겨져 있는 성리학적 대외인식의 연속성을 간과할 수 있다는 점에서 유의할 필요가 있다. 다시 말하면, '명청교체'를 비롯한 국제 정세의 변화가 외부적 요소로 조선의 표인 처리 절차에 영향을 미칠 수 있다고 하더라도, 궁극적으로는 절차의 성립은 여전히 내면화된 인식론에 달려 있었다는 것이다. 기존 연구에서 이 점을 밝히지 않았으니 아쉬움이 남는다.

셋째, 자료 활용의 문제다. 기존 연구에서 조선의 표류 중국인 '송환 체제'를 논증하는 데 『通文館志』와 『萬機要覽』에 실린 표인 처리법을 근거로 삼았다. 두 책은 국가기관에 의해 발행되어 거기서 '공식적인' 표인 처리법이 살려 있었던 것이 사실이지만, 이 처리법은 참고할 만한 관행일 뿐이지 반드시 지켜야 할 법령이 아니었다. 제3장에서 詳述하겠지만, 이 처리법은 조·청관계가 안정화됨에 따라 對淸 외교를 정리하는 차원에서 이루어진 결과물에 불과하였다. 이를 근거로 표류 사건 처리의 성격을 검토하는 것보다 이 처리법의 형성 과정을 규명하는 작업은 더 큰 의미가 있다고 생각한다. 한편 표인에 대한 問情을 고찰하기 위해 『備邊司謄錄』에 실린 問情別單이 많이 활용되었다. 이에 비해 지방정부의 問情記가 충분한 주목을 받지 못하였다. 실제로 표인은 육로로 돌아가기 위해 서울을 경유할 때에만 비변사에서 문정을 받을 수 있었고, 漂到地에서 바로 해로로 떠나면 비변사의 문정을 받지 않았기 때문에 이때 문정별단도 남을 리가 없다. 반면에 漂到 지역의 지방관은 표인의 송환 방식을 불문하고 반드시 문정을 실시해야 하였는데, 이러한 1차 문정 내용은 지방의 問情記에 남아 謄錄類 자료에 수록되었다. 문정기와 문정별단을 서로 대조해보면 문정이 형해화되어 갔다는 사실을 알 수 있다. 때문에 이 자료를 간과해서는 안 된다.

3. 연구방법과 내용구성

위와 같은 문제의식을 바탕으로 본 연구에서는 16~19세기 중국인의 조선 표류 사건과 이에 대한 조선의 대응을 연구대상으로 삼고, 표류 중국인 대응책의 형성·정착·변화 등 일련의 과정을 규명하고자 한다. 처리 과정에서 상황에 따라 규정을 구체화 해가는 양상도 확인할 수 있을 것이다. 이를 위해 대응책의 변화 궤적을 대체로 形成期(16~17세기 전반)→定着期(17세기 후반~18세기 전반)→安定期(18세기 후반~19세기 전반)→變動期(19세기 후반)로 나누어보려고 한다.[72] 전체적인 변화 추이와 함께 각 시기 대응책의 구체적인 실시 양상, 그리고 그 이면에 작용하고 있던 정치적 원리를 규명함으로써 조선의 표인 대응책 형성 과정을 밝히는 동

---

72) 표류 중국인에 대한 송환정책을 3시기로 구분하여 살펴본 연구자로서는 崔英花와 金奈永이 있다. 崔英花는 1630년대~1730년대, 1740년대~1830년대, 1840년대 ~19세기 말 3시기를 각각 송환정책의 형성기·안정기·혼란기로 보았고, 金奈永은 15세기~17세기를 형성기에 이르는 과도기로 보면서 18세기와 19세기를 각각 확립기·안정기로 설정하였다(최영화, 2015, 앞의 논문, 62~75쪽; 金奈永, 2017a, 앞의 논문, 250~261쪽). 다만 최영화는 주로 중국사의 시각으로 조선의 정책 변화의 시기구분을 시도했으니 15세기 후반 이미 형성되었던 대응책의 관례에 대해 언급하지 않았다. 한편 김나영의 시기구분 기준에 대해 큰 이의가 없지만, 19세기를 '안정기'로 설정하는 방식에 대해 재고할 여지가 있다고 생각한다. 또한 연구대상을 제주도에만 한정시키는 것에 아쉬움이 남아 있다. 전라도·황해도 등 중국인 표류 사건이 빈번히 일어났던 다른 지역의 경우를 간과하였기 때문이다.

시에, 그 과정에서 나타난 조선의 對중국관계의 전개를 고찰할 것이다.

대응책의 구체적인 실시 양상을 살펴보는 데 '經權'이라는 시각을 도입하고자 한다. 조선은 사대·교린 원칙에 준하여 중국·일본과의 관계를 전개하였고, 구체적인 외교 현안을 처리하는 데 서로 다른 대책을 구상하였다. 일례로 중국인과 일본인이 공동으로 표류해 오면 조선은 '常經'의 차원에서 일본인보다 중국인을 더 우대하였다. 문제는 '상경'으로 대접해야 할 '중국인'은 1644년 청이 중원을 차지한 이후 漢人과 淸人으로 구분이 생겼다는 것이다. 그 중에서 청인에 대한 인식은 관념과 현실의 괴리를 극복해야 하였기 때문에 끝까지 '상경'의 차원에서 문제가 생겼고, 반면에 한인에 대한 인식은 '상경'의 차원에서 출발했지만 현실에서 늘 좌절을 당하였다. 때문에 조선은 '상경'의 원칙에 입각하면서도 실리를 위해 현실적인 '權道'의 방식을 원용함으로써 한인과 청인의 표류를 대응하고 있었다.[73] 이처럼 대응책의 정착은 임시방편의 방법에서 전례에 따른 방법으로 전환되는 우여곡절의 과정을 겪었다. '經權'의 시각으로 이 과정을 분석하고자 한다.

한편 16~19세기 중국인의 조선 표류의 지역적·시대적 특징을 효과적으로 보여주기 위해서는 집계를 하여 '표류 연표'를 만들 필요가 있다. 기존 연구는 범위가 크고 작은 연표들을 만들어 표류 중국인의 발생 양상을 일목요연하게 보여주는 데 기여했지만,[74] 집계하는 과정에서 오

---

73) 조선의 對明·對淸 관계의 근본적인 차이점도 이러한 맥락에서 해석 가능하다(張禎洙, 2020, 『17세기 전반 朝鮮과 後金·淸의 國交 수립 과정 연구』, 고려대학교 한국사학과 박사학위논문, 6쪽).

74) 중국인의 조선 표류 연표를 실은 기존 연구는 아래와 같다.
松浦章, 1982, 앞의 논문, 55~62쪽; 高昌錫, 1997, 「19세기 외국인의 濟州漂到」, 高昌錫 외, 『19세기 濟州社會 硏究』, 일지사, 256~263쪽 ; 원종민, 2008, 「조선에 표류한 중국인의 유형과 그 사회적 영향」, 『중국학연구』44, 252~258쪽 ; 김강일, 2010, 앞의 논문, 35~53쪽 ; 김경옥, 2014, 앞의 논문, 159~170쪽 ; 王天泉,

류나 누락이 있었으므로 아쉬움이 남아 있다. 이를 보완하는 작업으로써 기존 연구 성과를 바탕으로 誤記하거나 중복된 기록을 수정하고 管見의 새로운 기록을 추가하여 1523년부터 1887년까지 총 374년 동안 발생했던 중국인의 조선 표류 사건을 〈16~19세기 중국인의 조선 표류 연표〉로 정리하여 말미에 실었다(이하 〈연표〉로 약칭).

　　상기의 시기 구분에 따라 본 연구는 총 4장으로 구성하였다. 제1장은 '형성기'에 해당되는 부분이다. 해당 시기 조·명 사이에 안정적인 조공·책봉 관계가 성립되었고, 조선은 이 관계 하에 중국인의 표류를 대응하였다. 구체적으로 명에 대한 事大를 보여줌으로써 자국의 이익 최대화를 추구하기 위해 표류 중국인을 이용하여 '奏聞中朝'의 송환 방식을 모색하던 조선의 모습을 살펴보았다. 그리고 명종대 이후 황당선의 출몰이 빈번해지자 표류 중국인의 발생 빈도가 높아졌는데, 조선은 이를 대응하는 과정에서 경험을 쌓게 됨에 따라 점차 전례에 의한 구조·접대의 관행이 생겼고, 대신에 송환은 여전히 현실적인 수요에 따라 다른 방식으로 실시 가능하였다는 점을 지적하였다. 또한 중국인과 일본인의 공동 표류 문제를 분석함으로써 그 대응 과정에서 나타난 '經權' 인식과 그 적용 양상을 밝혔다.

　　제2장은 '정착기'에 해당되는 부분이다. 明末淸初라는 국제질서의 전환기에 漢人·漢船의 표류 문제에 대한 조선의 반응을 살피고 그 과정에서 나타난 '經'과 '權'의 부딪힘을 검토하였다. 특히 鄭氏세력의 등장에 따른 海上 질서의 변동과 표인 구성원의 변화, 이 변동과 변화에 따른 조선의 '중국인' 인식 전환 및 海防 의식의 강화 추이를 다루었다. 또한 청의 展海令의 반포에 따른 황당선의 증가와 함께 나타난 위장 표류 현상을 지적하였고, 이 문제를 극복하는 과정에서 조선은 차례로 표인 처리

2016b, 앞의 논문, 108~131쪽 ; 金奈永, 2017a, 앞의 논문, 367~371쪽.

재량권을 확보하게 되었음을 논증하였다. 이로써 조선은 對淸關係의 전개 과정에서 표면적·의례적인 사대관계를 유지했지만 현실적인 이익을 추구하는 데 있어서 무조건 타협이나 양보의 태도를 취하는 것은 아니었다는 점을 제시하였다.

제3장은 '안정기'에 해당되는 부분이다. 조·청 관계가 상대적으로 안정된 18세기 후반~19세기 전반 표류 중국인의 증가와 지역마다 다르게 나타난 대응책의 모습을 분석하였다. 이로써 표인 대응책을 실시하는 과정에서 중앙과 지방의 인식 차이, 또한 官과 民의 인식 차이를 확인하였다. 주로 황해도·전라도·제주 등 중국인의 표류가 상대적으로 많이 발생했던 지역을 예시로 살펴보았다. 또한 해당 시기 조선 내부에서 표인 대응책의 定式化 과정을 규명하였고, 이러한 과정에서 표류 중국인의 대응책이 '표류 외국인'의 대응책으로 일반화되었다는 점을 지적하였다. 이와 더불어 표인 대응책의 원리가 '중화계승의식'의 강화와 함께 '懷柔遠人'으로 전환되었음을 주장하였다.

제4장은 '변동기'에 해당되는 부분이다. 19세기 후반 異樣船에 의해 이루어진 해양질서의 변용을 다루었고 조선이 어떻게 고유의 화이관으로 이러한 변화에 직면했는지를 살펴보았다. 한편 청 해금책의 해제에 따른 불법 어선의 증가, 아편전쟁 이후 중국인·서양인의 공동 표류 발생 등 문제가 표류를 더욱 복잡하게 만들었다. 이에 대한 조선의 반응을 분석하였다. 또, 조청상민수륙무역장정의 체결과 함께 조·청관계가 속방체제에서 공법체제로 전환되었다는 점을 지적하였고 해당 시기 표인 대응책 또한 과도기적인 성격을 드러냈음을 검증하였다.

본 연구는 주로 아래와 같은 자료를 활용하였다. 우선 표인의 송환과 관련된 자료로서는 『實錄』·『承政院日記』·『備邊司謄錄』·『日省錄』 등 관찬 사료와, 조선과 중국을 오간 외교문서와, 표인을 인솔하던 사절에 관한 사행기록을 들 수 있다. 그 가운데 외교문서에는 『吏文』·『同文彙考』·『吏

文謄錄』·『事大文軌』 등의 자료들을 포함한다. 사행기록에는 주로 연행록
이나 사신의 개인 일기 등을 포함한다. 다음으로 표인의 구조 및 접대에
관한 자료로서는 지방 병영·수영·감영에서 서울로 올린 狀啓·牒文, 표인
에 관한 문정 기록인 問情記와 역관의 手本, 표인 접대에 관한 節目, 지
방관·역관의 개인문집 등 다양한 자료들이 있다. 특히 표인 접대 관련 節
目은 조선후기 지방경제사 연구에도 도움이 될 수 있는 자료로서 주목받
을 만하다고 생각한다. 그 이외에 표류 사실을 나열하던 『燃藜室記述』과
『通文館志』와, 중국 대륙이나 臺灣에 소장되어 있는 각종 檔案[75] 자료도
이용하였다.

　본 연구는 16~19세기 조선의 표류 중국인 대응이 임기응변식 처리
에서 定式化된 처리로 변화하는 양상을 분석함으로써 조선과 명·청의 관

---

75) 檔案이란 정부의 각 기관에서 보존된 모든 公文 서류를 가리킨다. 현존하는 명·청
　시대의 당안 수는 2000만 건으로 추측되는데 그 중에서 청대의 당안이 절대적인
　비중을 차지하고 있다. 주로 중앙기구의 官文書와 지방정부의 公文書로 구성된 청
　대의 당안은 현재 北京에 있는 中國第一歷史檔案館(이하 당안관으로 약칭), 臺灣에
　있는 故宮博物院과 中央研究院歷史語言研究所(이하 연구소로 약칭)에 소장되어 있
　다. 당안관에 소장되어 있는 당안은 '全宗'이라는 단위로 총 74 전종으로 분류되
　는데 주로 명청당안과 內閣 당안, 軍機處 당안, 宮中 당안, 內務府 당안, 六部 당안
　등을 포함한 각 部門 당안과, 趙爾巽 등 개인 당안이 있다. 문서 내용에 따르면 황
　제의 詔令(詔·誥·救·諭旨·廷寄 등), 신하들의 奏章(題·奏·表·箋), 각 衙署 간에 왕래하
　는 文移(咨·呈·移·箚), 각 부문에서 등록한 檔冊(起居注·實錄·聖訓·會典) 등 4가지 종
　류로 나눌 수 있다. 또한 고궁박물원에 소장되어 있는 당안은 궁중 당안 중의 硃批
　奏摺과 군기처 당안 중의 錄副奏摺이며, 연구소에 소장되어 있는 당안은 內閣大庫
　檔案으로 원래 北京 故宮에 소장되던 내각 당안 중의 일부이다. 표류와 관련된 기
　록은 주로 내각 당안과 궁중 당안, 군기처 당안에 수록되어 있다. 당안의 성격과
　所藏에 대해서는 秦國經, 1999, 『中華明淸珍檔指南』, 人民出版社, 26~27쪽 ; 劉序
　楓, 2012, 앞의 논문, 44쪽을 참조. 또한 상기한 당안 중 일부는 데이터화되어 인
　터넷으로 목록 검색이 가능하다. 검색 방법에 대해서는 Dai Lin-jian, 2018, "An
　Introduction to Materials on the Shipwrecks of Choson Korea in the Ch-
　ing Dynasty Archives", *Journal of Ocean-Culture Vol.1*, pp.54~56을 참조.

계가 시기적으로 변화 발전하였으며 조선의 대외정책이 단순하거나 일원적인 것이 아니었음을 밝히고자 한다. 한편 구체적인 대응은 구조·접대·송환 등 절차로 진행되었고 기본적으로 유교문화권의 예의에 따라 이루어진 것으로 볼 수 있다는 점과, 표류의 발생과 그 대응은 왕조교체나 국제정세의 변동에서 영향을 받을 수밖에 없었고 정부에서 표류의 대응을 기타 외교 현안을 해결하는 수단으로 사용하기도 하였다는 점을 지적할 것이다.

제 1 장

16~17세기 전반 對明 외교와
漂人 처리 방식

1. 漂人의 발생과 대응책의 등장

1) 조·명 간의 漂人 互送 실시

조선은 건국 이후 명과 조공-책봉의 事大 관계를 유지하였다.[1] 물론 외교상으로 對明關係는 여진과의 관계 문제 혹은 세공·표전 문제 등으로 갈등을 보였지만, 우여곡절 끝에 양국의 관계는 15세기에 이르러서 일정 정도 안정된 모습으로 드러났다. 안정된 양국 관계에서 시행된 외교 사안 중의 하나는 漂人 互送이었다.

15세기 양국 간의 표인 互送 상황은 아래 〈표 2〉와 같이 정리할 수 있다.

〈표 2〉 15세기 조·명 양국 간의 표류 발생 상황

연대	조선 → 중국			중국 → 조선		
	표류 인원	항해 목적	출전	표류 인원	항해 목적	출전
1401년				60여 명	運糧	(a) 太宗 元年 5月 戊戌.
1404년				陳生 등	運糧	(a) 太宗 4年 9月 丙午.
1406년				屈得 등 20여 명	漕運	(a) 太宗 6年 6月 辛未.
				施得 등 84명	運糧	(a) 太宗 6年 7月 癸巳.
				楊茂 등 48명	運糧	(a) 太宗 6年 7月 己酉.
				黃進保 등 55명	運糧	(a) 太宗 6年 閏7月 丙子.
				吳進 등 25명	運糧	(a) 太宗 6年 8月 癸卯.

---

1) 朴元熇, 1995, 「명과의 관계」, 『한국사』22, 국사편찬위원회, 290쪽.

연대	조선 → 중국			중국 → 조선		
	표류 인원	항해 목적	출전	표류 인원	항해 목적	출전
1407년				吳敏 등 115명	運糧	(a) 太宗 7年 6月 丙戌.
1409년				柳貴 등 120명	運糧	(a) 太宗 9年 3月 癸丑, 4月 戊寅.
				張義 등	巡捕	
				徐鎭 등 56명	運糧	(a) 太宗 9年 3月 癸丑.
1410년				徐慶 등	運糧	(a) 太宗 10年 7月 丁卯.
1413년				盧苗 등 3명	?	(a) 太宗 13年 6月 丙寅.
1430년	白隆 등 17명	市鹽	(a) 世宗 12年 7月 乙卯; (b) 宣德 5年 9月 己未.			
1433년	?	?	(a) 世宗 15年 閏8月 辛酉.			
1435년	金先住 등 78명	捕賊	(a) 世宗 17年 2月 丁卯.			
1443년	江官土 등 6명	捕魚	(a) 世宗 25年 7月 壬申, 庚辰, 11月 丙寅.			
1447년	洪承龍 등 13명	?	(a) 世宗 29年 12月 丙戌; (b) 正統 12年 9月 辛亥.			
1449년				배 1척	?	(a) 世宗 31年 5月 乙酉.
1453년	文呑只 등 5명	打魚	(a) 端宗 1年 9月 甲戌; (b) 景泰 4年 8月 丁亥.			
1458년				鎖慶 등 45명	衣糧 運送	(a) 世祖 4年 12月 甲子.
1462년	?	?	(a) 世祖 8年 12月 壬戌, 9年 正月 甲寅; (b) 天順 6年 12月 癸酉.			
1465년	金逈豆 등 14명	?	(a) 世祖 11年 9月 丙午.			
1468년				鎖慶 등 43명	?	(a) 世祖 14年 5月 丁丑, 戊寅, 7月 己未, 庚午.

| 연대 | 조선 → 중국 | | | 중국 → 조선 | | |
	표류 인원	항해 목적	출전	표류 인원	항해 목적	출전
1470년	金杯迴 등 7명	貢物 押送	(a) 成宗 2年 正月 庚辰, 辛巳.			
1482년	李暹 등 33명	遞任 還京	(a) 成宗 14年 8月 庚午, 壬午.			
1487년	金非羅 등 5명	捕水 牛	(a) 成宗 18年 11月 乙丑.			
1488년	崔溥 등 43명	奔喪 還家	(a) 成宗 19年 4月 戊申, 6月 丙午, 丁巳.『漂海錄』			
1494년	11명	捕魚	(a) 成宗 25年 7月 壬寅. (b) 弘治 7年 9月 壬申.			
1497년	金福 등 5명	?	(a) 燕山君 3年 11月 庚子.			

* 출전 : a-『朝鮮王朝實錄』; b-『明實錄』.

15세기 조선인의 중국 표류 사례는 14건, 중국인의 조선 표류 사례는 16건으로 각각 확인된다. 전자는 1430년대 이후부터 등장하기 시작하였고, 후자는 주로 15세기 초 즉 태종 연간에 집중적으로 발생하였다. 항해목적을 살펴보면, 중국에 표류한 조선인들은 무역·어획·이동 등을 이유로 항해하였고, 조선에 표류한 중국인들은 주로 運糧·巡哨 등을 목적으로 항해하였다. 중국에서 온 표선의 경우 浙江·南京 지역의 선박이 절대적인 비중을 차지하였다.[2]

---

2) 해당 시기 운량선의 조선 표류는 명 초기의 海運策과 관련이 있어 보인다. 명초 북방 戰事에 필요할 군량을 운송하기 위해서는 국가 주도의 官辦 造船所에서 海船이 제조되었다. 1397년 군량을 충당하기 위한 둔전이 遼東 지역에 설치되자 海運은 詔命에 의해 일단 정지되었지만(『明太祖實錄』卷255, 洪武 30年 10月 戊子), 명 永樂帝가 등극한 후 북방 지역에서 군량이 부족한 문제가 다시 대두했기 때문에, 1403년 황제가 京衛와 浙江·湖廣·江西·蘇州 등 지방정부에 해선 200척을 제조하

이 시기 양국 인원이 상대국에 표류하면 정부에서 송환을 실시하는 것은 유교문화권에 속하는 양국 간의 기본적인 원칙이었다. 15·16세기 중국에 표류한 조선인을 연구한 기존 논문에서는 제도적 관점에서 명에서의 표인 처리 과정을 정리하였다.[3] 이하 기존 연구를 바탕으로 조·명 양국 간의 표인 互送과 그 정치적 의미를 살펴보고자 한다.

우선 표류 조선인에 대한 명의 救助·送還 절차를 살펴보면 아래와 같다.

> (A) 무릇 표류해 온 조선인들이 회동관에 도착하면 즉시 해당 통사와 序班으로 하여금 통역을 하여 정황을 명백하게 알아낸 다음 날마다 땔감과 쌀을 충분하게 줌으로써 표인을 보조하도록 한다. 병부에서는 관원을 파견하고 연도에까지 호송하여 요동 鎭巡衙門에 회부한다. 요동에서 별도로 관원을 뽑아 표인을 본국으로 돌려보내면서 국왕에게 통보하여 알

라는 명을 내림으로써 해운을 기존의 河運·陸運 체제와 병행하는 식으로 재개하였다(『明太宗實錄』 卷18, 永樂 元年 3月 戊子 ; 卷22, 永樂 元年 8月 癸亥). 태종 연간 조선에 표류한 중국 표선은 주로 재개된 해운에 사용된 해선으로 판단된다. 1415년 명은 남북을 관통하는 대운하 정비 사업이 완료되자 조운을 일원화할 수 있었으므로 영락제가 해운을 중단시켰다. 하지만 해선은 여전히 布花를 요동으로 운송하는 데 사용되다가 1524년에 이르러서야 비로소 그 제조가 중지되고 말았다. 대운하의 재건과 해운의 금지에 대해서는 조영헌, 2021, 『대운하 시대 1415~1784: 중국은 왜 해양 진출을 '주저'했는가?』, 민음사, 65~81쪽을 참조.

3) 15세기 전후 표류 조선인에 대한 명의 대응책을 고찰한 기존 연구는 대부분 성종 19년(1488) 浙江省 台州에 표류하였다가 돌아온 崔溥와 그가 쓴 『漂海錄』에 중점을 두었다. 崔溥의 사례를 제외하면 15·16세기 중국에 표류한 조선인을 주목한 연구로는 松浦章, 2002, 「明代漂到中國的朝鮮船」, 『明清時代中國與朝鮮的交流──朝鮮使節與漂流船』, 樂學書局 ; 김강일, 2010, 「전 근대 한국의 海難救助와 漂流民 구조 시스템」, 『東北亞歷史論叢』28, 11~14쪽 ; 王天泉, 2012, 「朝鮮 漂流民에 대한 明의 救助體制 -중국표착 제주 표류민을 중심으로-」, 『역사민속학』40 등을 들 수 있다. 한편 15세기 표류 중국인에 대한 조선의 송환책의 형성에 대해서는 趙娟, 2020, 『朝鮮 初期 對明 漂流民 送還 절차의 성립과 그 성격』, 성균관대학교 사학과 석사학위논문을 참조.

린다. 해당국의 사신이 회동관에 머무르고 있을 경우에는 즉시 데려가도록 하되, 일체적으로 물품과 賞賜를 지급해 준다.[4]

　　요약하자면 표류 조선인에 대한 명의 구조 및 송환은 대체로 '구조→급식→회동관으로 이송→문정→요동으로 이송→요동에서 송환→조선 국왕에게 통보'의 절차로 진행되었다. 이 절차는 고려시대 宋과의 표인 송환 과정에서도 통용되었던 것으로 나타난다. 송은 표류한 고려인을 구조할 시 표선이 튼튼한 경우 배를 운항하여 가도록 하고 표선이 부서진 경우 고려에 가는 宋商의 배편으로 돌려보냈다.[5] 다만 명이 건국된 이후 해금책의 실시로 인하여 양국을 왕래하는 선박이 없어졌기 때문에 육로로의 송환책이 선택되었다.

　　한편 육로로의 송환은 事大字小의 예를 보여주는 역할을 수행하기도 하였다. 해당 시기 명이 조선 국왕에게 표류 조선인과 관련된 일을 통보하는 주요 방식은 칙서였다. 칙서는 명 영락제에 의해 많이 활용된 황제의 문서로서 조·명관계에서 발생한 외교적 현안에 대한 황제의 의사를 전달하는 동시에, 의례에 부합한 儀式을 거친 접수 방식 및 문서에 대한 답변 의무화를 요구하였다.[6] 이러한 상황에서 조선은 의례에 맞춘 응답을 주어야 하였다. 예컨대 〈표 1〉에서 제시된 1430년 표류 조선인 白隆 등 17명의 송환에 대해 세종은 謝恩使를 파견하여 감사의 뜻을 황제

---

4) 『萬曆大明會典』 卷108, 朝貢4, 「朝貢通例」. "凡朝鮮國漂流夷人, 至會同館, 即行該館 通事序班, 譯審明白, 日給薪米養贍. 兵部委官伴送, 沿途應付, 至遼東鎭巡衙門, 另差 人員, 轉送歸國, 通行國王知會. 如該國使臣在館, 即令帶回, 一體給賞應付."

5) 李鎭漢, 2009, 「高麗時代における宋商の往來と麗宋外交」, 『年報朝鮮學』12 ; 2011, 『高麗時代 宋商往來 硏究』, 景仁文化社.

6) 칙서의 황제문서로서의 특징에 대해서는 아래의 논문을 참조하였다. 陳時龍, 2005, 「明代的勅和勅諭」, 『故宮學刊』2005-2 ; 金暻綠, 2005, 「朝鮮後期 事大文書 의 종류와 성격」, 『韓國文化』35.

에게 전달하였다.[7] 이렇듯 명에 있어 표류 조선인의 육로 송환은 조공책봉관계를 명시하는 의례의 일부로서 명 중심 조공체제에 편입된 조선의 모습을 확인할 수 있는 수단이 되었다.

　반면에 조선에서는 명보다 일찍부터 표인을 후대하여 송환함으로써 對中國關係에서 긴장된 분위기를 완화하고자 하였다. 태종 연간의 표류 중국인 송환이 이를 보여준다. 기존 연구에서는 태종대 표류 중국인 송환의 배경과 그 실시를 제시하였다.[8] 여기서는 구체적인 사례분석을 추가하여 그 송환의 외교적 의미를 재확인하고자 한다.

　이미 언급했듯이 기록상 최초 조선에 표류한 중국선은 태종 원년(1401) 전라도에 漂到한 運糧船이었고 60여 명의 표인이 있었다. 왕은 식량을 주고 후하게 위로하여 보내라고 지시하였다.[9] 하지만 송환 방식에 대해서는 언급하지 않았다. 태종 4년(1404) 陳生이라는 浙江 천호가 山海衛로 군량을 운반하다가 황해도 豊州에 표류하였다. 당시 사건 발생의 전말에 관한 기록이 소략해서 이들에 대한 후속처리가 어떻게 되었는지를 알 수 없지만, 표류와 관련된 일을 자문으로 요동에 전달하였다는 것은 분명하였다.[10] 이렇다 보니 표류 중국인을 발견하면 음식을 제공하고 위로하여 보낸 후 일을 요동도사에 전달하는 일련의 조치가 태종 즉위 이후에 형성된 것으로 보인다. 하지만 아직 王命으로나 법으로 규정화되는 것은 아니었다.

　이어서 태종 6년(1406) 浙江 백호 屈得 일행이 충청도 庇仁縣에 표류했을 때, 당시 비인현의 감무관이었던 林穆은 표선을 경계하였다. 따라

---

7) 『明宣宗實錄』卷70, 宣德 5年 9月 己未.

8) 趙娟, 2020, 앞의 논문, 22~31쪽.

9) 『太宗實錄』卷1, 太宗 元年 5月 戊戌.

10) 『太宗實錄』卷8, 太宗 4年 9月 丙午.

서 軍馬를 갖추고 陣을 정비하여 표인을 도망치게 만들었다. 이를 알게
된 태종은 향후 만일 중국선이 풍랑 때문에 표류하여 이르는 것이 있으
면 표인을 후하게 위로하여 보내도록 하라고 해안에 인접한 군현에 명
하였다.[11] 이는 처음으로 명확하게 제시된 표류 중국인에 대한 처리 원
칙으로서 태종 원년의 대응책과 일치하였다. 이와 같은 원칙에 따라 같
은 해 蘇州衛 백호 施得 등 84명이 충청도에 표류했을 때 국왕은 표인에
게 의복·갓·신발을 주고 음식을 제공하여 표인을 위로할 뿐만 아니라, 廣
延樓에서 직접 표인을 引見하면서 구사일생으로 살아온 일은 황제의 후
덕 덕분이라고 강조함으로써 그들 앞에서 황제의 후덕을 칭송하기도 하
였다.[12]

　한편 해당 시기 송환책을 보면 대부분 육로로의 송환을 선택하였지
만 때로는 해로로의 송환 방식도 취하였다.[13] 그 원칙은 송대에 표류한
고려인들을 처리하는 방식과 유사하였다.[14] 태종 10년(1410) 浙江 백호
徐慶의 仁州 표류 사건을 예시로 보도록 한다. 徐慶의 일행은 바다에서

---

11) 『太宗實錄』卷11, 太宗 6年 6月 辛未.

12) 『太宗實錄』卷12, 太宗 6年 7月 癸巳 ; 趙娟, 2020, 앞의 논문, 30쪽.

13) 태종대 표류 중국인을 돌려보낸 방식에 대해서는 아래 표를 참조(출전:『朝鮮王朝
　實錄』).

연대	표류 인원	송환 방식	연대	표류 인원	송환 방식
1401년	60여 명	미상	1407년	吳敏 등 115명	육로
1404년	陳生 등	미상	1409년	柳貴 등 120명	해로(1차)
1406년	屈得 등 20여 명	-			육로(2차)
	施得 등 84명	육로		張義 등	해로
	楊茂 등 48명	육로		徐鎭 등 56명	육로
1406년	黃進保 등 55명	육로	1410년	徐慶 등	해로
	吳進 등 25명	육로	1413년	盧苗 등 3명	육로

14) 李鎭漢, 2014,「高麗時代 海上交流와 ‘海禁’」,『東洋史學研究』127, 33쪽.

돌풍을 맞아 선박을 버리고 키 하나를 부러뜨렸다.[15] 이에 조선은 선박을 보수할 물자를 지급하여 하루 내에 수리를 완료하였다. 이튿날 바람이 잠잠해지자 표인 일행은 해로를 따라 돌아갔다.[16] 이번 사건에서 표인의 송환은 선박을 운항해서 가는 방식으로 진행되었음을 알 수 있다.

이처럼 태종대에는 육로나 해로를 통해 표류 중국인을 적극적으로 구조·송환하였다. 주지하는 바와 같이 태종대 조·명관계는 크게 호전되었다. 이는 태종 스스로가 명과의 관계를 개선하기 위해 事大의 의리를 준수하여 여진 등 여타의 문제로 긴장된 외교 국면을 전환시키도록 노력한 것과 對朝鮮關係 개선에 대한 영락제의 희망이 공동으로 만들어낸 결과로 보인다.[17] 태종은 국가의 보전을 위한 사대를 큰일을 하여 공을 세우기를 좋아하는 영락제의 취향을 만족시키는 데 필요한 수단으로 인식하고 있었다.[18] 이러한 의미에서 표류 중국인에 대한 조선의 구조 및 송환은 사대를 지키고 對明關係를 개선하는 데 활용 가능한 측면이 있었다.

그렇다고 해서 해당 시기 중국인의 표류가 별다른 의미를 지니고 있었다고 하기는 어렵다. 표류의 발생률이 낮았기 때문이다. 태종 연간의 사례들을 제외하면 나머지는 세종대 중국선 1척의 표류와 세조대 山東都司 鎖慶의 2차례 표류에 불과하였다. 또한 표선의 출항 목적이 단일해 보였다. 〈표 2〉에서 巡哨船의 표류 사건 1건을 제외하면 나머지는 전부 군량을 운반하는 수송선의 표류였다. 즉 15세기 조선에 표류했던 중국

---

15) 『吏文』(규장각 소장, 想白古貴411.1 J733i) 卷2, 「遭風百戶徐慶呈」.

16) 『太宗實錄』 卷20, 太宗 10年 7月 丁卯.

17) 朴元熇, 1983, 「明 '靖難의 役'에 대한 朝鮮의 對應」, 『亞細亞研究』 70, 185~188쪽 ; 2002, 『明初朝鮮關係史研究』, 一潮閣, 150~156쪽 ; 이규철, 2013, 『조선초기의 對外征伐과 對明意識』, 가톨릭대학교 국사학과 박사학위논문, 26~28쪽.

18) 『太宗實錄』 卷13, 太宗 7年 4月 壬辰. "我皇帝本好大喜功, 如我國少失事大之禮, 必興師問罪."

선은 私船이 아닌 官船이라 할 수 있다. 이는 명나라가 건국 초기부터 개인의 선박 운항을 금지하는 해금책을 실시하는 데에 기인한 것으로 판단된다. 게다가 중국인의 표류가 가장 많이 발생했던 태종대는 漫散軍이라는 문제가 본격화되기 시작한 시기였다.[19] 때문에 표인이 逃軍으로 취급된 일도 발생하였다.[20] 국경을 넘어 조선 경내에 들어온 越境者로서의 표인과 만산군 사이에 일부 성격이 유사하였고, 만산군의 刷還과 표인의 송환이 모두 요동을 통해 이루어졌다는 점에서도 큰 차이가 보이지 않았다. 따라서 15세기 표류 중국인 자체의 성격을 발견하는 것은 쉬운 일이 아니다. 이뿐만이 아니었다. 인원수로 보면 17,000여 명 이상에 이른 만산군은[21] 수백 명밖에 안 되는 표인보다 그 수량이 압도적으로 많았다. 그리고 만산군의 쇄환과 동시에 여진의 초무가 새로운 문제로 발생되었기에[22] 대외정책의 목표가 여전히 북방의 육지에 있었던 조선의 입장에서는 만산군 문제를 표인 문제 보다 더욱 심각하게 인식할 수밖에 없었다. 이러한 이유로 15세기 바다로부터 들어온 표류 중국인은 조선에서의 별다른 주목을 받지 못하였다.[23]

---

19) 朴元熇, 1983, 앞의 논문, 182~185쪽 ; 강성문, 2000, 「朝鮮初期 漫散軍의 流入과 送還」, 『韓民族의 軍事的 傳統』, 鳳鳴 ; 朴成柱, 2002, 「15세기 朝·明간 流民의 發生과 送還」, 『慶州史學』21 ; 김경록, 2012, 「朝鮮初期 軍人送還問題와 朝明間 軍事外交」, 『軍史』83, 244~253쪽.

20) 태종 6년 전라도 兆陽鎭에 漂到한 浙江 紹興衛 摠旗인 吳進 등 25명을 송환했을 때 조선은 요동도사에게 보낸 자문에서 표인을 逃軍이라고 부르면서 송환 도중 이들이 다시 도망칠 가능성에 대한 우려를 표한 적이 있었다(『太宗實錄』卷12, 太宗 6年 8月 癸卯).

21) 朴成柱의 통계에 의하면, 태종 대 송환된 만산군의 인원수는 17,183명이었다(朴成柱, 2002, 앞의 논문, 140쪽).

22) 강성문, 2000, 앞의 논문, 417~426쪽; 김경록, 2012, 앞의 논문, 251쪽.

23) 朴成柱는 표인을 流民의 한 종류로 보고 있었다(朴成柱, 2002, 앞의 논문, 134쪽). 나머지는 被擄人·犯越者·漫散軍·犯罪者 등 종류였다. 그 공통된 특징은 경계를 넘

그럼에도 불구하고 적어도 육지에서의 이동보다 바다에서의 이동이
더 불가항력적 요소가 많아 표류의 문제가 더욱 심각해졌다는 점에 대
해 조선 조정에서도 인지하고 있었다. 이는 세종 29년(1447) 명의 표류
조선인 송환을 감사하는 표문에서 "배가 바다에 떠내려가는 어려움과
괴로움을 염려하여 특별히 모아서 안정시킨다."고 한 文句를 통해 알 수
있다.[24] 여기서 구사일생의 끝에 목숨을 건졌던 표인에 대한 按撫를 강
조하였다. 태종이 제시한 표류 중국인에 대한 처리 원칙 중에서 '후하게
대접하는' 부분도 이와 같은 맥락으로 생각할 수 있다. 이처럼 태종대 조
선은 對明 사대를 지키면서 생사를 비롯한 인간의 보편적인 감정을 강조
함으로써 쌍방의 공감대를 형성시키고자 했던 모습으로 나타났다.

세조대 표류 중국인에 대한 처리는 대체로 태종대의 원칙에 따라 실
시된 모습으로 나타났다.[25] 이 무렵에 표류 중국인과 관련된 구조 절차
의 기록은 태종대의 그것보다 상대적으로 상세하였다. 이하 세조대를

어서 활동한 점이다. 하지만 나머지 종류의 행위자가 의도적으로 조선 경내에 들
어온 것에 비해, 표인은 대부분 의외의 상황에서 자신도 모르게 조선에 漂到하게
된 경우였다는 점에 대해 유의할 필요가 있다. 상기한 분류 방식에서 표류의 우발
적 특징이 명시되지 않았기 때문이다. 이에 비하여 金暻綠은 조선전기의 표류 중
국인 송환을 '군인송환'이라는 개념에 포함시키고자 하였다(김경록, 2012, 앞의
논문, 240쪽). 군인송환을 비롯한 군사외교의 범주는 『同文彙考』에서 정리·분류된
25개의 외교 사안에 의해 확인할 수 있다고 하였다. 즉 陳奏·交易·疆界·犯越·犯禁·
刷還·漂民·軍務·倭情 등 부분들이 군사 부분에 해당하는 부분이었다는 것이다(김
경록, 2009, 「『同文彙考』를 통한 조선후기 외교사안 연구 -原編 '封典' 事案을 중
심으로-」, 『明淸史硏究』32, 74~76쪽). 18세기에 편찬된 『同文彙考』에서 '표민'을
'쇄환·범월' 등과 구분시켜 독립적인 사안으로 설정하였음에 대한 지적은 매우 중
요하다고 생각한다. 그러한 설정 방식 자체가 당시 표인이 보편적인 의미로서의
越境者와 구분된 특수한 존재로 인식되었음을 보여주었기 때문이다.

24) 『世宗實錄』卷115, 世宗 29年 正月 戊子. "念海船漂泊之艱, 特令安集."
25) 세조대 鎖慶을 구조·송환했던 과정에 대해서는 趙娟, 2020, 앞의 논문, 38~42쪽
을 참조하였다.

예시로 15세기 표류 중국인에 대한 구체적인 처리 과정을 살펴보도록
하겠다.

　앞서 지적했듯이, 세조대 표류 중국인 사례는 山東都司 鎖慶의 2차례
漂到가 전부이다. 그 중에서 1차 漂到에 대한 奏本에서 처리 절차를 설
명하고 있었다. 관련 내용을 간략하게 정리하면 다음과 같다.[26]

　먼저 통사와 漂到地의 수령이 함께 표선의 정박지에 나가서 기본적
인 상황을 파악하였다. 船載 화물을 일일이 點考하고 현지의 船匠으로
하여금 배가 수리 가능한지 여부를 검토하도록 하였다. 그 후 일련의 정
보를 조정에 보고하였다. 조정에서는 장계 내용에 의거하여 표인의 신
원을 확인한 후 그들에 대한 후속처리를 논의·결정하였다. 鎖慶 일행의
경우 배가 수리 불가하므로 육로로의 송환 방식이 채택되었다. 송환은
표인에게 의복·음식·여비를 주어 먼저 가도록 하고 운반 轉送이 가능한
물품은 별도로 사람을 차임하여 管押하여 보내는 형식으로 진행되었다.
인원과 물품은 모두 요동도사에게 인계하였다.

　鎖慶 일행은 조선에 머무르는 동안에 세조의 큰 환대를 받았다. 일행
은 한양에 도착한 후 왕이 中樞院事에게 내린 연탁, 會禮宴, 飲福宴 등 왕
실의 연회에 참석하기도 하고 국왕의 사냥을 구경하기도 하였다.[27] 물론
당시 세조의 우대는 특별히 표인을 위한 것은 아니었다. 회례연·음복연
의 참석자 중에서 왜인과 야인도 포함되어 있었기 때문이다. 이는 세조
대 對明關係를 유지하는 동시에 여진·일본·류큐와 적극적으로 왕래하는
대외정책의 전개와 연관된 것으로 보아야 할 것이다.[28] 표인에 대한 우
대는 바로 이와 같은 대외정책의 일환으로 활용된 것이다. 그러므로 당시

---

26)『世祖實錄』卷15, 世祖 5年 正月 丁亥.

27)『世祖實錄』卷14, 世祖 4年 12月 辛未·甲戌·辛巳 ; 卷15, 世祖 5年 正月 甲申.

28) 趙娟, 2020, 앞의 논문, 39쪽.

표류 중국인뿐만 아니라 조선에 표류했던 류큐인들도 우대를 받았다.[29]

鎖慶 일행이 요동으로 송환된 것과 관련하여 『實錄』에서는 '管押'·'解赴'라는 용어로 사용하고 있다. 마찬가지로 태종대 표류 중국인을 요동으로 이송하는 경우에도 기록상 '管押'·'押送' 등 표현들이 사용되었다. 이처럼 표인을 육로로 돌려보내는 경우에는 일반적으로 조정에서 사역관의 通事·副使 등 관원들을 押解官으로서 파견하여 표인을 압송하는 방식을 취하였다. 이와 같은 송환 방식은 표인을 범죄자로 치부하는 데에서 기인한 것으로 보아야 한다고 생각한다.

결국 事大字小의 의례로서 의미부여를 받게 된 표인의 송환은 15세기 조·명관계를 개선하는 데 효율적인 방법으로 활용되었다. 해당 시기 비단 조선에서 명의 표류 조선인 송환에 대해 사은사를 보내 감사의 뜻을 전달하는 식으로 호응했을 뿐만 아니라, 조선의 표류 중국인 송환에 대해 명에서도 칙서를 내림으로써 褒賞을 하는 방식으로 조선의 사대를 인정해 주었다. 다만 명에서는 태종대의 표류 중국인 송환에 대해 아무 반응도 없었고, 세조 5년(1459)에 이르러서야 처음으로 칙서를 내렸다.[30] 이는 태종 연간 표류 중국인을 돌려보내는 과정에서 요동도사에게 移咨했던 것을 제외하고는 북경까지 奏聞하지 않았기 때문으로 판단된다.[31]

요컨대 15세기를 걸쳐 조선에 있어 표류 중국인의 대응은 對明關係에서 사대를 표방하기 위한 유용한 방법으로 인식되었다. 그러나 표류

---

29) 15세기 류큐인의 조선 표류 및 송환에 대해서는 이훈, 1999, 「人的 교류를 통해서 본 朝鮮·琉球관계 -被擄人·漂流民을 중심으로-」, 하우봉 외, 『朝鮮과 琉球』, 아르케 ; 김경옥, 2012, 「15~19세기 琉球人의 朝鮮 漂着과 送還 실태」, 『지방사와 지방문화』15 ; 金康植, 2021, 「15~16세기 朝鮮과 琉球의 해역 이동」, 『해항도시문화교섭학』24 등을 참조.

30) 『世祖實錄』卷16, 世祖 5年 4月 辛酉.

31) 물론 요동도사에게 보내던 자문이 최종적으로 북경까지 전달되었는지 여부에 대해서는 따로 검토할 필요가 있다.

의 발생이 우연적이었으니 그것이 외교상 어떤 특별한 의미를 지니고 있었다고 하기는 어렵다. 실제로 관련 대응책도 국가이익을 극대화하기 위함에 불과하였다. 게다가 세조대 鎖慶의 2차례 표류 이후부터 중종대 이전까지는 자료상 중국인의 표류가 거의 자취를 감추었기 때문에, 표류 사건에 대한 인식을 심화시키지 못한 것도 어쩔 수 없는 실정이었다. 인식 변화의 轉機가 된 시기는 중종대였다.

2) '寧波의 亂'과 '奏聞中朝' 송환책

50여 년 동안 보이지 않았던 중국인의 조선 표류는 16세기에 이르러서 다시 일어나기 시작하였다. 최초의 사건은 중종 18년(1523) 王漾 등 8명이 倭人에 의해 붙잡혔다가 풍랑으로 倭船과 함께 조선에 표류한 사건이었다. 당시 왜선은 일본 유력 세력 오우치 요시오키[大內義興]의 무역선으로서 표류를 당하기 전에 같은 해 5월 寧波 지역에서 소란을 일으킨 적이 있다. 그 폭동 사건을 보통 '寧波의 亂'[32]이라고 부른다. 이 무렵에 명의 대외무역은 조공무역의 형식으로 이루어지고 있었다. 때문에 일본의 쇼군은 對明무역을 전개하기 위해 '일본국왕'으로 책봉을 받음과 함께 왜구와 구분된 상징으로서 勘合이라는 무역선 표찰을 명으로부터 발행받아야 하는 상황이었다. 문제는 일본에서 '應仁의 亂' 이후 큰 세력으로 성장하여 독자적으로 명에 사절단을 파견함으로써 對明무역을 장악하려 했던 유력 가문이 오우치 가문 외에 호소카와 다카쿠니[細川高國] 가문이 있었다는 점이다. 유일한 감합을 둘러싸고 두 가문은 대립할 수밖에 없었다. 1523년 각자의 對明 무역선 파견에서 서로의 갈등이 고조되었고, 결국 두 가문 간의 대립은 寧波의 항구에서 살인·방화 등 폭동을

---

32) '爭貢之役'이라고도 했다.

초래하였다.[33]

당시 폭동을 일으킨 오우치 사절단 일행이 일본으로 도망가는 도중에 의외로 표류를 당하여 조선 서해 연안에 정박하게 되었다. 조선의 입장에서 보면 이들에 대한 후속 처리는 일반적인 표류 일본인에 대한 대응책으로 마무리할 수 없는 복잡한 문제였다. 표인 가운데 왜인에 의해 붙잡힌 중국인도 섞여 있었기 때문이다. 특히 이 일을 제대로 처리하지 못하면 對일본 통교가 중국에 누설될 가능성이 있다는 점에 대한 조선의 우려가 컸으므로 조선은 다른 대책을 강구해야 할 상황이었다. 결국 '寧波의 난'은 비단 중·일 간의 심각한 외교 문제로 비화되었을 뿐만 아니라 조선으로까지 파급되었고, 조선은 이를 대비하는 과정에서 표류 중국인의 송환책이 조정되었다.

기존 연구에서 '寧波의 난'의 전말에 대한 소개가 충분했지만, 대부분은 해당 시기의 중일관계와 동아시아 무역 네트워크, 왜구 세력의 성장 등 차원에서 사건에 의미부여를 하고자 하였다.[34] 이에 비하여 구도

---

33) 당시 오우치 측의 무역선이 먼저 寧波에 입항했기 때문에 호소카와 측에 있어 불리한 상황이었다. 하지만 호소카와 측의 부사 宋素卿이 寧波 市舶司의 대감에게 뇌물을 줌으로써 자신의 무역선 입항 우선권을 확보하였다. 이에 오우치 측의 정사 겐도 소세쓰[謙道宗設]가 호소카와 측을 습격하여 무역선을 불태워버리고 그들의 정사 란코 즈이사[鸞岡端佐]를 죽였을 뿐만 아니라, 도망친 宋素卿 일행을 추격해 명의 관리들까지 살해하였다(Kwan-wai So, 1975, *Japanese Piracy in Ming China During the 16th Century*, East Lansing: Michigan State University Press, p.173 ; 佐久間重男, 1992, 「王直と徐海 -倭寇の巨魁-」, 『日明關係史の硏究』, 吉川弘文館, 277~278쪽).

34) Kwan-wai So, 1975, ibid, pp.173~174 ; 佐久間重男, 1992, 앞의 책, 277~279쪽 ; 程彩霞, 1992, 「明中葉"爭貢之役"透視」, 『江蘇社會科學』1992-2 ; 樊樹志, 2000, 「"倭寇"新論——以"嘉靖大倭寇"爲中心」, 『復旦學報(社會科學版)』2000-1 ; 鄭樑生, 2003, 「寧波事件始末 - 一五二三」, 『中日關係史硏究論集(12)』, 文史哲出版社 ; 윤성익, 2007, 「嘉靖時期 倭寇 활동의 증폭 요인과 활동의 양상」, 『명대 왜구의 연구』, 景仁文化社 ; 徐永傑, 2008, 「寧波爭貢事件再硏究」, 『歷史敎學(高校版)』

영의 연구[35]는 사건의 후속 처리 과정에서 연루된 조선의 입장, 나아가 한·중·일 삼국의 외교 관계에서 이 사건을 둘러싸고 일어났던 미묘한 변화에 중점을 두고 분석했으니, 보다 넓은 시야에서 이 사건의 역사적 의미를 발견하는 동시에 해당 시기 조선의 대외관계의 구체적인 모습을 보여주는 점에서 나름의 의미를 지닌다. 또한 중·일관계와 한·일관계의 시각에서 '寧波의 난'에 관한 후속 수습 과정에서 나타난 조선 경유의 被擄人 송환 문제를 고찰한 연구도 이루어졌다.[36]

구도영이 지적했듯이, 조선이 직접적으로 '寧波의 난'에 개입된 계기는 표인에 대한 송환 문제였다. 이 사건에서 표인에 대한 송환은 구도영에 의해 '관례적 행사'의 수준에서 벗어나 전략적인 외교 행위의 면모를 가지고 있었던 것으로 파악되었다.[37] 하지만 앞서 언급한 것처럼 15세기 '관례적 행사'로서의 표인 송환은 사대 의사의 표방을 위한 수단이었으므로, 이것을 이미 '전략적인 외교 행위'로 볼 수 있지 않을까 생각한다. 이에 비하여 '寧波의 난'을 계기로 군량을 운반한 군인이 아닌 다른 신분의 중국인이 조선에 표류하기 시작하였다는 점에서 이 사건의 새로운 의미를 발견할 수 있을 것이다.

기존 연구에서 이미 잘 정리되어 있지만 서술상의 편리를 위해 왜선

2008-11 ; 童傑, 2013, 「從明日勘合貿易的歷史進程看"寧波爭貢事件"」, 『寧波大學學報(人文科學版)』2013-6 ; 車惠媛, 2016, 「16세기, 명조의 南倭대책과 封·貢·市」, 『東洋史學研究』135 ; 戚文閣, 2017, 「寧波"爭貢"事件與中日海上走私貿易」, 『浙江海洋大學學報(人文科學版)』2017-6.

35) 구도영, 2014, 「16세기 조선의 '寧波의 亂' 관련자 표류민 송환 –朝·明·日의 '세 가지 시선'–」, 『歷史學報』224.

36) 민덕기, 2010, 「중세 일본의 영파의 난 수습 노력과 朝鮮·日本·琉球·明 관계」, 『조선시대 일본의 대외 교섭』, 경인문화사 ; 劉曉東·年旭, 2019, 「明袁璉"被擄"像的形成與中日朝交涉」, 『歷史研究』2019-1.

37) 구도영, 2014, 앞의 논문, 199쪽.

의 조선 표류 경위를 다시 살펴보도록 하겠다. 寧波에서 폭동을 야기한 오우치 사절단 일행이 명의 지위관 袁璉과 백호 劉恩, 그리고 일부 평민을 사로잡고 배를 빼앗아 일본으로 도망치는 도중에 풍랑을 만나 황해도 근해에 표류하게 되었다. 표선이 豊川 앞바다에 정박하는 동시에 8~9명이 뭍에 내려가 마을에서 밥을 빌어먹고 다니다가 그 중 中林이라는 왜인이 府使 李繼長와 許沙浦 만호에게 생포되었다.[38] 당시 황해도 관찰사의 치계에 의해 이 소식을 알게 된 조정은 정작 당황함을 감추지 못하였다. 작년인 중종 17년(1522) 대마도에서 나온 特送船이 전라도 會寧浦에서 소란을 피운 지 1년도 지나지 않았기 때문이다.[39] 게다가 여태까지 왜인이 서해에 깊이 들어온 것 자체가 매우 드문 일이었기 때문에 조정에서는 자연스럽게 中林을 회령포에서 소란을 부린 왜인과 연결시켰고 그의 신분을 작년의 미완된 계획을 달성하려고 죽음을 각오하고 온 왜구로 치부할 수밖에 없었다. 중종은 또 다른 왜선이 없을까 걱정되어 충청·전라·경상 등지에 경비 강화를 諭示하기도 하였다.[40]

문제는 中林의 공술에서 자기가 중국에 조공 가다가 악풍으로 표류해온 사람이라고 밝혔다는 점이다. 그를 왜구로 생각하고 있던 조정의 대신들은 처음에는 이 말을 믿지 않았지만, 그의 대답에 어긋난 부분이 없어 보였기에 오히려 당혹스러워 하였다.[41] 왜냐하면 中林이 의금부에 도착하여 심문을 받기 전에[42] 전라도에서 수군이 왜선과 전투하여 왜인 수십 명을 죽였다는 소식이 앞서 한양으로 전해졌기 때문이다. 당시 중종은 이 사건을 倭變의 문제로 받아들이면서 사건이 일어난 날짜와 中林

---

38) 『中宗實錄』 卷48, 中宗 18年 5月 丙申.

39) 『中宗實錄』 卷45, 中宗 17年 7月 己未.

40) 『中宗實錄』 卷48, 中宗 18年 5月 丁酉.

41) 『中宗實錄』 卷48, 中宗 18年 6月 甲辰·乙巳.

42) 『中宗實錄』 卷48, 中宗 18年 6月 癸卯.

등 왜인들을 발견했던 時日과는 비슷하다는 이유로 두 사건을 같은 성격인 소란으로 취급하였다.[43] 실제로 처음에 中林의 말을 믿지 않은 이유도 여기에 있었다. 다만 만약에 中林의 말이 진실이라면 조선의 입장에서는 일이 복잡해질 수밖에 없었다. 왜구가 아니지만 난동을 부린 일본인에 대해 倭賊으로 대할 수도 없고 그대로 돌려보낼 수도 없었기 때문이다.[44] 마침 이때 경기도에서 왜선 1척이 商船의 米布만 겁탈하고 사람은 해치지 않았다는 소식이 보고되었다.[45] 이 사건들에서의 일본인들이 왜구와 구별된 존재라는 사실은 점차 명백해졌다. 이에 사건 관련 조치도 더욱 곤란한 지경에 이르렀다.

이와 같은 진퇴양난의 국면은 절도사 尹熙平(1469-1545)이 올린 장계로 인하여 변화가 생겼다. 이 장계를 통해 일본 사신이 중국에 가서 선박을 훔치고 중국인 官人 2명을 사로잡아 오다가 악풍을 만나 사라졌다는 소식이 전해졌다.[46] 뿐만 아니라 조선은 표류 일본인 望古多羅를 새로 포획하여 심문했는데, 그 과정에서 그는 자신들이 중국인 8명을 사로잡아 오다가 바다에 있는 섬에 안치시켰다고 자백하였다.[47] 이에 조선은 중국인에 대한 수색 작업이 착수되기 시작하였고, 7월 20일 충청도 水使 黃琛이 장계하여 寧波 출신의 표류 중국인 8명을 발견했다는 소식을 보고하였다.[48] 조선에 있어 자신이 표류 일본인을 왜구로 誤認하여 살해한 실수를 무사히 무마할 수 있는 관건은 이 중국인들의 공초에 달려

---

43) 『中宗實錄』卷48, 中宗 18年 6月 庚子. "鄭允謙所啓倭變, 與黃海道日時似近. 前者會寧浦及今黃海·全羅來犯倭人, 皆備槍劍機械云. 此必欲使我許和之計也."

44) 『中宗實錄』卷48, 中宗 18年 6月 乙巳.

45) 『中宗實錄』卷48, 中宗 18年 6月 辛亥.

46) 『中宗實錄』卷48, 中宗 18年 6月 癸丑.

47) 『中宗實錄』卷48, 中宗 18年 7月 乙亥.

48) 『中宗實錄』卷48, 中宗 18年 7月 戊子.

있었다. 왜인들이 중국에서 폭동을 벌였다는 것이 확인되면 이들에 대한 살해를 합리화할 수 있는 명분이 성립하기 때문이었다. 이러한 까닭에 조선에서는 표류 중국인에 대해 특별히 대우하고자 하였다. 다른 한편으로 왜선을 타고 온 표류 중국인에 대한 처리는 상고할 전례가 없는 이례적인 일이었으므로 대응책을 마련하는 데 신중하지 않으면 안 되었다. 결국 그 처리 과정에서 관련 조치가 구체화될 수 있었다.

우선 표인에 대해 중국인 여부를 판별해야 하였다. 그 당시 현지에서 漢學 통사가 없었으므로 표인이 쓴 書契를 통해 그들의 신원을 확인할 수밖에 없었다. 그러나 서계의 사연을 보아도 이들이 중국인인지 아닌지를 확신하지 못한 형편이었다. 따라서 중종은 宣傳官 李秀蘩에게 漢學 통사 1명을 데리고 내려가도록 하라고 명하였다.[49] 황해도 연해 지방에서 漢學 통사가 배치되지 않았던 것은 이 무렵 해당 지역에 중국선의 來泊이 그다지 많이 발생하지 않았음을 보여준다. 또한 같은 이유로 지금껏 漢學 통사가 없으면 해당 지방정부에서 표인이 중국인 여부에 대해 정확히 파악하는 것은 불가능하였다.[50]

다음으로는 표인들을 서울로 이송하는 문제가 있었다. 15세기까지 조선 경내에서 표류 중국인의 이동 상황에 대한 상세한 기록이 없었다. 중종은 선전관을 파견하여 표인을 데리고 서울로 올라오는 방식을 취하려고 하였다. 하지만 이에 대해 반대하는 목소리가 있었다. 표인 護送보다 더 긴급한 일이 생길 경우 선전관이 없으면 안 되기 때문이었다. 반대론자는 왜선으로 인하여 한동안 선전관의 파견이 잦아져 驛路가 이미

---

49) 그 당시 漂到地에서는 倭學 통사만 배치된 상황이었다(『中宗實錄』 卷48, 中宗 18年 7月 戊子).

50) 실제로 이 무렵 조선 海防軍도 서해에 출현한 황당선의 정체, 즉 선박이 중국 선박인지 왜선인지에 대해 잘 파악하지 못한 상황이었다(荷見守義, 2009a, 「明人華重慶の朝鮮漂着とその刷還」, 『東國史學』47, 286쪽).

피폐되었으니, 중대한 군사적 일이 아니면 굳이 선전관까지 보낼 필요가 없고 통사만 보내면 된다고 주장하였다. 이에 국왕은 선전관보다 행정권이 약한 통사가 반드시 水使의 뜻을 따라 행동하므로 제때에 서울로 올라오게 할 수 있는지 여부에 대해 회의를 표하였고, 또 표인을 押領하기 위해 수사가 수령을 담당자로 선정할 상황에서 수령의 부재는 그 당시 지역의 農時에 있어 폐가 될 것이라고 지적하였다. 결국 선전관을 보내는 방안이 결정되었고, 대신에 왕은 선전관에게 역로가 피폐되지 않도록 馳突할 것을 당부하였다. 또한 護送을 진행할 때 표인을 우대하되 동시에 押送軍의 軍威도 반드시 보여주어야 한다는 지시를 내렸다.[51] 알다시피 표인에 대한 구조 및 이송 과정은 漂到地 현지의 인력을 상당히 소모할 수 있었다. 현지의 사회질서를 어지럽히지 않도록 표인의 도래가 가져올 폐단을 최소화하려고 한 중종의 의사가 護送 방안을 결정하는 과정에서 반영되었다고 생각한다.

또한 조정에서는 표인들이 서울에 올라온 뒤의 숙소 배치 문제에 대해 논의하였다. 참고할 만한 전례가 없었기 때문에 여태까지 포로로 잡혔다가 조선으로 도망쳐 온 走回人에 대한 접대 기준, 즉 주회인을 司譯院에 배치했던 전례를 참조하였다. 좌의정 李惟淸(1459-1531)은 표인과 주회인을 구분해야 하는 입장에서 표인들을 太平館 頭目房에 배치하는 방안을 제기하였다. 반면에 영의정 南袞(1471-1527)은 사역원이 새로 지어 누추하지 않기 때문에 이곳을 館舍를 정하여 표인을 묵게 하는 것은 나쁘지 않다고 주장하였다. 왕은 후자의 의견을 채택하였다. 李惟淸과 南袞의 의견차는 표류 중국인에 대해 어느 정도 우대해야 할 것인지에 대한 인식 차이에서 유래된 것으로 보인다. 李惟淸은 표류 중국인을 접대하는 제반 사항에 대하여 주회인과 다르게 우대하는 은전을 베풀어

---

51) 『中宗實錄』 卷48, 中宗 18年 7月 戊子.

야 한다고 하는가 하면, 南袞은 주회인이든 표인이든 모두 중국에서 온 사람이기 때문에 그들을 대우하는 예를 가감하기가 어렵다고 하였다.[52] 이처럼 표인과 주회인이 비교가 되었다는 것은 월경하는 차원에서 보면 양자 간에 공통점이 있었기 때문인 것으로 짐작된다. 즉 당시 조선 정부는 표류 중국인을 '경계를 넘는 자'로 인식하고 있었던 것이다.

그 이외에 衣服·供饋 등의 접대 사항에 대해서는 표인이 우대를 받을 수 있도록 기준을 내세웠다. 이는 주회인에 대한 그것과 마찬가지였다.[53] 특히 이번 표류 사건에서 조선은 표인들이 중국 강남 지역 출신이고 그들은 당지에서 음식이 풍족하고 의복을 두텁게 입고 다녔기 때문에 현지에서 추위를 두려워할 수 있다는 점을 고려하여 그들에게 기준보다 더 많은 衣食을 제공하였다.[54]

표인은 사역원에 배치된 후 問情을 받아야 하였다. 문정은 禮曹堂上·承文院提調·義禁府堂上 각 한 명씩 사역원에 모여 표인을 추문하는 식으로 진행되었다. 문정의 목적은 표류의 경위를 밝히는 동시에 왜구와의 관계 유무, 水賊 여부, 범죄 사실의 유무 등 정황을 파악하기 위해서였다. 문정의 형식은 取招를 위주로 하였지만 그 과정에서 주로 權辭를 통한 반복적인 추문의 방식을 취하였고 刑訊까지 이루어지지는 않았다.[55] 이는 中林에 대한 2번의 刑問[56]과 대조된다는 점에서 흥미로웠다.

이처럼 중종은 표류 중국인을 우대하는 기존의 원칙을 이어받아 이번 사건에서 표인이 시달린 노고를 무마하고자 하였다. 또한 문정의 결

---

52) 『中宗實錄』 卷48, 中宗 18年 7月 癸巳.
53) 중종 연간 북쪽 지방에서 월경하여 도래한 중국인을 발견하면 그들에게 衣糧을 후하게 제공하였다(『中宗實錄』 卷73, 中宗 27年 12月 丁丑).
54) 『中宗實錄』 卷48, 中宗 18年 7月 癸巳.
55) 『中宗實錄』 卷48, 中宗 18年 7月 癸巳, 甲午 ; 卷49, 中宗 18年 8月 戊戌·己亥.
56) 『中宗實錄』 卷48, 中宗 18年 7月 壬申.

과는 기대했던 성과를 거두었고 왜인이 寧波에서 폭동을 일으킨 사실이 확인되었다.[57] 환언하면 이제 살해된 표류 일본인들은 그저 표인이 아니라 명에서 죄를 지은 죄인으로 볼 수 있게 되었다는 것이다.

나머지는 송환 문제였다. 조선의 입장에서 보면 죄인으로서의 왜인과 이에 의해 붙잡힌 중국인을 함께 중국에 보내면 외교적 치적으로 좋은 효과를 거둘 수 있는 일이었다. 따라서 조정에서는 송환의 구체적인 방식을 고민하였고 상당한 논의를 진행하였다. 그 중에서 왜인을 일본이 아닌 중국으로 보내는 이해득실에 관한 쟁점에 대해 기존 연구에서 다룬 바 있으므로[58] 여기서는 이 사건으로 인하여 조정된 송환책에만 착안하여 살펴보도록 하겠다.

이번 사건에서 중종은 표류 중국인을 수색하기 전에 "그들을 발견한다 하더라도 중국으로 송환할 수도 없고 그렇다고 우리나라에 留置시킬 수도 없으니 처치하기가 매우 곤란하다"고 밝힌 바 있다.[59] 왜인에 의해 사로잡힌 중국인을 조선을 통해 돌려보낸다면 조선과 일본 간의 통교에 대한 중국에서의 책문을 초래하게 될까 우려되기 때문이었다.[60] 다만 생존자를 발견한 이상 의리상 돌려보내지 않으면 안 되는 것 또한 사실이었고, 함께 보내려고 한 왜인도 통교의 대상이 아닌 명의 죄인으로 확정되었으니, 중국인과 왜인을 같이 보내는 일은 對明關係에 있어 '빛이 드러나는 일'이 될지도 모른다는 것이 왕의 판단이었다.[61]

---

57) 『中宗實錄』卷49, 中宗 18年 8月 庚子.

58) 구도영, 2014, 앞의 논문, 206~207쪽.

59) 『中宗實錄』卷48, 中宗 18年 7月 丁丑. "雖令尋得之, 不可還送中朝, 又不可留置本國, 處之甚難."

60) 중종의 사대주의는 중국에서의 문책을 받지 않도록 至誠을 다해 하는 원칙에 의해 이루어졌다(『中宗實錄』卷48, 中宗 18年 5月 癸巳).

61) 『中宗實錄』卷49, 中宗 18年 8月 庚子.

'빛이 드러나는' 성과를 거두려면 표인을 요동으로 돌려보낼 뿐만 아
니라 북경까지 직접 보고하는 것이 더욱 효과적이었다. 실제로 여태까
지 표인뿐만 아니라 주회인에 대한 송환도 요동도사에만 이자·쇄환하
는 식으로 처리되었다. 하지만 요동에서는 관련 일을 숨기고 예부에 아
뢰지 않는 경우가 존재하였다. 이는 중국인의 월경이 발생한 원인을 요
동도사의 관리 소홀에 돌리게 되면서 따르는 명 조정에서부터의 추궁을
피하려고 한 요동 쪽의 의도에서 유래되었다.[62] 조선에서는 변경의 안
정 및 요동과의 협력 유지를 염려하여 요동도사의 은폐 태도를 알면서
도 이를 적절하게 무마해버리곤 했지만,[63] 이번에 중종은 표인들을 돌려
보낼 때 요동이 아닌 예부에 직접 咨文을 바치고자 한 의지를 표명하였
다.[64] 여기서는 對明關係에서 정치적·외교적 목표를 달성하기 위해 표인
의 송환을 활용하려는 국왕의 의도가 분명하였다. "우리나라에서 지성
으로 표인을 보냈어도 중국에서 이를 끝내 모른다면 無益함만이 남을 뿐
이다"고 한 국왕의 말은 이를 증명해준다.[65] 한편 전례가 없는 일을 갑자
기 직접 예부에 바치면 예부에서 이상하게 여길 수 있다는 점이 우려되
지 않을 수 없다는 이유로, 우선 사신더러 북경에 가서 자세히 알아보고
오도록 하는 것이 적절하다는 지적도 나왔다.[66] 결국 표인의 송환은 8월
에 북경으로 갈 奏聞使 成世昌(1481-1548) 일행에게 맡기게 되었고,[67] 명
에서는 조선의 忠順을 인정하기 위해 褒諭하는 칙서와 함께 은 100냥,

---

62) 『中宗實錄』 卷49, 中宗 18年 8月 庚子·己酉.
63) 구도영, 2014, 앞의 논문, 205~206쪽.
64) 『中宗實錄』 卷49, 中宗 18年 8月 庚子.
65) 『中宗實錄』 卷49, 中宗 18年 8月 己酉. "我國雖以至誠解送, 而中朝終不知之, 徒無益而已."
66) 『中宗實錄』 卷49, 中宗 18年 8月 己酉.
67) 『中宗實錄』 卷49, 中宗 18年 8月 丙寅.

비단 4단, 紵絲 12표리를 하사하였다.[68] 중종은 명의 포상을 표인과 관
련된 일을 직접 예부에 보고했다는 행위에 대한 인정으로 받아들였다.
이를 계기로 표류 중국인과 관련된 일을 '奏聞中朝'의 식으로 처리하는
것은 왕의 입장에서 명과의 우호 관계를 공고히 할 수 있는 수단으로 인
식되기 시작하였다.

중종대의 對明關係는 표면적인 사대관계보다 그 배후에 있는 정치·
현실적 목적을 달성하려고 한 왕의 의지에 깔려 있었다. 기존 연구에서
지적했듯이, 중종반정 이후 명분과 정통성에 대한 확보를 필요로 하는
국왕의 입장에서는 천자와의 특별한 관계로 왕권의 안정을 실현하는 것
이 효과적이라고 보았다.[69] 따라서 이 무렵 對明 사대를 국익과 동일시
하는 경향이 대두하였다. 표인의 송환 역시 이와 같은 맥락에서 전개된
것으로 생각된다. 따라서 이 무렵을 전후하여 표류 중국인에 대한 처리
문제는 단순한 표류 문제가 아니라 앞서 등장했던 承襲외교 정책과 나중
에 대두된 宗系辨誣問題와 같이 이 시기 對明關係의 한 斷面을 드러낼 수
있는 정치·외교적 문제로 부각되었다.[70] 이와 더불어 조정에서도 중국인
의 표류에 대해 더 많은 논의를 전개하였다.

물론 '寧波의 난'에서 중종이 표류와 관련된 일을 직접 북경에 보고
하기로 한 것은 송환된 중국인이 강남 지역 출신으로서 요동 관할의 지
역민이 아니었기에 요동 관리의 정치적 부담이 적다는 점에서 기인했을

---

68) 『明世宗實錄』 卷32, 嘉靖 2年 10月 丙寅 ; 李肯翊, 『燃藜室記述』 別集 卷17, 邊圉典
故, 「荒唐船」, 中宗癸未條.

69) 계승범, 2006, 「파병 논의를 통해 본 조선전기 對明觀의 변화」, 『大東文化研究』
53, 329~339쪽 ; 구도영, 2006, 「중종대(中宗代) 사대인식(事大認識)의 변화 -대
례의(大禮議)에 대한 별행(別行) 파견 논의를 중심으로-」, 『역사와 현실』62.

70) 승습외교와 종계변무문제에 대해서는 김경록, 2007, 「中宗反正 이후 承襲外交와
朝明關係」, 『韓國文化』40 ; 구도영, 2010, 「中宗代 對明외교의 추이와 정치적 의
도」, 『朝鮮時代史學報』54 등을 참조.

가능성이 없지 않다.[71] 하지만 15세기 조선에 표류했던 중국인들이 대부분 강남 지역 출신임에도 불구하고 모두 요동으로 압송되었다는 점을 감안하면, 출신지라는 요소가 아직 조선의 표류 중국인 대응책을 좌우할 정도는 아니었다. 王溁 등과 같이 왜인에 의해 사로잡힌 강남 지위관 袁璡의 조선 경유 송환이 조선의 거절로 인하여 이루어지지 못했던 것이 이를 입증해준다.[72] 당시 불과 '경계를 넘는 자' 정도로 되었던 표인의 문제보다 조·일 양국 간의 통교 관계를 중국에 감출 수 있는 방법이야말로 조선의 주된 고민거리였기 때문이다.

그럼에도 불구하고 '寧波의 난'을 계기로 향후 표류 중국인에 대한 처리와 관련된 논의에서 출신지를 불문하고 '奏聞中朝' 여부가 의론의 대상이 되곤 하였다는 것이 사실이다. 예를 들어, 중종 27년(1532) 2월 요동 출신의 採銀者 5명이 충청도 唐津에 표류한 사건이 있었다. 이 사건은 북쪽 육지의 거주자가 남쪽에 위치한 곳에 표류했던 사건으로서 '寧波의 난'에서의 중국인 표류와 성격이 달랐다. 그렇지만 중종은 여전히 이를 북경에 奏聞하려고 하는 의사를 표하였다.[73]

'寧波의 난' 이후 표류 중국인에 대한 국왕의 인식 변화 또한 표인에 대한 나포·이송·문정 등 과정에서 드러났다. 중종 23년(1528) 7월 황해도 관찰사 閔壽千의 장계에서 표류 중국인 4명이 長淵縣에 구치되어 있다는 내용이 적혀 있었다. 표인은 臨江[74] 출신으로서 원래 총 52명이 있었는데 그 중에서 4명은 나포되고 48명은 배를 타고 도망쳤다. 이에 대

---

71) 구도영, 2014, 앞의 논문, 206쪽.

72) 중종 대 袁璡의 송환을 둘러싼 토론 중에서 나타난 대일통교의 은닉 의도에 대해서는 민덕기, 2018, 「조선은 왜 일본과의 통교관계를 중국에 감추려 했을까? -조선 前期를 중심으로-」, 『韓日關係史研究』62, 118~123쪽을 참조.

73) 『中宗實錄』卷72, 中宗 27年 2月 丁酉.

74) 臨江의 위치는 오늘 중국 吉林省 동남쪽 일대였다.

해 중종은 처음에 被擄人과 구분된 표인의 성격을 강조하면서[75] 아래와
같이 전교를 내렸다.

> (B) 각 포구의 배 닿는 곳에서 군을 동용하지도 않고 폐단을 야기하지
> 도 않으면서 표인을 사로잡게 할 것과, 公船 여부를 자세히 핵실해서 馳
> 啓할 것에 대해 일찍이 황해도 감사에게 유시를 내렸다. 다만 육지에 내
> 려와 사로잡힌 자가 단지 4명뿐이다. (...) 본도 관찰사로 하여금 차사원
> 을 정하여 그 4명을 모두 단단히 묶어서 압송하라. 그러나 결박하여 몰고
> 오되 빨리 걷지는 말고 도망하지 못할 정도로만 하면 된다. (...) 또 중국
> 인들이 서울로 올라 온 후 그들을 추문할 때 다른 官司더러 하게 하지 말
> 고 예조에 위임하여 전담해서 추문하도록 하라.[76]

왕의 하교를 통해 표인에 대한 처리는 1) 漂到地에서 표인을 나포할
때 무력을 피해야 하는 것, 2) 결박된 표인을 이송할 때 빨리 걸으면 안
된다는 것, 3) 표인에 대한 추문을 담당하는 관사가 사역원에서 예조로
바뀌는 것 등 여러 방면에 대한 원칙이 신설되었다. 특히 漂到地에서 표
인을 수포할 때 軍士를 많이 출동시키는 일에 대한 금령이 재삼 강조되
었다.[77] 또한 이 사건에서 표인 48명이 상륙하지 않은 것은 그들이 현
지인에게 오인을 받아 공격을 당하는 상황을 우려하기 때문이라고 중종
은 판단하였다. 그리하여 향후 표인이 활과 화살을 가지고 있을 경우에

---

75) 『中宗實錄』卷62, 中宗 23年 7月 辛卯.

76) 『中宗實錄』卷62, 中宗 23年 7月 壬辰. "令其道監司, 各浦依泊處, 不發軍毋弊生擒
事, 及公船與否詳覈馳啓事, 曾已下諭也. 但下陸被擒者, 只有四人. (...) 其令本道觀察
使, 定差使員, 其四人, 皆令堅固押領上來可也. 然不可束縛馳驟也, 但使不能逃躱而
已. (...) 且唐人上來後, 推問時, 勿令他司爲之, 委諸禮曹, 專掌推之."

77) 『中宗實錄』卷62, 中宗 23年 7月 壬辰.

만약 그들이 활을 쏘려고 하더라도 이에 대항하지 말라는 명령을 내렸다. 이와 함께 표류 중국인에게 송환해줄 것이라는 뜻을 전달하면서 그들을 招諭하도록 하는 일은 漢學 통사가 맡게 되었다. 이뿐만이 아니었다. 중종은 표인을 대접할 때 반드시 후하게 衣食을 갖추어 지급해야 하고, 표인이 끌고 온 개도 먹여 키우기가 가능하다는 傳敎를 승정원에 내렸다.[78] 표류 중국인에 대한 극진한 대우라고 해도 과언이 아니었다. 이와 같은 대접 원칙에는 표류에서 놀란 표인의 입장을 생각해주고 그들의 마음을 무마하고자 한 국왕의 의도가 담겨져 있었다고 생각한다.

이러한 의도를 이해하기 위해서는 해당 시기 자연재해의 발생에도 주목할 필요가 있다. 중종대 폭우·홍수와 같은 水災가 빈발하였기 때문에 피해는 심하였다.[79] 『實錄』에 근거하여 중종대 수재 발생 상황을 정리해보면 아래 〈표 3〉과 같다.

〈표 3〉 중종대 수재 발생 상황

연대	발생 지역	기상	피해 상황
중종7년(1512)	全羅道(泰仁)	폭우	1명이 사망
중종8년(1513)	咸境道		
중종8년(1513)	全羅道(羅州)	홍수	死傷者가 많음
중종9년(1514)	濟州(大靜·旌義)	폭풍우	민가 78호가 표류; 선박 82척이 漂損
중종10년(1515)	平安道(三登·成川), 黃海道	홍수	人畜이 많이 漂溺
중종11년(1516)	慶尙道(蔚山)	바닷물이 넘쳤음	민가 17區가 표몰
중종15년(1520)	京畿道	폭우	沿江 민이 표몰
중종15년(1520)	忠淸道, 黃海道	큰물로 인한 山崩	민이 표몰·압살

---

78) 『中宗實錄』卷62, 中宗 23年 7月 戊戌.

79) 김범은 중종대 기후의 열악함을 제시한 적 있는 기존 연구를 정리하였다(김범, 2004, 「朝鮮 中宗代 歷史像의 특징과 그 의미」, 『韓國史學報』17, 40쪽).

연대	발생 지역	기상	피해 상황
중종15년(1520)	全羅道	폭우	표몰된 민가가 많음
중종16년(1521)	黃海道	폭우	민가 11區가 표몰
중종16년(1521)	京畿道	폭우	표인 5명이 발생
중종16년(1521)	平安道	폭우	민가 3호가 표류
중종16년(1521)	慶尙道(熊川)	폭우	표인 중 사망자가 발생
중종17년(1522)	全羅道, 慶尙道, 平安道	폭우	민가가 표몰
중종18년(1523)	濟州	폭풍우	선박 6척이 표몰; 1명은 익사
중종19년(1524)	咸鏡道	폭우, 홍수	민이 표류
중종20년(1525)	全羅道, 忠淸道, 江原道, 咸鏡道	폭우	민가가 표류
중종20년(1525)	濟州	우박	배가 표류
중종20년(1525)	咸鏡道	바닷물이 넘쳤음	민가·漁船이 표몰
중종22년(1527)	江原道, 咸鏡道	폭우, 우박	민이 익사
중종23년(1528)	平安道	폭우	田地가 표몰
중종23년(1528)	慶尙道	폭우	민가가 표몰
중종26년(1531)	江原道	폭우	민가가 표몰
중종30년(1535)	慶尙道	폭우, 홍수	민가가 표몰
중종36년(1541)	京畿道(永平)		전지가 표몰

〈표 3〉에서 볼 수 있듯이, 중종 연간 수재로 인하여 민가의 표몰이나 民이 익사하는 사건이 자주 발생하였고, 이에 대해 왕은 근심이 많았다. 중종은 한편으로 천재에 대한 두려운 마음을 다스리면서 자신을 반성하고 다른 한편으로 팔도의 관찰사에게 마음을 다하여 원한이 없도록 도리를 伸張하라는 명을 내렸다.[80] 이러한 상황에서 '寧波의 난' 이후 표류

---

80) 『中宗實錄』 卷18, 中宗 8年 8月 庚子. 수재 때문에 표류하게 된 민에 대한 구휼도 이러한 도리의 연장선상에서 진행된 것으로 생각된다.

중국인에 대한 대응책을 두 가지 측면으로 이해할 수 있겠다. 첫째, 대외적으로 이는 조·명 양국 간의 표인 互送과 동일한 맥락에서 진행된 의례적인 救護로 볼 수 있다. 다만 해당 시기 명의 표류 조선인 송환을 황제가 조선을 우대하는 것으로 이해할 수 있다면, 중종이 표류 중국인을 적극적으로 구휼한 것도 국왕이 명의 우대를 전략적으로 이용하여 자신의 반정을 정당화하고자 하는 측면이 있다. 둘째, 대내적으로 이는 극심한 자연재해에 대한 왕의 敬畏心에 입각한 결과물로 볼 수 있다. 즉 사대관계를 유지하려고 한 의도 위에 天災에 대한 왕의 修省이 작용하고 있다는 것이다. 이러한 경향은 왕도정치를 구현하고자 하다가 기묘사화로 실각했던 신진 사림들이 복권된 중종대 후반에 이르러서 더욱 뚜렷해졌다.

요컨대 '寧波의 난'에서 왜인에 의해 사로잡힌 중국인의 조선 표류는 표류 중국인에 대한 조선 정부의 인식이 심화된 계기였다. 여태까지 중국인의 서해 연안 표류가 드문 일이었으므로, 중국선의 정체를 변별하는 능력의 부족과 연해 지방에서 漢學 통사의 결여는 표류와 관련된 비상사태를 대비하는 데 문제가 되었다. 이에 중종은 事大와 內省의 차원에서 우대 원칙을 정립시킴으로써[81] 표인에 대한 대응책을 1) 지방관이 정황을 신속히 보고함; 2) 한양에서 漢學 통사를 보냄; 3) 통사가 표인에게 상륙하도록 초유함; 4) 압송군이 표인을 서울로 데리고 옴; 5) 예조에서 문정을 통해 표인의 정체를 알아냄; 6) 안치소를 제공하고 衣食을 후하게 지급함; 7) 북경에 奏聞해야 하는지 여부에 대해 논의함; 8) 표인을 돌려보냄 등 절차를 통해 구체적으로 규정하였다. 또한 표인에 대한 송환책의 경우에는 대외관계를 유지하는 데 여전히 효과적으로 작용되었지만 그 방식은 현실적인 수요에 따라 변경 가능해 보였다. '奏聞中朝'의

---

81) 명종은 중종대 표류 중국인의 대응책에 대해 "극히 무휼을 가하고 그들을 쇄환시켰다"고 설명한 적 있다(『明宗實錄』卷1, 明宗 卽位年 7月 丙戌).

송환책 역시 국익을 위한 수단으로 파악된다. 따라서 해당 시기 표류 중
국인의 처리는 국왕의 주도하에 국익을 최대화하기 위한 방법으로 진행
되었다. 그 과정에서 구조 및 송환의 절차는 구체화된 조짐이 보인다 하
더라도 아직 체계화까지 이루어지지 못한 상태로 보아야 할 것이다.

한편 연해의 지역민도 '寧波의 난'의 영향을 받았다. 왜선이 충청도
연해에 표류한 그 당시 종래 왜선을 본 적이 없었던 지역민들은 이를 倭
變으로 생각하고 놀라서 산에 들어가 숨어버렸다.[82] 그 여파로 정체불명
의 배에 대한 지역민의 경계심이 높아졌다. 전술한 요동 사람의 충청도
표류가 발생했을 때 현지의 伐木者는 처음에 표인을 왜인 혹은 오랑캐로
생각해서 상당히 경계하였다. 심지어 표인이 요동 출신이라고 고백하고
여러 가지로 애걸함에도 불구하고 표인의 말을 믿어야 하는지 여부에
대해 여전히 찬반이 분분하였다.[83] 이처럼 지역민의 입장에서는 정체불
명의 선박이 내박할 때 신변안전에 대한 확보가 시급하였다. 그 이후로
중국 선박의 표류가 빈번해짐에 따라서야 비로소 중국 선박에 대한 지
역민들의 경계심이 점차 수그러드는 모습이 드러났다.

2. 漂人의 증가와 대응책의 구체화

1) 荒唐船 증가에 대한 대응

16세기에 이르러서 동아시아 전 지역은 국제무역을 갈구하고 있는
상태였다. 그 중에서 명의 비단에 대한 일본의 수요가 확대되는가 하면

---

82) 『中宗實錄』 卷48, 中宗 18年 5月 丁酉 ; 구도영, 2014, 앞의 논문, 204쪽.
83) 『中宗實錄』 卷72, 中宗 27年 2月 己酉.

일본의 은에 대한 명의 필요가 커지고 있었다. 그러나 '寧波의 난'으로
인하여 명의 對일본 감정이 악화되면서 倭患을 두절하기 위해 廣東을 제
외한 市舶司들을 폐지시켰다.[84] 이에 따라 양국 간의 공식적인 무역 왕
래가 중단되었고, 민간 무역도 명의 해금책의 영향하에 곤경에 빠졌다.
이러한 상황에서 사무역이나 밀무역 등 불법 무역 활동이 증가할 수밖
에 없었다.[85] 이와 같은 海上 활동은 중종 말년인 1540년대를 전후하여
최고조에 이르렀고, 나중에 중국 동·남쪽 연해 지역에서 일어난 일본 큐
슈[九州] 海上 세력들의 海賊 활동으로 이어졌다. 중국 연해 호족들과 함
께 불법 해상활동을 벌여온 倭船의 창궐이 향후 명 嘉靖연간 40여 년 동
안 지속된 왜란의 복선 중의 하나라고 해도 과언이 아니었다는 점은 일
반적인 통설이다.[86] 결국 이와 같은 중·일 간의 불법 海上 왕래가 점차
잦아짐에 따라 한반도 서해 근해에 정체불명의 荒唐船[87]이 출몰하는 경
우가 급증하였다. 이와 더불어 선박이 표류를 당할 확률도 높아졌다. 조
선은 직접적으로 그 영향을 받아 황당선이 표류해 오는 경우를 대비해

---

84) 谷應泰, 『明史紀事本末』卷55, 沿海倭亂, 世宗 嘉靖 2年 5月.

85) 『明史』卷81, 志57, 食貨志5, 「市舶」. "市舶旣罷, 日本海賈往來自如, 海上姦豪與之
交通, 法禁無所施, 轉爲寇賊."

86) 小葉田淳, 1941, 『中世日支通交貿易史の硏究』, 刀江書院, 478~481쪽 ; 田中健夫,
1975, 『中世對外關係史』, 東京大學出版會, 162쪽 ; 高橋公明, 1995, 「一六世紀中
期の荒唐船と朝鮮の對應」, 田中健夫 編, 『前近代の日本と東アジア』, 吉川弘文館,
95~96쪽 ; 구도영, 2014, 앞의 논문, 209쪽.

87) 16세기 조선 연해에 출몰했던 황당선에 대한 연구는 아래와 같이 참조했다. 高橋
公明, 1989, 「十六世紀の朝鮮·對馬·東アジア海域」, 加藤榮一 외, 『幕藩制國家と
異域·異國』, 校倉書房, 157~163쪽 ; 1995, 앞의 논문 ; 荷見守義, 2009a, 앞의 논
문 ; 蔡越蠡, 2018, 「朝鮮王朝對明朝"荒唐船"處置政策硏究」, 『遼東學院學報(社會科
學版)』2018-3 ; 이영, 2018, 「황당선의 출현과 조선의 대응 -가정 왜구의 한반도
침공(을묘왜변: 1555년)의 역사적 전제-」, 『日本文化研究』65 ; 劉晶, 2019, 「逃
軍、漂流人與"水賊": 16世紀中期中國與朝鮮的海域控制與困境」, 中國朝鮮史研究會
2019 學術年會, 山東第一醫科大學(미간).

야 하는 국면에 접어들었다. 하지만 여태까지 표선을 처리하는 데 충분한 경험을 쌓지 못하였으므로 표선 여부를 판단하는 등 기본적인 문제에 대한 해결책을 개선할 필요가 요구되었다. 따라서 '寧波의 난' 이후 형성된 처리 절차는 중종 말년부터 실제 황당선의 내박에 대한 조치와 연관된 문제로 일부를 변동하게 되었다.

1540년대 발생했던 황당선의 서·남쪽 근해 도착 사건을 표로 정리하면 다음 〈표 4〉와 같다.

〈표 4〉 1540년대 황당선의 서·남쪽 근해 출몰 상황

순번	도착일	도착지	출몰 형태	생환자 수 (사망자 수)	출신지
1	1540.1	황해도 豊川	來泊(遇風)	4명	
2	1544.6~7	충청도, 전라도	到泊(漂到)	150여 명	福建
3	1545.7	제주 大靜	漂泊	326명	福建
4	1545.7	전라도 興陽	漂泊	285명 (108명)	福建
5	1545.7	전라도 鹿島	依泊	423명 (141명)	
6	1545.8	전라도 馬島	依泊(漂到)		
7	1546.7	경상도 酒島	來泊		
8	1546.7	전라도 鹿島	漂流	150여 명 (약 100명?)	福建
9	1546.7	전라도 莞島·大茅島	漂到	150명	福建
10	1546.11	경상도 蔚珍	?		
11	1547.2	황해도 長淵·白翎	來泊	40여 명	
12	1547.8	전라도 靈光	漂到		廣東

*출전: 『朝鮮王朝實錄』; 李肯翊, 『燃藜室記述』 別集 卷17, 邊圉典故, 「荒唐船」.

〈표 4〉에 의하면 1540년대 서·남쪽 연해 황당선의 출몰 사건은 총 12건으로 확인된다. 그 중에서 사건 1·10·11번을 제외하면 모두 6~8월

사이에 발생한 것으로 보인다. 또한 출신지가 확인 가능한 사건 6건의
경우 福建船건과 廣東船건 각각 5건과 1건이 있었다. 즉 福建·廣東 등 중
국 남쪽 지역의 선박이 여름의 계절풍을 이용하여 일본 큐슈를 오간 것
을 황당선 출몰의 원인으로 간주할 수 있다.

황당선의 출몰 형태에 대해 실록에서는 주로 來泊·到泊·依泊 등 용어
로 기록하였다. 그 중에서 명확히 표류해 와서 정박함을 알 수 있는 사건
으로서는 1·2·3·4·6·8·9·12번 등 8건이 있다. 이 무렵 조정에서는 황당
선의 표류 여부를 조사하는 것보다 황당선의 국적 판별이 더욱 중요한
문제였다. 중국인인지 왜인인지에 따라 대응책이 다를 수 있기 때문이
었다. 당시 중국선과 왜선을 구분하는 중요성은 황당선을 唐倭未辨船이
라고 부르기도 했던 점을 통해 여겨진다.[88] 중국선을 발견하면 이를 구
호하여 보내는 식으로 처리하는 반면에, 賊倭의 선박을 발견하면 포획을
실시하였다. 다만 연해 지방에서 중국인인지 왜인인지를 가리지 못하거
나 공을 세우기 위해 중국인인 줄 알면서도 이를 왜인으로 치부하는 경
우가 중종 말년에 많이 생겼으므로 황당선에 대한 처리는 오히려 복잡
한 문제로 조정의 관심사가 되었다.[89] 표류 중국인 대응책도 이 시기에
들어 황당선에 대한 조치를 통해 구체화되어갔다.

특히 중종 39년(1544)부터 명종 원년(1546)까지 연이어 발생했던 福
建船의 표류 사건을 주목할 만하다. 16세기 중엽 福建 출신의 상인들이
밀무역을 중심으로 해상활동을 활발히 진행하고 있었기 때문이다.[90] 중

88) 이 무렵 황당선을 唐倭未辨船이라고도 했다는 점은 다카하시 기미아키[高橋公明]
　　에 의해 지적된 바 있다. 그 이외에 朝倭未辨船이라는 표현도 사용되었다.

89) 『中宗實錄』 卷103, 中宗 39年 6月 辛卯.

90) 명나라 때 福建 상인의 활동 양상에 대해서는 傅衣凌, 1956, 「明代福建海商」, 『明
　　淸時代商人及商業資本』, 人民出版社, 107~160쪽 ; 廖大珂, 2002, 『福建海外交通
　　史』, 福建人民出版社, 203~270쪽 등을 참조.

종 35년(1540) 이후 배를 띄우고 해상무역을 활발히 전개했던 福建 상인
의 모습은 아래와 같은 기록을 통해 드러난다.

(C) 마침 嘉靖 임인(1542)·계묘(1543)년 사이에 福建 사람이 외국인
상인과 토산물을 교역하기 위해 바다에 진출하여 왕래하는 것은 끊이지
않았다. 이 무렵 변방 백성 가운데 대개 밀무역에 종사하기 위해 금령을
어기고 오가는 자도 있었을 것이다.[91]

실제로 廣東·福建·浙江 등 지역은 지리적으로 교통의 제한을 받고 있
었으므로 본디 근해 해로를 이용하여 漁鹽業이나 생활용품의 중개무역
에 종사하는 자가 많았다.[92] 그 중에서 福建의 경우에는 토지가 척박하
여 현지인들은 바다를 통해 생계를 유지할 수밖에 없었다.[93] 따라서 극
형을 당할 수 있는 위험을 무릅쓰고 집단을 결성하고 비밀리에 배를 만
들어 밀무역을 전개하는 경우가 종종 발생하였다. 이와 같은 행동이 풍
속으로 형성됨에 따라 그 규모도 커져 나갔다.[94] 당시 밀무역에 참여했
던 인물 중에는 일반 상인뿐만 아니라 관료·지주·거상 등 호족들도 포함
되어 있었다. 따라서 탑승자의 인원수가 엄청나고 그들의 신분이나 직
업이 다양했다는 점은 당시 福建 海船 인원 구성의 특징이라 볼 수 있다.

해선들은 원래 각자의 船主가 따로 있었다. 그러나 각자가 해상무역

---

91) 『皇明經世文編』 卷243, 張時徹, 碑, 「招寶山重建寧波府知府鳳峰沈公祠碑」, "當嘉靖
　　壬寅癸卯之間, 漳閩之人, 與番舶夷商貿販方物, 往來絡繹於海上. 其時邊氓, 蓋亦有奸
　　闌出入者."

92) 佐久間重男, 1992, 「明代海外私貿易の歷史的背景」, 『日明關係史の研究』, 吉川弘文
　　館, 230쪽.

93) 顧炎武, 『天下郡國利病書』 卷93, 福建3, 「洋稅」.

94) 『皇明經世文編』 卷205, 馮養虛集, 疏, 「通番舶議」.

을 전개하는 과정에서 강자와 약자 사이에 후자가 전자에 의해 약탈을 당하는 경우가 생겼다. 이러한 문제를 대비하기 위해서는 약자들이 강대한 세력에 의탁하고 艚으로 결성하여 함께 이동하는 대책이 마련되었다.[95] 중종 39년부터 명종 원년까지 연이어 일어났던 福建船의 표류 사건은 그 주체가 바로 이러한 船團이었다고 생각한다. 구체적인 사례에 대해 『燃藜室記述』에는 아래와 같이 기록한다.

〈표 5〉 1544~1546년 福建船 표류에 대한 기록

시기	내용	〈표 4〉에서의 순번
中宗甲辰(1544)	福建下海人李王乞等二起兵三十九人, 被獲於忠淸道	2
仁宗乙巳(1545)	福建下海人顔容等三起兵六百十三人, 被獲於全羅道	3·4
明宗丙午(1546)	福建下海人馮淑等四起兵三百四十一人, 被獲於全羅道	8·9

*출전 : 李肯翊, 『燃藜室記述』別集 卷17, 邊圉典故, 「荒唐船」.

福建人들이 은을 환매하러 일본으로 항해하다가 바람을 만나 표류해 왔던 사건들이다.[96] 여태까지 인원수가 수 백 명에 이른 표류 사건은 없었다. 때문에 구조든 송환이든 조선 조정에서는 난항을 겪을 수밖에 없었다. 기존 연구에서 표류의 전말에 대해 소개한 바 있으니[97] 여기서는

---

95) 萬表, 『海寇議』. "後因海上強弱相凌, 互相劫奪, 因各結□, 依附一雄強者, 以爲船頭."

96) 魚叔權, 『稗官雜記』一, "又福建浙江之人, 潛往日本, 換買銀子, 因而遭風, 泊於全羅道者, 數三, 動輒二三百名."

97) 管見에 의하면 지금까지 해당 시기 福建船의 조선 漂到를 주목한 기존 연구는 사건을 소개해준 민덕기의 사례연구밖에 없었다. 민덕기, 2020, 「16~17세기 표류 중국인에 대한 조선의 인식과 대응 - '人情'과 '大義' 및 '事大'라는 측면을 중심으로」, 『해항도시문화교섭학』23, 4~10쪽. 그 중에서 李王乞 사례에 대한 소개는 7월 5일 전라도에 표류한 후부터 시작되었는데, 실제로 전라도에 표류 가기 전인 6월 22일 일행이 먼저 충청도 藍浦 근처에 漂到하였다.

주로 사건에 대한 처리 과정에서 일어난 변동 사항을 중심으로 처리 방식의 변화 추이를 살펴보도록 하겠다.

중종 39년 6월 충청도 관찰사 鄭萬鍾이 황당선과 관련된 장계를 올렸다. 중종은 장계를 보고 이를 일본에 가서 무역 활동에 종사하기 위해 사적으로 배를 띄우다가 표류해 온 중국선으로 미루어 보았다. 정황을 파악하기 위하여 중종은 의금부 낭관을 보내 표인을 서울로 데리고 오라고 명령하였다. 이와 더불어 지나갈 고을의 驛 근처 下人의 배정, 굶주림과 병에 대비하기 위한 음식·약품·의사의 배치 등 표인을 돌보기 위한 일련의 조처가 마련되었다.[98] 표류 중국인에 대한 후한 무휼은 여전해 보였다.

하지만 지방에서의 상황은 달랐다. 황당선을 왜선으로 추정한 지방 첨사 鄭世麟이 대포나 활을 쏘아 배를 공격하였다. 결국 배가 도망쳤고 李王乞이라는 사람 1명만 사로잡혔다. 이를 알게 된 중종은 중국인인지 왜인인지를 판별하지 못한 첨사의 무식함을 지적하고 그의 행동을 지극히 잘못된 일로 비판하여 그를 추고하라는 명을 내렸다.[99]

李王乞에 대한 공초를 통해 그가 福建 출신이라는 사실이 밝혀졌다.[100] 1540년대까지 조선 경내에 들어온 중국인의 경우 사신을 제외하면 주로 요동 등 북쪽 지역에서 온 유민이나 浙江·南京 등 지역에서 온 표인으로 구성되었다. 반면에 福建人의 경우에는 10~13세기 무역이나 入仕를 목적으로 송상의 船便을 통해 고려에 진출한 자가 있었지만[101] 조선이 개국한 후부터 중종대에 이르기까지 이들의 자취는 감추어졌다.

---

98) 『中宗實錄』 卷103, 中宗 39年 6月 辛卯.

99) 『中宗實錄』 卷103, 中宗 39年 6月 辛卯.

100) 『中宗實錄』 卷103, 中宗 39年 6月 壬辰.

101) 李廷青, 2021, 「宋人의 高麗 入仕에 대한 일고찰 –복건지역 출신자를 중심으로–」, 『中國史研究』132.

이런 까닭에 福建 출신자인 李王乞의 漂到는 표류 사건에 대한 처리 과정에서 출신지를 고려해야하는 새로운 문제를 발생시켰다. 출신지를 고려하기 시작한 특징에 대한 중종의 인식은 아래의 사료에서 엿볼 수 있다.

> (D) 대저 중국 사람의 경우에는 으레 요동에 移咨하여 돌려보내고 만일 南京 사람이라면 奏聞하여 돌려보내는 것이 전례이다. 이 사람이 福建 사람이다. 福建은 南京 관하이니, 어쩔 수 없이 전례에 따라 奏聞해야 할 것이다.[102]

위의 인용문을 통해, '奏聞中朝'의 적용 범주가 표인의 출신지에 달려 있었음을 알 수 있다. 적어도 南京 관하의 지역 출신자에게는 이 방식이 적용 가능했던 모양이었다. 중종은 福建을 南京 관하의 지역으로 간주하고 있었기 때문에[103] 福建 출신의 표인을 '奏聞中朝'의 방식에 따라 처리하고자 하였다. 그러므로 이번 사건에서 李王乞을 千秋使의 사행에 딸려서 돌려보내는 동시에 북경에 보고하기로 하였다.

그런데 이와 같은 송환 방식은 도망쳤던 선박이 다시 나타남에 따라 또 변화하였다. 7월 5일 전라도 병사 韓琦의 장계에 의하면, 황당선 1척이 전라도 근해에 와서 조선인 4명을 잡아 샘물이 있는 곳을 안내하게 한 뒤 그들을 섬에 버려두고 가버렸다. 이 선박은 李王乞이 탔던 배로 추

---

102) 『中宗實錄』卷103, 中宗 39年 6月 壬辰. "大凡唐人, 例於遼東, 爲咨入送, 若南京人, 則奏聞入送, 例也. 此人乃福建人, 則福建乃南京也, 不得已依前例奏聞矣."

103) 명이 北京으로 천도한 이후 福建은 원래의 13省 중의 하나로서 그대로였고, 南京은 京師에서 南直隸로 개칭되었지만 관하의 구역이 江蘇·安徽·上海 등 지역으로 변하지는 않았다. 따라서 南京은 福建을 관장할 리가 없었다. 단 당시 조선의 인식에서 福建은 '예전의 閩越의 땅'으로서 중국 남쪽에 위치한 지역임에 불과하였다(『中宗實錄』卷87, 中宗 33年 6月 癸卯). 福建을 南京의 관하 지역으로 오해할 가능성이 없지 않았다.

정되고[104] 전원이 150여 명에 달하였다. 중종은 그 전에 배를 공격했던 일에 대한 유감으로 나머지 표인을 모두 상륙하도록 초유한 후 李王乞과 함께 송환하고자 하였다. 하지만 傷弓之鳥가 된 표인들은 조선의 초유를 받지 않고 저항하는 자세로 화포를 쏘아 지방의 병선과 싸우면서 보복 행위를 벌였다. 결국 조선 군사 중 2명은 부상을 당하고 2명은 살해를 당하였다.[105] 지방 병사가 이들을 나포하기 위해 고심하였고, 중종도 군사 지휘에 적극적으로 참여하였다.[106] 마침내 7월 19일 배가 다시 충청도로 이동한 다음에야 비로소 전원 100여 명 중의 38명이 뭍에 내려 客舍에 留置하게 되었다.[107]

조정에서는 이 38명을 단순한 표인으로 볼 수 있는지의 여부를 문제로 제기하였다. 무기를 갖고 조선인을 살해하여 소란을 피운 그들의 행위는 賊人의 행동과 다름이 없었기 때문이다.[108] 또한 상륙한 후 표인들은 해로로 떠나기를 원한다는 뜻을 전달하기 위해 지방 군수에게 雜物을

---

104) 『中宗實錄』 卷104, 中宗 39年 7月 壬寅·癸卯.

105) 『中宗實錄』 卷104, 中宗 39年 7月 辛亥.

106) 『中宗實錄』 卷104, 中宗 39年 7月 辛亥·癸丑·丙辰.
   조선은 중국선을 나포하는 과정에서 싸움이 발생할 수 있다는 것을 이미 각오한 것 같다. 이러한 각오는 비단 중국선뿐만 아니라 황당선, 특히 왜선에 대한 강경 태도로 보아야 할 것이고, 그 근원은 蛇梁倭變 중 왜인들의 군사적 공격에서 조선이 받은 사뭇 큰 충격에 있었다고 생각한다. 당시 왜변의 事後 대책에 대해서는 심각한 논의까지 이루어졌는데 엄정하게 대비하는 자세의 필요성이 제시되었다(『中宗實錄』 卷102, 中宗 39年 4月 丙戌). 이번 표류 사건의 경우 표선에 火砲 등 무기를 실었으므로 배가 일본으로 떠나려가면 왜인이 이러한 무기들을 익힌 후 조선의 변방 안전에 큰 위험이 될 수 있다는 위기의식이 드러났다(『中宗實錄』 卷104, 中宗 39年 7月 庚申). 결국 왜선에 대한 위기의식은 중국 표선을 대응하는 과정에서 영향을 미친 것으로 보인다.

107) 조선은 나머지 인원을 상륙하도록 유도하기 위해 각종 방법을 사용했지만, 대치한 끝에 표인들이 다시 洪州 방향으로 가버렸다(『中宗實錄』 卷104, 中宗 39年 7月 辛酉).

108) 『中宗實錄』 卷104, 中宗 39年 8月 戊辰.

뇌물로 보내거나 국왕에게 陳情表를 두 번으로 올리는 등 여러 수단을 사용하였다.[109] 육로로의 송환을 거절하는 것이 분명하였다. 육로로 송환되면 자신이 지은 죄에 대해 명에서 처벌을 받을까 걱정하는 마음이었다. 중종도 처음에는 뭍에 내린 그들과 아직 표선에 있는 그들의 친족을 분리시킬 수 없으므로 표인 38명을 친족들과 분리되지 않게 표선으로 돌려보낸 다음 그들이 자의적으로 떠날 수 있도록 내버려두려는 뜻을 예조에 말한 뒤 대신과 논의하라고 전교하였다. 논의한 결과, 水使를 시켜 38명의 친족을 회유할 것을 결정하였다. 다만 그들이 말을 안 듣고 멀리 떠나가면 쫓아가지 않는 대신에 이 38명을 서울로 올려 보낸 뒤 육로로 송환시켜야 한다는 결론을 도출하였다.[110]

이들이 표류해 왔다는 사실을 奏聞해야 할 것인지에 대해서도 논의하였다. 중종은 大義로는 사건의 전말을 상세히 보고해야 하지만 人情상으로는 차마 표류 중국인을 죽을 지경에 이를 정도로 만들지 못했으니 奏聞을 주저하고 있었다.[111] 대신들의 의견에 의하면, 표류해왔다는 사실을 보고할 때 표인이 일본에서 은을 환매한 적이 있다는 사실을 부득이 자문에 적어야 하지만 무기를 쓰고 난동을 부렸다는 사실까지는 밝힐 필요가 없었다. 중종은 이를 따랐다. 이에 표인들을 육로로 돌려보내되 이들의 무력행위를 황제에게 奏聞하지 않는 대신에 예부에만 이자하는 절충적인 방안과, 의주에서 요동도사까지의 압송 거리가 멀어서 표인이 도중에 도망칠 가능성에 대한 우려로 이들을 넘겨주는 장소를 요동도사에서 湯站으로 바꾸자는 제안이 제출되었다.[112] 결국 李王乞을 포

---

109) 『中宗實錄』 卷104, 中宗 39年 7月 丙寅 ; 8月 丁卯·戊辰.

110) 『中宗實錄』 卷104, 中宗 39年 7月 庚申.

111) 민덕기, 2020, 앞의 논문, 6~7쪽.

112) 『中宗實錄』 卷104, 中宗 39年 8月 辛未.

함한 표인 39명은 이 해 冬至使 사행에 따라 湯站에 인계되었고, 조선은 요동도사에 이자하는 동시에 예부에도 자문을 바쳤다. 그리고 명에서는 조선에 은과 채단을 賞賜한 것으로 일을 마무리 지었다.[113)

李王乞 일행의 표류 사건 및 관련 처리 절차에 따라 조선의 표류 중국인 대응책은 세 가지 방면에서 변화가 생겼다. 첫째, 漂到하였지만 上陸하지 않은 표류 중국인에 대한 처리 방침이 제시되었다. 구체적으로 보면 조선의 땅으로 와서 투항하면 이들을 돌보아서 들여보내야 하고, 來附하지 않고 도로 돌아가려 하면 병사로 쫓아가 잡지 않도록 방관한다는 방침이었다.[114) 또 표인이 협조하지 않고 저항하면 병조의 行移에 따라 交戰을 벌일 수 있었다.[115)

둘째, 송환 방식을 결정하는 과정에서 요동도사보다 더 가까운 湯站이 표인을 인계하는 장소로 새로 지정되었다. 실제로 당시 표인을 湯站에 인계하는 것은 전례가 없는 일이었다. 이를 가능하게 만든 사람은 역관인 李和宗이었다. 李和宗은 押解官으로 李王乞 일행에 대한 송환에 참여했을 때 요동 掌印 王松과 교섭하여 표인을 넘겨주는 장소를 湯站으로 확정하였다.[116)

셋째, 이번 사건을 통해 '奏聞中朝'의 송환책은 변화의 조짐이 보였다. 명종 원년(1546) 8월 4일 晝講에서 特進官 鄭士龍(1491-1570)은 자기가 동지사로서 李王乞 등 39명을 전례로 송환시키는 전말과 이에 대한

---

113) 李肯翊, 『燃藜室記述』 別集 卷17, 邊圉典故, 「荒唐船」, 中宗甲辰條 ; 『明世宗實錄』 卷293, 嘉靖 23年 12月 乙酉.

114) 『中宗實錄』 卷104, 中宗 39年 7月 庚申.

115) 이 사건을 계기로 조정에서 지방의 軍事를 간섭해야 할 것인지 여부에 대한 논의 또한 이루어졌다. 논의 과정에서 지방의 軍事는 邊將의 임기응변으로 처치해야지 조정에서의 간섭을 받으면 안 된다는 주장이 제기되었다(『中宗實錄』 卷104, 中宗 39年 9月 癸亥).

116) 『中宗實錄』 卷104, 中宗 39年 9月 甲寅.

〈그림 4〉 명 嘉靖 연간 요동도사 驛路 분포도

출전 : 대림검, 2021, 「조선 중종~선조대 표류중국인의 수용과 송환 정책」, 『해양정책』4, 9쪽.

명의 반응을 밝혔다. 그에 따르면, 당시 동지사 사행에 의해 이루어진 표인의 송환은 요동에 표인을 인계하고 예부에 奏本을 바치는 식으로 진행되었다. 하지만 동지사가 북경에 도착한 후 예부 主客郎中 王楠은 이러한 방식에 대해 의문을 제시하면서 예부에 주본을 바치려면 표인까지 데리고 와야 하고 이왕 요동에 표인을 넘겨준 이상 굳이 예부에 주본을 바칠 필요가 없다고 지적하였다. 鄭士龍은 이러한 상황이 마음에 걸려

각종 謄錄을 상고해 본 결과 주본을 올리는 것에 관한 定式을 찾지 못하
였다. 따라서 그는 돌아온 후 아래와 같이 국왕에게 건의하였다.

(E) 중국인이 일본과 교역하여 그 왕래가 끊임없으니, 어떻게 낱낱이
　　奏聞할 수 있겠습니까? 湯站에 인계하고 요동에 移咨하는 것도 古例가 있
　　는데, 만약 奏聞하는 일이 그 賞賜를 노리는 것으로 명의 의심을 받는다
　　면, 일이 구차하게 될 것입니다.[117]

鄭士龍의 건의에 삼정승을 비롯한 대신들도 동의하였다. 또한 표인
송환에 관한 은사를 입게 되면 반드시 謝恩해야 하는 폐단에 대한 거부
감도 표명하였다.[118] 결국 표류 중국인을 被擄人에 대한 처리 방식을 따
라 요동에 이자하는 방식으로 돌려보내는 것이 적절하다는 대신들의 의
견에 명종은 부정하지 않았다. 이처럼 李王乞 일행에 대한 송환을 계기
로 '奏聞中朝'의 방법이 폐기되었고 요동에 이자하는 관행이 다시 표인
의 송환책으로 복원되었다. 단 표인을 인계하는 장소는 湯站으로 유지되
었다.

실제로 해당 시기 조선 내부에서 사행에 대한 인식이 변화하고 있었
다. 사행이 가진 외교적 역할보다 사행 파견이 초래할 사회경제적 폐단
을 더 깊이 생각하여 이를 억제하려고 하는 경향이 일부 대간들 사이에
서 나타났다.[119] 위에서 지적했듯 조·명 양국 간의 표인 互送 과정에서
발생했던 奏聞과 謝恩의 사행 파견도 경제적 폐단을 초래할 수 있는 행

117) 『明宗實錄』 卷4, 明宗 元年 8月 戊子. "唐人與日本交利, 往來絡繹, 何以一一奏聞乎?
　　交割湯站, 移咨遼東, 亦有古例. 彼若以奏聞爲希望賞賜而致疑焉, 則事亦苟且."
118) 『明宗實錄』 卷4, 明宗 元年 8月 戊子. "漂流人, 每爲奏聞, 若蒙恩賜, 旋復謝恩, 多有
　　弊事."
119) 구도영, 2006, 앞의 논문, 366~367쪽.

동으로 파악되었다. 다만 사대와 예의 차원에서 보면 표인 송환을 위한
사행은 문제가 있다고 보기가 어렵다. 따라서 조선의 입장에서 '奏聞中
朝'라는 방법을 적용할 때 적지 않은 비용이 들어가는 부분이 있다고 하
더라도 禮의 측면에서 일방적인 폐지를 행하는 것은 힘들었다. 이러한
의미에서 '奏聞中朝'를 종지하려면 자연스럽게 명의 지적에 의해 이루어
진다는 명분이 필요했을 것이다.[120]

　1540년대 중국 동남쪽 연해 지역에 倭患이 본격적으로 대두되기 시
작해서 조선 서해 근해 황당선의 출몰 문제가 심해졌다.[121] 중국선인지
왜선인지를 불문하고 선박이 조선 연안에 정박하고 승선자가 뭍에 내려
蠻行을 자행하는 경우도 발생하였다. 이에 명종이 즉위 후 왜선에 대한
경계를 늦추지 않도록 하는 동시에 중국선에 대한 대응책도 변화시켰
다. 그 계기는 명종 즉위년(1545) 7월에 연이어 발생했던 2건의 중국인
표류 사건이었다.[122]

　7월 18일 황당선 1척이 제주 大靜縣에 와서 정박하였고, 이튿날 목
사 金胤宗이 군사를 동원하여 뭍에 내린 승선자 13명을 급히 체포하였
다. 그 중에서 한 명을 추문하여 이들이 무역활동을 위해 일본을 왕래하
다가 바람 때문에 표류를 당했던 중국인임을 확인하였다. 항복한 총
인원수가 326명에 달하였고, 이들은 육로로 돌아가기보다 차라리 현지
에서 죽는 것이 더 낫다는 뜻을 표하면서 선박을 新造해줄 것을 요청하

---

120) 뿐만 아니라 조선에 있어서는 명이 직접 사신을 통해 표류 조선인을 돌려보내는
데에도 비용이 드는 번거로운 절차가 있었다. 따라서 해당 시기 명이 표류 조선인
을 송환했을 때 조선에서는 오히려 의례와 비용 절감 효과가 있는 대응책을 선호하
는 경향이 있었다(李薰, 2000, 『朝鮮後期 漂流民과 韓日關係』, 國學資料院, 54쪽).

121) 高橋公明, 1995, 앞의 논문, 96쪽 ; 이영, 2018, 앞의 논문, 202쪽.

122) 민덕기는 사건의 전말에 대해 간략히 언급한 적 있다(민덕기, 2020, 앞의 논문,
8~9쪽).

였다.[123]

또한 7월 19일 황당선 3척이 전라도 興陽縣에 표류하였다는 보고가 전라도 관찰사 沈光彦(1490-1568)에 의해 조정에 전해졌다. 현감 蘇連은 표선을 왜선으로 생각하여 여러 만호·권관들과 함께 표인을 공격하여 사상자를 야기시켰다. 20일 左道水軍 절도사 金世幹은 牒報를 보고 직접 가서 두발 등 외모적인 특징을 살펴봤더니 이들이 왜구가 아닌 중국인 임을 알게 되었다.[124] 한편 22일 만호 張明遇가 鹿島 바깥쪽에 정박하고 있던 중국선을 왜선으로 생각하여 즉시 군사를 몰고 가서 배를 공격하였다. 이로 인하여 승선자 중 100여 명이 죽고 282명이 포로로 사로잡혔다.[125]

연이어 발생한 2건의 사건에서 표인이 합해서 총 600여 명에 달했으니 이들에 대한 구조 및 송환은 문제가 되었다. 전례에 따라 이들을 일일이 돌려보내고 보고하면 인적·경제적 부담이 상당하였기 때문이다. 현실적인 문제를 고려하면 이는 참으로 조치하기가 어려운 일이었다. 예조에서 처음에는 해송하지 않으면 안 된다는 판단을 내렸다가 다시 병조와 비변사와 상의한 후 일단 제주에 漂到한 326명을 처리하는 방법에 대해 아래와 같이 제안하였다.

> (F) 제주에 문서를 내려 州官으로 하여금 중국인들을 타일러 받아들이도록 하며, 또한 마치 진짜로 그러한 뜻인 듯이 말하기를 "너희들을 마땅히 中原으로 해송할 것이다."고 하는 것을 아랫사람들에게 명령하도록 州官에게 명하십시오. 그렇다면 저 중국인들은 반드시 해송됨을 꺼려서

---

123) 『明宗實錄』 卷1, 明宗 卽位年 8月 甲午.

124) 『明宗實錄』 卷1, 明宗 卽位年 7月 丙戌.

125) 『明宗實錄』 卷1, 明宗 卽位年 8月 壬辰.

스스로 도망갈 것이니, 이에 저들이 도망갈 때에 처음 뭍에 내렸던 13명
도 아울러 도망치게 한다면 매우 편하고 합당할 것입니다.[126)

즉 조선은 표류 중국인이 밀무역 상인이라는 신원을 이용하여 이들
에게 중국으로 해송할 것이라고 전달하면 이들이 명 조정에서의 추궁
당할 것을 두려워하여 스스로 도망칠 수 있도록 유도하고자 한 것이었
다.[127) 한편 사헌부에서는 600여 명을 전부 호송한다면 남쪽에서 서쪽
까지의 모든 고을에서 피해를 입을 수 있다는 점을 지적하였고, 興陽縣
에서 발생한 표류의 경우 사상자가 발생한 사건이었기 때문에[128) 부득
이 奏聞하고 표인을 육로로 돌려보내야 하는 반면에 제주에서 발생한 표
류의 경우 사망자가 없으므로 식량을 주어 그들을 해로로 들여보내어도
무방하다는 논의가 제시되었다.[129) 하지만 의정부에서는 아래와 같은 반
발이 있었다.

(G) 제주에서 표인을 돌려보낸다면 과연 폐단을 없애는 데 효과가 있
겠습니까? 우리나라가 전부터 지성으로 사대를 해왔는데 어찌 일시적인
폐단으로 감히 사대에 어긋나는 일을 할 수 있겠습니까? 저들이 만일 다
시 살려준 은혜를 감사히 여긴다면 그만이겠지만, 만약 또 일본과 서로
교통하면서 해적이 되어 온갖 계략을 꾸민다면 그 근심은 클 것입니다.

---

126) 『明宗實錄』 卷1, 明宗 卽位年 8月 甲午. "請下書濟州, 令州官開諭入送, 令其下人, 如
    以其意言曰: '爾輩當解送中原.'云. 則彼必憚其解送, 自相通去. 通去之際, 仍使初下
    十三人幷通, 則甚爲便當."
127) 이영, 2018, 앞의 논문, 217쪽 ; 민덕기, 2020, 앞의 논문, 8쪽.
128) 물론 事後 조사에 따르면, 현감과 만호들이 표류 중국인을 살해한 것은 왜적을 잡
    으면 상을 받을 수 있다는 탐욕에서 기인한 것이었다(『明宗實錄』 卷1, 明宗 卽位年
    8月 丙辰).
129) 『明宗實錄』 卷1, 明宗 卽位年 8月 乙未.

하물며 이들은 중국에서도 叛民으로 銀과 鐵을 가지고 다니면서 다른 나라에 가서 매매했으니 그들이 중국의 법을 두려워하지 않음을 알 수 있습니다. (...) 더구나 제주는 금년에 흉년이 심하여 구제하기도 어려운 상황에서 어느 겨를에 중국 선박을 만들어 줄 수 있겠습니까? 또 그들의 船制도 우리와 다르니 만들어 줄 수 없는 것이 분명합니다.[130]

　의정부의 논의에서 이 무렵 표인을 해로로 송환시키기가 어려운 이유를 3가지로 제시하였다. 첫째, 해로로 표인을 돌려보내는 방식이 경제적 부담을 줄이는 데 얼마나 효과가 있는지도 모르면서 이 방식을 선택하여 사대에 어긋나면 소탐대실의 상황으로 이어질 수 있다. 둘째, 표인은 워낙 해금을 위반하고 법을 두려워하지 않은 叛民이어서 이들의 일본과의 교통을 방임한다면 이들이 향후 조선에 있어 해적과 같은 위험한 존재가 될 수 있을지도 모른다. 셋째, 현실적으로 보면 흉년을 겪고 있는 지역에서 朝鮮船의 선제와 다른 중국선을 만들어주는 것은 무리한 일이라는 것이다.

　이러한 상황에서 표인 600여 명에 대한 송환은 육로로 해송하는 식으로 결정되었다. 다만 표인을 3차례로 나누어 송환하기로 하였다. 이것은 총 인원수가 많기 때문일 뿐만 아니라, 표인 중 瀝靑과 銃筒을 만드는 법을 아는 자로 하여금 그 제조법을 가르치도록 하려면 이들을 늦게 들여보낼 수밖에 없다는 데서 기인하기도 하였다.[131] 이때는 鄭士龍이 아

---

130)『明宗實錄』卷1, 明宗 卽位年 8月 丙申. "自濟州送之, 則於除弊, 則果有之. 然我國自前至誠事大, 豈以一時之弊, 而敢爲不愼於事大之事乎? 彼若感再生之恩, 已矣. 若與日本國又相交通, 而爲海賊, 作百般之計, 則其患甚矣. 況此人於中國, 亦叛民也. 持銀鐵買賣於他國, 則其不畏中國之法可知. (...) 況濟州, 今年凶荒甚矣, 救之亦艱, 何暇造唐船而給之乎? 且其船體制亦異, 不可造給, 明矣." 이영, 2018, 앞의 논문, 218쪽.

131)『明宗實錄』卷2, 明宗 卽位年 11月 壬戌.

직 '奏聞中朝'에 대해 進言하지 않은 즈음이라서, 송환은 여전히 李王乞 등의 사건에 대한 처리 방식을 전례로 참조하여 표인을 進賀使 南世健 (1484-1552)이 인솔하게 하여 湯站에 넘겨주고 관련 일을 북경에 奏聞하는 식으로 실시되었다.[132] 또한 표인들의 인원수가 많으므로 조선 경내에 머무르는 동안에 이들을 나누어 여러 지역에 배치하였다. 衣食 지급의 경우 이들의 남쪽 지역 출신자라는 특수성을 고려하여 常例와 구분된 특별한 대우를 마련하였다.[133]

두 사건을 처리하는 과정에서 중국인 여부를 판단하는 것은 두발이나 체형 등 외모적인 특징과 언어적 특징을 관찰함으로써 이루어졌다. 이러한 방식은 표인이 손으로 쓴 글씨를 통해 그들의 실체를 추정할 수밖에 없었던 중종대의 방식에 비해 정확도가 더 높아 보였다. 물론 이는 그 동안 황당선을 대비하는 데 누적된 경험과 연관된 결과였다.

한편 두 사건의 처리 과정을 통해 명종이 즉위 후 표인을 대응하는 데 인정이나 사대보다 현실적인 폐단을 더 중요한 문제로 삼을 경향이 있었음을 알 수 있다. 그렇다고 해서 사대를 외면할 수 있다는 뜻은 아니었다. 따라서 폐단을 줄이면서도 사대의 예를 손상시키면 안 되었다. 이러한 요구 하에 '상륙불가'라는 원칙이 그 대안으로 제시되었다.[134] 이 원칙에 따라 표인을 자의로 도주할 수 있도록 유도하는 정책은 제주에 표류한 326명을 대응하는 것에 관한 논의에서 처음에 등장하였다.

---

132) 『明宗實錄』 卷2, 明宗 卽位年 11月 辛未 ; 李肯翊, 『燃藜室記述』 別集 卷17, 邊圉典故, 「荒唐船」, 仁宗乙巳條.

133) 『明宗實錄』 卷2, 明宗 卽位年 9月 乙亥.

134) 후술하겠지만, 이 시기 표선에는 항상 무기를 보유하고 있었다. 중종대 상륙하지 않는 표인에 대해 군사적 대응을 취할 수밖에 없었던 이유가 바로 여기에 있다. 또한 명종대에 와서 상륙을 금지시키는 방향으로 바뀌게 된 이유 중 하나는 표선과의 군사적 충돌을 피하려고 한 것이 아닐까 싶다.

명종 즉위년 8월 중국선 1척이 전라도 馬島에 정박하였다. 명의 商船으로 일본과 교역하러 가다가 조선에 왔다고 하였다.[135] 조정에서는 선박을 표선으로 추정하면서 표인이 뭍에 내려오면 해송하는 데 폐단이 많이 발생할 수 있다는 점을 우려하고 있었다. 이러한 경우 원래 변장으로 하여금 쫓아내어 許接하지 못하도록 해야 하였다. 하지만 표인이 이미 뭍에 내려 지방관과 접촉하였다. 따라서 그들이 해송됨을 꺼려서 스스로 도주할 수 있도록 제대로 유도하라고 변장에게 명령하는 대안이 요청되었다.[136] '상륙불가'의 원칙이 적용된 것으로 보인다.

그런데 모든 표선을 대응하는 데 이 원칙이 반드시 적용될 수 있는 것은 아니었다.[137] 명종 원년 7월 전라도 도서 지역에서 致敗된 표선이 발견되었다. 표류해 온 중국인들이었다. 그 중에서 鹿島에 漂到한 자의 경우 254명 중에서 절반 정도가 죽고 150여 명만이 살아서 돌아갈 수 있었다. 加里浦·莞島·大茅島 등지에 漂到한 표인은 150여 명에 달하였다. 그러나 이것은 『明宗實錄』에 기록된 숫자이고 『燃藜室記述』과 『明實

---

135) 『明宗實錄』卷1, 明宗 卽位年 8月 庚子.

136) 『明宗實錄』卷1, 明宗 卽位年 8月 辛丑.

137) 반면에 황당선을 대응하는 데 이 원칙이 효과적으로 활용되었다. 구체적으로는 엄한 兵威를 보여줌으로써 상륙하지 못하게 하는 정책으로 나타난 것이다(『明宗實錄』卷2, 明宗 卽位年 9月 甲申. "若有荒唐船, 使沿海各官, 嚴示兵威, 勿令下陸矣."). 명종 즉위년 9月 황당선이 황해도 長連縣에 도착하여 정박하는 일이 일어났다. 배는 중국선으로 확인되고 선체가 완전하였다. 이에 명종은 사적으로 일정한 식량을 주어 도로 돌려보내려고 한 의사를 표하였다. 대신들은 기본적으로 동의하는 입장이었으며, 뭍에 내린 승선자를 대접하면 후일의 폐단이 끝이 없다는 점을 진일보 지적하였다(『明宗實錄』卷2, 明宗 卽位年 9月 甲申). 또 명종 원년 7월 경상도에 到泊한 중국선에 대해 조선은 여전히 배가 스스로 도주할 수 있도록 유도하는 방법을 통하여 이들을 쫓아내고자 하였다. 다만 식량과 식수를 제공해야 할 것인지 여부에 대한 논의에서 식량 공급이 초래할 수 있는 무궁한 후환이 제시되었으니 하지 마라는 의견은 오히려 대다수였다(『明宗實錄』卷4, 明宗 元年 7月 辛未).

錄』에 의하면 실제 표인의 수는 약 340명에 달했던 것으로 나타난다.[138] 표선이 부서져 스스로 돌아갈 수 없는 상황에서 '상륙불가'의 원칙도 적용하기 힘들었다. 이로 인하여 명종은 모든 생환자들을 육로로 돌려보내라고 명하였다.[139] 송환은 요동에 이자하는 방식에 따라 진행하는 것으로 정해졌다.[140]

또한 이들을 접대하는 방식에 대한 논의가 있었다. 명종은 중국에서 온 사람을 후하게 대접하는 기존의 원칙을 준수하고 宣醞禮에 의해 표인을 특별히 대접하고자 하였다. 하지만 예조가 반대하는 뜻을 아뢰었다. 그 이유는 표인들은 무기를 지참하고 사적으로 해금을 위반하여 배를 띄운 죄인으로서 예의 차원에서 후한 대접을 해줄 수 없었기 때문이다. 이에 대해 명종은 표인에 대한 후대는 표인을 위하는 것이 아니라 중국을 존중하기 위해서였다고 강조하였다.[141]

상기한 표류 사건을 통해 이 무렵 표류에 대한 인식이 두 가지 방면에서 심화되었음을 알 수 있다. 첫째, 선박을 표선으로 취급하는 기준에

---

138) 李肯翊, 『燃藜室記述』別集 卷17, 邊圉典故, 「荒唐船」, 明宗丙午條 ; 『明世宗實錄』
  卷321, 嘉靖 26年 3月 乙卯.
139) 『明宗實錄』 卷4, 明宗 元年 7月 壬申·乙亥.
140) 『明宗實錄』 卷4, 明宗 元年 8月 戊子.
141) 『明宗實錄』 卷4, 明宗 元年 8月 乙巳.
  宣醞이란 국왕이 직접 술을 내려주는 것을 의미하기 때문에 선온을 내려주는 것은
  굉장히 극진한 대접이다. 명종과 예조의 의견차는 역시 선온의 위상과 연관된 것
  으로 보인다. 명종은 선온으로 別饌를 실시함으로써 중국에 대한 지대한 존중을
  표현하고자 했지만, 예조는 표인이 죄인이라는 점에 입각하여 표인의 신분은 선온
  의 위상과 부합하지 않음을 강조하였다. 이처럼 선온의 높은 위상에 대해서는 명
  종과 예조 사이에 이의가 없었지만, 명종은 사대에 주목하는가 하면 예조는 선온
  이 가지고 있는 예의 의미를 중요시하기 때문에 결국 의견차가 생기게 되었다. 선
  온의 위상과 의미에 대해서는 신진혜, 2020, 「영조 12년(1736) 老·少論 화해를
  위한 耆老臣 宣醞 시행과 의미」, 『사학연구』140, 219~227쪽을 참조.

대한 인식이다. 명종대에 이르러서 敗船 여부가 표류 사실을 판단하는
데 중요한 기준으로 성립되었다. 선박이 표선으로 취급된 것은 표류를
당했는지의 여부에 따른 것이 아니라 표류하여 곤궁한 처지에 빠진 것
인지 여부에 달려 있었다. 즉 표류를 당했다 하더라도 배가 치패되지 않
으면 표선으로 취급할 수 없었던 것이다. 이는 중국선에 해당될 뿐만 아
니라 일본선의 경우에도 마찬가지였다.[142] 치패되지 않은 표선 또한 '상
륙불가'의 대상으로 치부되었다.

　둘째, 표인 신분에 대한 인식이다. 이 시기 표인은 여전히 월경자로
서 走回人과 큰 차이점이 없었지만, 한편으로 해양이라는 특별한 공간
에서 온 사람으로서 특별한 주목을 받았다. 즉 인간의 보편적 감정과 유
교문화권의 禮라는 차원에서 표류를 당하고 구사일생으로 살아난 표인
이 겪은 고통은 표인이라는 신분의 특수성을 부각시키는 요인으로 작용
된 것이었다. 그렇다고 해서 이러한 특수성이 다른 신분상의 특징을 능
가했다고 말하기는 힘들다. 표인과 죄인의 관계를 예시로 보면, 죄를 지
은 표인의 경우 그 죄가 표류의 고통 때문에 면제될 수 있는 것은 아니었
다. 즉 표인이라고 하더라도 '有罪漂人'과 '一般漂人'을 구분하여 대접해
야 한다는 의식이 형성되었다는 것이다.[143] 물론 이것 또한 황당선의 출
몰과 중·일 해상 왕래의 증가로 인하여 초래될 倭患 문제에 대해 우려하
고 경계한 결과로 보아야 한다고 생각한다.

　요컨대 중종 말년부터 명종 초년까지 황당선의 출몰과 수반된 福建
船의 수차례 漂到는 표류 사건의 특수성에 대한 조선의 인식을 심화시켰

---

142) 『明宗實錄』 卷16, 明宗 9年 3月 庚戌.
143) 실제로 죄를 지은 표류 중국인에 관한 후속 처리를 어떻게 진행해야 할 것인지에
　　대한 논의는 중종 대부터 이미 등장하였다. 중종 28년(1533) 9월 중국인 16명이
　　표류해 왔는데, 당시 조정에서는 범죄자로서의 표인을 요동에 이송하면 요동에서
　　알아서 조치를 취할 것을 기대하고 있었다(『中宗實錄』 卷76, 中宗 28年 11月 辛丑).

다. 황당선의 출몰 증가에 직면하는 과정에서 異國船의 船制, 외국인의
외모적 특징 등에 관한 지식과 정보가 누적되었다. 이와 더불어 원래 월
경자의 성격과 비슷한 존재로 파악되었던 표인도 교통수단, 출신지, 이
동의 목적, 불가항력적 일에 겪던 고통 등 방면에서 신분상의 특수성이
드러나기 시작하였다. 하지만 명종대에 들어와서 표인에 대한 예의보다
현실적인 폐단이 더욱 강조되었으므로, 표선을 포함한 황당선을 대응하
는 데 오히려 '상륙불가'의 원칙을 효과적인 대안으로 의식하고 있었다.

한편 이 시기 표류해 온 福建船 사이에 공통적인 특징이 있었다. 즉
표선에는 모두 무기를 보유하고 있었다는 점이다. 조선은 이러한 武裝船
이 대량으로 일본과 왕래하는 것을 근래 왜선에 화포를 많이 실은 것의
원인으로 파악하였고, 향후 무장된 왜선의 침범을 근심하였다. 이러한
걱정은 명종 즉위년 전라도에 漂到했던 340여 명을 돌려보냈을 때 咨文
을 통해 명에 토로하기도 하였다.[144]

한편 지금까지는 기본적으로 중국 선박의 선원은 모두 중국인이었
고, 왜선의 선원은 모두 왜인이었다.[145] 하지만 왜구의 활동이 빈번해지

---

144) 『明世宗實錄』 卷321, 嘉靖 26年 3月 乙卯. "前此倭奴未有火炮, 今頗有之, 盖此輩闌
出之故, 恐起兵端, 貽患本國."
　　 명은 조선의 咨文을 보고 福建 지역에서 해금을 위반하고 있는 심각성을 의식하였
다. 이에 提督軍務로 朱紈(1494-1550)을 임명하고 그를 福建의 海道官을 査覈하
도록 하였다. 朱紈은 현지에 가서 상황을 파악하는 과정에서 지역 호족들이 왜구
와 결탁하여 불법적인 이득을 취하고 있었다는 사실을 알게 되었으니, 이를 황제
에게 보고하면서 관련 호족의 명단도 폭로하였다(『皇明經世文編』 卷205, 朱紈, 疏,
「閱視海防事」). 이런 까닭에 호족세력과 朱紈의 관계는 악화될 수밖에 없었다. 호
족세력은 福建·浙江 출신의 대신들과 내통하여 朱紈을 비난하였고, 朱紈은 결국 장
파를 당하여 자결을 선택하게 되었다. 그가 죽은 후 福建·浙江 연해의 해금은 진
일보 이완되었고 최종적으로 '嘉靖大倭寇'가 발생하는 시대에 이르렀다(『明史』 卷
205, 列傳93, 「朱紈」).
145) 高橋公明, 1995, 앞의 논문, 103쪽.

자 승선자의 신분이 명확하지 않은 선박이 종종 발견되었다. 그 가운데 왜인과 중국인이 공동으로 탑승하는 현상이 일어났다. 이러한 선박이 표류해 온 것은 조선에 있어 복잡한 문제로 을묘왜변 발발 3년 전부터 부상되기 시작하였다.

2) 중국인·왜인의 공동 漂到 처리

앞서 언급했듯이, 중국 동남쪽 연해 지방 밀무역에 대한 명의 엄격한 탄압은 福建船의 조선 표류에 관한 조선의 咨文에 의해 이루어졌다. 하지만 명의 해금 강화 조치는 명의 예상과 달리 왜구의 증가를 초래하였다. 1550년대 중국 연안에서 창궐하게 된 왜구의 활동은 王直(?-1559) 집단을 비롯한 중국인들이 많이 참여하고 있었다. 이는 "대개 진정한 왜는 3/10 정도로 차지하고 왜를 따르는 자는 7/10 정도로 차지하였다"라는 왜구의 인적 구성에 관한 기술을 통해서도 알 수 있다.[146] 이 무렵 중국인과 왜인이 비교적 자유롭게 결합하여 海上 활동을 전개하였고, 공동으로 승선하여 바다를 오가는 경우도 많아지고 있었다. 결국 조선 연해 지역에서 중국인과 왜인의 공동 표류가 발생하였다.

이 시기는 조선에 있어 사량진 왜변(1544) 이후 대마도와의 관계가 더욱 긴장된 즈음이었다. 일본을 교린의 대상이 아니라 변경문제의 차원에서 인식하게 되면서 표류한 왜선을 일본으로 인도하는 일도 어려워졌다.[147] 이러한 상황에서 '상륙불가'의 원칙이 유용한 대안으로 활용되

---

146) 『明史』 卷322, 列傳210, 外國3, 「日本」. "大抵眞倭十之三, 從倭者十之七." 그 이외에 16세기 왜구의 구성원 중에서 중국인이 많은 비중으로 차지하고 있음을 보여주는 사료에 대해 윤성익, 2006, 「'後期倭寇'로서의 乙卯倭變」, 『韓日關係史研究』 24, 155~156쪽 각주33)을 참조.

147) 李薰, 2000, 앞의 책, 46쪽.

었는데,[148] 표선이 연해 지방에 와서 지역민을 약탈하는 등 불법 행위를 벌일 경우 체포를 실시할 수 있었다. 하지만 왜인과 중국인이 공동으로 표류해 오면 이를 별도의 일로 처리해야 하였다. 이러한 공동 표류가 처음에 등장한 시기는 이른바 '濟州倭變'이 일어난 명종 7년(1552)이었다.

이 해 5월 황당선 8척이 제주 旌義縣에 漂到한 후 지역민을 살해하고 재물을 약탈하는 등 난동을 부렸다.[149] 표인들은 현지의 지방군과 교전을 벌였는데 그 과정에서 望古三夫羅라는 왜인이 지방군에 의해 생포되었다. 이에 조정에서는 이 사건을 왜변으로 파악하고 望古三夫羅를 심문하였다.[150] 그의 공초에 의하면 접전은 억지로 이루어졌던 것으로 표인이 식량과 선박을 애걸했으나 邊將이 들어주지 않은 데에서 기인하였다. 그러나 표선에 形名과 戰具가 다 갖추어졌다는 점을 감안하면 이들을 일반인으로 보기가 힘들었다.[151] 한편 표인 수백 명 중에서 절반이 중국인이라는 점이 주목되었다.[152] 왜인과 함께 승선한 중국인의 인원수가 이만큼 많은 것은 前無한 일이었기 때문이다. 물론 이들의 신분과 항해목적을 알 수 없지만, 조선의 입장에서 보면 변경의 문제였던 왜구의 구성원 중에서 중국인까지 포함되어 있다는 사실 그 자체가 더욱 충격적이

---

148) 이러한 방어적인 태도는 중국 선박을 대응할 때에도 적용되기 시작하였다. 즉 일본을 왕래하다가 음식을 구하러 내박한 중국 商船도 경계의 대상이 되었다는 것이다. 비변사에서는 이러한 商船이 자주 와서 급식을 요청하면 모두 만족시키기는 어렵다는 이유로 급식하지 않고 상륙도 금지하여 선박을 그대로 돌아가도록 하는 처리 방식을 건의하였다(『明宗實錄』 卷4, 明宗 元年 7月 辛未. "如此興販之船往來之際, 常泊我境, 以希望給糧之例, 則勢難堪支. 不須給糧, 而亦勿令下陸, 任其所歸爲當.").

149) 『明宗實錄』 卷13, 明宗 7年 5月 辛亥 ; 『耽羅紀年』 卷2, 濟州·旌義·大靜.

150) 『明宗實錄』 卷13, 明宗 7年 5月 辛亥, 6月 癸丑.

151) 『明宗實錄』 卷13, 明宗 7年 6月 丁巳.

152) 『明宗實錄』 卷13, 明宗 7年 7月 庚戌.

었을 것이다. 그뿐만이 아니었다. '제주왜변'이 일어난 뒤 3년 동안에 중국인과 왜인의 공동 표류가 계속해서 발생하였다.

명종 8년(1553) 6月 중국인 10명과 큐슈의 하카타[博多] 왜인 38명이 황해도에 표류하였다. 표인 중에서 三甫羅古羅 등 왜인들이 생포되었다. 이들이 중국과 관계가 있으니 관련 후속처리는 별도로 마련해야 할 상황이었다. 의정부 대신들과 2품 이상의 관인들은 기본적으로 표류 일본인을 왜적으로 간주하고 표류 중국인도 왜적과 같이 이익을 도모한 叛賊으로 보고 있으므로 사대의 도리를 내세워 사건을 사실대로 奏聞하는 동시에 표인들을 모두 중국으로 보내는 방안을 건의하였다. 명종은 이를 따랐다.[153] 한편 三甫羅古羅가 중국인이 왜선을 탄 이유에 대해 아래와 같이 밝혀냈다.

> (H) 지난 몇 년 사이에 중국인 100여명이 처자를 데리고 하카타로 와서 집을 짓거나 빌려서 살고, 혹은 하카타의 여성한테 장가들어 살았습니다.[154]

즉 이 무렵 하카타로 이주한 중국인들이 있었고, 일본 상인은 이러한 이주자들을 따라 중국을 왕래하고 있었던 것이다. 따라서 중국인을 싣고 중국을 오가는 왜선이 서해·동중국해 등 해역을 항해하다가 조선에 漂到하는 일이 발생하였다.

하지만 표류 일본인까지 중국에 보내자고 한 의견에 대해 사헌부와 사간원이 이의를 제기하였다. 왜냐하면 표류 조선인을 열심히 송환시킨

---

153) 『明宗實錄』 卷14, 明宗 8年 6月 壬寅.

154) 『明宗實錄』 卷14, 明宗 8年 6月 壬寅. "退計數年間, 唐人百餘名, 率妻子來于博多州, 或借家, 或造家, 或聚倭女居生."

일본과 반대로 조선이 표류 일본인을 중국으로 보낸다면 교린의 신의에 어긋날 수 있기 때문이었다.[155] 대간의 주장에 의하면 송환은 사대와 교린의 이념을 모두 지켜야 하는 것이었다. 그러나 보다시피 공동으로 표류해 온 중국인과 왜인을 들여보내는 데 사대와 교린의 禮를 동시에 만족시키는 것은 쉬운 일이 아니었다. 특히 왜인이 해를 끼치는 행동을 벌였다면 더욱 그렇다. 결국 표인을 돌려보내는 데 사대와 교린을 지킬 방법에 관한 논의는 명종 9년(1544)에 접어들어 본격적으로 이루어졌다.

이 해 5월 하순에 제주·전라 일대에서 황당선이 출몰하면서 조선의 지방군은 이들을 경계하였다. 25일 왜인 23명과 중국인 3명이 부서진 선박의 판자를 타고 떠내려와 조선군에 붙잡히게 되었다. 왜인은 자신들이 상인으로서 중국 漳州·湖州 등지에 가서 무역하고 귀국하는 도중 표류를 당하여 조선으로 왔다고 자백하였다. 그리고 중국인 2명의 경우 왜인과 함께 무역에 종사하는 사람으로 왜인에 의해 밝혀졌다.[156] 명종은 기본적으로 이 사건을 왜변으로 치부하였다. 즉 이 사건은 중국인과 왜인이 서로 교통하여 명을 해쳤다가 표류해 온 것으로 파악된 것이었다. 이런 까닭에 삼정승과 병조·비변사의 관련 대신들을 불러 대책을 논의하게 하였다. 대신들은 붙잡힌 왜인과 중국인을 처리하는 어려움을 인정하면서 '상륙불가'의 원칙을 따르지 않고 표인을 붙잡아서 서울로 보내는 漂到地에서의 처리 방식을 비판하였다. 또한 미봉책으로 표인을 제주로 돌려보낸 뒤 선박을 주어 해로로 보내는 방안이 제시되었다. 명종은 아뢴 대로 하라고 하는 동시에, 표인들이 변경에서 난동을 부리지 않았다는 점을 고려하여 역관을 보내어 "차후에 다시 국경을 범한다면

---

155) 『明宗實錄』 卷15, 明宗 8年 7月 乙卯·戊辰.
156) 반면 표류 중국인은 자신들이 중국에서 왜구에게 노략질을 당한 후 붙잡혔다고 주장하였다.

반드시 법대로 다스려 죽이고 용서하지 않을 것이다"라고 諭示한 후 표인을 들여보내는 것이 옳다고 지적하였다.[157]

그런데 사헌부는 반대의 입장에 섰다. 대간들은 표인의 송환은 변하지 않는 법도에 따라 처리하는 방식[經]보다 때에 따라 알맞게 처리하는 방식[權]으로 진행해야 한다고 주장하였다. 또한 고려시대에는 對宋·對女眞 관계를 각각 여진과 송에 숨겼다는 예시를 들어 이를 나라를 보호하기 위한 權道로 적극적으로 평가하면서, 이러한 외교수단을 준용함으로써 중국인과 왜인이 공동으로 표류해 올 때 사대를 지키고 중국인을 奏聞하는 동시에 교린의 예에 준하여 왜인을 일본으로 돌려보내는 방식을 제안하였다.[158]

대신들도 대간의 건의에 대해 동의하는 입장이었다. 아울러 왜인을 처결하는 것을 북경에 奏聞하면서 이들을 일본으로 들여보낸다면 비록 권도라고 하더라도 의리상으로는 부끄러운 일이라서 왜인에 대한 처리를 북경에 상세하게 보고하지 않는 것이 온당하다고 강조하였다.[159] 결국 명종은 이러한 방법을 채택하여 표류 중국인을 왜인으로부터 떼어내어 요동으로 송환시키고, 왜인을 전라도에서 직접 일본으로 호송하기로 하였다.

이처럼 당시 변방 사무에 대한 비변사의 주도적인 처리권이 확보되지 않은 상황에서 대간의 견제가 가능했던 것으로 보인다. 중국인과 왜인의 공동 표류를 대응하는 데 經權의 원칙을 활용하여 명에 대한 사대

---

157) 『明宗實錄』 卷16, 明宗 9年 6月 丁丑. 후세의 史臣은 당시 주어진 배가 난파된 배인 줄 알아 이에 대해 신랄한 비판을 가하였다. 그러나 "배를 찾아서 주어 들여보내다[覓給船隻放送]"라는 기록에 의하면 난파된 배로 지급했다고 하는 데 재고의 여지가 있지 않을까 싶다.

158) 『明宗實錄』 卷17, 明宗 9年 7月 丙辰.

159) 『明宗實錄』 卷17, 明宗 9年 7月 丁巳.

의 예에 손상을 입지 않는 범위에서 일본과의 교린을 유지하는 방침이 모색되었다. 표인 대응책을 마련하는 데 '權道'라는 원칙이 처음에 정식적으로 등장하였다. 물론 을묘왜변 이후 일본에 대한 경계가 강화됨에 따라 왜인의 漂到에 관한 조치도 달라졌지만,[160] 표류 중국인에 관한 처리 방식은 점차 관례화된 모습으로 드러났다. 을묘왜변 이후 임진왜란 전까지 왜인과 함께 표류해 온 중국인은 대부분 왜인에 의해 붙잡힌 사람들이었다. 조선에서는 기본적으로 이들을 요동으로 송환시켰다. 여기서 '상륙불가'의 원칙을 적용하지 않은 이유는 표인들을 '유죄표인'으로 간주하였기 때문이 아니라, 표인이 왜인에 의해 붙잡혔다는 특수한 상황을 의식하였기 때문이라 여겨진다.

결국 표인의 구체적인 송환 방식은 대외관계의 전개에 따라 조정 가능했다고 할 수 있다. 어떤 송환책을 채택하든 간에 국익 손상이 없도록 진행하는 것이야말로 최고의 원칙이었다. 송환뿐만 아니라 구휼의 절차도 외교적 수요의 영향을 받을 수 있었다. 명종 11년(1556) 일어났던 중국인·왜인의 공동 표류 사건을 예시로 보자.

이 해 6월 중국 南直隷·無錫 등지를 침탈하던 중 돌풍으로 인하여 제주에 표류한 왜선 5척이 포획되었는데 그 가운데 華重慶 등 중국인 38명이 발견되었다.[161] 조선은 관례에 의하여 이들에 대한 구휼을 실시하

---

160) 을묘왜변 이후 조선은 비변사의 강경노선을 따라 표인 송환 약속과 사헌부의 견제에도 불구하고 표류 일본인에 대한 斬獲에 기울게 한편 명에서는 조선의 獻俘 행위를 보고 왜구의 침략을 대비하는 일환으로 조선에 賊倭를 죽이도록 요청하자는 논의가 대두되었다(『明世宗實錄』 卷413, 嘉靖 33年 8月 乙未). 조선은 명의 논의가 초래할 수 있는 조선의 인적·경제적 피해와 일본에 대한 背信을 염려하고 있었다. 승문원에서 명의 이러한 움직임에 대한 대응책도 마련하였다. 관련 내용은 李薰, 2000, 앞의 책, 49~51쪽 ; 민덕기, 2018, 앞의 논문, 124~127쪽 등을 참조.

161) 『明宗實錄』 卷20, 明宗 11年 6月 甲辰 ; 李肯翊, 『燃藜室記述』 別集 권17, 邊圉典故, 「荒唐船」, 明宗丙辰條.

였다. 사건 관련 기록은 명 鄭若曾(1503-1570)이 지은 『江南經略』에서 상
세하게 기록되어 있다.[162] 그 중에서 조선의 대응에 관한 기록은 아래와
같다.

　　(I) 먼저 변장이 표류 사건을 조정에 올린 뒤 국왕은 통사 白元을 제주
　로 보냈다. 백원은 표인을 만나고 심문하는 과정에서 華重慶은 無錫 출신
　의 華씨라는 사실을 알게 되어 물어보기를 "옛날에 天使 중 華씨의 學士
　도 無錫 출신이었는데 혹시 당신과 같은 종족이 아닐까?"고 하였으니, 華
　重慶은 맞는다고 하면서 모두 자세하게 대답하였다. 白元이 서울로 돌아
　온 후 관련 사실을 국왕에게 진술하고 보고하였다. 7월 3일 국왕은 吏曹
　尙書로 하여금 표인을 다시 문정하도록 하였다. 문정이 끝난 뒤 표인을
　天使館에 배치하였다. 8월 12일 국왕은 賜宴하고 배석하였다. 대개 상국
　을 존중하고 華씨의 學士를 받들기 때문이었을 것이다. 연회가 끝난 이후
　표인에게 1인당 圓竹帽 1개, 저고리 1벌, 치마 1장, 청면포 1필, 장화 1켤
　레, 면포 허리띠 1개를 주었다. 송환하는 데 尙書·都御史·御史 각 1명, 太
　守·太醫 각 2명, 知縣 18명을 보내어 안동하도록 하였고, 이내 군사 50명
　을 보내어 요동까지 호송하였다.[163]

---

162) 이 사료를 활용하여 사건의 전말을 소개한 최초의 연구자는 모리요시 하수미[荷見
　　守義]였다. 荷見守義, 2009a, 앞의 논문 ; 2009b, 「華重慶の道程-寧波海賊と朝鮮
　　からの歸還」, 『大阪市立大學東洋史論叢』 別冊特輯號.

163) 鄭若曾, 『江南經略』 卷5上, 「華重慶擄入朝鮮始末附錄」, "先是, 邊將奏報, 國王遣通事
　　白元至牧. 相遇審問間, 見華姓無錫人, 卽問重慶曰: '昔有天使華學士者, 無錫人也. 得
　　非汝宗族耶?' 重慶曰: '然.' 具悉以對. 元歸, 述以告王. 七月初三日, 王使吏曹尙書覆
　　訊. 畢出, 住天使館止宿. 八月十二日, 王賜宴陪坐. 蓋重天朝, 亦推學士之餘敬也. 宴
　　罷, 每人賞圓竹帽一頂, 白布衣一件, 裙二條, 靑綿布絹各一疋, 皂靴一雙, 綿布束腰
　　一幅. 遣尙書·都御史·御史各一員, 太守太醫各二員, 知縣一十八員, 伴送还朝. 仍遣軍
　　五十人, 防送至遼東."

(1)에 의하면, 당시 표류 중국인을 구휼하는 일은 1) 변장이 보고함, 2) 한양에서 통사를 보냄, 3) 漂到地에서 1차 問情 실시, 4) 서울에서 2차 문정 실시, 5) 표인을 天使館에 배치함, 6) 국왕이 사연함, 7) 의식 공급 이외 상으로 물품을 줌, 8) 표인을 호송하여 요동으로 송환 등 절차로 진행되었다. 그리고 표인 일행이 서울에서 한 달 동안 머물렀던 이유는 표인이 딸릴 冬至使의 사절 편을 기다려야 하였기 때문이었다.[164]

전체적으로 보면 이번 표류 중국인에 대한 처리 방식은 전례와 비교하면 큰 차이가 없지만, 문정의 횟수, 안치소의 선정, 국왕의 사연과 賞賜品의 유무 등 방면에서 구분되는 부분이 존재하였다. 기존 연구에서는 조선이 華重慶 등을 특별히 우대하는 것은 華重慶을 翰林院侍讀 華察(1497-1574)과 같은 종족의 출신자로 취급하였기 때문이라 지적하였다. 즉 조선은 명과의 예의적 관계를 존중하는 태도를 표명하기 위해 華察의 族人으로 치부된 華重慶을 극진하게 우대하고 송환했다는 것이다.[165] 하지만 왜 하필 華察의 族人을 우대함으로써 그러한 태도를 표명했는지에 대해 설명하지는 않았다. 그 답은 중종 34년(1539) 華察의 조선 出使에서 찾을 수 있다고 생각한다.

조·명 관계의 전개 과정에서 나타난 외교 현안 중의 하나가 宗系 문제였다.[166] 종계 문제란 "李成桂가 李仁任의 후예로서 고려 왕씨의 四王을 弑害하고 왕위에 올랐다"고 하는 명 측의 오류와 곡해를 가리키는 것

---

164)『明宗實錄』卷21, 明宗 11年 8月 丁酉.

165) 荷見守義, 2009a, 앞의 논문, 285쪽.

166) 조선전기의 종계문제에 대해서는 末松保和, 1965,「麗末鮮初に於ける對明關係」,『靑丘史草第一』, 426~436쪽 ; 박성주, 2003,「조선전기 朝·明 관계에서의 宗系 문제」,『慶州史學』22, 201~211쪽 ; 權仁溶, 2005,「明中期 朝鮮의 宗系辨誣와 對明外交 -權橃의『朝天錄』을 中心으로-」,『明淸史硏究』24, 96~114쪽 ; 김경록, 2007, 앞의 논문 ; 이혜순, 2017,「종계변무(宗系辨誣)와 조선 사신들의 명나라 인식」,『국문학연구』36, 96~100쪽 등을 참조.

이었다. 조선은 이를 바로잡기 위해 태종대부터 사신을 파견하여 종계
변무 문제를 해결하고자 노력하였다. 중종대에 이르러서도 辨誣奏請使
의 파견 여부에 대해 논의가 진행되었다. 중종 24년(1529) 聖節使 柳溥
(?-1544)의 서장에 따르면, 재편되는 『大明會典』에는 종계를 개정하여 기
록할 것을 약속 받았다.[167] 때문에 조정에서는 이후 사절단에게 『大明會
典』의 개수를 재청하거나 그 개수 진전에 대해 알아보라고 하였다. 중종
32년(1537) 3월 翰林院修撰 龔用卿이 정사로 조선에 파견되었다.[168] 그
는 자신을 '同修大明會典'의 신분으로 밝히면서 『大明會典』의 개수 작업
에 참여하고 있다는 것을 암시하였다. 중종은 龔用卿의 방문을 종계 문
제를 해결할 수 있는 好機로 여겨 그들에게 극진한 접대를 주면서 『大明
會典』 개수 시 관련 내용의 誤記를 수정하는 것을 청하였다.[169]

그러나 사실상 龔用卿 등 일행이 명에 돌아간 뒤 『大明會典』의 개수
와 반포에서 아무 진전도 보이지 않았다. 이러한 와중에 중종 34년 華察
과 工科給事中 薛廷寵(1498-?)이 정사와 부사로 조선에 입국하였다.[170] 華
察 일행은 龔用卿 일행과 달리 자진해서 종계 문제를 먼저 언급하였다.
그들은 잘못 기록된 종계 내용이 이미 개정되었다고 밝히면서, 다시 奏
聞할 것을 국왕에게 권유하는 동시에 협조의 뜻을 표하였다.[171] 이런 태
도가 중종을 감격시키지 않을 수 없었다. 이렇듯 華察은 『大明會典』 중
종계 내용의 수정을 적극적으로 지지하였기 때문에 조선에 있어서 존경
할 만한 인물이었다.

---

167) 『中宗實錄』 卷65, 中宗 24年 6月 甲子.
168) 『明世宗實錄』 卷193, 嘉靖 15年 11月 丁巳.
169) 『中宗實錄』 卷84, 中宗 32年 3月 庚寅·癸巳.
170) 『明世宗實錄』 卷221, 嘉靖 18年 2月 戊申 ; 嚴從簡, 『殊域周咨錄』 卷1, 東夷, 「朝
　　鮮」, 世宗肅皇帝 嘉靖 17年.
171) 『中宗實錄』 卷90, 中宗 34年 4月 庚戌.

다만 개수된 『大明會典』의 반포는 명종대에 들어와서도 이루어지지
않았다. 명종 9년(1554)까지 조선 사신이 명에 갈 때마다 관련 소식을 알
아보았지만 끝내 책을 보지 못하였다.[172] 때문에 조선 조정에서는 華重
慶 등을 인솔하였던 동지사 사절을 통해 『大明會典』에 종계 관련 내용이
어떻게 개정되어 수록되었는지를 확인하고자 하였다.[173]

이처럼 華重慶 등에 대한 우대는 조선의 종계변무 문제에 협조했던
華察에 대한 존경에서 유래한 것으로 보인다. 이들 표인들을 사절 편에
딸려서 송환하는 일이 당시 『大明會典』을 둘러싼 종계변무의 외교 문제
를 해결하는 데 적극적 영향을 미칠 수 있었다고 조선은 믿고 있었다.

또 유의해야 할 것은 조선의 입장에서 을묘왜변 이후 왜인과 같이 표
류해 온 중국인은 표인이기 전에 약탈을 당한 포로였다는 점이다. 조선
은 이러한 점을 염려에 두고 그들을 돌려보내는 데 경제적 폐단이 발생
할 수 있다고 하더라도 육로로의 송환 방식을 선택하였다.[174] 포로가 된
明人의 송환 그 자체가 조·명 관계를 더 공고히 만들었을 뿐만 아니라,
효과적인 외교 현안의 해결에도 일정한 역할을 수행할 수 있었다.

결론적으로 명종대 표류 중국인의 처리는 對明·對日 관계의 전개에
따라 영향을 받았다. 구휼 및 송환의 절차는 어느 정도 틀이 형성되었지
만, 구체적인 실시는 당시의 정치적·외교적 수요에 따라 전례와 다르게
이루어질 수 있었다. 처리 절차 변화는 〈그림 5〉와 같이 정리할 수 있다.

상기의 절차는 임진왜란 이전까지 큰 변화가 일어나지 않았다. 표인

---

172) 박성주, 2003, 앞의 논문, 207쪽.

173) 『明宗實錄』 卷22, 明宗 12年 正月 乙卯.

174) 예컨대, 명종 14년(1559) 蘇才 등 중국인들이 왜인에 의해 사로잡혀 함께 황해도
에 표류했는데, 조선은 표인의 총 인원수가 322명에 달했음에도 불구하고 그들을
육로로 귀국시켰다(李肯翊, 『燃藜室記述』 別集 권17, 邊圉典故, 「荒唐船」, 明宗己未條).

〈그림 5〉 명종대까지 표류 중국인의 처리 절차 변화

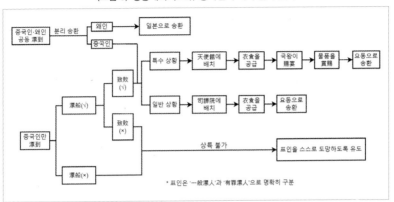

은 주로 千秋使·冬至使·賀至使 등 遣明 사절을 통해 송환되었다.[175] 그리고 정황에 따라 '奏聞中朝'의 방식과 요동에 이자하는 방식은 모두 채택 가능하였다.[176] 명에서는 표인에 대한 조선의 송환을 포상하기 위해 칙서를 내리는 동시에 사신과 변장에게 은·비단을 하사하였다. 이러한 포상은 선조 17년(1584)에 접어들어 새로운 조건이 추가되었다. 이 해 조선은 경상도 蔚山에 표류한 阮喬柱를 동지사가 인솔해가게 하였고 전례에 따라 이를 奏聞하였다. 황제는 조선의 표인 송환에 대해 칭찬하였지만 송환된 인원수가 1명밖에 없는 상황에서 상을 내려주지는 않았다. 대신에 송환된 인원수가 10명 이상이 되면 奏請하여 상을 주도록 하는 것

175) 김강일, 2010, 「전 근대 한국의 海難救助와 漂流民 구조 시스템」, 『동북아역사논총』28, 20쪽.
176) 예를 들어, 선조 15년(1582) 2건의 중국인 표류 사건이 발생하였다. 그 중에서 황해도에 표류한 趙元祿 등은 일반 표인으로 요동도사에게 인계하는 식으로 송환되었다. 반면에 제주 遮歸鎭에 표류한 陳元敬 등의 경우 일행에서 莫生哥라는 동양인과 馬里伊라는 서양인이 있었으므로 이 사건은 특수한 표류 사건으로 취급되고 송환도 '奏聞中朝'의 방식으로 실시되었다(李肯翊, 『燃藜室記述』別集 권17, 邊圉典故, 「荒唐船」, 宣祖壬午條 ; 『增補耽羅誌』卷9, 漂船接送·異國問情, 萬曆壬午條).

을 규정하였다.[177)

임진왜란이 발발한 이후에는 사정이 다소 달라졌다. 17세기 초는 중·일 海上 무역 왕래가 회복 중이고 조·중 양국에서 對日 경계를 강화하고 있는 시기였다. 반면에 일본에서 에도 막부가 설립됨에 따라 도쿠가와 시대의 서막을 열었으며, 이와 함께 1635년까지 朱印船의 동남아 무역도 적극적으로 추진되었다.[178) 주인선의 인원 구성은 복잡하였다. 그 중에서는 왜인에게 사로잡힌 被擄 중국인이 존재하였다. 17세기 이래 피로 중국인을 실은 주인선이 중국이나 조선에 표류한 사건이 발생하였다. 그 가운데 주인선이 조선에 표류한 대표적 사례로서는 선조 37년 (1604) 福建 상인 溫進 등 16명이 경상도에 漂到한 사건을 들 수 있다.[179)

이 해 6월 14일 楸島를 지나서 唐浦의 內洋으로 행하고 있는 쌍돛대 황당선이 발견되었다. 수군우후 申汝樑은 황당선을 포획하기 위하여 병선을 통솔하여 출동하였다. 황당선과 밤새도록 전투를 벌였고 끝내 왜인 남녀 32명과 溫進 등 중국인 16명, 그리고 南蠻人 2명을 생포하였

---

177) 『宣祖修正實錄』卷18, 宣祖 17年 12月 癸卯 ; 『明神宗實錄』卷156, 萬曆 12年 12月 庚戌.

178) 朱印船의 무역 활동에 관한 대표적인 연구 성과로는 이와오 세이이치[岩生成一]의 『朱印船貿易史の研究』(弘文堂, 1958)를 들 수 있다. 朱印船의 표류 문제에 대해서는 松浦章, 2000, 「朱印船の中國·朝鮮漂着をめぐって」, 『南島史學』55를 참조.

179) 『明神宗實錄』卷403, 萬曆 32年 11月 甲辰 ; 李肯翊, 『燃藜室記述』別集 권17, 邊圉典故, 「荒唐船」, 宣祖甲辰條.
이 사건은 중국인과 일본인이 공동으로 주인선을 타고 항해한 사례로서 중·일 양국 학계의 주목을 받았다(松浦章, 2000, 앞의 논문 ; 陳波, 2011, 「被擄人, 漂流人及明代の海防軍」, 復旦大學文史研究院 편, 『世界史中的東亞海域』, 中華書局). 주로 海上 세력의 성장과 변화 차원에서 연구가 진행된 것이다. 하지만 漂到地로서의 조선의 대응에 대해 충분히 언급하지 않았다. 한편 한국은 관련 연구가 아직 이루어지지 못한 상태이다.

다.180) 물론 사상자도 발생하였다. 생포된 표인들은 전부 서울로 이송되었다. 조선은 전례에 따라 중국인과 남만인에 대한 접대를 사역원이 담당하게 하였는데, 특히 중국인에 대한 접대는 환대의 기준으로 실시하였다. 반면에 왜인의 경우 성 밖에 있는 빈 집에 구류될 뿐만 아니라, 병부에서는 部將을 별정하여 수직하도록 하였다. 이어서 표인에 대한 문정이 있었다. 문정은 사역원 당상과 예조 당상이 같이 주도하였는데 그 장소가 남별궁이었다.

우선 溫進의 진술에 의하면, 선조 36년(1603) 2월 28일 그는 장사를 하러 배를 띄워 交趾에 갔다. 그러나 뭍에 내리기 전에 왜인의 공격을 당하여 일행 100여 명 중에서 28명만 생환되었다. 이 생환자들은 왜인에 의해 사로잡혀 왜를 따라 이동하다가 같은 해 5월 캄보디아에 도착하였고, 거기서 일본 상인 큐에몬[久衛門]에게 轉賣되었다. 결국 선조 37년 5월 20일 큐에몬의 선박을 타고 캄보디아에서 일본으로 가는 도중 풍랑으로 인하여 조선에 표류해 왔다. 중국인 16명 중에서 溫進의 공술과 똑같이 공초한 자가 8명으로 확인되었다. 바꾸어 말하면 원래 28명 중에서 조선 병선과의 전투로 인하여 사망한 자가 19명에 달했던 것이다.

다음으로 壯崑과 黃二의 진술을 보면, 두 사람은 상인으로서 각각 선조 37년 정월 25일과 2월 28일에 福建에서 출발하여 캄보디아에 가서 일본 상인과 거래를 하였다. 하지만 일본 상인의 속임수에 당하여 노비가 되었다. 5월에 주인을 따라 일본으로 향하다가 풍랑을 만나 조선에 표류해 왔다. 그 주인은 전투에서 사망하였다.

또한 黃廷의 진술에 따르면, 그는 선조 32년(1599) 呂宋에서 무역하다가 노략질을 당하여 일본에 팔렸다. 그 이후 나가사키에 거주하면서 해상 무역에 종사하였다. 이외에 蔡澤 등 4명도 선조 35년(1602) 왜인에

---

180) 『吏文膽錄』11冊, 萬曆 32年 11月 21日, 發還下海被擄人民等事.

의해 사로잡혀 나가사키에 가서 거주하게 된 상인들이었다. 선조 36년 2월 黃廷과 蔡澤 등 중국인 총 5명이 큐에몬과 함께 막부의 公文을 받아 캄보디아에서 무역을 하러 같이 승선하였다. 이상의 공술은 큐에몬의 진술과 똑같은 것으로 확인되었다.[181]

　문정이 끝난 뒤 표인들을 송환시켜야 하였다. 비변사의 제안에 따르면 송환은 전례에 따라 差官을 별정하여 역관과 함께 표인들을 요동으로 압송하는 동시에 동지사가 북경에 奏聞한다는 식으로 실시해야 하였다. 그러나 선조는 이번 사건은 표인을 생포한 점에서 일반 표류 사건과 다르다는 이유로 표인을 사절이 인솔하게 하여 직접 북경으로 해송해야 獻俘의 의미를 부여받을 수 있다고 주장하였다. 또한 이번 사건에 대해 요동에 이자하지 않아도 된다고 강조하였다.[182] 왕의 이러한 태도는 선조 35년(1602) 표류 중국인의 송환과 보고에서 요동의 반응에 대한 불만에서 기인한 것으로 보인다. 이 해 11월 명의 哨海員 徐上龍 등 29명이 泰安에 표류하였다. 조선은 표인이 원하는 대로 이들을 요동에 인계하였다. 하지만 요동에서는 끝내 관련 사항에 대해 황제에게 上奏하지 않았다.[183] 앞서 언급했듯이, 조선의 입장에서 표류 중국인에 대한 송환을 북경에 보고하는 것은 사대를 표방하는 의미뿐만 아니라 실리적인 측면에서도 賞을 받을 수 있다는 의미를 갖고 있었다. 따라서 이번 溫進 등의 송환은 표인을 억지로 북경으로 해송함으로써 일을 마무리 지었다.

　이상으로 살펴보았듯이, 이 시기에 접어들어 표류 중국인 대응책은

---

181)『謄錄類抄』14冊, 邊事1, 甲辰 7月 5日.
182)『謄錄類抄』14冊, 邊事1, 甲辰 7月 8日.
183)『事大文軌』卷42, 萬曆 31年 4月 27日. 실제로 徐上龍 일행이 바다로 나간 이유는 巡哨를 위해서가 아니라 登州에 가서 錢穀을 받기 위해서였다. 요동도사가 표인들을 심문하는 과정에서 이 사실을 발견하였다. 요동에서 이들 표인들을 북경으로 보내지 않았던 것도 이와 관련이 있었다고 생각한다.

표선의 판별 기준을 명확히 하고 접대를 "闕庭에서 급식하고 의복을 만들어 지급하는"[184] 식으로 규칙화하는 등 안정화된 모습을 일정 정도로 드러냈다. 溫進 등 일행의 사건을 통해 왜인과 같이 표류해 온 중국인의 경우 주로 왜인의 무역 활동에 동참한 사람과 왜인에 의해 사로잡혀 使役을 당한 사람, 이 두 가지 경우로 분류하였다는 것을 알 수 있다. 여기서 유의해야 할 것은 왜인에 의해 사로잡힌 중국인이 대부분 상인이었다는 사실이다. 이들은 약탈을 당하기 전에 배를 띄우고 무역 활동에 종사하고 있었으므로 명의 해금책을 위반했을 가능성이 없지 않았다. 溫進 등 일행의 사건을 예시로 보면, 명의 병부에서도 오랫동안 일본에 살다가 돌아온 이들의 정체와 나라에 대한 충성도까지 의심하면서 이들을 향후 영원히 바다로 나가서 통상할 수 없게 만들었다.[185] 실제로 조선은 문정을 통해 이들 표인들의 海商 신분을 이미 확인하였다. 그럼에도 불구하고 예부에 바친 자문에서 "표인을 송환하는 사례에 의하여 溫進 등을 天朝로 해송하므로 오로지 상국의 추궁을 기다리겠습니다."라는 내용만 적혀 있었다.[186] 이는 왜란 이후 사대관계에서 국가권력의 정치적 경계를 명확하게 하면서,[187] 표류 중국인의 처리 과정에서 파악된 정보를 선택적으로 보고했듯이 비교적 능동적인 표인 대응책을 구축하고 있었던 조선의 모습을 보여준다고 생각한다. 이 또한 '권도'의 방침을 따른

---

184) 『宣祖實錄』 卷176, 宣祖 37年 7月 癸亥. "漂流唐人, 自前闕庭供饋, 服飾造給, 已成規例." 물론 이 시기는 왜란으로 약해진 국력이 회복하고 있는 즈음이었다. 그렇기 때문에 실제적으로 이러한 대응책을 실시하는 과정에서 규례를 지키지 않는 경우가 있었다. 이에 대한 비판도 실록에서 종종 확인된다.

185) 『事大文軌』 卷45, 萬曆 32年 11月 21日. "第其久居夷方, 必非良善. 倘或中有繫戀, 爲虜中行, 恐日後不無意外之變. (...) 并保甲人等收管, 永不許下洋通販."

186) 『事大文軌』 卷45, 萬曆 32年 12月 25日. "照依發還漂流人事例, 解送天朝. 及將節次擒到倭賊, 并南蠻人等, 一併轉解. 專候天朝究問."

187) 陳波, 2011, 앞의 논문, 80쪽.

것이었다.

한편 중국인과 왜인이 공동으로 승선하는 현상 그 자체는 당시 海上 세력의 구성이 얼마나 복잡한지를 말해준다. 조선도 표류 사건을 통해 이 점을 감지하게 되었다. 溫進 등 일행의 표류와 비슷한 시간에 전라도 白島에 다른 왜선이 漂到하였다. 조선군과 교전을 벌였다가 끝내 중국인 2명, 왜인 5명과 조선인 1명이 포획되었다. 이 조선인에 대한 문정에 의하면, 그는 朴忠이라고 하고 원래 우수영의 수군이었다. 정유재란 때 月出山에 들어가서 피난을 하다가 왜적에 의해 붙잡혀서 나가사키로 옮겨가게 되었다. 현지에서 商倭의 사역을 당하다가 선조 36년 12월 거래하기 위해 왜선을 타고 여송에 가게 되었다. 결국 여송에서 일본으로 돌아가는 도중 바람을 만나 조선에 표류해 왔다.[188] 흥미로운 것은 당시 조선은 같이 포획된 중국인 2명을 溫進 등 일행과 함께 북경으로 해송했지만, 바친 자문에서는 朴忠과 관련된 언급이 전혀 보이지 않았다는 점이다. 이는 본국의 수군이 왜적과 관계가 있다는 구실로 명에 책잡히고 싶지 않은 조선의 입장을 암시하였다.

요컨대 이 시기에 접어들어 표류 중국인 처리 절차는 기본적인 윤곽이 뚜렷해졌다고 할 수 있다. 후하게 접대하는 방침과 사절 편에 딸려서 보내는 송환 방식이 그 주된 내용이었다. 당시 왜구에 대한 경계와 對明·對日 관계의 전개가 표인 대응책에 영향을 미쳤다. 다만 조·일 간 수차례의 상호교섭의 결과로 광해군 원년(1609) 己酉約條가 체결되었고,[189] 그 이후 표류 일본인에 관한 처리법도 점차 체계화되어 갔기 때문에, 중국인과 왜인의 공동 표류를 대응하는 것은 더 이상 난제가 아니었다. 오히

---

188) 『謄錄類抄』 14冊, 邊事1, 甲辰 7月 11日, 24日.
189) 기유약조 성립까지의 상호교섭 과정에 대해서는 田中健夫, 1975, 「鎖國成立期における朝鮮との關係」, 『中世對外關係史』, 東京大學出版會를 참조.

려 육로로의 송환책이 여진을 둘러싼 요동 지역의 정세 변화에 따라 어
려운 국면에 접어들었다.

3) 遼東에서 椵島로의 송환 노선 변경

여태까지 표류 중국인의 송환 방식은 주로 '조선-요동-북경'으로 이
루어진 노선을 활용하였다.[190] 요동은 표인의 인계와 이송 등 구체적인
송환 실시를 담당하고 있었기 때문에, 조선은 요동과의 협력 유지를 위
해 애를 많이 썼다.[191]

그런데 요동으로의 송환 노선은 후금 세력의 성장에 따라 큰 변화가
생겼다. 광해군 8년(1616) 누르하치가 후금을 세운 후 요동 지역에 대한
점령을 도모하였다. 반면에 명은 마침 환관으로 인하여 혼란해진 정국
을 수습하지 못하는 국면이었다. 결국 3년 뒤 사르후 전투[薩爾滸之戰]에
서 명은 패배를 당하였고, 후금은 요동 지역을 차지한 후 도성을 瀋陽으

---

190) 이와 같은 표인 송환 형식은 표류 일본인에 대한 송환 방식과 비교하면 비슷한 부
분을 발견할 수 있다. 전술했듯이, 조·일 양국 간의 외교 루트는 기유약조를 체결
하면서 '조선-대마도-막부' 형식인 羈縻 외교체계로 변화되었다(민덕기, 1990,
「朝鮮後期 朝·日講和와 朝·明關係」,『國史館論叢』12, 145~160쪽). 표류 일본인에
대한 송환도 이러한 체계 하에 확정되었다. 구체적으로 보면 표류 일본인 중에서
대마도 출신자는 부산 왜관으로 이송하고 深處倭人은 쌀·포·식량을 제공하여 서
계와 함께 들여보내는 것이었다. 그리고 일본에서는 謝意를 표하기 위해 回謝差倭
를 파견하거나 謝書를 어떤 船便에 첨부하여 조선으로 보냈다(『春官志』卷3, 差倭,
「附漂倭入送」). 이처럼 표류 일본인에 대한 송환 과정에서 대마도가 수행한 중간
媒介로의 역할은 표류 중국인에 대한 송환 과정에서 요동이 담당한 그것과 유사해
보였다.

191) 조선전기 對明關係의 전개 과정에서 요동의 역할에 대해서는 荷見守義, 2014,『明
代遼東と朝鮮』, 汲古書院, 229~356쪽을 참조.

로 옮김으로써 조선과 명의 육로로의 연결을 차단시켰다.[192] 이에 따라
자주 사용되던 양국 간의 육로 사행 방식도 해로 사행으로 바뀔 수밖에
없었고, 항해의 상륙지는 다시 山東 登州로 지정되었다.[193] 아울러 여태
까지 육로 사행에 따라 이루어진 표류 중국인의 송환도 해로를 이용하
는 식으로 전환되어야 할 상황이었다. 최초로 '육로→해로'의 전환 국면
을 맞은 표인 송환은 광해군 12년(1620) 연이어 황해도에 표류했던 중국
표하병 顧龍起 등 22명과 周應奎 등 14명에 대한 송환이었다.

   이 해 11월 24일 顧龍起 등 22명은 甕津에 漂到한 뒤 지방군에 의해
생포되었다. 甕津에서는 표인의 외모적 특징과 이들이 소지한 票文을 통
해 중국인이라는 신분을 알게 되었다. 이에 서울에서 통사관을 보내어
표인들을 데리고 서울로 올라왔다. 또 27일 安眠串 外洋에서 황당선이
나타났다는 소식이 瞭望軍에 의해 보고되었다. 周應奎 등 14명이 탄 표
선이었다. 정부는 捕倭船을 출동시켜 표선을 포획한 후 票文을 통해 표
인들의 신분을 확인하였다. 이 14명도 서울로 이송되었다. 예조에서 표
인 총 36명에 대한 문정을 실시하였다. 문정을 통해 이들이 운량 임무를
수행하다가 표류를 당하여 조선에 오게 된 사실을 파악하였다. 표인들
은 자신이 客商이 아닌 旅順南營의 표하병이어서 요동 아문에 인계된 후
본영으로 돌아가는 것을 원한다고 표명하였다. 아울러 선박과 선적물
까지 모두 가져가고 싶다는 마음을 토로하였다. 다만 표선의 수리와 화
물의 운반에 시간이 소요되므로 조정에서는 표인을 먼저 요동으로 보낸
다음 추후에 선박과 화물을 보내는 방식을 채택하였다. 특히 중국선의
선제가 조선선의 그것과 사뭇 다르기 때문에 표선을 수리하는 과정에서

---

192) 吳一煥, 1996, 『17世紀(明末清初)明·朝鮮海上交往與移民研究: 以遼東海上交通與在
     朝鮮的明遺民宗族活動爲中心』, 중국 南開大學 박사학위논문, 18~21쪽.
193) 당시 조선의 해로사행 실황에 대해서는 박현규, 2011, 「17세기 전반 對明 海路使
     行의 운항과 풍속 분석」, 『韓國實學研究』21을 참조.

표인 중 舵工 2명의 도움을 받기도 하였다. 수리가 완료되자 조선은 押解官을 따로 지정하여 舵工 2명과 화물을 요동에 보냈다. 그러나 표인과 화물이 미처 요동도사에 인계되기 전에 후금이 요동을 함락시켰다. 도로가 폐쇄되는 상황에서 육로로의 이동 또한 불가능하게 되어버렸다. 결국 표인들은 조선으로 돌아오다가 다음해인 광해군 13년(1621) 5월 사은사 사절 편에 의해 송환되었다.[194] 당시 사은사 사행에 참여했던 安璥(1564~?)이 쓴 『駕海朝天錄』에 따르면 사행의 노선은 대략 宣沙浦-椵島-薪島-石城島-長山島-旅順-廟島-登州로 이루어졌다.[195] 이것은 바로 '朝鮮-遼東半島-山東半島'로 연결된 해로였다.

이와 같은 해로 노선은 왜란 시기에 명군의 군량을 운송할 시 활용된 적이 있었다.[196] 선조 26년(1593) 山東과 復州 등지에서 조선으로 군량을 수송했을 때 해로를 이용하였다.[197] 당시 선조와 군량 운반 담당자인 張都司의 대화를 통해 운반하는 데 사용되었던 노선은 '山東-金州-朝鮮'으로 확인된다.[198] 또한 선조 31년(1598) 督倉侍郎 張養蒙(?-1602)이 군량의 海運 방식에 관한 題本에서 당시의 海上 항로를 '天津-登州-旅順-朝鮮'으로 제시하였다.[199] 이처럼 山東半島에서 바다를 건너 遼東半島에 이른 후 북쪽의 해안선을 따라 올라가다가 평안도까지 가는 항로는 명군이 군량을 조선으로 운반하는 경로로 활용되었다. 광해군 13년 사은사 사

---

194) 『吏文謄錄』 15冊, 天啓 元年 閏2月 12日, 發還漂海人丁事 ; 李肯翊, 『燃藜室記述』 別集 권17, 邊圉典故, 「荒唐船」, 光海辛酉條.

195) 安璥, 『駕海朝天錄』(국립중앙도서관 소장).

196) 星斌夫, 1963, 『明代漕運の硏究』, 日本學術振興會, 393~395쪽 ; 洪性鳩, 2017, 「丁酉再亂時期明朝의 糧餉海運」, 『新亞學報』 34, 271~280쪽.

197) 『宣祖實錄』 卷40, 宣祖 26年 7月 庚辰.

198) 『宣祖實錄』 卷44, 宣祖 26年 11月 丁卯.

199) 『宣祖實錄』 卷97, 宣祖 31年 2月 辛未 ; 洪性鳩, 2017, 앞의 논문, 278쪽.

〈그림 6〉 旅順 포구 일대의 해로도

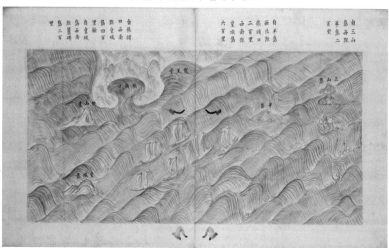

출전 : 『航海朝天圖』(국립중앙박물관 소장).

행 시 이 경로를 원용하여 해로 사행의 노선으로 설정한 것이었다.

그럼에도 불구하고 기상 등 자연적 조건 때문에 이 노선을 따르면 해난을 당할 가능성이 높았다. 사은사 일행이 당시 旅順 포구 근처에 표류를 당했던 것이 이를 입증해준다.[200] 따라서 이 해로를 이용하여 표인을 송환시키는 것은 육로로의 송환보다 위험성이 높아 보였다.

다만 이 해로에서 포함되는 椵島의 정치·군사적 위상이 높아지고 조선에 표류한 중국인의 구성도 복잡해짐에 따라, 표인을 송환하는 방식에서 변화가 일어났다. 顧龍起 등 표인들을 돌려보낸 지 1년이 되던 광해군 14년(1622) 毛文龍(1576-1629)이 조선 경내의 椵島를 독점하였다.

---

200) 기존 연구는 당시 해로 사행에서 당했던 표류의 전말에 대해 논술한 바 있다(허경진·최해연, 2009, 「明·淸교체기 최초의 수로조천록」, 『中國學論叢』34 ; 배종석, 2020, 「명청교체기 조선사신단의 해양표류기 연구 -안경의 가해조천록을 중심으로-」, 『民族文化』56).

東江鎮의 개설도 毛文龍이 입도한 후부터 추진되었다. 그 과정에서 중국 동쪽·남쪽 지역의 商船들이 잇달아 왕래하고 있었으므로 요동 연해의 海上 무역 활동은 활성화되기 시작하였다.[201] 이와 더불어 椵島 또한 상인들의 海上 활동의 근거지가 되었다. 거기에 운집하여 무역 활동을 전개하는 조선의 京外商人도 이루 다 헤아릴 수 없을 정도로 많았고, 그 중에 금지품을 몰래 교역하는 潛商까지 포함되었을 것이다.[202] 한편으로 遼民들이 대량으로 섬에 들어감에 따라 이들을 살리기 위한 식량난 문제가 대두되었다. 따라서 이 무렵 쌀을 운반하기 위한 運糧船도 그 해역에 출몰하고 있었다. 天津에서 1년에 3번씩, 山東에서 1년에 2번씩 椵島로 식량을 수송하였다. 뿐만 아니라 毛文龍은 근처의 섬에 둔전을 설치하고 守兵을 주둔시켰다. 예를 들어 石城에서 參將을 설치하고 常山島에서 守備를 설치하였으며, 鹿島·廣祿島의 경우 遊擊을 설치하였다.[203] 따라서 이 무렵 兵船의 왕래도 잦았다. 상선·운량선·병선 왕래의 증가는 표류 발생의 가능성을 높였다.

광해군 15년(1623)부터 병자호란이 발발하기 전인 인조 13년(1635)까지 조선에 표류한 중국선은 주로 병선이나 운량선으로 구성되었고, 표인은 대부분 유격·참장·표하 등 군인 신분이었다. 椵島를 왕래하다가 표류해 온 것으로 추정된다. 인조 6년(1628)까지 송환은 기본적으로 표

---

201) 『光海君日記』 卷183, 光海君 14年 11月 癸卯. 毛文龍이 입도 후 주도한 동강진의 邊市 무역에 대해서는 鄭炳喆, 2005, 「明末 遼東 沿海 일대의 '海上勢力'」, 『明淸史 硏究』 23, 159~165쪽을 참조.

202) 『仁祖實錄』 卷19, 仁祖 6年 12月 丁未.

203) 汪汝淳, 『毛大將軍海上情形』(일본국립도서관 소장). "公招集遼民, 安插屯種, 周回島嶼星列棋置, 如石城有田一萬畝, 設參將劉可紳領兵兩千人防守, 如常山島長百餘里, 有田萬畝, 設守備錢好禮領兵三百名防守, 如鹿島周圍數十里, 山環險峻, 設游擊朱尚元領兵一千名防守, 如廣祿島有田數萬, 設游擊張繼善領兵三千餘名防守."

인을 사절이 인솔하여 돌려보내는 식으로 진행된 것으로 판단된다.[204] 물론 예외도 있었다. 인조 3년(1625) 중국인 高孟 등 32명이 제주에 漂到 하였다. 예조에서는 표선을 수선하여 돌려보내는 동시에 연해 각 읍으 로 하여금 특별히 호송하도록 할 것을 요청하였다. 漂到地에서 표인을 직접 내보내는 방식이었다.[205] 다만 정묘호란이 발발한 지 1년이 된 인 조 6년 중국인 千摠과 差人이 표류한 사건 2건이 일어났는데 송환이 어 떻게 실시되었는지는 알 수 없다. 단 전례에 따라 송환했을 것이라는 가 능성을 고려해 보면, 그들 표인들은 여전히 '朝鮮-遼東半島-山東半島'로 이루어진 해로를 통해 송환되었을 것으로 추측된다.

인조 7년(1629) 毛文龍을 죽인 袁崇煥(1584-1630)은 조선의 해로 사행 노선을 변경시켰다. 즉 상륙지가 登州에서 覺華島로 바뀐 것이었다.[206] 그 결과 해로 사행에 소요되는 시간이 길어졌다. 이와 함께 항해 도중 배 가 해난을 당할 가능성도 높아졌을 것으로 예상된다. 그러므로 이제 표 류 중국인을 송환시키는 방식도 사절이 인솔하는 것에서 椵島로 해송 하는 식으로 변경되었다.[207] 문헌상 표인을 椵島로 해송하는 최초의 사 례는 이 해 12월 珍島에 표류한 差官 王道隆 등 10명에 대한 송환이었 다.[208] 한편 "근례에 따라[依近例]"라는 용어를 보면 같은 해 발생했던 다 른 표류 중국인 사건도 같은 방식으로 처리된 것 같다.

그동안 조선과 동강진의 관계 또한 복잡하게 전개되었다. 당시 요동 에 대한 후금의 공격을 보고 새로 일어나는 후금의 세력을 두려워한 조

---

204) 李肯翊,『燃藜室記述』別集 卷17, 邊圉典故,「荒唐船」, 仁祖癸亥, 乙丑條.

205)『仁祖實錄』卷10, 仁祖 3年 12月 辛卯.

206)『仁祖實錄』卷20, 仁祖 7年 閏4月 丙子.

207) 李肯翊,『燃藜室記述』別集 卷17, 邊圉典故,「荒唐船」, 仁祖己巳·庚午·癸酉·甲戌·乙 亥條.

208)『承政院日記』28冊, 仁祖 7年 12月 辛未.

선의 입장에서 毛文龍의 동강진은 후금을 견제할 수 있는 세력이었다. 그러나 毛文龍이 조선 경내에 주둔한다는 사실 자체가 조선에게 달가운 조건은 아니었다. 軍士에 대한 접대뿐만 아니라, 자국의 동향이 毛文龍에게 노출되는 것을 경계해야 할 고심과 毛文龍이 후금의 침입을 유발할 가능성 등이 있었기 때문이다.[209] 또한 毛文龍의 招撫에 따라 유입된 遼民들의 약탈 행위도 무시할 수 없을 정도로 심각하였다.[210] 조선은 명에 대한 사대의 의리로 동강진을 후원했지만, 그쪽의 노골적인 물자 요구가 야기한 조선의 부담감과 毛文龍의 조선에 대한 모함 등 이유로, 서로의 불신감이 깊어졌다. 한편 遼民들이 청천강 이북 지역에 진출하는 것이 후금을 자극하고 있었고, 毛文龍 또한 요동에 복속된 한인의 탈주를 유도함으로써 후금의 배후를 교란하는 작전까지 펼쳤으므로[211] 후금에 있어 동강진은 눈엣가시와 같은 존재였다. 이것은 정묘호란이 발발한 원인 중 하나가 되기도 하였다.[212]

　정묘호란 이후 조선에 표류한 중국인 가운데 역시 椵島를 왕래한 軍門 차관이 대부분을 차지하였다. 이들에 대한 접대는 일반 표인에 대한 그것과 차별화된 모습으로 나타났다. 구체적인 예시를 살펴보자.

　인조 7년(1629) 3월 王御史의 참장인 高씨가 仁川에 漂到하였다. 조선은 參遊를 접대하는 기준으로 接伴官을 보내 迎慰宴을 준비하였고, 下馬宴·翌日宴·上馬宴·門外迎餞慰宴 등 연회와 함께 禮單까지 마련해주었

---

209) 한명기, 1999, 『임진왜란과 한중관계』, 역사비평사, 284~285쪽 ; 徐源翊, 2020, 「明淸交替期 東江鎭의 위상과 경제적 기반」, 『明淸史硏究』53, 107쪽 ; 채홍병, 2021, 「조선(朝鮮)의 대후금(對後金) 관계 추이와 정묘맹약(丁卯盟約)의 의미」, 『韓國史硏究』193, 182쪽.

210) 한명기, 1999, 앞의 책, 381~382쪽.

211) 허태구, 2019, 『병자호란과 예, 그리고 중화』, 소명출판, 64쪽.

212) 한명기, 2009, 『정묘·병자호란과 동아시아』, 푸른역사, 48~49쪽.

다. 한편 참장의 관직이 유격보다 높았기 때문에 국왕이 직접 접견하여 후하게 대접하고 보내기로 하였다.[213] 반면에 같은 해 8월 黃汝城이라는 平民이 제주에 표류했을 때 조선은 전례에 따라 표인을 서울로 압송한 뒤 捧招의 식으로 문정을 실시하였다. 다만 사대의 차원에서 중국인을 우대해야 하므로 인조는 禮賓寺로 하여금 음식을 후하게 제공하도록 명하였다.[214] 두 사건의 처리 방식을 비교하면 다음 〈표 6〉과 같다.

〈표 6〉 인조 7년(1629) 2건의 중국인 표류 사건 처리 방식 비교

	高氏의 표류	黃汝城의 표류
표인 신분	參將	平人
迎接官	접반관(정3품 이상)	역관(최고 정3품)
迎慰宴	있음	없음
禮單	있음	없음
문정	연향 중 진행	봉초
안치소	태평관	사역원
왕의 접견	있음	없음
우대 정도	각별우대	우대

〈표 6〉을 통해 알 수 있듯이, 군문 차관을 접대하는 기준은 평인을 접대하는 그것보다 확연히 높아 보인다. 실제로 예조에서 군문 차관이 표류해 오면 이들을 일반 표인의 기준으로 접대하면 안 된다는 것을 명확히 지적한 바 있다.[215] 국가 측면에서 표인에 대한 차별화된 대우를 인정한 셈이다. 일반 표인에 대한 처리 방식을 보면 의식을 공급하는 데 우

---

213) 『承政院日記』 25冊, 仁祖 7年 3月 癸酉·丙子·丁丑.
214) 『承政院日記』 27冊, 仁祖 7年 8月 壬戌.
215) 『承政院日記』 28冊, 仁祖 7年 12月 辛未. "皆是軍門差官, 接待之事, 不可與漂流之人 例爲之."

대의 뜻을 표하는 이외에 그 기준은 월경자라는 '죄인'에 대한 그것과 크게 다르지 않았던 것으로 보인다.

한편 군인 신분 여부에 대한 판별은 公文이나 漂到地의 장계에 의해 이루어졌다. 예를 들어 인조 8년(1630) 충청도·황해도에 표류한 劉씨가 자신이 副總差官이라고 밝혔는데, 공문이 없어 신분 확인이 어려우니 조선은 끝내 표인 일행 18명을 사역관에 배치한 것으로 일반 표인에 대한 접대 기준에 준하였다.[216]

이와 같은 인식이 형성된 원인은 여태까지 조선에 漂到했던 중국인의 구성과 연관이 있다고 생각한다.[217] 하지만 이 무렵 군인을 각별히 우대한 것은 인조대의 대외정책과 연관시켜 보아야 할 것이다. 인조는 반정으로 왕위에 올라간 후 반정의 정당성을 확보함으로써 대내 통치의 기반을 마련하기 위해 명으로부터 왕위의 합법성에 대한 승인을 받아야 하였다. 물론 인조 3년(1625) 명 天啓帝가 정식으로 인조를 책봉했지만, 이는 인조정권에 대한 명의 의구심이 완전히 없어졌음을 의미하는 것이 아니었다.[218] 다만 가도에 대한 후원은 주로 조선에 의해 이루어진 것도 사실이었다. 이러한 상황에서 명에게 의심을 내려놓도록 만드는 수단으로 조선은 표류해 온 가도 군인을 우대하였다. 다른 한편으로 인조반정 이후 조선은 후금의 정보를 주로 동강진의 장수를 통해 획득하였다.[219]

---

216) 『承政院日記』 29冊, 仁祖 8年 3月 己亥.

217) 15세기 표류해 온 중국인의 신분은 주로 국가 차원에서의 운량을 담당하고 있는 百戶였고, 16세기 후기의 경우 주로 사적인 이익을 추구하기 위해 명의 해금책을 위반하고 바다에 진출했던 海商들이 많이 표류해 왔다. 당시 조선에서 명의 해금책을 의식하고 있었다는 점을 고려해 보면, '합법적인 항해자'와 '불법적인 항해자'를 똑같이 '표인'으로 받아들이는 것은 쉽지 않았을 것이라고 생각한다.

218) 한명기, 2002, 「17·8세기 韓中關係와 仁祖反正」, 『한국사학보』 13, 14~15쪽.

219) 인조반정 이후 조선의 對後金 정책에 대해서는 張禎洙, 2020, 『17세기 전반 朝鮮과 後金·淸의 國交 수립 과정 연구』, 고려대학교 한국사학과 박사학위논문,

실제로 요동의 길이 폐쇄된 후 조선은 중국의 衙門 장관을 만나는 것이 상당히 어려워졌다. 따라서 동강진에서 장군이 온 것은 당연히 조선의 주의를 끌었을 것이다. 조선은 장군을 후대함으로써 정보 수집 등 목적을 달성하고자 한 의도가 있었기 때문이다. 上述한 高씨의 표류 사건을 예시로 보면, 高씨가 표류하기 전에 가도로 향해 간 이유는 劉興祚에게 諭示하고 상을 주기 위해서였다. 李景奭(1595~1671)은 高씨의 표류 사건을 심상치 않은 事機로 인식하여 조선 측의 사정이 표인에게 전달되도록 특별히 더 후대하고 정중한 태도를 보이기를 요청하였다.[220] 이러한 대접은 명 측의 王御史에게 위로를 줄 뿐만 아니라 명-후금과 관련된 정보를 알아내는 데도 목적이 있었던 것으로 판단된다.

　물론 가도를 경유하는 표류 중국인의 송환은 그전의 송환책과 근본적으로 다르다고 보기가 어렵다. 그저 정황적으로 송환 노선을 조정하는 정도에 불과하였다. 그러나 표인의 대응에 있어서 對明關係만 고려할 뿐만 아니라 후금 세력까지 의식해야 한다는 점에서 이 시기 표류 중국인의 처리 방식은 색다른 의미를 지니고 있었던 것으로 보인다. 문헌상 표인을 椵島로 해송하는 마지막 사건은 인조 13년(1635) 朱國勝 등 일행이 충청도에 표류한 사건이었다.[221] 그 이후 병자호란의 발발에 따라 조선-후금-명의 관계를 둘러싸고 표인의 처리 방식은 더욱 복잡한 상황에 직면하게 되었다.

　요컨대 조선은 건국 이후 명과의 조공·책봉 관계에 따라 중국인의 우연한 漂到를 처리하였다. 표인에 대한 구휼은 유교문화권의 예의에 의해

269~303쪽을 참조.

220)『承政院日記』25冊, 仁祖 7年 3月 癸酉.

221) 李肯翊,『燃藜室記述』別集 卷17, 邊圉典故,「荒唐船」, 仁祖乙亥條.

이루어졌고, 송환은 대외관계 변화의 영향을 받았다.[222] 이 무렵 조선은 명과의 '군신의리'를 지킴으로써 자신의 정치적 수요를 만족시키거나 국익을 최대화하고자 하였다. 따라서 표류 중국인의 처리는 이와 같은 對明關係의 전개에 적용되었고, 특히 '寧波의 亂'을 계기로 표인의 송환은 '奏聞中朝'라는 방식으로 실행되어 명에 대한 사대를 표방하였다. 한편 16세기 동아시아 무역 네트워크 및 왜구 세력의 성장은 표류 중국인의 문제를 본격적으로 등장시켰다. 황당선을 대응하는 데 '상륙불가'의 원칙이 적용되었고, 중국인과 왜인의 공동 표류를 대응하는 과정에서 '經權' 의식 또한 작용되었다. 전체적으로 보면 표인의 처리 방식은 임기응변의 성격을 지니고 있었다. 다만 유의해야 할 점은 해당 시기 중국인의 조선 표류는 자주 발생하는 편이 아니어서 아무리 문제가 되었다고 하더라도 이를 독립적인 외교 현안으로 보기는 어렵다는 것이다. 표인의 송환은 다른 외교 현안을 해결하는 데 기여할 때에야 비로소 특별한 의미를 부여받을 수 있다. 한편 조선은 표인을 대응하는 과정에서 객관적으로 표류와 표인에 대한 인식이 심화되었으며, 관련 경험도 많이 축적하였다. 이에 따라 처리 절차는 일정한 틀이 형성되고 점차 관례화된 모습으로 드러나기 시작하였다.

---

222) 실제로 이러한 구조 및 송환의 실시는 당시 동아시아의 범위에서도 일종의 관행으로 볼 수 있다. 이러한 의미에서 조선의 표인 처리 방식은 崔溥가 쓴 『漂海錄』에서 나타난 명의 표류 외국인 처리 방식과 비교 분석할 만하다. 명의 표류 외국인 처리 절차에 대해서는 朴元熇, 2005, 「明代 朝鮮 漂流民의 送還節次와 情報傳達 -崔溥 『漂海錄』을 중심으로-」, 『明淸史硏究』24, 67~73쪽을 참조. 특히 『漂海錄』에 기록된 명의 표인 처리 절차가 조선의 표인 대응책 형성 과정에서 어떤 영향을 미쳤는지를 규명하는 것은 유의미한 작업이라 생각한다.

제 2 장

17세기 후반~18세기 전반 명·청의
교체와 대응책의 전개

17세기에 접어들어 조선은 동아시아 국제 정세의 격변을 맞고 있었다. 이 와중에 중국인이 조선에 표류하는 사건은 明末淸初 시기를 전후하여 그 발생 빈도가 확연히 높아졌고 표인에 대한 송환 문제 또한 점차 외교 현안으로 부각되기 시작하였다.[1] 이 시기 조선은 한편으로는 '常經'의 차원에서 對明義理를 내재화하면서, 다른 한편으로는 새롭게 성장한 海上 세력의 움직임에 주의해야 하는 형국이었다. 이러한 상황에서 이 무렵 발생한 표류 사건에는 어떤 정치적 의미를 부여할 수 있을지에 대해 최근 학계의 관심이 쏠리고 있다.[2] 다만 '송환체제'라는 틀에서 벗어나지 않은 점은 최근 연구의 한계점이라고 지적할 수 있다.[3] 그리고 漢人 표인의 처리 방식을 앞뒤 시기의 처리 방식과 분리시켜 살펴보았기 때문에 조선의 표인 대응의 연속성을 간과하였다는 문제가 있다. 이를 극복하기 위해 당시 국제정세 속에서 조선이 직면했던 의리와 현실 간의 충돌, 그리고 주변 세력과의 관계 등 다양한 요소들이 표인 대응책의 전체적인 추이에 어떻게 투영되었는지 再考할 필요가 있다고 생각한다. 앞서 언급했듯이 이른바 명·청의 교체를 거쳐 청 중심 국제질서가 확립될 때까지 조선은 중국인의 漂到를 임기응변으로 처리해왔다. 바로 이러

---

1) 우경섭, 2019, 「명청교체기 조선에 표류한 漢人들 -1667년 林寅觀 사건을 중심으로-」, 『朝鮮時代史學報』88, 50쪽.

2) 陳尙勝, 1997, 「禮義觀與現實衝突──朝鮮王朝對於淸初漂流漢商政策波動的硏究」, 『中韓關係史論』, 齊魯書社 ; 高志超, 2014, 「漢人漂流民與中朝, 日韓間交涉(1641-1689)」, 『東北史地』2014-5 ; 楊和之, 2015, 「朝鮮李朝實錄中的明鄭「漂漢」及「唐船」事件」, 『臺灣文獻季刊』38(4) ; 양지하, 2015, 「17세기 중엽 조선에 표류한 鄭成功 계열 海商에 대한 조선 지배층의 인식과 그 성격」, 『이화사학연구』50 ; 우경섭, 2019, 앞의 논문 ; 민덕기, 2020, 「16~17세기 표류 중국인에 대한 조선의 인식과 대응 - '人情'과 '大義' 및 '事大'라는 측면을 중심으로-」, 『해항도시문화교섭학』23.

3) 특히 17세기 중·후반 발생한 표류 사건에 대한 의미부여가 과소평가되었다고 비판한 견해가 있어 주목할 만하다(우경섭, 2019, 앞의 논문, 49쪽).

한 고식적 대응 방식은 그 자체로 당시 국제질서의 변동이 가져온 각종 긴장 및 갈등, 그에 따른 당대인들의 당혹스러움을 말해주고 있다. 조선은 갈등과 혼란 속에서 표류 중국인에 대응하는 경험을 쌓았고 이 누적된 경험은 추후 처리 방식의 定式化에 영향을 주었다. 이 장에서는 이러한 과정을 규명함으로써 조선이 당시 극복해야 했던 이념적·현실적 어려움을 밝히고자 한다.

1. 漢船·漢人 漂到 문제의 대두

1) 1644년까지의 漢船 漂到와 그 대책

정묘호란 이후 조선은 맹약을 통해 후금과 국교를 수립하면서[4] 對明·對後金 관계를 동시에 전개하는 국면에 접어들었다. 물론 對後金關係는 '權道'의 차원에서 수용된 것이었지만, 그래도 對明關係를 유지하는 과정에서 후금의 존재를 의식하지 않을 수는 없었다. 일례로 정묘호란 발발 당시 중국인 16명이 표류하여 조선으로 왔다. 조선은 전쟁 중에도 의리를 지켜 이들을 구조·송환하고자 하였다. 하지만 표인이 강화도로 들어올 때 후금의 사신도 도착할 예정이었다는 점은 조선을 곤란하게 만들었다. 때문에 비변사에서는 표류 중국인을 燕尾亭에서 내리게 하여 여염집에 배치해 두고, 후금 사신은 昇天府에서 내려 전에 묵었던 곳으로 들어가도록 하는 대책을 제안하였다.[5] 서로의 불편함이 없이 일을 은

---

4) 蔡弘秉, 2019, 『丁卯盟約(1627) 以後 朝鮮의 對後金 關係 추이와 파탄』, 고려대학교 한국사학과 석사학위논문 ; 張禎洙, 2020, 『17세기 전반 朝鮮과 後金·淸의 國交 수립 과정 연구』, 고려대학교 한국사학과 박사학위논문.

5) 『仁祖實錄』 卷15, 仁祖 5年 3月 戊子.

근히 처리하려고 한 의도였다. 또 인조 13년(1635) 동지사 崔惠吉(1591-1662) 등 34명[6]이 명에서 귀국하는 도중 풍랑 때문에 후금 경내에 표류하였는데, 후금은 은혜를 내리고 이들을 보살폈다가 珠瑪喇를 보내어 마필을 갖추어 영접하러 오라고 조선에 요청하였다. 인조는 후금이 요청한 대로 영접을 위한 사신을 보내는 동시에 謝書까지 전달하였다.[7] 이무렵 맹약을 둘러싼 조선과 후금의 인식차가 심각하였지만[8] 이러한 갈등이 군사적 충돌까지 치닫는 것은 조선이 원하는 바가 아니었다. 따라서 조선은 적당한 선에서 후금의 요구를 수용하며 양국 관계를 유지하였다.

하지만 인조 14년(1636) 발발한 병자호란으로 인하여 對淸關係는 臣屬이 강요된 상하관계로 전환되었다. 전쟁을 종식시키기 위한 화의 교섭 과정에서 청은 명의 誥命과 冊印을 반납하고 모든 문서에 청의 正朔을 사용함으로써 명과의 관계를 단절할 것을 조선에 요구하였다.[9] 조선의 입장에서 보면 이는 의례적인 차원에서 쉽게 받아들일 수 없는 조건들이었다. 따라서 조선은 다양한 외교적 대응 혹은 반발을 통해 그러한 조건들을 회피하려 하였다.[10] 하지만 끝내 모든 노력이 무산되고 청의 책

---

6) 『仁祖實錄』 卷31, 仁祖 13年 6月 甲申.

7) 『皇朝文獻通考』 卷293, 四裔考1, 朝鮮1. 湯熙勇은 이 사건이 표인 송환을 통해 우호친선의 뜻을 표하면서 조선과의 상호관계를 공고히 하려는 후금의 의도에서 비롯되었다고 주장한 바 있다(湯熙勇, 2002, 「淸順治至乾隆時期中國救助朝鮮海難船及漂流民的方法」, 朱德蘭 編, 『中國海洋發展史論文集』8, 中央研究院中山人文社會科學研究所, 109쪽).

8) 정묘맹약에 대한 조선과 후금의 인식차 형성 과정 및 그 영향에 대해서는 蔡弘秉, 2019, 앞의 논문 ; 채홍병, 2021, 「조선(朝鮮)의 대후금(對後金) 관계 추이와 정묘맹약(丁卯盟約)의 의미」, 『韓國史研究』193을 참조.

9) 『仁祖實錄』 卷34, 仁祖 15年 1月 戊辰. "將明朝所與之誥命·冊印獻納, 絶其交好. 去其年號, 一應文移, 奉我正朔."

10) 이 부분에 대해서는 허태구, 2019, 『병자호란과 예, 그리고 중화』, 소명출판,

봉을 받게 되었다.[11] 이로 인하여 명과의 국교도 단절되고 말았고, 원칙적으로 明人과의 접촉 또한 금지되었다. 이러한 상황에서 명의 선박 즉 漢船의 來泊이 문제로 대두하였다.

인조 16년(1638) 3월 명 황제가 일본·류큐·안남 등지에 청병하여 공동으로 청을 토벌하는 것을 꾀하고 있다는 소식이 배를 타고 온 한인들에 의해 의주 부윤 林慶業(1594-1646)에게 전해졌다. 조선 당국은 명의 수군이 조선 경내에 와서 정박할 가능성에 대해 걱정하였다. 특히 한선이 와서 문서를 보내온다면 일이 더욱 난처하게 될 수 있다고 판단하고, 조정에서는 林慶業으로 하여금 먼저 상통하지 못하는 이유에 대한 설명을 문서의 식으로 漢人에게 전달하도록 하였다. 이로써 그쪽에서 문서를 보내오는 일을 미리 막을 수 있다는 것이 비변사의 판단이었다.[12]

그런데 이 방법은 실질적인 효과를 거두지 못하였다. 급기야 같은 해 4월 한선 2척이 조선에 와서 정박하였다. 승선자는 스스로를 陳都督의 문서를 전달하러 온 都司라고 소개하였다. 또한 한선을 살피고 있는 조선 연안의 伏兵에 대한 불만을 표하면서 陳都督의 다음 거취는 林慶業이 이 문서를 받고 조정에 보고하는지 여부에 달려 있다고 강조하였다. 林慶業이 조정에 대책을 요청하자 비변사에서는 아래와 같이 논의하였다.

(A) 이치로 보면 문서를 받은 뒤에 난처한 근심이 반드시 닥칠 것입니다. 만약 이 문서가 沈志祥과 같은 무리가 우리나라를 탐지해 보려는 계책에 의해 작성된 것이라면 그 근심거리가 반드시 클 것입니다. 만약 과연 도독이 보낸 것인데 우리가 끝내 받지 않는다면 도독이 품는 유감은

228~238쪽을 참조.

11) 『承政院日記』 62冊, 仁祖 15年 11月 甲申.

12) 『仁祖實錄』 卷36, 仁祖 16年 3月 己巳.

반드시 깊을 것입니다. 또한 문서를 받고 청에 숨긴다면 꾸지람을 더욱 많이 받을 것입니다. 대체로 漢人들이 왜국에 구원을 요청하였다는 말이 關西 지방에 전파되고 있으니, 그 말은 반드시 청 사람의 귀에 들어갈 것입니다. 청 사람들은 원래 의심이 많은데 만약 우리가 듣고서도 일부러 숨겼다고 생각한다면 나중에 그 의심을 풀기가 상당히 어려울 것입니다. 청의 의심이 풀린 뒤부터 지금 4월까지 한 번도 한인들과 서로 교통하지 않았습니다. 비록 이는 부득이한 형세에 의해 이루어진 일이지만 마음속으로는 실로 편하지 않습니다. 더구나 都督의 입장에서 어찌 의아하게 여기지 않겠습니까. 이번에 한선이 온 계기를 타고 한번 왕래하여 우리의 뜻을 명백히 개진하고 다시는 오지 말라고 청하고, 또한 이러한 사정을 숨기지 않고 청에 통보해야 이치상 매우 순조롭고 일 처리에 있어서도 합당할 것입니다.[13]

　비변사의 논의를 통해 병자호란 이후 한인과의 교통 문제로 인하여 조선이 직면했던 곤경을 감지할 수 있다. 즉 의리상 對明 사대를 포기하지 못하지만 현실적인 측면에서 청의 의심을 염려하여 적극적인 행동을 취하기가 어려운 진퇴유곡의 처지였다. 비변사의 주장에 따르면, 한선이 먼저 와서 대화의 창구를 열어주었으니 이 기회에 조선의 궁박한 상황을 명에 표명하는 것이 곧 의리에 부합하는 행위였다. 그리고 현실적으로 질책을 받지 않기 위해서는 이 일을 청에도 알려야 하였다. 이렇듯

---

13) 『仁祖實錄』卷36, 仁祖 16年 4月 庚戌. "受書之後, 難處之患, 理所必至. 若或出於沈志祥輩探試本國之計, 則其爲患必大. 若果是都督之指授, 而我終不應, 則其懷憾必深. 受書而諱諸淸國, 則其被責尤多. 蓋漢人請倭之言, 傳播關西, 必入於淸人之耳. 而淸人多疑, 若謂我聞而故諱, 則後日開釋甚難矣. 氷解之後, 今至四朔, 不得一與漢人相通. 雖出勢然, 心實未安. 況在都督, 寧不疑訝? 今因漢船之來, 一番往復, 明陳我意, 請勿復來. 而又以此通淸國, 無所隱諱, 於理甚順, 於事爲宜."

"이치상 매우 순조롭다"라는 '상경'의 차원에서 對明義理를 지키는 동시에 현실적으로 "일 처리에 있어 합당하다"라는 '권도'의 차원에서 對淸關係를 유지하고자 한 비변사의 대책은 정묘호란 이래의 방침과 크게 다르지 않았던 것으로 보인다.

　이와 같은 태도는 표선을 대응하는 데에도 반영되었다. 아라노 야스노리[荒野泰典]가 지적했듯이, 전통시대 두 나라 사이에 표인의 互送이 성립하려면 그 전제로 이러한 互送을 보장해주는 양국관계가 존속하고 있어야 한다.[14] 실제로 조선이 병자호란 이후 고명과 印信을 청으로부터 받게 된 것은 명과의 공식적 관계가 더 이상 성립될 수 없음을 의미한다고 해도 과언이 아니었다.[15] 그러나 현실적인 차원에서 對明關係를 계속하지 못한다고 하더라도 관념적인 차원에서 對明義理로 전환된 '상경'의 사대는 여전히 유효하였다. 따라서 표류해 온 한인을 구휼하는 것은 이치상 지장이 없는 일이었다.

　그런데 청의 입장에서는 어떤 한선이든 경계해야 할 대상이었다. 청은 조선이 한선의 접근에 대응하는 과정에서 한인과 상통할 가능성에 대해 의심하지 않을 수 없었기 때문이다. 인조 17년(1639) 청은 한선이 조선 경내에 들어와서 정탐하거나 변경에서 소란을 부리거나 상통하려는 뜻을 전달하면 그것은 조·청 양국 간의 관계를 소원하게 만들 수 있다는 이유로, 병선을 보내어 한선을 막으라고 인조에게 유시하였다.[16] 이와 같은 청의 경계심은 인조 19년(1641) 5월 瀋陽에서 청의 장군인 龍骨大·范文程 등과 소현세자 간의 대화에서도 읽어낼 수 있다.

---

14) 荒野泰典, 1988, 『近世日本と東アジア』, 東京大學出版會, 118쪽.

15) 허태구, 2019, 앞의 책, 235쪽.

16) 『同文彙考』 別編 卷4, 軍務, 「己卯兵部知會發兵迎截漢船咨」.

(B) 龍骨大와 范文程 등이 와서 세자를 배알하고 은밀히 말하기를 "이번에 또 듣기로는 한선이 조선을 향해 간다고 하는데, 혹 바다의 섬을 점거하거나 해안에 상륙하면 반드시 난처한 우환이 있게 될 것이다. 단지 표류했던 본국(조선)의 뱃사람들을 돌려주려는 것뿐이라면 받아들이지 않을 수 없겠지만, 문서를 왕래하거나 만나서 이야기하거나 식량을 주거나 한다면 본국(조선)은 서로 내통했다는 결과를 면치 못할 것이니 후회해도 소용없을 것이다. 즉시 馳啓하여 감사와 병사를 지휘할 수 있는 官吏를 파견하고 兩西 지역에 분부하여 수군을 빨리 출동시켜 모든 섬을 먼저 점거하게 함으로써 그들의 세력을 막아라. 혹시라도 어기거나 그릇됨이 없게 하라."고 하였습니다. 이에 세자가 답하기를 "이 일을 즉시 알리겠다. 그러나 군대를 발동시키는 일은 반드시 標信이 있어야 하니 형세를 보면 마음대로 하기가 어렵다. 그리고 수군은 三南 지역에 있으니 기일에 맞추어 징발하기가 또한 어려울 것이니, 관리를 파견하더라도 실제로는 분부할 일이 없을 것이다."고 하였습니다. 그러자 龍骨大가 크게 노하여 말하기를 "본국(조선)이 일은 성실하게 하지 않고 오직 말로 얼버무리려고만 하는 것을 우리가 모르지 않으나 이번의 사태는 정말 긴급하니 전일처럼 행하지 말라. 그리고 우리가 錦州의 外城을 차지한 뒤로 저들의 형편이 급박해졌기 때문에 수군을 동쪽으로 가게 하여 뒤를 칠 계책을 꾸미고 있는 것이다. 그런데도 본국(조선)이 힘을 다하여 방비하지 않는다면 저들과 더불어 내통하는 자취를 가릴 수 없게 될 것이다."고 하였습니다.[17]

---

17) 『仁祖實錄』卷42, 仁祖 19年 5月 癸巳. "龍骨大·范文程等, 來謁世子, 密言曰: '今者更聞漢船指向朝鮮云, 或據海島, 或登海岸, 則必有難處之患. 若只還本國漂船之人, 則其勢不可不受之. 而或通文書, 或接語言, 或給糧資, 則本國不免爲相通之歸, 後悔不可追矣. 須卽馳啓, 而發遣宮官可以節制監兵使者, 分付兩西, 遍發舟師, 先據諸島, 以遏其勢, 毋或違誤.' 世子答曰: '當卽以此啓知. 而發軍之擧, 必待標信, 勢難擅便. 舟師在

청은 조선 출신 표인을 돌려보내는 것을 제외하면 한선과의 문서나 구술을 통한 의사소통, 식량 지급 등의 행동을 주의하라고 조선에 경고하였다. 즉 청이 두려워했던 것은 해로를 통해 이루어질 수 있는 조선과 명의 밀통·밀무역 등 私通 행위였다.

한편 청은 한인의 표류 문제를 逃人과 같은 맥락에서 취급하는 경향이 있었다. 인조 15년(1637) 홍타이지가 "內地의 民人이 배를 타다가 바람 때문에 조선 경내에 표류할 경우 해당 나라로 하여금 해송하도록 하라"고 명하였다.[18] 특히 한인에게 조선의 의복을 주는 것은 한인을 조선인과 구별하기 어렵게 만들어 숨겨주는 죄임을 명확히 지적하였다.[19] 그렇다면 청의 이러한 강경한 태도는 과연 조선의 표인 처리 방식에 어떤 영향을 미쳤는가?

〈연표〉에 의하면, 병자호란 이후부터 청이 중원을 차지한 1644년까지 한인이 조선에 표류한 사건은 2건으로 확인된다. 하나는 인조 17년 한선 1척이 陳都督의 명령으로 鹿島로 물화를 실어가다가 표류를 당하여 평안도 龍岡에 漂到한 사건이고,[20] 다른 하나는 인조 19년 11월 중국인 6명이 전라도 靈光에 漂到한 사건이었다.[21] 전자의 경우 표선이 스스로 북쪽으로 떠나버렸기 때문에 육로로의 송환을 실시하지 않았다. 반면에 후자의 경우 육로로의 송환을 포함한 전형적인 대응책이 시행되었

於三南, 亦難及期徵發. 雖遣宮官, 實無分付之事.' 龍骨大怒, 曰: '本國事不誠實, 唯以言語搪塞爲務, 俺等非不知之. 而今此事機, 萬分緊急, 無效前日之事. 且自我得錦州外城以來, 彼勢蹙迫, 故欲以舟師東向, 以爲議後之計. 本國若不盡力備禦, 則其與彼相通之跡, 將不可掩矣.'"

18) 『欽定大淸會典則例』 卷94, 禮部, 「朝貢下」. "崇德二年定, 凡內地民人, 駕船被風飄至朝鮮境內者, 令該國解送."

19) 『淸太宗實錄』 卷53, 崇德 5년 10月 壬戌.

20) 『仁祖實錄』 卷39, 仁祖 17年 9月 庚午.

21) 『通文館志』 卷9, 紀年, 仁祖大王 19年 辛巳.

을 뿐만 아니라, 표류가 발생한 시점이 上述한 청 장군과 소현세자 간의 대화가 있었던 뒤였으니, 여기서는 후자를 예시로 이 무렵 한선 표류에 대한 조선의 처리 방식을 살펴보도록 하겠다.[22]

　당시 전라도 臨淄島에 漂到한 6명의 水手는 현지인과 말이 통하지 않자 '懇乞生还[살아서 돌아가기를 간청함]'이라는 글씨를 써서 보여주었다. 이어서 漂到地에서 이들을 문정한 전라감사는 관련 사항을 서울에 馳報한 후 표인들을 서울로 이송시켰다. 인조는 표인에게 후하게 음식을 공급하는 동시에 군인을 선정하여 표인들을 엄하게 지킴으로써 雜人과의 접촉을 차단시키고자 하였다. 아울러 역관과 예조 낭청으로 하여금 표인에 대한 2차 문정을 면밀하게 시행하도록 하였다.[23] 또한 표인이 서울에 오래 머무르면 불편함이 많을 것이다라는 판단을 따라 2차 문정 후 표인들을 평안도에 보내기로 하였다. 송환의 경우 差員을 정하여 표인을 瀋陽으로 해송하는 방안이 제시되었다. 이는 청이 조선의 일에 대해 모르는 것이 없으니 이번의 한선 표류 사건도 숨길 수 없다는 비변사의 판단에 따른 것이었다.[24] 그리고 동행하는 宰臣으로 하여금 표인들이 소지한 票文과 문정을 통해 얻은 정보를 모두 衙門에 보고하도록 하였다.[25]

　상기한 한인 표류 사건에 대한 후속처리는 기본적으로 전례와 유사한 모습을 보인다. 다만 '표인을 엄하게 지킨다'는 것과 '표인이 오래 머무르지 않도록 신속히 瀋陽에 들여보낸다'는 것은 조선이 청을 의식한

22) 마사카쯔 카쓰야(糟谷政和)는 이 사건에 관한 자료를 소개한 바 있다(糟谷政和, 2008, 「17世紀中期朝鮮への漂着中國船とその送還について」, 『茨城大學人文學部紀要人文コミュニケーション學科論集』4, 176~177쪽).

23) 『備邊司謄錄』 6冊, 仁祖 19年 12月 15日 ; 『承政院日記』 80冊, 仁祖 19年 12月 丙辰.

24) 『仁祖實錄』 卷42, 仁祖 19年 11月 乙未. "我國之事, 瀋中無不聞知. 今此漂流人, 不可掩置."

25) 『備邊司謄錄』 6冊, 仁祖 19年 12月 22日 ; 『承政院日記』 80冊, 仁祖 19年 12月 癸亥.

결과로 볼 수 있다. 특히 송환의 장소가 처음으로 瀋陽으로 바뀐 점과 문정을 통해 얻은 모든 정보를 보고한 점은 그렇게 하지 않으면 청에 추궁당할 것이라는 조선의 우려와 연관이 있었다고 생각한다.

상기의 송환 방식이 결정되는 데에는 같은 해 11월 발생했던 張厚健 피살 사건도 영향을 주었다. 張厚健은 인조대 對明義理를 끝까지 지킨 인물로, 정묘호란 당시 형제의 죽음을 목도한 뒤 복수를 위해 병자호란 이후에는 삼촌인 崔孝一과 함께 청을 무너뜨릴 계획을 세웠다. 하지만 이 계획은 마침내 청에 누설되었다. 청에서는 포로가 된 한인으로 하여금 崔孝一의 義子로 위장한 뒤 조작된 崔孝一의 편지를 갖고 張厚健에게 주면서 관련 정보를 알아보도록 하였다. 張厚健은 아무 의심 없이 한인의 거짓말을 믿어 한인에게 答書를 주고 崔孝一에게 전달해달라고 하였다. 그러나 답서가 청으로 전달되자 청은 이를 핑계로 대고 張厚健을 잡아 죽였다.[26] 이 사건은 조선에서 斥和 감정을 고조시키는 동시에 한인에 대한 불신감을 조장하였다. 실제로 상술한 한인 漂到 사건이 발생하자 인조는 처음에 문정의 내용을 보고 표인들을 "後(厚)健을 기만하고 유혹했던 자와 같은 부류"로 의심하였다.[27] 이러한 의심은 臣屬 관계를 강요한 청에 대한 거부감에 뿌리를 두고 있었다. 이로 인하여 인조 22년(1644) 청이 입관한 뒤 조선에서는 머리를 깎은 한인도 불신하는 분위기가 만연하였다.[28]

한편 이 무렵에는 인조반정을 주도한 세력이 병자호란을 기점으로

---

26) 『龍灣志』(奎798) 卷下, 人物, 辛巳殉節七義士, 「張厚健」；洪良浩, 『耳溪集』卷18, 傳, 「張義士厚健傳」.

27) 『承政院日記』80冊, 仁祖 19年 12月 戊午；『謄錄類抄』14冊, 邊事1, 辛巳 12月 17日.

28) 인조 23년(1645) 吾叉浦에 표류한 한선에 머리를 깎은 한인이 실려 있었는데, 大臣들 사이에는 표인을 청이 조선을 염탐하기 위해 파견한 사람으로 본 자가 있었다(『仁祖實錄』卷46, 仁祖 23年 10月 丙戌).

양분되었다. 하나는 성리학적인 원칙을 따라 이상사회를 이룩하려고 한 反淸 세력이었고, 다른 하나는 그 원칙을 무시하고 현실을 강조한 親淸 세력이었다.[29] 두 세력 간의 대립은 한선에 대한 인식차를 통해서도 나타났다. 일례로 反淸 세력 중 하나였던 沈器遠(?-1644)은 한선과 힘을 합쳐 청을 치려는 의도가 있었으므로 한선에 대해 적극적인 태도를 보여서,[30] 한선을 발견하면 몰래 식량을 제공하여 厚意를 보여주어야 한다고 주장하기도 하였다.[31]

다만 조선에서 두 세력이 대립하고 있을 당시, 중국에서는 淸軍이 자신에게 투항한 吳三桂(1612-1678)와 함께 李自成(1606-1645)을 쫓아내고 북경에 진입하였다. 이에 청에 대항하는 주전투력은 海上 세력으로 넘어갔다.

2) 南明 漢人 海商의 漂到와 송환

제1장에서 지적했듯이, 16세기 후반의 해금책에도 불구하고 밀무역과 해적 활동은 福建을 비롯한 중국 동남쪽 연해 지역에서 성행하였다. 해금책과 투쟁하는 과정에서 사적인 상인 집단들이 결성되어 海上 무역의 주요 세력으로 성장하였다.[32] 그 중에서 가장 널리 알려진 反淸 세력

---

29) 두 세력 간의 대립에 관한 구체적인 사례 분석에 대해서는 池斗煥, 2000, 「仁祖代後半 親淸派와 反淸派의 對立 -沈器遠·林慶業 獄事를 중심으로-」, 『韓國思想과 文化』9를 참조.

30) 『仁祖實錄』 卷45, 仁祖 22年 3月 己酉.

31) 『仁祖實錄』 卷46, 仁祖 23年 10月 辛卯.

32) 이는 당시 중국 상품경제의 발전과 연관이 있었는데, 그 원동력은 중·일 간의 은·비단 무역 왕래의 폭증으로 설명된다(민덕기, 2010, 「동아시아 해금정책의 변화와 해양 경계에서의 분쟁」, 『韓日關係史研究』42, 193~198쪽).

으로서는 鄭氏세력33)이 있었다.

1646년 鄭成功의 아버지 鄭芝龍이 청의 초무를 받아 투항했지만 鄭成功은 아버지를 따르지 않고 바다로 나가서 저항하는 자세를 보였다.34) 그는 臺灣을 수복한 뒤 承天府를 설립함으로써 남명 정권의 지속을 꾀하였고, 그 뒤를 이은 아들인 鄭經은 진일보한 중앙정부 체제를 설치하여 체계적인 통치를 이루었다.35) 이와 함께 福建 남쪽의 여러 섬들을 물자 공급지로 활용하였다. 그러자 청은 연해지역의 거주민과 정씨세력과의 교통·접촉을 단절시키기 위해 1661년 遷界令을 반포하였다. 그 적용 범위는 福建·廣東 2省을 중심으로 하여 浙江·江蘇·山東 등 5성에 미쳤고, 이에 따라 해당 성의 연해 주민들을 해안에서 20km 가량 떨어진 내지로 강제 이주시켰다.36) 이러한 상황에서 鄭經은 해외무역의 확대를 통해 물자 수요를 해결해야만 하였다.37) 때문에 정씨세력 관하의 海商들의 해외 진출은 이때부터 활발해지기 시작하였다.

---

33) 일반적으로 정씨세력이란 명말청초의 海商인 鄭芝龍(1604-1661)을 비롯하여 鄭成功(1624-1662)·鄭經(1642-1681)·鄭克塽(1670-?) 총 4대로 이어진 상인 집단을 가리키는 말이다(林仁川, 1984,「試論著名海商鄭氏的興衰」, 廈門大學歷史系 編, 『鄭成功研究論文選續集』, 福建人民出版社). 여기서는 주로 鄭成功·鄭經 세력을 가리키는 표현으로 사용하고자 한다.

34) 『清史列傳』卷80,「鄭芝龍」.

35) 鄧孔昭, 2004,「明鄭臺灣建置考」,『臺灣研究集刊』2004-3.

36) 『清聖祖實錄』卷4, 順治 18年 8月 己未. 청이 실시했던 해금·천계 정책과 그 영향에 대해서는 萬明, 2000,『中國融入世界的步履——明與清前期海外政策比較研究』, 社會科學文獻出版社 ; 韋慶遠, 2002,「有關清初的禁海和遷界的若干問題」,『明清論叢』2002-1 ; 원정식, 2003,「清朝 福建社會와 遷界令 實施」,『東洋史學研究』81 ; 蔡暻洙, 2017,「遷界令의 전략적 의미 재검토 -복건 연해 해상세력의 동향을 중심으로-」,『明清史研究』48 등을 참조.

37) 천계령이 반포된 전후 정씨세력의 해외무역 발전 상황에 대해서는 馮立軍, 2000,「清初遷海與鄭氏勢力控制下的廈門海外貿易」,『南洋問題研究』2000-4, 85~94쪽을 참조.

한편 북경이 함락됨에 따라 남쪽으로 내려간 명의 皇族들은 중국 동남쪽 연해 지방의 세력 분포를 더욱 다양하게 만들었다. 우선 1644년 5월 남경에서 福王을 弘光帝로 옹립함으로써 명의 멸망 소식을 접한 강남 지역의 혼란을 일단 안정시켰다. 물론 이 정권은 1년 정도밖에 버티지 못했지만, 그 이후 더 많은 南明 정권들이 수립되었다. 예를 들어, 1645년 6월 唐王이 福建에 들어가서 福州에서 隆武帝로 즉위하였고, 주변에서 그 정권에 의탁하는 反淸 세력도 잇달아 봉기하였다. 또한 1646년 11월 桂王이 廣東에서 稱帝하면서 永曆 정권도 수립되었다. 이렇듯 廣東·福建·江南 등 중국 동남쪽 연해 지방에는 남명 정권들이 자리 잡았고 '反淸復明'이라는 명분으로 지방 역량을 많이 동원하면서 청을 대항하고 있었다.[38] 그 가운데 해당 지역의 상인들은 遷界令에도 불구하고 광범위한 무역활동을 전개함으로써 청과의 대립에 필요한 경제력을 뒷받침하는 역할을 수행해왔다.

정씨세력 관하의 海商과 남명 정권 소재지에서 무역을 하러 배를 띄운 상인들이 이 무렵의 海上 무역을 주도하고 있었다. 한인을 자처한 이들은 주로 일본 나가사키에서 鉛·銅 등을 換買한 후 이를 동남아 지역에 가서 팔았고, 그 소득으로 反淸 활동에 소요될 자금을 충당하였다.[39] 나가사키로의 항로가 여름에 쿠로시오 해류를 타야 비로소 가능하다는 점을 감안하면 이러한 무역 활동은 대부분 여름에 이루어진 것으로 보인다. 무역 활동의 빈도도 높은 편이었는데, 실제로 기록상 인조 23년 (1645) 6월 15일부터 7월 10일까지 중국 상선이 나가사키 항구에 진출

---

38) 蔡暻洙, 2005, 「明淸交替期 海上權力의 動向 -鄭成功勢力의 抗淸活動을 중심으로-」, 『서울大 東洋史學科論集』29, 174~175쪽.

39) 정씨세력 관하의 海商과 남명의 海商의 나가사키 무역 활동에 대해서는 龐新平, 2004, 「『華夷變態』から見た淸初の海禁と長崎貿易」, 『大阪經大論集』55(1), 231~238쪽을 참조.

한 횟수가 7회에 달하였을 정도였다.[40]

물론 해당 시기 조선은 한인 海上 무역의 주요 대상국이 아니었지만, 그렇다고 해서 완전히 그들의 무역 대상에서 소외된 것도 아니었다. 예컨대 현종 14년(1673) 浙江 상선이 조선으로 와서 砂器로 조선의 갈모를 환매한 사례를 들 수 있다.[41] 다만 한인 상선과의 접촉은 직접적인 무역보다 표류의 형식을 통해 더 많이 발생하였다.[42] 청이 入關한 1644년부터 청의 해금이 해제된 1684년까지 한인 海商이 조선에 표류한 사건은 아래 〈표 7〉과 같이 정리할 수 있다.[43]

〈표 7〉에 의하면, 이 시기 조선에 표류했던 한인 海商은 역시 중국 동남쪽 연해 지역에서 나온 상인으로 확인된다. 즉 정씨세력 관하의 상인과 남명의 海商들이었다는 것이다. 이 무렵 조선에서는 명의 遺民에 대해 동정하는 분위기였다. 인조대 후반의 反淸論이 효종대에 와서 춘추대의를 표방하는 北伐論으로 변화하기도 하였다.[44] 하지만 다른 한편으

---

40) 村上直次郎 譯, 1957, 『長崎オランダ商館の日記』 제2집, 岩波書店, 44~46쪽.

41) 『肅宗實錄』 卷4, 肅宗 元年 6月 庚申.

42) 표류의 경우를 제외하면, 한선이 조선 근해를 지나갈 때 조선의 병선에 의해 붙잡혔고 탑승자들이 강제로 육로를 통해 송환된 사례도 존재하였다(『孝宗實錄』 卷1, 孝宗 卽位年 7月 癸酉).

43) 기존 연구에는 17세기 한인의 표류 사건을 정리하는 다양한 표를 제시한 바 있다 (楊和之, 1987, 앞의 논문, 124~125쪽 ; 高志超, 2014, 앞의 논문, 33쪽 ; 양지하, 2015, 앞의 논문, 8~9쪽 ; 우경섭, 2019, 앞의 논문, 52~53쪽). 여기서는 기존 연구에서 작성한 표들을 수정·보완하여 다시 정리하였다

44) 다만 인조대 반청론이 곧장 북벌론으로 이행된 것은 아니었다. 인조대 후반 斥和 세력들이 점차 실각하였고 崔鳴吉(1586-1647)·金自點(1588-1652) 등 主和 세력들이 정국을 주도하게 되었다. 그 중에서 崔鳴吉의 경우 여전히 척화 세력과의 관계를 유지하였으므로 철저한 親淸論者로 보기가 어려운 반면에, 金自點은 반정공신의 명분으로 권력 기반을 마련했음에도 청의 힘을 빌려 왕권을 견제하고 자신의 정치적 입지를 강화하고자 하였기 때문에, 명백하게 친청의 노선을 선택한 인물이었다(金世英, 1987, 「朝鮮 孝宗朝 北伐論 硏究」, 『白山學報』51, 126~128쪽). 하지

〈표 7〉 1644~1684년 한인 海商의 조선 표류 사건

순번	표도 날짜	표류 인원	표인 신분	표도지	출신지	표선 상태	송환 경로
1	1644.7.27	蔡萬官 등 52명	商人	전라도 남도포	廣州 南海		해로
2	1647.7.7	徐勝 등 51명	商人	경상도 통영	福建 泉州	敗船	육로
3	1647.7.9	林東榮(1명)	商人	경상도 좌수영	福建 安海	敗船	육로
4	1647	3명	商人		江南 南京	敗船	육로
5	1649.7	112명	商人	경상도 통영		敗船	육로
6	1652.2.9	苗珍實 등 28명	商人	제주 정의	江南 南京·蘇州	敗船	육로
7	1667.5.24	林寅觀 등 95명	商人	제주 대정	福建	敗船	육로
8	1668.7			경상도 곡포	福建 漳州		해로
9	1668.7.7	漢船 1척		전라도 안도			해로
10	1670.5.25	沈三 등 65명	商人	제주 정의	廣東·福建·浙江	敗船	해로
11	1681.7	高子英 등 26명		전라도 지도	江南 蘇州		육로

로 청의 의심과 힐문에 대한 두려움 또한 해소되지 못한 형편이었다. 결국 한인의 조선 漂到를 처리하는 과정에서 '상경' 차원에서의 의리명분과 '권도' 차원에서의 현실 대응 간의 갈등이 고조되었다. 다음으로 〈표 7〉에서 제시된 사건들을 중심으로 표인 대응책의 구체적인 변화 양상을 살펴봄으로써 조선에게 이러한 대립 구조를 극복하는 것이 얼마나 힘든 일이었는지를 가늠해보도록 하겠다.

　인조 22년(1644) 8월 蔡萬官 등 52명이 전라도 南桃浦에 漂到하였다. 지방관은 筆談을 통하여 이들이 廣東 출신의 상인으로서 나가사키로 향하던 도중 표류를 당하여 조선으로 떠내려 왔다는 것을 알게 되었다. 따라서 사정을 서울에 보고하였고, 국왕의 지시가 올 때까지는 표인들을

만 병자호란으로 청에서의 볼모생활을 했던 효종이 즉위 이후 金自點을 파직시키고 자신의 청에 대한 원한을 이해해준 金尙憲(1570-1652) 등 반청 세력을 기용하였다. 이로써 춘추대의론을 비롯한 崇明排淸 사상이 다시 만연하여 효종대의 북벌론으로 이어갔던 것이다.

모두 珍島 鎭守의 관청에 거두고 밖으로 나가지 못하도록 하였다. 대신
에 밥·반찬·채소 등으로 표인을 대접하였다.[45] 비변사에서는 이번 사건
의 처리를 매우 어려운 문제로 생각하였다.[46] 한선에 대한 청의 강경한
태도를 의식했을 뿐만 아니라 당시 중국의 혼란스러운 정세 때문에 한
인을 중원으로 돌려보내는 것 자체가 불편함이 없지 않았기 때문이다.[47]
즉 대륙에서의 전란 상태를 고려해 보면 한인을 중국으로 송환하는 것
은 이들에게 위험한 일이 아닐 수 없었다는 것이다. 따라서 그 대안으
로 표인을 일본으로 보내는 방법이 제시되었다. 이것은 표인의 당초 목
적지가 나가사키였다는 점을 고려한 결과일 뿐만 아니라, 이 무렵 耶蘇
宗門(=그리스도교)을 잡아 일본으로 보내달라는 에도 막부의 요청도 있었
기 때문이다.[48] 조선은 막부의 요청에 동조하는 동시에[49] 이 기회를 틈
타 한인을 일본으로 보내고자 하였던 것이다. 결국 한인 52명이 진도에
서 왜관으로 이송되었다가 10월 17일 대마도로 옮겨가게 되었고, 대마
도에서 謝書를 보내는 식으로 이번 사건에 대한 조선의 처리가 일단락되

---

45) 『正保元甲申年廣東船一艘人數五拾二人乘朝鮮國全羅道之內珍嶋江漂着之次第覺書
也』, 대마도종가문서(국사편찬위원회, MF0000468). 여기서는 신동규, 2007, 「근
세 일본의 그리스도교 禁制政策과 珍島 표착 異國船의 처리」, 『일본문화연구』29,
154~155쪽에서 재인용.

46) 『仁祖實錄』 卷45, 仁祖 22年 8月 癸亥 ; 『備邊司謄錄』 8冊, 仁祖 22年 8月 13日.

47) 『通文館志』 卷9, 紀年, 仁祖大王 22年 甲申. "時中原形勢, 不便交付."

48) 에도 막부의 그리스도교 금제는 鎖國令의 반포와 함께 점차 강화되기 시작하였고,
쇄국 체제가 완성된 후 조선에 대해서도 그리스도교 금제를 요청하게 되었다. 구
체적인 내용에 대해서는 신동규, 2007, 앞의 논문, 148~151쪽을 참조.

49) 『同文彙考』 附編 卷25, 邊禁, 「禮曹參議答書」. 조선의 입장에서 보면 耶蘇宗門과 관
련된 에도 막부와의 共助體制는 청을 경계하고 일본과의 우호 관계를 유지한다는
현실적 의미가 있었다(申東珪, 1998, 「耶蘇宗門禁制를 둘러싼 朝日外交關係」, 『江
原史學』13·14 ; 孫承喆, 1999, 「17세기 耶蘇宗門에 대한 朝鮮의 인식과 대응」, 『史
學研究』58·59).

었다.[50]

　이번 사건의 처리 과정에서 표인을 일본으로 보낸 것은 조선이 중국의 전란 상태를 염려하여 선택했던 미봉책으로 볼 수 있다. 이 방법을 가능하게 한 전제는 인조 5년(1627) 이후 표류해 온 일본인[漂倭]에 대해 접대·송환 조치를 취한다는 관례였다.[51] 심지어 인조 23년 청이 중국에 표류했던 일본인을 조선을 통해 송환하려고 했을 때 조선은 이들을 조선에 표류한 일본인과 똑같이 취급하여 대접하였다.[52] 이처럼 표인을 일본으로 보내는 전례가 이미 있었으니 조선의 입장에서 이 방법을 선택한 것은 문제가 없었다.

　한편 당시 표인들이 廣東 출신이어서 남명 海商에 속하는 것이 분명했음에도, 조선에서는 이들의 출신지에 대한 특별한 반응을 보이지 않았다. 물론 표인에 대한 조선 측의 문정기록을 확인하지 못하는 상황에서 조선이 문정을 통해 어떤 정보를 얻었는지는 알 수 없다. 하지만 3년 뒤인 인조 25년(1647) 표류해 온 중국인을 통해서야 조선이 남명의 정황을 비로소 알게 되었다는 기록으로 보면, 蔡萬官 등의 표류 당시 조선은 남명과 정씨세력에 관한 정보를 얻지 못했을 가능성이 높다.[53]

　이에 관한 정보를 조선이 습득한 계기는 바로 인조 25년 徐勝 등 51명[54]의 표류 사건이다. 이들은 7월 7일 통영 앞바다에 漂到하여 統制使

---

50) 『同文彙考』 附編 卷25, 邊禁, 「島主謝禮曹參議書」.

51) 조선후기 일본인의 조선 표류 개황에 대해서는 李薰, 2000, 『朝鮮後期 漂流民과 韓日關係』, 國學資料院, 153~166쪽을 참조.

52) 이 사건은 보통 '韃靼漂流' 사건이라고 한다. 당시 조선의 접대와 송환 과정에 대해서는 戴琳劍, 2019b, 「淸의 日本 漂流民 送還과 朝鮮의 對應 -1644년 韃靼 漂流 事件을 중심으로-」, 『明淸史硏究』51을 참조.

53) 『仁祖實錄』 卷48, 仁祖 25년 7월 丁巳. "自南·北京陷於淸人, 中原聲問久絶. 至是因勝等, 始聞之." 양지하, 2015, 앞의 논문, 10쪽.

54) 그 중 3명은 나중에 조선 경내에서 사망하였다(『承政院日記』98冊, 仁祖 25년 9월

金應海(1588-1666)에게 붙잡힌 뒤 역관의 문정을 받았다. 표인은 스스로를 福建 泉州府 출신의 상인이라고 소개하고 남명 隆武 정권의 군량 조달을 위해 캄보디아에서 일본으로 향하는 도중 표류해 왔다고 자백하였다. 이와 함께 隆武 정권의 수립 과정 및 세력 분포에 대해 자세히 이야기해주었다.[55] 金應海는 이들을 巨濟島로 옮겨둔 다음에 사정을 서울에 보고하였다. 8월 조정에서는 역관 韓之彦으로 하여금 내려가서 표인에게 중원에 관한 일을 더 많이 알아보도록 하였다. 또한 역관을 통해 "송환을 허락한다[許以送還]"라는 뜻이 전달되었다.[56] 다만 해당 표인은 때마침 조선으로 온 청의 칙사 鄭命壽(?-1653) 편에 청으로 압송되었다.[57]

기존 연구에서 '송환을 허락한다'라는 뜻에 대해 다양한 의견들을 제시하였다. 양지하는 최종적인 송환 처리를 "표류인의 의지와 반하는" 조치로 보면서 처음에 조선이 허락해준 송환은 표인이 원하는 일본으로의 송환이었다고 상정하였다. 그리고 조선 정부의 결정이 번복된 이유는 청 사신이 조선에 오는 길에 표인들의 정보가 이미 누출된 것을 조정에서 감지하였기 때문이라고 설명하였다.[58] 禹景燮도 당초의 허락에 대해 일본으로 보내달라는 표인의 요청을 조선에서 허락했다는 뜻으로 이해하였다. 그의 주장에 따르면, 조선은 처음에 표인을 일본으로 송환하려고 하였지만 청사 접대를 준비하는 과정에서 표인을 일본으로 보낼 경우 청의 의심을 살까 염려하기 시작하였다. 때문에 일본과 맺은 송환

乙丑 ; 99冊, 仁祖 25年 10月 丙子).

55) 이 부분에 대해서는 기존 연구에서 상세히 다룬 적 있으니 여기서 중복하지 않겠다. 王天泉, 2016b, 『朝鮮의 中國 漂流民 송환 방식 변화와 淸初 동아시아 해역』, 제주대학교 한국학협동과정 박사학위논문, 37~39쪽.

56) 『仁祖實錄』 卷48, 仁祖 25年 7月 丁巳.

57) 『仁祖實錄』 卷48, 仁祖 25年 10月 癸未.

58) 양지하, 2015, 앞의 논문, 10~11쪽.

〈그림 7〉 17세기 후반 조선-청-남명-일본의 '사각관계'

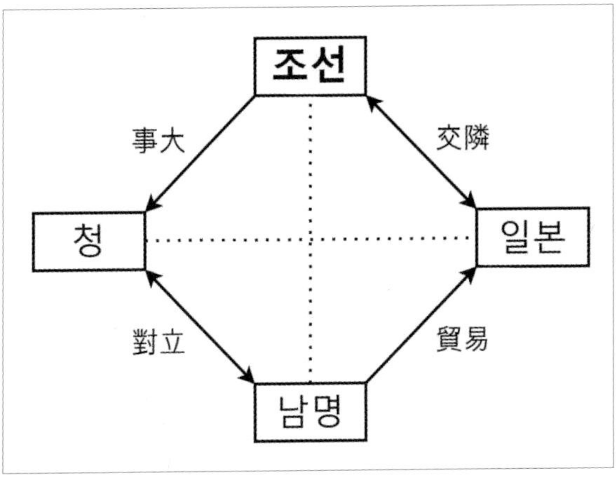

의 약조를 핑계로 대면서 표선에 실린 공작새 등의 화물을 청으로 보내는 대신 표인을 일본으로 보낼 수 있게 설득하자는 방침이 정해졌다.[59] 반면에 閔德基는 위의 두 가지 주장을 지나친 해석이라고 지적하면서 이의를 제기하였다. 그의 견해에 의하면, 우선 청사 편에 부쳐 북경으로 이송한다는 결정을 표인들이 환영했는지 또는 좌절했는지에 관한 기술이 없고, 조선의 이러한 송환방침에 표인들이 저항한 동향도 없으며, 또한 표인들이 이러한 방식으로 송환되면 어떻게 처리될까에 대해 조선 내부에서 人情的인 우려도 보이지 않았기 때문에, '송환을 허락한다'라는 부분을 일본으로의 송환으로 보기는 어렵다.[60] 한편 王天泉은 청사의 말을 근거로 조선이 처음에는 표인을 일본으로 보내려고 했다고 언급하였다.[61]

---

59) 우경섭, 2019, 앞의 논문, 53쪽.
60) 민덕기, 2020, 앞의 논문, 12~15쪽.
61) 王天泉, 2016a, 「朝鮮仁祖25年(1647)徐勝漂流事件所折射的淸初東亞海域」, 『중국

이 사건에서 조선은 처음으로 남명 세력을 의식하게 되었기 때문에 당시 표인의 송환 방식을 어떻게 결정했는지를 규명하는 작업이 굉장히 중요하다고 생각한다. 실제로 徐勝 일행이 漂到한 이틀 뒤 林東榮이라는 福建 상인도 경상도 좌수영에 표류하였다. 조선은 그를 徐勝 일행과 같이 청으로 송환시켰다. 다만 표인을 송환하기 전인 8월 3일 이들의 송환 방식에 대해 조정에서 논의한 바가 있었음에도 불구하고, 기존 연구에서 그 논의에 대해 검토하지는 않았다. 한편 이 사건은 단순한 표류 사건이라기보다 그 이면에 조선·청·남명·일본을 둘러싼 복잡한 긴장관계가 숨어 있었다. 조선이 표인 송환 방식을 결정하는 과정도 이러한 '사각관계'의 틀 속에서 재조명할 필요가 있다.

徐勝 일행과 林東榮이 조선에 표류한 시점이 비슷하였기에 관련 장계도 비슷한 시간에 서울에 전달되었다. 『實錄』에서 두 사건을 7월 18일에 함께 기록한 것은 이를 입증해준다. 林東榮은 福州에서 일본으로 향하는 도중 풍랑을 만나 조선에 표류한 남명 海商이었다. 남명 정권에 대한 그의 진술은 徐勝이 말한 그것과 일치해 보였다.[62] 그리고 7월 19일 비변사의 啓文에 의하면, 인조는 林東榮을 원래 徐勝 일행과 동행하던 사람으로 보았다. 다만 비변사에서는 그들이 같은 선박을 탔는지의 여부를 확실히 알기가 어려워서 먼저 역관을 보내어 상세하게 문정한 뒤 왜관에 넘겨주는 것이 온당하다고 주장하고 있었다.[63]

전술했듯이 이 무렵 耶蘇宗門 문제로 인한 에도 막부의 異國船 포획 요청이 있었다. 따라서 東萊府使는 林東榮은 그리스교도가 아니라는 것을 알면서도 교린의 신의로 林東榮의 漂到를 왜관에 통보하였다. 하지만

학연구』75, 355쪽.

62) 『仁祖實錄』卷48, 仁祖 25年 7月 丁巳.

63) 『備邊司謄錄』11冊, 仁祖 25年 7月 19日 ; 『承政院日記』98冊, 仁祖 25年 7月 戊午.

당시 差倭 平成幸은 표인이 과연 福州 출신이라면 그와의 만남이 큰 의미가 없으니 조선이 원하는 대로 처리해도 된다고 말하였다. 흥미로운 것은 얼마 후 조정에서 표인을 서울로 보내라는 지시가 왔다는 것이다. 따라서 林東榮은 끝내 서울로 이송되었다.[64] 다시 말하면 조정에서는 林東榮의 송환 방식을 변경시켰다는 것이다.

유의해야 할 점은 조정에서의 결정이 바뀐 이유는 왜관의 대답 때문이 아니었다는 것이다. 진정한 원인은 청에서 뜻밖의 사행이 파견될 예정이라는 소식이 왔기 때문이었다. 7월 23일 사은사 麟坪大君[65](1664-1733)이 북경에서 장계를 보내어 7월 25일 칙사의 행차가 있을 것이라고 전하였다. 그리고 이번 사행의 목적은 세폐의 감면에 관한 것으로 밝혀져 있었다.[66] 인조는 청이 일본의 정세를 살피려고 칙사를 보낸 것일 가능성에 대해 의심하고 있었다. 따라서 8월 3일 칙사가 나오는 문제에 대해 조정에서 논의가 이루어졌는데 그 과정에서 한인의 송환 문제까지 언급하였다. 관련 논의는 『實錄』에도 기재되었지만 내용은 소략하였다.[67] 이에 비하여 『承政院日記』에는 그 논의에 대해 상세하게 기록하였다. 구체적으로는 다음과 같다.

---

64) 『典客司日記』 4冊, 仁祖 戊子(1648) 7月 24日 ; 『邊例集要』 卷17, 雜條, 戊子(1648) 7月.

65) 麟坪大君의 사행 역시 세폐 문제와 관련이 있었다. 당시 청은 조선이 세폐와 방물을 보내는 데 소홀히 하는 것과 조선이 칙사를 접대하는 과정에서 예를 다하지 않은 것을 지적하는 등 조선에게 외교적으로 강경한 태도를 보였다(『仁祖實錄』 卷48, 仁祖 25年 2月 己亥). 麟坪大君의 사행은 바로 세폐 문제를 해결하기 위한 것이었다(『仁祖實錄』 卷48, 仁祖 25年 3月 甲辰). 麟坪大君의 사행과 그 정치적 의미에 대해서는 김경록, 2015, 「조선시대 대중국 사행의 정치·외교적 의미 -麟坪大君의 使行을 중심으로-」, 『溫知論叢』 42를 참조.

66) 『承政院日記』 98冊, 仁祖 25年 7月 壬戌.

67) 『仁祖實錄』 卷48, 仁祖 25年 8月 辛未.

(C) 왕이 이르기를 "이러한 때에 붙잡은 한인을 일본에 보내서는 안될 듯하다. 이 문제에 대해 다시 생각해서 처리하는 것이 어떠한가?" 하니 金自點이 아뢰기를 "신도 이 문제에 대해 생각해 보았습니다. 이번에 나포한 배가 전에 나포했던 배와 같은지는 모르겠으나, 신이 생각해 보건대 장사꾼의 배인 듯하며 중원의 사정에 능통한 점도 없지 않습니다. 오늘 諸臣이 모두 있으니 이를 깊이 의논하면 됩니다." 하였다. 왕이 이르기를 "일이 아직 결정되지 않았으나 당초에 일본으로 보내려고 하였으니 어떻게 하는 것이 좋겠는가? 右相도 소견을 말해 보라." 하니, 南以雄이 아뢰기를 "당초 回啓했을 때에는 역관이 돌아오기를 기다렸다가 처리하기로 논의하였는데, 뜻밖에 칙사가 나온다 하니 事機가 전과 많이 달라졌습니다." 하자, 왕이 이르기를 "표인들은 청나라에서 나온 사람들이 아니다. 명에서 나왔다고 했으니 일은 더욱 난처하게 된다." 하였다. (...) 왕이 이르기를 "붙잡은 장사꾼이 福建 사람이라던데 과연 그런지 모르겠다." 하니, 南以雄이 아뢰기를 "福建 사람 여부는 확실하지 않지만 대개 일본과 거래하는 장사꾼들입니다." 하였다. 왕이 이르기를 "배를 띄운 죄는 본래 死罪에 해당한다. 경들의 생각으로 어떻게 처리하면 좋을까? 청으로 보내는 것이 마땅할까 일본으로 보내는 것이 마땅할까?" 하니, 趙絅이 아뢰기를 "관계된 바가 매우 중요하지만 이미 결말이 난 일이니 일본으로 보내야 합니다. 더 이상 무슨 논의가 있겠습니까." 하였다. 왕이 이르기를 "칙사가 강을 건너기 전에 이 사실을 이미 알았다." 하니, 元斗杓가 아뢰기를 "우리나라가 청에 대해 어찌 즐거워서 하는 일이 있겠습니까. 지금 경솔하게 일본으로 보내서는 안 됩니다." 하고, 閔聖徽가 아뢰기를 "청 사람도 우리나라로 하여금 왜의 낌새에 잘 대응하게 하였으니, 이는 전에 신이 눈으로 확인한 바입니다. 붙잡은 한인을 일본에 보내는 것은 크게 문제 될 것이 없습니다." 하며, 李基祚가 아뢰기를 "한인들의 말로는 黃旗를 가지고 나왔다고 했는데, 이는 핑계를 대는 말인 듯합니다. 그러나 일

본으로 보내지 않고 청으로 보낸다면 왜인들 또한 필시 뒷말이 있을 것이
니 곧바로 속히 분부하여 일본으로 보내는 것이 낫습니다." 하였다. (…)
왕이 이르기를 "다시 생각해 보니 한 가지 좋은 방법이 있다. 칙사가 들어
온 후 물어보고 처리하는 것이 어떠한가?" 하니, 金自點이 아뢰기를 "붙
잡은 한인이 그리스교의 무리인 듯하니, 청 사람이 들어온 후에 의논하여
처리하는 것 또한 타당합니다." 하였다. (…) 왕이 이르기를 "칙사가 서울
에 들어온 후 붙잡은 한인에 대해 잘 상의해서 한인을 일본으로 보낼 수
있다면 매우 기쁘겠다." 하니, 金自點이 아뢰기를 "되든 안 되든 간에 상
의 하교처럼 도모해야 합니다." 하고, 元斗杓가 아뢰기를 "칙사를 접견할
때에 한인이 그리스교의 무리라고 그대로 말하는 것은 곤란할 듯합니다."
하니, 왕이 이르기를 "공작새를 보내는 일을 생각해보면 괜찮을 듯하다.
우리에게 중요하지 않은 물건으로 저들의 환심을 산다면 혹은 이치가 없
지 않을지도 모른다." 하였다.[68]

---

68) 『承政院日記』98冊, 仁祖 25年 8月 辛未. "上曰: '如此時, 所捉漢人送于日本, 似不
可. 此事更思而善處, 如何?' 金自點曰: '臣亦慮此事矣. 今番所捉, 雖未知與前所捉船
同矣, 而以臣意思之, 則似或商賈船, 而亦不無通中原事情之迹矣. 諸臣皆在, 可熟講
矣.' 上曰: '事雖未決, 當初之意, 欲送日本矣, 未知何以則可也? 右相亦陳所見.' 南以
雄曰: '當初回啓時, 待譯官回來, 處置爲議矣. 勅使意外出來, 事機與前頓異矣.' 上曰:
'此非自淸國來者, 云自大明來, 事尤難處矣.' (…) 上曰: '所捉商賈, 云是福建人, 未知
果然也.' 南以雄曰: '雖未詳福建人, 而槪是商賈於日本者也.' 上曰: '出海之罪, 元死罪
矣. 未知卿等之意, 則何以可處也? 送淸國是耶? 送日本是耶?' 趙絅曰: '所關甚重, 而
事已結末, 當送於日本矣, 更有何議耶?' 上曰: '淸使未渡江前, 已知之矣.' 元斗杓曰:
'我國之於淸國, 豈有樂爲之事耶? 今不可輕送日本矣.' 閔聖徽曰: '淸人亦有使我國善
接倭之氣色, 臣曾所目見者也. 所捉漢人, 送于日本, 似無大妨.' 李基祚曰: '漢人云, 持
黃旗出來, 此則似托辭矣. 然若不送日本, 而給淸人, 則倭人亦必有後言. 莫如卽速分付,
送于日本矣.' (…) 上曰: '更思之, 則亦有一好事. 淸使入來後, 問而處之, 如何?' 金自
點曰: '所捉漢人, 似是蘇宗文之黨. 淸人入來後, 議處亦當.' (…) 上曰: '所捉漢人, 淸使
入京之後, 好樣相議, 而終送于日本, 則甚好甚好.' 金自點曰: '成不成間, 當如上敎圖之
耳.' 元斗杓曰: '與淸使接語時, 似難直言以耶蘇宗文之黨也.' 上曰: '送其孔雀, 於意似

논의에 따르면, 조선은 원래 표인을 일본으로 보내려고 하였다는 것
이 명백하다. 물론 칙사가 뜻밖에 나왔기 때문에 상황은 많이 달라졌지
만, 인조는 여전히 표인을 일본으로 보낼 수 있도록 칙사를 설득하는 것
을 꾀하고 있었고 대신들도 기본적으로 그에 찬성하였다. 칙사를 설득
하는 과정에서 공작새를 뇌물로 사용할 계획도 세웠다. 공작새는 곧 徐
勝 일행이 가져온 화물 중 하나였다. 이로 미루어 보아 논의의 대상이 된
한인은 林東榮 뿐만 아니라 徐勝 일행까지도 포함하였을 것이다.

조선이 반드시 표인을 일본으로 보내려고 한 이유로는 두 가지가 있
다고 생각한다. 첫째, 표인 가운데 그리스도교도가 있다는 것에 대해 우
려하지 않을 수 없었기 때문이다. 여기서 유의할 필요가 있는 것은 3년
전 耶蘇宗門을 포획하는 데 동조하는 차원에서 蔡萬官 등을 일본으로 보
냈을 때, 그 중에서 그리스도교도 5명이 마침내 일본 측의 심문에 의해
발견되었다는 점이었다.[69] 그리하여 이번의 표인 가운데 그리스도교도
가 있는지 여부를 파악하지 않은 채로 일본에 보내는 방식은 조선의 입
장에서 온당한 처리 방식으로 여겨진다.

둘째, 청의 해금책을 위반한 한인의 죄를 면하도록 도와주려고 하였
기 때문이다. 청은 중원을 차지한 뒤 정씨세력의 海上 활동을 방비하고
이들을 고립시키고자 기존의 명의 해금책을 유지하였다. 인조는 한인이
해금책을 위반하면 사죄에 해당한다고 생각하고 있었다. 이와 같은 인
식은 때마침 청의 칙사가 나오면서 더욱 심각해진 것으로 보인다. 왜냐
하면 이번에 청이 세폐를 감면해준 것은 廣州를 평정한 戰果를 과시하고
기념하는 맥락에서 이루어졌기 때문이다.[70] 이러한 상황에서 남명 정권

可. 以非關之物, 得彼歡心, 或不無其理矣.'"
  69) 『邊例集要』卷17, 雜條, 順治 元年 12月.
  70) 『淸世祖實錄』卷33, 順治 4年 7月 甲子.

관하의 상인을 청에 돌려보내면 이들은 극형을 당하지 않을 리가 없었다. 이것은 결코 조선이 원하는 결과가 아니었다.

하지만 칙사를 설득하는 것은 결국 실패하였다. 조선은 끝내 칙사의 分付에 따라 표인들을 서울로 모았다.[71] 전례에 의하여 표인을 사역원에 배치하고 병조·포도청의 군인을 선정하여 잡인과의 접촉을 차단시키도록 하였다.[72]

이러한 와중에 徐勝 일행은 船積한 화물을 조선의 邊將에게 빼앗겼다는 것에 대한 불만을 칙사에게 토로하였다. 이로 인하여 화물의 배상, 변장에 대한 징벌 등의 문제를 둘러싸고 조선은 청과의 교섭에 부심하였다. 교섭의 전말에 대해서는 기존 연구에서 이미 자세히 다루었다.[73] 그러나 교섭에 주목하기 전에 먼저 대답해야 할 것은 남명의 海商이 왜 자신의 불만을 청의 칙사에게 털어놓았느냐는 질문인데, 기존 연구에서 이를 규명하지는 않았다.

그 답은 바로 표인들의 '背叛'이다. 칙사가 서울에 도착하기 전인 10월 2일 일부 표인들이 청에 투항하는 의지를 표명하기 위해 머리를 깎기 시작하였다.[74] 이틀 뒤 칙사가 도착하자 표인 중 2명을 불러와서 대화를 하였다. 대화가 끝난 후 칙사는 역관을 통해 표인들이 이미 청에 歸附했다는 것을 전하였다. 이와 더불어 표인에 대한 접대 기준을 '上國人'에 대한 기준으로 하여 각별히 우대하라고 조선에 요청하였다.[75] 이렇듯 조선은 남명에서 온 한인을 무사히 돌려보내기 위해 고심하였지만, 그들

---

71) 『仁祖實錄』 卷48, 仁祖 25年 9月 辛亥.

72) 『承政院日記』 98冊, 仁祖 25年 9月 辛酉.

73) 王天泉, 2016a, 앞의 논문, 347~351쪽 ; 2016b, 앞의 논문, 37~46쪽 ; 민덕기, 2020, 앞의 논문, 13~15쪽.

74) 『承政院日記』 99冊, 仁祖 25年 10月 己巳.

75) 『承政院日記』 99冊, 仁祖 25年 10月 辛未.

은 오히려 귀향의 희망을 조선이 아닌 청에 걸고 있었다. 표인이 이러한 방식으로 송환되면 어떻게 처리될까에 대한 조선 측의 인정적인 우려가 보이지 않은 것과 표인이 육로로의 송환 방식에 저항하는 동향이 없던 것, 그 원인이 바로 여기에 있었다고 생각한다.

이상으로 살펴보았듯이 조선은 당초 徐勝 일행을 일본으로 들여보내려고 했지만 청 칙사의 간섭으로 인하여 끝내 실시하지 못하였다. 그리고 칙사 편에 부쳐 북경으로 이송하는 송환 방식은 표인에게 있어서 '의지에 반하는' 송환이 아니라 본인이 스스로 선택한 결과였다. 한편 그 당시 청은 귀부해 온 사람에 대한 회유책을 시행하고 있었기 때문에 실제로 徐勝 일행은 북경으로 돌아간 후 면죄를 받아 죽지 않았다.[76]

王天泉은 徐勝 일행의 표류 사건에 대해 그 이후 표인 대응책의 기본적 범례이자 근거가 된 이정표로 높이 평가하고 있다.[77] 다소 과대평가한 부분도 있지만, 이 사건이 표류 중국인 대응책의 전개 과정에서 일정한 의미를 지니고 있다는 점은 부인할 수 없다. 이 사건의 여파로 표인 대응책은 두 가지 방면에서 변화가 생겼다. 첫째, 이 사건을 계기로 한인 표인을 통해 남명 세력의 동향을 알아보고 정씨세력에 관한 정보를 예의주시함으로써 對明義理 실현에 대한 욕망을 남명 해상 세력의 反淸 활동에 투사하는[78] 등 표류 중국인에 대한 인식 변화가 일어났다. 둘째, 육로로의 송환을 실시할 때 표인을 청 칙사의 귀국길에 부쳐 보내는 방식은 경제적 부담을 줄일 수 있는 방법으로 인식되었다.

특히 두 번째 변화의 경우, 표인에 대한 송환은 사람뿐만 아니라 짐도 같이 보내야 한다는 점에서 경제적 폐단을 줄이는 효과가 있었다. 일

---

76) 『清聖祖實錄』 卷4, 順治 18年 9月 丙戌.

77) 王天泉, 2016b, 앞의 논문, 46쪽.

78) 양지하, 2015, 앞의 논문, 3쪽.

반적으로 사람보다 짐을 운송하는 데 더 많은 인력·물력을 소모하기 때문에 사람을 먼저 보내고 짐을 추후로 보내는 방식이 많이 사용되었다. 짐을 운송하는 노정이 줄어들면 경제적 부담도 감소하는 것이 당연하다. 조선은 표류 중국인을 송환할 시 의주에서 말을 고용하여 짐을 운송하도록 하였는데 보통 북경까지 갔다 와야 하였다. 그러나 徐勝 일행의 송환 당시에는 짐을 칙사의 물건과 함께 鳳凰城까지만 운송하였기 때문에 의주에서 봉황성까지의 雇馬 비용만 소비되었다.[79] 이는 경제적 폐단을 줄이는 데 효과적이었으므로 조선 측의 환영을 받았다. 효종 즉위년(1649) 한인 112명이 통영에 표류한 사건에 대한 처리 과정에서, 청사 鄭命壽가 현지에서 화물을 발매하는 방안을 제시하면서 그렇게 하지 않으면 짐을 세폐와 같이 봉황성보다 더 먼 牛家莊까지 운송해야 한다고 하였으나, 조선은 여전히 徐勝 일행의 전례처럼 처리하려고 하면서 鄭命壽와 공방전이 벌어졌다. 결국 鄭命壽가 조선의 요구에 대해 "강력히 거절하는 뜻[牢拒之色]"을 표하지 않았다는 점을 고려하면, 일은 조선이 원하는 대로 처리할 수 있게 된 것으로 추정된다.[80]

徐勝 일행을 전례대로 일본에 송환하려던 계획이 실패한 이후 표인 송환은 기본적으로 육로를 통해 북경으로 이송하는 방식으로만 이루어졌다. 같은 해 南京船 1척이 표류한 사건이 일어났는데 생환자 3명은 모두 북경으로 轉送되었다.[81] 심지어 조선은 표선뿐만 아니라 단순히 앞바다를 지나가던 한선까지 잡아서 청 칙사에게 넘겨주었다.[82] 다만 이러한 처리 방식이 에도 막부의 불만을 초래할 가능성은 조선에게도 근심스러

---

79) 『備邊司謄錄』 15冊, 孝宗 3年 6月 14日.

80) 『備邊司謄錄』 13冊, 孝宗 卽位年 10月 11日·12日·13日·18日.

81) 『邊例集要』 卷17, 雜條, 戊子(1648) 7月.

82) 『孝宗實錄』 卷1, 孝宗 卽位年 7月 癸酉.

운 부분이었다. 자칫 耶蘇宗門에 대한 포획 요청을 무시하는 처사가 될
수 있을 뿐만 아니라, 표인의 화물을 북경으로 보내면 남명과 일본 간의
무역에 손해를 입힐 수 있음을 우려하였기 때문이다. 따라서 효종 연간
통영에 표류한 한인의 송환을 계기로 이와 같은 걱정을 청에 陳奏하면서
일본으로 보내는 송환 방식에 대한 청의 허락을 요청하였다.[83] 그러나
청 順治帝가 勅諭를 내려 아래와 같이 효종을 문책하였다.

> (D) 또 "의정부가 첩보에 의거하여 말하기를 '만일 왜국의 연해에 표
> 류해 온 한인의 배를 가까운 왜관으로 보내지 않고 곧바로 상국으로 보내
> 게 되면 왜인이 우리에게 전보다 더 심한 악감을 갖게 될 것이다.'고 하였
> 다."는 등의 말이 있었다. 그렇다면 그런 보고를 한 관원은 앞으로 한인을
> 왜인으로 만들어 왜국으로 보내겠다는 것인가? 아니면 명나라가 아직도
> 있다고 여겨서인가? 그것도 아니라면 朕의 한인을 강제로 왜국으로 보내
> 겠다는 뜻인가? 그런 관원은 분명히 소란을 부려 나라를 망칠 사람인 듯
> 한데, 국왕은 그런 관원을 잡아다 중죄로 다스리지는 않고 도리어 그의
> 말을 곧바로 奏聞하였으니 이는 그대의 과실이다. 즉시 그를 잡아다 국문
> 해서 중죄를 내리라.[84]

순치제는 한 발 더 나아가 이를 사대와 관련된 문제로 받아들여 "선
왕이 충성을 다하였는데 지금의 왕은 어찌 충성을 다하려 하지 않을 리

---

83) 『備邊司謄錄』13冊, 孝宗 卽位年 10月 8日 ; 『孝宗實錄』卷3, 孝宗 元年 3月 甲寅.

84) 『孝宗實錄』卷3, 孝宗 元年 3月 庚申. "又議政府據報云: '如有漂到倭國沿海漢人船隻,
不送於咫尺倭館, 直爲解送上國, 其蓄憾於我, 比前必甚.'等語. 其具報官員, 將欲以漢
人作倭人, 而與倭國歟? 抑以爲明朝猶在耶? 抑强欲以朕之漢人, 而捕送倭國耶? 似此
官員, 顯是啓亂壞國之人. 王不將此官拏問重罪, 而徑云奏, 是爾之失也. 卽宜拏問, 加
以重罪."

가 있겠는가?"라고 하며 압박하였다. 결국 조선은 원래 내부에서 논의하던 문제를 공개하였다가 청의 힐문을 받아 더 이상 周旋할 여지가 없게 되었다. 즉 조선은 이 문제를 對日關係의 차원에서 심각하게 고민하였지만, 끝내는 청의 압박을 의식하여 기존의 방침을 포기하지 않으면 안 되는 지경에 이르렀던 것이다.

이러한 상황에서 한인 표인에 대한 조선의 감정은 더욱 복잡해져갔다. 효종 3년(1652) 江南 蘇州 상인 苗珍實 등 28명이 제주 旌義縣에 표류하였다. 이들은 원래 남명 弘光 정권의 상인으로서 인조 23년부터 일본에 가서 무역 활동에 종사하고 있었다. 하지만 弘光帝가 失勢한 뒤 청에 대한 두려움 때문에 중국으로 돌아가지 못하고 7년 동안 일본과 交趾를 왕래하며 무역하다가 청의 仁政·愛民에 관한 소문을 듣고 돌아가기로 마음먹었다. 다만 항해 중 선박이 조선에 표류하게 되어 총 213명 중 28명만 살아남았다.

조선은 이들이 江南 출신이며 일본 行商의 경험이 있다는 점에 주목하고 정보를 수집하기 위해 문정을 실시하였다. 江南·廣東·陝西·山西·山東·四川·雲南 등 중국 각지는 물론 일본·류큐·네덜란드[紅毛國] 등 해외 지역에 관한 정보까지 상세히 물었다. 이후 조선이 송환의 방식을 결정하려 할 때, 표인은 북경에서 고향까지는 시간이 많이 소요된다는 이유를 들어 북경으로의 송환을 거절하고 일본으로의 송환을 간청하였다.[85] 이에 대해서는 조정에서 상반된 의견이 제시되었다. 영의정 鄭太和(1602-1673)는 청의 강경한 태도를 염려하면서 표인과 화물을 전례에 따라 북경으로 보내는 방식을 주장하였다.[86] 반면에 어사 閔鼎重(1628-1692)은 제주도가 먼 바다에 있고 거기서 발생한 일은 누설되지 않을 것이니 표

---

85) 李益泰, 『知瀛錄』, 「漂漢人記」, 壬辰 2月.

86) 『孝宗實錄』 卷8, 孝宗 3年 3月 辛丑.

인들을 제주도에 두고, 달마다 廩食을 내려 주어 천수를 누릴 수 있게 해 주면 한인에 대한 仁義를 다할 것이라고 강조하였다.[87] 효종은 현실적인 이해관계를 고민한 끝에 鄭太和의 의견을 채택하였다. 동시에 閔鼎重에 게 아래와 같이 타일렀다.

> (E) 皇家의 유민들을 묶어서 호랑이 아가리에 들이는 것은 不仁이다. 비록 그렇다 하더라도 간사한 자가 우리나라를 원망하여 틈을 엿본 지 오 래이니, 만일 유민들이 나라 안에 머물고 있는 것을 본다면 청에 누설하 지 않을 줄을 어찌 알겠는가? 일이 누설되면 단지 우리 政丞만 잡아 가둘 뿐인데, 너는 유독 李敬輿가 겪은 일을 보지 못하였느냐?[88] 어찌 작은 仁 을 가지고 큰 계책을 그르치겠는가.[89]

효종은 한인 표인을 청으로 보내는 것이 어질지 않은 일임을 스스로 도 인정하고 있었다. 그렇다고 표인을 조선에 두는 것이 적절하다고 생 각하지도 않았다. 만약 이 일이 청에 누설되면 나중에 붙잡힐 사람은 조 선의 대신뿐이기 때문이었다. 북벌을 계획하고 있는 효종의 입장에서는 한인 표인에 대한 동정은 작은 仁이었지만, 이것 때문에 大策인 북벌을 그르치는 것이야말로 더욱 심각한 문제였다.

당시에는 사대부 계층에서 중화계승의식을 내부 담론으로 발전시키

---

87) 黃景源, 『江漢集』卷32, 傳, 「明陪臣傳六」.

88) 인조 20년(1642) 李敬輿(1585-1657)가 排淸親明派로서 청의 연호를 사용하지 않음을 李烓가 청에 밀고하였다. 이로 인하여 李敬輿는 瀋陽에 1년 동안 억류되었다 (吳恒寧·崔鈺珩, 2019, 「조선 세 重臣의 瀋陽 구류와 교유 -김金尙憲·崔鳴吉·李敬輿의 경험-」, 『大東文化硏究』105, 263~265쪽).

89) 黃景源, 『江漢集』卷32, 傳, 「明陪臣傳六」. "縛皇家之遺民, 內諸虎口, 此不仁也. 雖然, 姦人怨國, 伺釁久矣. 誠見遺民留國中, 則安知其不泄於淸也. 事泄, 則徒鋼吾相耳. 汝獨不見李敬輿乎? 豈以小仁, 誤大策邪?"

고 있었다. 이러한 분위기에서 한인의 표류에 대한 대응 문제는 對明義理의 문제로 확대되는 동시에 그 담론이 내포하고 있는 현실적인 취약성[90]까지 폭로하였다. 苗珍實 일행의 송환 방식을 둘러싼 상반된 의견들은 당대 정치적 상황에서 '經·權' 간의 충돌, 즉 '의리와 현실' 간의 긴장관계를 암시하였다. 이러한 긴장을 고조시켰던 사건은 현종 8년(1667) 5월 24일 福建 상인 林寅觀 등 95명이 제주에 표류한 사건이었다.

이 시기를 전후하여 청은 정씨세력을 초무하기 위해 각종 방법을 시도하였다. 하지만 기대만큼의 효과를 거두지 못하자 1656년 순치제가 다시 해금책을 강화시키고 배를 띄우는 일을 전면적으로 금지하였다.[91] 앞서 언급했던 遷界令 또한 그 연장선상에서 이루어진 것으로 보인다. 苗珍實 등의 표류가 발생한 후 15년 만에 다시 중국인의 표류가 발생한 것은 역시 遷界令과 관련이 있었다고 생각한다.

그동안 조선은 남명 정권의 동태에 관한 정보를 사신을 통해 얻을 수밖에 없었다.[92] 따라서 林寅觀 등의 표류 사건은 조선 사대부의 주목과 동정을 받았다. 표인들이 제주에서 서울로 압송되는 도중 많은 조선 사대부들이 표인과 대화를 나누면서 명에 관한 정보를 알아보고자 하였다.[93] 예를 들어, 柳馨遠(1622-1673)이 井邑에서 표인들과의 문답을 통해 명 永曆帝가 남쪽의 4개 省을 보유하고 있다는 것을 알게 되었을 뿐만 아니라 영력 21년의 曆書도 확인하였다. 그는 희비가 교차하는 감정을

---

90) 양지하, 2015, 앞의 논문, 25~28쪽.

91) 『淸世祖實錄』 卷102, 順治 13年 6月 癸巳.

92) 『孝宗實錄』 卷10, 孝宗 4年 5月 戊子 ; 卷11, 孝宗 4年 11月 壬戌 ; 卷12, 孝宗 5年 2月 丁亥 ; 卷14, 孝宗 6年 3月 丙戌, 4月 乙丑.

93) 成海應(1760-1839)이 지은 「丁未傳信錄」에서 7종의 표인 문답 기록을 수록하고 있다. 구체적인 내용에 대해서는 孫衛國, 2007, 「義理與現實的衝突——從丁未漂流人事件看朝鮮王朝之尊明貶淸文化心態」, 『漢學硏究』 25(2), 189~191쪽을 참조.

느껴서 표인에게 시까지 선사하였다.[94] 해당 시기 柳馨遠은 남명 정권의 흥망에 대해 깊은 관심을 기울였다. 현종 3년(1662) 명 영력제가 청병에 의해 붙잡혔다는 소식이 전해지자[95] 서럽게 울기도 하였다.[96] 이러한 상황에서 머리를 깎지 않고 명의 복식을 입으며 명의 역서를 가지고 있는 한인 표인의 도래는 명에 대한 조선 사대부의 그리움을 고무시켰다. 표인을 만난 柳馨遠의 반응은 당대 사대부들의 심정을 보여주는 전형적인 사례라고 할 수 있다.

한편 조정에서는 표인의 북경 송환 여부에 대해 논의를 거듭한 끝에 북경으로의 압송이 결정되었다. 이 결정은 사대부 계층의 격렬한 반대에 부딪혔다. 對明義理 실현의 상징으로 여겨진 한인 표인을 결코 청으로 보낼 수 없다는 것이 사대부들의 입장이었다. 사대부들의 이러한 반응에 대해서는 기존 연구에서 이미 자세히 분석하였으므로 중복하여 서술하지 않겠다.[97] 여기서는 사상사의 측면보다 대외관계의 차원에서 조심스럽게 이 사건의 대응책에 대해 다시 접근해보도록 하겠다.

林寅觀 일행은 제주에 漂到했을 때부터 계속 官商으로 자처하였다. 官商이란 17세기 중후반 지위가 높은 고관에게 사적으로 종속된 채 해

---

94) 『磻溪隨錄』 附錄, 「行狀」. "丁未, 有唐船漂泊耽羅, 皆福建人, 華制不薙髮. 公往見, 操漢音, 問皇朝事. (...) 永曆皇帝, 保有南方四省, 今年爲永曆二十一年云. 取裝中曆書示之, 果然. 公悲喜作詩."

95) 『顯宗實錄』 卷5, 顯宗 3年 4月 甲寅.

96) 『磻溪隨錄』 附錄, 「行狀」. "壬寅, 北使頒赦來者, 至謂之擒焉. 我國猶未知其虛實. 公慟之."

97) 강창룡, 2004, 「17世紀 中葉 中國人의 濟州 漂到 -顯宗8年(1667) 明나라 商人 林實觀 一行의 濟州 漂着과 處理를 中心으로-」, 『耽羅文化』25 ; 孫衛國, 2007, 앞의 논문, 199~204쪽 ; 高志超, 2014, 앞의 논문, 36~37쪽 ; 양지하, 2015, 앞의 논문, 13~24쪽 ; 黃普基, 2018, 「17世紀後期朝鮮王朝政壇的"奉淸""崇明"之辨──以1667年南明漂流民事件爲中心」, 『中山大學學報(社會科學版)』2018-3 ; 우경섭, 2019, 앞의 논문, 56~63쪽 ; 민덕기, 2020, 앞의 논문, 16~23쪽.

외 무역에 종사하는 일종의 '商奴'를 가리키는 말이었다.[98] 조선은 처음
에 이들을 남명 永曆 정권의 상인이라고 이해하였기 때문에 표인을 '한
인'으로 보고 있었다. 그러나 문정 등의 후속처리 과정을 통해 확보한 표
인들의 남명 관련 진술은 조선에서 이미 파악했던 정보와 사뭇 다른 것
으로 나타났다. 이로 인하여 조정에서는 이들을 남명 정권이 아닌 鄭經
의 관하로 의심하기 시작하였다.[99] 조선 집권층의 관점에서 정씨세력은
청에 복종하지는 않았지만 그렇다고 해서 明人(=한인)으로 볼 수 있는 것
도 아니었다. 이들이 명나라 때도 귀순하지 않았기 때문이었다.[100] 따라
서 남명 정권과 정씨세력은 조선 집권층에게는 서로 다른 존재로 간주
되었다고 할 수 있다.[101] 이러한 인식에 따라 鄭經 관하의 林寅觀 일행을
'永曆人'으로 취급할 수 없었던 것도 당연한 일이었다.[102]

무엇보다도 현종이 걱정하던 것은 林寅觀 일행이 원래 일본을 왕래
하고 있었다는 점이었다. 같은 해 7월 15일 왕이 대신들을 인견했을 때
李有相(1623-1673)은 표인의 처리 방안을 제시하였다. 즉 표인을 섬에 머
물러 있도록 하고, 만약에 청의 조사가 있으면 한인인지 여부를 판별하
지 못하여 계속 두고 있었다고 대답하면 된다는 것이었다. 이에 대해 현
종은 만약 섬에 머물러 있다가 지난번의 南蠻人들처럼 도망가면 장차 어
떻게 하겠느냐고 反問하였다.[103] 현종이 말한 남만인은 효종 4년(1653)

---

98) 韓振華, 1982, 「一五六○――六六二年鄭成功時代的海外貿易和海外貿易商的性質」,
    廈門大學歷史系 편, 『鄭成功硏究論文選』, 福建人民出版社, 136~187쪽 ; 孫衛國,
    2007, 앞의 논문, 194쪽.
99) 『顯宗實錄』卷14, 顯宗 8年 10月 癸酉·甲戌.
100) 『承政院日記』204冊, 顯宗 8年 10月 癸酉.
101) 반면에 표인의 압송을 반대하는 사림들의 경우 남명과 정씨세력을 동일시하는 경
    향이 있었다(양지하, 2015, 앞의 논문, 25~27쪽).
102) 『顯宗實錄』卷14, 顯宗 8年 10月 癸酉. "此必其管下, 而似非永曆人也."
103) 『顯宗改修實錄』卷17, 顯宗 8年 7月 丁巳.

제주에 표류해서 13년간의 억류 생활을 하다가 현종 7년(1666) 일본으로 탈출한 하멜 등 네덜란드 사람들이었다. 당시 하멜 등 8명이 일본으로 도주한 후 막부에서는 조선이 일본의 屬郡인 네덜란드의 사람을 억류하였다는 이유로 교린의 신의를 운운하며 조선을 비난한 적 있다.[104] 이를 감안하면 일본과 무역 왕래를 해오던 林寅觀 일행이 제주에 머물러 있다가 일본으로 도망가서 막부에 고발할 경우 또 일본으로부터 문제제기를 당할 수 있다는 것에 대한 현종의 우려가 터무니없는 것은 아니었다.[105]

다른 한편으로 표인의 인원수가 95명에 달하였다는 점을 고려해 보면, 이렇게 많은 사람을 조용히 이동시키는 것은 워낙 쉬운 일이 아니었다. 게다가 해송되는 도중 표인들이 자주 대성통곡함으로써 주변 사람들의 시선을 끌고자 하였으니, 이 사건을 청에 숨기는 것이 거의 불가능하였다. 이러한 상황에서 한인이라고 볼 수 없는 표인을 숨겨줌으로써 對明義理를 지키기보다 나라의 현실적 생존을 염두에 두고 실리를 위하여 표인을 압송한 것은 형세에 따라 '최악보다 차악을 선택'하는 전략으로 볼 수 있다고 생각한다.

다만 이 사건에 대한 대처가 사대부들의 폭발적인 반발을 초래했던 것도 분명한 사실이었다. 이러한 파급효과를 최소화하기 위해서는 한인의 표류 사건을 최대한 비밀리에 처리할 필요가 있었다. 실제로 苗珍實 일행이 표류하였을 당시 효종은 "다시 이와 같은 일이 있으면 번거롭게 帥臣에게 보고할 필요 없이 직접 비국에 알려 품처하도록 하되, 만일 타고 온 배가 견고하여 실을 만하다면 그곳에서 잘 보호하여 보내도록 하고 선박이 부서진 경우에도 즉시 馳啓하여 조정의 조치를 기다리되 시끄

---

104) 『顯宗改修實錄』 卷16, 顯宗 7年 10月 庚午.
105) 우경섭, 2019, 앞의 논문, 61쪽.

럽게 소문이 나지 않게 하라."고 지시한 적 있다.[106] 또 林寅觀 일행의 표류 사건이 있은 지 1년 뒤 한인이 경상도 曲浦와 전라도 安島에 표류한 사건이 연이어 발생하였는데, 조선은 표선을 포획하지 않고 표인이 땔나무와 물을 찾아 싣고 가는 것을 방관하였다.[107] 이러한 대응책은 특히 제주도에서의 표류 사건에 적용되었다. 제주도는 정씨세력과 남명의 海商들이 일본을 왕래할 때 반드시 지나가는 곳이어서 표류가 발생할 확률이 비교적 높았기 때문이다. 또한 서울과 멀리 떨어져 있는 만큼 표인 대응 시 선택의 여지도 어느 정도 남아 있었다.

조선이 정씨세력과 남명의 海商을 구분하여 대접하는 경향은 林寅觀 일행의 표류 사건 이후에도 보인다. 현종 11년(1670) 沈三 등 머리를 깎은 자 22명과 머리를 깎지 않은 자 43명이 제주에 漂到하였다. 이들은 廣東·福建·浙江 등지의 출신으로 청이 江南 지역을 장악해 나가자 香山島(=홍콩)로 도망가서 장사했다고 밝혔다. 그리고 나가사키로 떠나는 것을 원한다고 표명하였다. 이에 제주 목사 盧錠은 선박을 조달하여 이들을 들여보낸 후 비밀리에 치계하여 사정을 보고하였다.[108]

이후 숙종 6년(1680) '三藩의 亂'과 鄭經의 抗淸 활동이 큰 좌절을 당

---

106) 『孝宗實錄』 卷8, 孝宗 3年 4月 丁卯. "如或復有如此之事, 不必煩報帥臣, 直通于備局, 以爲稟處之地. 而如其所乘之船, 完固可載者, 則自其處善護以送. 其敗船者, 亦卽馳啓, 以待朝廷處置, 而俾不至煩人聽聞可矣."

107) 『顯宗實錄』 卷15, 顯宗 9年 7月 癸丑·戊午.

108) 『顯宗改修實錄』 卷22, 顯宗 11年 7月 丙寅 ; 李益泰, 『知瀛錄』, 「漂漢人記」, 庚戌 5月. 흥미로운 것은 이 사건의 처리법에 대해 宋廷奎(1656-1710)가 지은 『海外聞見錄』에서는 전혀 다른 식으로 기록하고 있다는 점이다. 그에 따르면 盧錠은 처음에 선박을 준비시켜 표인들을 일본이 아닌 原籍으로 보내려고 한 것이었다. 하지만 그전에 표인 중 일부가 守兵을 찌르고 빈 배에 올라 도주하였고, 결국 당시 머물고 있던 절반의 표인만 盧錠이 구입해준 선박을 통해 일본으로 보내졌다(宋廷奎, 『海外聞見錄』, 「順治以後漂商問答」, 庚戌 5月).

했다는 소식이 일본을 통해 전해졌다. 나가사키를 왕래하는 중국선이 정씨세력 관하의 상선일 뿐이라는 정보도 같이 유입되었다.[109] 이에 따라 한인에 대한 기대 또한 허물어지기 마련이었다. 실제로 숙종 7년 (1681) 전라도 智島에 표류한 高子英 등 杭州·蘇州 출신자 26명이 다시 청으로 해송되는 과정은 이를 잘 보여준다. 조선은 칙사를 통한 송환 방식을 선택하는 대신, 서울로 이송된 표인이 도성 안에 들어오지 않고 바로 평안도로 향하도록 함으로써 최대한 빠른 송환을 실시하고자 하였다.[110] 사역관 副司直 李慶和를 押解官으로 선정하여 표인의 압송을 담당하게 하였고 又 副司勇 劉尙基를 齎咨官으로 별정하여 예부에 보고하도록 하였다.[111] 이처럼 해당 시기 표류해 온 한인에 대한 조선의 인식 및 처리 방식은 현실적으로 남명의 몰락을 감지하여 對淸關係를 개선하고자 한 조선의 '권도' 차원에서의 전략적 반응을 보여준다고 생각한다. 1683년 臺灣이 收復되자 기존의 정치적 맥락에서의 한선·한인 개념은 더 이상 성립되지 않았다. 이에 따라 청 강희제는 海上의 어업활동을 허락하였고 그 다음해부터 본격적으로 해금의 해제를 추진하였다.[112] 즉 展海令이 반포되었다는 것이다. 이로써 조선의 한인·한선 표류 문제는 일단락되었다.

요컨대 병자호란 이후 조선은 청과 臣屬 관계를 맺었기 때문에 한인 反淸 세력의 표류 사건에 신중하게 대응하여야 하였다. '상경' 차원에서의 對明義理와 '권도' 차원에서의 현실적 국익 간의 충돌을 극복하기 위해 조선은 일본으로의 송환을 비롯한 각종 방법을 동원하였다. 한편 당

---

109) 『肅宗實錄』 卷9, 肅宗 6年 7月 丁酉.

110) 『肅宗實錄』 卷12, 肅宗 7年 8月 丁亥.

111) 『通文館志』 卷9, 紀年, 肅宗大王 7年 辛酉.

112) 『皇朝文獻通考』 卷33, 市糴考2, 「議罪」; 『淸聖祖實錄』 卷116, 康熙 23年 7月 乙亥, 9月 甲子.

시 海上 무역을 장악하고 있던 정씨세력은 조선에게는 남명과 구분된 독립적인 세력으로 인식되었다. 조선은 이들을 한인과는 또 다른 잠재적 위험 요소로 취급하면서 변경의 안정을 유지하기 위해 이들의 표류를 경계하였다. 이처럼 한인·청인·정씨세력 등 정치적 신분에 따라 구분된 '중국인'들의 표류에 대응할 때 일괄적으로 전례에 따라 처리하기가 어려워졌고, 구체적인 定式의 확립이 필요하게 되었다. 이를 계기로 표인 대응책의 정립이 본격적으로 이루어지기 시작하였다.

2. 청 展海令 이후 대응책의 정착

1) 戊辰定式의 救助 방식

앞서 지적했듯이, 17세기 후반 제주도는 남명 유민이나 정씨세력 관하의 海商이 빈번하게 표류하는 곳이었다. 때문에 해당 시기 이 지역의 표인 대응책은 다른 곳보다 우선적으로 구체화될 필요가 있었다. 그동안 각각의 사건 정황에 따라 실시되었던 각종 구휼 방법도 점차 정비되기 시작하였다. 그 과정에서 표인에 대한 供饋·看守·問情·押送 등 조선 경내에서의 처리 절차들 또한 조정에서 세부적으로 논의되었다. 이러한 정비 작업이 이루어진 시기는 숙종대였다.

조선에게 林寅觀 일행의 표류 사건 처리 결과는 큰 충격으로 다가왔다. 이들이 육로로 송환된 후 모두 寧古塔 일대에서 살해되었다는 소문이 조선에 전해졌기 때문이다.[113] 조정에서는 의리의 차원에서 죄책감을 갖는 한편 上司에 사건을 馳報하였다는 이유로 지방관에게 죄를 돌려

---

113) 成海應, 『研經齋全集』 外集 卷33, 尊攘類, 丁未傳信錄, 問答上, 「漂人問答[李壩]」.

파직과 廢錮에 처하였다. 이와 함께 앞으로 비슷한 사건이 발생하지 않도록 대책을 모색하였다. 결국 숙종 원년(1675) 순무사 李選(1632-1692)을 보내어 제주 목사에게 비밀히 유시를 전달하였다. 만약 중국선이 제주에 표류하면 이들의 정박과 상륙을 불허하고 이를 장계로 보고하지도 말라는 것이 해당 유시의 골자였다.[114] 즉 표류 한인을 처리하는 문제의 어려움을 해결하기 위해 표인과의 접촉 자체를 차단하고자 하였다는 것이다.[115]

다만 이러한 방침의 적용 범위는 선체가 온전한 표선에만 한정되었다. 왜냐하면 표선이 부서졌을 경우 표인은 스스로 떠나고 싶어도 떠날 수단이 없기 때문이다. 게다가 배가 없어 떠나지 못하는 표인을 내버려 두는 것은 '상경'의 차원에서 보면 타당하지 않은 일이었다. 그러므로 표선이 부서진 표류 사건에 대한 대응책이 따로 요구되면서, 숙종 2년(1676) 영의정 許積(1610-1680)은 아래와 같이 제안하였다.

(F) 뜻밖에 이국선이 와서 정박할 때는 붙잡을 필요 없이 그들 마음대로 돌아가게 두고, 이미 잡은 한인은 북경에 들여보낼 수 없으니 만약 배가 파손되었다면 표인을 처리하기가 지극히 어렵습니다. 만약 배를 주면 혹시 청에 누설될까 두렵고 또 차마 북경으로 보낼 수 없으니, 오직 고의로 배 한 척을 잃어버린 척 하여 저들이 훔쳐서 타고 가기를 용납하고, 거

---

114) 『肅宗實錄』卷13, 肅宗 8年 6月 乙未. "凡唐船之漂到者, 勿許登陸, 亦勿狀聞之意, 密諭牧官, 以爲永久遵行之地矣."

115) 유의해야 할 점은 이 방법은 조정에서 남명과 일본 사이에 위치한 제주도의 특수성을 감안하여 만들어 놓은 것으로 그 적용 범위가 제주도에만 한정되었다는 것이다. 숙종 8년(1682) 표선 9척이 海西 椒島에 와서 정박했던 일을 보고하지 않은 許沙僉使 張後良을 엄하게 처벌했다는 것은 이를 방증한다(『肅宗實錄』卷13, 肅宗 8年 5月 丙辰).

짓으로 알지 못하는 것처럼 하는 것이 좋을 듯합니다.[116]

許積은 붙잡힌 한인 표인을 처리하기가 어렵다는 실정을 지적하면서 표인이 선박을 훔쳐서 타고 떠날 수 있게끔 고의로 선박 한 척을 잃어버리는 방법을 제시하였다. 이로써 표인을 떠날 수 있게 만들 뿐만 아니라 일이 청에 누설되어 질책을 받을 가능성을 대비하기 위한 구실도 마련하였다. 숙종은 이에 반대하지 않고 그대로 분부하라고 하였다. 이처럼 숙종 초년에 들어와서 한인의 표류 사건에 대해 오히려 소극적인 태도로 대응하고자 하는 모습이 드러났다. 조선이 對明義理를 투영했던 한인 표인에게 보여주려고 한 예의는 원칙상 '상경'의 차원에서 이루어져야 했지만, 청의 현실적 압박감 때문에 '권도'의 차원에서만 그 예의를 완곡하게 지킬 수 있었다. 이것이 바로 해당 시기 조선이 직면한 현실이었다.

그런데 숙종 9년(1683) 청의 해금이 해제되자 상황은 달라졌다. 한편으로 臺灣이 수복됨에 따라 한인 표인의 송환은 더 이상 난제가 아니었고, 다른 한편으로 대륙 내부의 정국이 어느 정도 수습되어가는 상황에서 청은 조선에 대한 기존의 강경책을 대신하여 완화책을 실시하였다.[117] 이에 따라 조·청 양국 간의 조공·책봉 관계는 점차 典型化된 방향으로 전개되었다. 전형적인 조공·책봉 관계는 근본적으로 사행을 통해 유지되었기 때문에,[118] 사행에 편승하여 이루어진 표인의 육로 송환도 구체적으로 정비될 필요가 있었다. 또한 남명 海商의 표류가 종식됨에

---

116)『肅宗實錄』卷5, 肅宗 2年 正月 丁未. "意外有他船泊着之時, 則不必執捉, 使之任歸. 旣捉漢人, 則不可入送北京, 若其船破, 則其人處置極難. 若給船, 則恐或漏洩於彼中, 又不忍送於北京. 惟故失一船, 容彼竊去, 佯若不知, 可也."

117) 洪鐘佖, 1977,「三藩亂을 前後한 顯宗 肅宗年間의 北伐論」,『사학연구』27, 86쪽.

118) 김성근, 2010,『朝·淸 외교관계 변화연구: 朝貢·冊封을 중심으로』, 한국학술정보, 88쪽.

따라 숙종 초년에 제시된 대응책이 사실상 유명무실화되었으므로 조선
내부에서도 표인 처리 방식의 재정비가 요구되었다. 그러므로 숙종 9년
부터 조·청 양국은 집중적으로 표류 중국인 처리 절차의 정립을 추진하
기 시작하였다. 다음으로 구체적인 사례를 통해 그 과정을 살펴보도록
하겠다.

숙종 9년부터 숙종 14년(1688)까지 일어났던 중국인 표류 사건은 아
래 〈표 8〉과 같이 정리할 수 있다.

〈표 8〉 1683~1688년 일어났던 중국인 표류 사건

순번	표도 날짜	표류 인원	표인 신분	표도지	출신지	표선 상태	송환 경로
1	1683.11.2	張雲守 등 3명	漁民	전라도 智島	山東 登州	敗船	육로
2	1686.7	游魏 등 80여 명	商人	전라도 南桃浦	臺灣	破損	해로
3	1686.7.5	洪添年 등 9명	商人	전라도 金鰲島	福建 同安	敗船	육로
4	1687.2.22	顧如商 등 65명	商人	제주 旌義縣	福建, 江南	敗船	육로
5	1687(?)	劉씨(1명)		전라도	福建(?)		육로
6	1688.6.28	沈電如 등 15명	商人	제주 旌義縣	福建, 廣東	敗船	육로
7	1688.8.15	楊自遠 등 75명	商人	제주 旌義縣	江南 蘇州	破損	해로

〈표 8〉에서 보이듯이, 이 무렵 청 강희제의 展海令이 반포된 지 얼마
안 되어서 배를 띄운 중국인은 주로 江南·福建 지역의 상인이었다. 이들
이 漂到했던 곳은 주로 호남과 제주 지역에 집중되었다. 그리고 표선이
부서지는 경우가 많았기 때문에 조선은 표인이 스스로 떠나가게 하지
못하고 이들을 육로로 들여보내야 하였다. 이 시기의 표류 사건을 처리
하면서 일련의 대응 절차가 구체적으로 형성되었다. 그 가운데 숙종 9년
발생했던 중국인 표류 사건(1번)은 참조할 만한 전례를 만드는 데 중요한
역할을 수행하였다.

숙종 9년 11월 張雲守 등 3명이 智島에 漂到한 뒤 육로로 송환되었

다. 비변사에서는 이들이 서울에 도착한 이후 응대하는 절차에 대해 아래와 같이 제안하였다.

> (G) 미리 該曹로 하여금 南別宮에서 家丁이 쓰는 방을 수리하여 留接할 장소로 삼고 供饋 등 일도 전례대로 거행하게 하며, 또 금군 중에서 사리를 아는 자 1인을 가려 留衛軍 7~8명을 거느리고 각별하게 지켜 잡인이 출입하는 일이 없도록 하며, 本司의 낭청 한 명이 몇 명의 역관과 함께 표인이 표류한 사정을 조사하게 한 뒤 아뢰어 처리하도록 하는 것이 어떻겠습니까?[119]

위의 인용문에서는 서울에서의 표인에 대한 숙소 배치, 음식 공급, 看守와 문정 등 절차를 명시하였다. 구체적으로 보면 숙소는 사역원에서 南別宮으로 바뀌고[120] 음식 공급은 전례에 따라 실시되며, 표인과 잡인의 접촉을 차단시키기 위해 표인을 지키는 일을 처음으로 금군에게 맡겨두는 등 대응 방식이 형성되었다. 특히 표인과 조선인의 접촉을 더욱 엄하게 금지하려고 한 부분이 주목된다. 표인을 看守하는 일을 금군에게 맡긴 것은 그만큼 표인에 대한 경계심이 강하였기 때문으로 추측된다.[121]

---

119) 『備邊司謄錄』 38冊, 肅宗 10年 1月 27日. "則預令該曹, 修治南別宮家丁所入之房, 以爲接置之所, 供饋等事, 亦依前例擧行, 而且擇禁軍中解事者一人, 領率留衛軍七八名, 別爲防守, 俾無雜人出入之弊, 本司郎廳一員與數三譯官, 盤問其漂到情實後稟處, 何如?"

120) 서울에서 표인을 배치하는 숙소의 변화 추이에 대해서는 제3장에서 상술하겠다.

121) 조선은 양란을 거치면서 군사제도상 중요한 변화가 생겼다. 그 중의 하나가 5군영 제도의 실시였다. 즉 訓鍊都監·御營廳·禁衛營의 3군영이 국왕의 신변보호와 수도 방위를 담당하였고 摠戎廳·守禦廳이 수도권 외곽 방어를 담당하였던 것이다. 이와 함께 금군의 인원수가 대폭 올라갔고 그 기능도 확대되었다(崔孝軾, 1995, 『朝鮮

또한 이들의 송환은 역관이 표인을 봉황성에 인계한 뒤 咨文만 소지하고 북경에 가서 바치는 식으로 진행되었다. 이 방법은 향후 육로로의 송환 시 참고할 만한 전례가 되었다. 숙종 12년(1686) 洪添年 등 9명, 숙종 13년(1687) 顧如商 등 65명을 귀국시켰을 때에는 모두 이러한 방식으로 송환을 실시했던 것이다.[122]

臺灣에서 온 표인에 대한 처리에도 변화가 생겼다. 숙종 12년 전라도 南桃浦에 표류했던 游魏 등 80여 명(2번)은 자기가 臺灣 출신이라고 밝히면서 해로로 돌아가고자 한다고 말하였다.[123] 조선은 이들이 원하는 대로 해로로 보냈지만 비밀리에 보낸 것은 아니었고, 파손된 표선을 수리하고 식량을 주어서 돌려보냈다. 그리고 비변사에서는 표인이 이미 뭍에 내려 오랫동안 머물렀기 때문에 표류 사실을 청에 보고해야 한다는 판단을 내렸다. 결국 승문원으로 하여금 咨文을 짓게 하여 皇曆을 가지고 올 역관 행차에 부치기로 하였다.[124] 이처럼 臺灣 출신의 漢商이 표류해 오면 몰래 돌려보내거나 고의로 선박을 잃어버린 척 하는 등의 방법을 더 이상 사용하지 않고 일반 표인을 대하듯 일을 처리하였다는 것이 가장 큰 변화라고 할 수 있다. 특히 한인의 표류를 청에 보고한 것은 한편으로 현실적으로 咨文 왕래를 통해 조공·책봉 관계를 유지할 필요성이 있었고, 다른 한편으로 조선은 남명 정권이 멸망한 상황에서 표류해 온 한인을 구조한 일을 청에 알려도 질책을 받지 않을 것이라고 판단하였기 때문으로 생각된다.

그렇다고 해서 조선이 더 이상 명의 부흥에 기대를 걸지 않았던 것

後期 軍制史研究』, 신서원). 표인에 대한 지킴도 이러한 변화에 따라 조정된 것이었다.

122)『備邊司謄錄』40冊, 肅宗 12年 8月 22日 ; 41冊, 肅宗 13年 5月 12日.
123)『肅宗實錄』卷17, 肅宗 12年 7月 戊申.
124)『備邊司謄錄』40冊, 肅宗 12年 7月 24日.

은 아니었다. 숙종 8년 四川·雲南 등지가 차례대로 평정되었다는 소식이
이미 전해졌음에도 불구하고,[125] 숙종 13년 제주에 표류했던 顧如商 등
65명(4번)을 문정했을 때 조선은 여전히 吳三桂 등의 戰況을 확인하고자
하였다.[126] 뿐만 아니라 다시 반란을 일으키는 자가 없냐고 묻기도 하였
다.[127] 反淸 세력의 봉기를 기대하고 있었음이 분명하다.

한편 이 무렵 정씨세력에 복속된 海上 세력들을 한인으로 볼 수 없다
는 인식에 따라,[128] 조정에서는 정씨세력이 일본과 연합하여 조선을 침
략할 가능성에 대한 염려가 늘었다. 때문에 감시를 강화하는 조치를 취
해야 할 뿐만 아니라,[129] 표선에 대해서도 방비하는 자세가 필요하였다.
앞서 언급했듯이 숙종대에 접어들면서 제주뿐만 아니라 호남 지역도 표
류 중국인의 주요 漂到地로 부상하였다. 따라서 조정에서는 호남과 제주
지역에 표류하는 선박에 대한 구체적인 처리 방식을 모색하고자 하였
다. 그 계기가 숙종 14년(1688) 沈電如 등 15명의 표류 사건(6번)이었다.

沈電如 일행은 福建·廣東 출신의 상인들이었다. 이 해 5월 16일 廣東
省 潮州에서 사탕·약재·면주 등 화물을 싣고 6월 15일 浙江省 寧波에 도
착한 뒤 그 다음날에 다시 출발하여 南京·蘇州 등지로 향하였다. 그러

---

125) 『肅宗實錄』 卷13, 肅宗 8年 正月 乙卯.

126) 물론 吳三桂의 전황을 반복적으로 확인한 것은 이미 입수해놓은 정보에 대한 확신
이 없기 때문이기도 하였다. '삼번의 난'이 일어난 뒤 조선에서 대외정보의 중요
성은 높아졌지만 위조된 공문서를 통해 정확하지 않은 정보를 얻는 경우가 많았
다(김창수, 2012, 「17세기 후반 朝鮮使臣의 공식보고와 정치적 파장」, 『사학연구』
106, 147~149쪽). 이러한 상황에서 표인을 통해 얻는 정보는 공식보고를 통해
받는 것보다 오히려 신뢰도가 더 높을 수도 있었다.

127) 宋廷奎, 『海外聞見錄』, 「順治以後漂商問答」, 丁卯 2月.

128) 예컨대 숙종 8년 우의정 金錫胄(1634-1684)는 요즘 남쪽의 섬에 출몰하는 선박
은 대부분 鄭經에게 복속하던 무리이니 중화의 인물로 논할 수 없다고 주장한 바
있다(『肅宗實錄』 卷13, 肅宗 8年 6月 己亥).

129) 『承政院日記』 250冊, 肅宗 2年 正月 丁未. "且海路瞭望, 不可不著實."

나 23일에 바람을 만나 표류하게 되어 5일 뒤 제주 旌義縣에 漂到하였다.[130] 고의로 제주에 와서 정박한 것이 아니었다. 때문에 관례에 따르면 표인의 출신을 묻고 소지한 票文을 확인한 뒤 그들 스스로 출항하도록 내버려두어야 했지만, 당시 통제사 李世選(1628-1698)은 표인을 營下에 정박시켜 머물러두고 守護할 계획을 세웠다. 이에 따라 표인을 육로로 들여보내지 않으면 안 되었기 때문에 조정에서는 역관 金指南(1654-?)을 보내 표인을 서울로 압송하기로 하였다.[131] 金指南은 海南縣에 도착한 후 官舍에서 표인에 대한 문정을 실시하였고, 이틀 뒤 靈巖 군수 李行周와 함께 표인을 서울로 압송하였다.[132] 표인은 9월 19일 서울에 도착한 뒤 비변사 낭청의 문정을 받았으며, 22일 齎咨官에 의해 봉황성으로 이송되었다.[133]

이처럼 沈電如 일행은 제주에 漂到한 후부터 서울을 떠날 때까지 거의 세달 동안 조선에 머물렀다. 그동안 표인들의 체류비로 소요된 人力·物力은 모두 조선에서 부담해야 하였으니 폐단이 발생하였다. 또한 표인이 장기간 조선에 체류하면 이들이 일반 백성들과 접촉할 가능성을 우려하지 않을 수 없었다. 비변사에서는 이 문제들이 일단은 李世選의 잘못 때문이라고 지적하면서도, 동시에 그 근본적인 원인을 조정의 규례를 알지 못하기 때문이라고 보았다. 따라서 이번 사건을 토대로 비변사는 아래와 같은 구조 방식을 제안하면서 이것을 법식으로 삼을 것을 요청하였다.

---

130) 『備邊司謄錄』 42冊, 肅宗 14年 9月 20日, 濟州漂漢人問情別單 ; 李益泰, 『知瀛錄』, 「漂漢人記」, 戊辰 6月.

131) 『備邊司謄錄』 42冊, 肅宗 14年 7月 30日 ; 『承政院日記』 330冊, 肅宗 14年 7月 庚子.

132) 金指南, 『東槎日錄』, 「戊辰九月初四日濟州漂漢人處問情手本」.

133) 『備邊司謄錄』 42冊, 肅宗 14年 9月 20日 ; 『承政院日記』 331冊, 肅宗 14年 9月 己丑.

　　(H) 과거에 타국의 商船이 제주에 표류할 경우 배가 비록 파손되었으나 완전히 부서지지는 않고 소지한 공문도 명백하면 그 물건들을 補修하여 곧장 돌려보내는 동시에 馳啓하도록 하는 것은 이미 定式으로 된 규정이었습니다. 연해 각 읍에 만약 이러한 표선이 오게 되면 이 규정에 따라 똑같은 처리법을 실행해야 합니다. 배가 온전하고 해안에서 약간 먼 바다에 표류한 경우에는 이를 감시하여 배가 향하는 곳만 지켜보면 될 것이고, 배가 비록 바다에 있다 하더라도 해안에서 멀지 않은 경우에는 그 船體와 인원이 어떻게 되는지를 관찰하고 물리쳐 해안에 접근하지 못하도록 하면 될 것이며, 배가 해안에 정박한 경우에는 의당 어느 나라 사람인지를 묻고 공문을 확인하며 곧 배를 떠나보낸 뒤에 馳啓해야 합니다. 이러한 뜻으로 규례를 정하고 兩南의 감사 및 통제사·수사 등에게 통보하여 이에 따라 준행하도록 하는 것이 어떻겠습니까?[134]

　　(H)에서 볼 수 있듯이 비변사는 제주에 표류한 선박을 처리하는 방법을 보완한 후 서남쪽 연해지역에 모두 적용시키고자 하였다. 국왕이 이를 허락하자 이 제안은 정식으로 연해지역의 표선 구조 규칙으로 확정되었다. 무진년에 정착된 규칙이므로 여기서는 이를 戊辰定式이라고 부른다.

　　해안선에서부터 표선이 정박하는 위치까지의 거리에 따라 대응책이 달라진다는 점에서 무진정식은 기존의 처리 방식과 구분된다. 또한 표

---

134) 『備邊司謄錄』 42冊, 肅宗 14年 8月 22日. "曾前, 他國商船之漂到於濟州者, 船隻雖破傷不至於全然敗失, 所持公文果爲明白, 則修改其什物, 直爲發還, 一邊馳啓事定式. 則沿海各邑, 設有此等漂船, 亦當一體擧行. 而船隻完固, 漂流於水中稍遠之處者, 不過瞭望察其所向而已. 雖在水中, 如或去岸不遠者, 則觀其船體人物之如何, 揮斥發送, 勿令近岸. 其來泊岸邊者, 則問其某某國人, 考見公文, 卽爲發送後馳啓宜當. 以此等意定式, 知委於兩南監司及統制使水使等處, 以此遵行何如?"

선의 동향을 감시하고 표인이 육지에 접근하는 것을 막으며 이미 해안
에 정박한 표선을 되도록 빨리 떠나보내는 등의 원칙을 세움으로써 방
어적인 태도를 드러냈다. 이러한 태도의 전환은 해당 시기 서남쪽 연해
지역의 海防 중요성이 강조되던 것과 관련이 있어 보인다. 17세기 후반
호남 도서지역에 유입된 民들이 늘어나자 이들을 관리할 필요성이 대두
되었다. 게다가 호남 지역에 있어서 정씨세력의 침입 가능성을 대비하
고 황당선의 출몰에 따른 밀무역을 금지해야 하는 일도 중요한 문제였
다. 따라서 해당 지역의 해방 시스템 보강이 불가피하였다.[135] 이러한 상
황에서 호남 도서지역의 진관체제가 개편되었으며,[136] 표선에 대응하는
방식 또한 해방 목적과 중요성이 조정되는 것과 연동하여 변화하였다.
이렇듯 무진정식의 확립은 해당 시기 호남 도서지역 해방 시스템의 강
화와 맥락이 닿아있었으며, 그 기저에는 외국인 특히 청인과 島民 간의
접촉 가능성에 대한 우려가 깔려 있었다.

　이러한 우려를 반영하는 또 하나의 사례로서는 숙종 13년 劉씨 표
인에 대한 대응(5번)이 있었다. 劉씨는 전주에서 붙잡힌 외국인으로 같
은 해 제주에 표류했던 顧如商 등 65명과 함께 서울로 압송되었다. 그는
자기가 숙종 7년 전라도 智島에 표류했던 高子英 일행 중 한 명으로 당
시 병을 앓았기 때문에 혼자서 조선에 남았다고 주장하였고, 조선에 머
무는 동안 朴立이라는 조선인에게 도움을 받았다고 밝혔다. 이에 감영에
서 朴立을 잡아와 추문하자 朴立은 劉씨의 표인 신분을 확인해주되, 漂

---

135) 김경옥, 2004, 『朝鮮後期 島嶼研究』, 혜안 ; 송기중, 2019, 「17세기 중엽~18세기
　　중엽 황당선의 출몰과 수군 방위 태세 조정」, 『조선후기 수군 연구』, 역사비평사.
136) 물론 이러한 개편이 가능했던 것은 해당 지역의 인구 증가가 진 설치에 유리한 조
　　건을 조성했기 때문이었다(宋亮燮, 2005, 「朝鮮後期 羅州諸島의 折受와 設邑論議
　　의 展開」, 『大東文化硏究』50 ; 송기중, 2010, 「17세기 수군 방어체제의 개편」, 『朝
　　鮮時代史學報』53).

到 시점과 이후의 행방 등에 대해 劉씨가 말하던 것과는 다르게 진술하였다. 劉씨의 신분을 확인하고자 비변사는 그로 하여금 제주에 표류했던 顧如商 일행과 대화를 나누게 하였다. 그러나 顧如商 일행은 여러 지역 출신의 사람으로 구성되어 있었음에도 불구하고 그 가운데 같은 사투리로 劉씨와 대화할 수 있는 자가 없었다. 결국 그들은 劉씨가 중원에서 온 사람이 아니라고 단언하였다.[137] 문제는 劉씨는 자기가 高子英 일행 중 한 명이라고 우겨대면서 당시 문정을 실시했던 통사의 이름까지 제시하였다는 것이다. 다만 劉씨의 앞뒤 말이 변덕스럽고 상충하는 부분이 적지 않아서 조정에서는 끝내 그 실상을 밝혀내기 어렵다고 판단하였다.[138]

劉씨의 최종적 운명은 알 수 없지만, 조선이 끝까지 劉씨가 표류한 한인인지를 의심하였다는 것은 분명하다. 숙종은 이 일을 계기로 향후 이름을 바꾸고 표류한 한인으로 사칭하여 남을 속이는 자가 나타나면 이를 遼東伯으로 사칭하는 일과 동일시하여 부대시참으로 처벌하라고 전교하였다.[139]

이처럼 이 시기 조선은 漂漢 즉 한인 표인에 대해 여전히 연민의 마음을 가지고 있었고, 그만큼 청인에 대한 경계심도 강하였다. 또한 청이 臺灣을 수복함으로써 중국 전역을 차지한 것에 민감한 반응을 보이며 청의 완화책과는 무관하게 스스로 방어적인 태도를 취하게 되었다. 청이 중국 전역을 점유하였다는 새로운 정보를 토대로 '표류 중국인=漂漢≠표류 淸人'이라는 조선의 기존 사고패턴을 전환하는 데는 나름의 시간이

---

137) 『備邊司謄錄』 41冊, 肅宗 13年 5月 16日·27日.

138) 『備邊司謄錄』 41冊, 肅宗 13年 6月 1日, 「全州漂漢問情別單」.

139) 『新補受教輯錄』 卷2, 刑典, 「推斷」. "變易姓名, 作稱漂漢, 誆惑村民, 欺罔國家者, 依詐稱遼東伯罪人, 因鞫應啓辭, 不待時處斬例論, 不待時處斬."

필요하였기 때문이다.

요컨대 청의 展海令이 반포되자 배를 띄우는 상인의 수가 늘어났고, 그에 따라 조선 경내 특히 서남쪽 연해 지역에서의 표류 사건 발생 확률도 높아졌다. 조정에서는 이러한 일련의 표류 사건에 대응하면서 표인 구조 방식을 구체화하다가, 숙종 14년 제주에 漂到한 중국인을 처리하는 과정에서 무진정식을 정립함으로써 표인 구조 방식을 규칙화하였다. 조선은 '상경'의 차원에서 한인 표인에 대해 예의를 지키려고 하였지만, '권도'의 차원에서 '한인'과 '청인'의 정치적 의미를 '중국인'으로 통합할 수밖에 없는 현실을 감안하여 오히려 방어 시스템을 강화하면서 신중하게 표인의 접근에 대비하고자 하였다. 이것은 청이 중국 전역을 점유하는 것을 목도한 조선의 對明義理상의 곤경을 시사해준다.

2) 己巳回咨의 송환과 화물처리

17세기 후반 조선이 표인의 접근 문제를 신중하게 대비했던 것은 부적절한 표인 처리로 인한 청의 질책을 우려하였기 때문이었다. 하지만 더욱 근본적인 원인은 여태까지 청에서 자국의 표인을 어떻게 처리해야 하는지 명확한 지침을 제시해주지 않았기 때문으로 생각된다. 이로 인하여 조선은 해안에 정박하지 않은 표선이나 정박하였지만 부서지지 않은 표선의 경우 해로로 떠나보냈고, 선박이 부서져 스스로 떠날 수단이 없거나 종적이 의심스러운 자의 경우 육로로 들여보냈다. 그러나 중국 전역을 점유한 뒤 청은 對朝鮮關係의 재정비 차원에서 조선의 표류 중국인 송환책을 규정할 필요가 있었다. 이에 따라 청의 展海令이 반포된 후 조선의 표류 중국인 송환책이 규례화되었는데, 그 계기는 공교롭게도 무진정식이 형성된 숙종 14년 陳乾·朱漢源 등 28명의 제주 來泊 사건이

었다.[140]

陳乾 등 일행이 제주에 온 이유는 金泰璜 등 표류 조선인 21명을 송
환해주기 위해서였다. 金泰璜은 제주 鎭撫로서 숙종 13년 9월에 말을 진
상하기 위해 배를 타고 가다가 楸子島 앞에 풍랑을 만나 安南國에 표류
하였으며, 거기서 陳乾·朱漢源 등의 선편을 타고 다음해 12월 제주로 돌
아왔다. 구체적인 표류 경위를 정리하면 다음 〈표 9〉와 같다.

〈표 9〉 1687~1688년 조선인 金泰璜 등 21명의 安南國 표류 경위

날짜	내용	비고
1687.9.3	제주에서 배를 띄우다가 추자도 앞에 바람을 만남.	
1687.9.4.~10.3	바다에서 표류.	
1687.10.4	安南國 會安府에 漂到.	
1687.10.5~6	큰 섬의 官府에서 문정을 받음.	
1687.10.7~13	待變廳에서 체류.	
1687.10.14~17	京都에 이동.	17~25일 간 京都 체류.
1687.10.26	會安府로 돌아감.	내년 3월까지 회안부 소재지에서 行乞.
1688.3.10	일행 중 3명은 病死.	
1688.4.5	書狀으로 귀국 의향 전달.	王府에서 일본에 가는 선편을 통해 송환을 실시하려고 했지만 표인을 태워갈 일본 상선이 없음.
1688.6.24	陳乾 등이 표인을 송환하겠다고 함.	
1688.7.1	安南國 국왕이 越海糧을 마련해줌.	

---

140) 이 사건에 주목한 기존연구는 아래와 같다. 片倉穰, 1967, 「ヴェトナム李朝の貿
易に関する一考察」, 『歴史教育』15(7), 76~81쪽 ; 王天泉, 2015, 「從陳乾事件看
清初朝鮮王朝對中國漂流民遣返方式的改變」, 『중국학연구』73, 484~492쪽 ; 金奈
永, 2017a, 『조선시대 濟州島 漂流·漂到 연구』, 제주대학교 사학과 박사학위논문,
257쪽.

날짜	내용	비고
1688.7.28	安南國에서 출발.	
1688.8.6	廣東省에 도착.	
1688.9.3	福建省 泉州府 외양에 도착.	
1688.9.17	福建省 福淸縣에 도착.	福淸縣은 陳乾의 고향임. 집안일로 인하여 3일간 머무름.
1688.9.20	福淸縣에서 출발.	
1688.11.3	浙江省 溫州府에 도착.	
1688.11.10	浙江省 台州府에 도착 후 해적을 만나서 溫州府로 되돌아감.	
1688.11.16	해적과 관련된 일을 보고함.	
1688.11.17	沈輔國 등 5명의 護送에 의해 출항.	沈輔國은 溫州府의 千摠임.
1688.11.23	浙江省 寧波府에 도착.	
1688.11.29	寧波府 定海縣에 도착.	普陀山 寺院 院主의 贈詩를 받음.
1688.12.9	定海縣에서 출발.	
1688.12.17	大靜縣에 도착.	

출전 : 李益泰, 『知瀛錄』, 「金大璜漂海日錄」; 宋廷奎, 『海外聞見錄』, 「記安南漂還人事」.

당시 조선과 安南國 사이에는 직접적인 통상 관계가 없었기 때문에 安南國 국왕은 당초 일본에 가는 선편을 통해 표류 조선인을 보내려고 하였다. 하지만 적절한 선편이 없어서 대신 福建에 가는 선편을 찾고자 하였다. 이때 浙江 상선의 船戶인 陳乾·朱漢源이 자진해서 표인을 데리고 송환하겠다고 하였으니, 安南國 국왕은 표류 조선인으로 하여금 陳乾 등의 선편을 타게 하는 동시에 쌀·어염·술·육포·땔나무 등 식량과 물자를 마련해주었다. 결국 陳乾 등의 선박은 金泰璜 등 일행을 싣고 중국을 경유한 후 끝내 제주에 내박했던 것이다.

그런데 외국인이 표류 조선인을 싣고 왔다는 일은 미증유의 일이어서 이들을 대응하는 방식에 대해 논의할 필요가 있었다. 좌의정 睦來善

(1617-1704)은 陳乾 등의 은혜를 인정하되 이들의 신분을 의심하면서, 만약에 이들이 潛商이라면 이들을 접대하고 보내는 일은 私通과 관련된 심각한 문제가 될 수 있다고 우려하였다. 따라서 후환이 없도록 이들을 육로로 청에 들여보낼 것을 요청하였다. 우의정 金德遠(1634-1704)도 陳乾 등 일행이 소지한 票文에 印信이 없다는 이유로 이 사건의 진위 자체를 의심하였고, 또 조선인을 싣고 왔다는 것은 표류와 다르니 이들의 선박이 온전하다고 하더라도 반드시 육로로 청에 압송해야 한다고 주장하였다.[141] 즉 조선 입장에서는 중국인이 표류 조선인을 싣고 온 전례도 없고 이들 중국인의 신분도 확인하지 못하는 상황에서 이들을 육로로 들여보내는 방법만이 후환을 막을 수 있는 최선책이라는 것이었다. 결국 陳乾 등 일행은 선박이 온전하였음에도 불구하고 육로로 북경까지 송환되었다. 다만 조선은 咨文에서 이러한 송환책을 선택한 이유를 "事大無隱의 도리에 따르면 우리나라의 사람을 호송해준 이들의 의리에 대해 단지 감사하는데 그칠 수는 없다"고 밝힘으로써 육로로의 송환을 '은혜에 보답하는 방식'으로 포장하였다.[142]

청에서는 이 자문에 대해 특별한 반응을 보이지 않았고 오히려 "해금이 이미 해제된 상황에서 海上 무역을 하거나 표류를 당한 사람을 육로로 북경으로 들여보내는" 행위의 불필요성을 지적하면서, 표인의 압송 과정에서 조선이 겪는 노고를 면해주기 위해 回咨에서 향후 조선에 도달하는 중국선의 송환 방식을 아래와 같이 규정하였다.

(1) 향후 무릇 내지의 배가 조선에 도달하는 모든 경우 (육로로) 북경

---

141) 『承政院日記』333冊, 肅宗 15年 2月 辛亥 ; 『備邊司謄錄』43冊, 肅宗 15年 2月 15日.
142) 『同文彙考』原編 卷70, 漂民5, 上國人, 「己巳解送領來漂口人及船貨變賣給價咨」 "則在小邦事大無隱之道, 不可徒感其護送我民之義, 而任自發回."

에 해송함을 종지시키고 원래부터 금물로 취급되던 물품을 제외한 나머지 화물은 원하는 대로 발매하며 이들 표인들로 하여금 본적지로 돌아가게끔 하라. 이어서 이름·본관·인원수·화물 등 정보를 명백히 조사하고 문안으로 종합하여 북경에 갈 貢使의 편에 부치고 예부에 보고하여 보존하도록 하라. 만약 배가 풍랑 때문에 파손되어 돌아가기가 어려우면 해당 국왕이 평소와 같이 표인을 북경으로 해송하고, (사신이 북경에서) 황제의 명령이 나올 때까지 삼가 기다린 후 가져갈 조회를 조선국왕에게 전하면 마땅할 것이다.[143]

기사년에 나온 회자이므로 여기서는 이를 己巳回咨라고 부른다. 기사회자에서 나타난 방식이 향후 조선의 표류 중국인 송환책의 중요한 준거로 기능하였다는 것은 기존 연구에 의해 이미 제시되었다.[144] 그러나 왜 하필 이번 사건을 계기로 준거가 생겼는지에 대해서는 아직 규명되지 않았다. 회자에서는 선박이 파손되어 돌아가기가 어려운 상황에서만 육로로의 송환은 가능하다고 규정하였다. 실제로 앞의 〈표 8〉에 따르면 이런 규정이 없어도 조선은 청의 해금이 해제된 후부터 이번 사건이 일어나기 전까지 이미 같은 방식으로 5번이나 표류 중국인을 육로로 들여보냈다. 만약에 청이 정말로 표인 송환 방식을 규정하려면 이번 사건이 일어나기 전에 그 규정은 이미 정해졌어야 하였을 것이다. 때문에 이런 규정이 생긴 이유는 표인 송환책 확정을 위한 것이 아니라고 생각한다.

---

143)『同文彙考』原編 卷70, 漂民5, 上國人,「禮部知會船完停解船破解京咨」. "嗣後凡有內地一應船隻至朝鮮者, 停其解京, 除原禁貨物不准發賣外, 其餘貨物, 聽從發賣, 令其回籍. 仍將姓名·籍貫·人數·貨物查明, 俟貢使進京之便, 彙開報部存案. 如船隻遭風破壞, 難以回籍, 該國王將人口照常解送至京, 恭候命下之日, 移文朝鮮國王可也."

144) 최영화, 2015,「朝鮮後期 官撰史料를 통해 본 중국인 漂流 사건의 처리」,『島嶼文化』46, 66~67쪽.

　　기사회자의 내용을 되돌아보자. 청은 송환 방식뿐만 아니라 화물의 처리 방식도 규정해주었다. 즉 표인이 소지한 화물을 조선 경내에서 매매할 수 있게 허락하였다는 것이다. 당시 陳乾 일행은 표류해온 것이 아니었으므로 安南國에서 소지했던 화물을 그대로 가지고 있었다. 조선은 송환 과정에서 이 화물도 함께 북경으로 보냈다. 그러나 남방 출신의 陳乾 등에게 있어서 이는 화물을 다시 북쪽에서 남쪽으로 운송해야 한다는 의미로 매우 불편한 일이었다. 이 때문에 해당 화물은 결국 북경에서 발매되었다.[145] 이처럼 원래 판매하려고 했던 화물까지 이송하는 것은 貨物主와 조선 모두에게 있어서 폐단이 많은 일이었다. 청에서도 이를 '돈을 낭비하는' 것으로 인식하였다. 그러므로 조선 경내에서의 화물 매매를 허락하는 조항은 이러한 폐단을 줄이기 위해 기사회자에 명시되었던 것이다.

　　다만 화물 운반에 관한 문제제기는 다른 사람이 아닌 陳乾·朱漢源에 의해 이루어졌는데, 우선 당시 이들이 자진해서 표류 조선인을 회송하는 임무를 맡았던 동기를 살펴볼 필요가 있다. 朱漢源에 따르면, 표류 조선인을 만나기 전에 이들은 安南國에서 무역활동을 전개하고 있었다. 하지만 화물의 값이 저렴한 탓에 본전을 회수하기도 어려운 형편이었다.[146] 이 때문에 당초에는 표류 조선인의 귀향 협조 요청을 거부하였지만, 대신에 쌀 600包를 뱃삯으로 지불할 것을 약속해준다면 협조가 가능하다고 여지를 주었다.[147] 金泰璜 등은 이에 동의하였다.

　　이처럼 陳乾·朱漢源이 표류 조선인을 환송하는 임무를 맡으려고 한

---

145) 『同文彙考』 原編 卷70, 漂民5, 上國人, 「禮部回咨」, 康熙 28年 9月 15日.

146) 『同文彙考』 原編 卷70, 漂民5, 上國人, 「禮部回咨」, 康熙 28年 9月 15日. "我等原係貿易安南, 因貨賤, 難以回塘."

147) 李益泰, 『知瀛錄』, 「金大璜漂海日錄」. "而水手辛勞竝船價, 大米六百包, 到朝鮮償還之意, 使漂人在此立契, 則當遂其漂人之願云云."

것은 이를 통해 뱃삯을 받기 위해서였다. 뿐만 아니라 安南國에서 가격
이 저렴한 화물을 조선에서 교역하려고 하는 생각도 있었다.[148] 경제적
인 이익을 추구하려는 의도가 분명하였다. 제주에서 이들과 問情官 간의
대화 내용을 통해서도 이러한 의도를 가늠해볼 수 있다.

(F)

문: 표인을 싣고 온 뱃삯을 쌀 600包로 약속하였다고 하는데, 泰璜 등
    은 본래 우리나라에 있었을 때 가난한 사람으로서 생활을 유지하
    기가 어려운데다가 죽을 고비를 겪고 겨우 살아나 빈손일 뿐이어
    서 끝까지 보답할 수 있을지가 아주 걱정스럽다.

답: 우리들은 安南에 가는 장사꾼인데 가난한 상인이라고 할 수 있습
    니다. 표인을 싣고 온 것은 義擧이었습니다. 처음에는 남풍을 타
    고 조선으로 오는 일이 쉬운 일일 줄 알았는데 막상 지연되어 오
    래 걸렸으니 소비된 비용도 커졌습니다. 우리는 표인을 싣고 오
    려고 했던 마음을 갖고 있는데 어찌 표인의 괴로움을 모르겠습
    니까? 하지만 뱃삯, 수고비, 그리고 빌렸던 은냥 등을 고려해보
    면 우리의 괴로움은 표인과 마찬가지입니다. 그래서 安南에서 쌀
    로 계산해서 償還하기로 약속을 맺었습니다. 하물며 쌀의 수량으
    로 은냥의 수[銀數]를 상환할 수 있는지 모르기 때문에 오는 길에
    걱정이 되고 눈썹을 찌푸렸습니다. 만약에 李德仁·金泰璜 등이 조
    선의 쌀을 제주[貴地]의 해삼·전복으로 바꿔줄 수 있다면, 그 양의
    많고 적음을 불문하고 제주의 가격을 따르겠습니다. 이것이 가능
    하다면 우리가 고향으로 돌아가는 일은 잘 될 것입니다. 만약에
    우리가 가난하지 않다면, 어찌 좋은 일을 해 놓고서 꾸어준 것을

148) 『承政院日記』 333冊, 肅宗 15年 2月 辛亥. "且其所持物貨, 願爲買賣而還去云."

갚으라는 말을 할 수 있겠습니까? 이것은 피차없이 같은 괴로움
이므로, 安南에서 미리 약속을 맺자고 했던 것입니다. 本船에 보
답으로 얻은 것은 우리들이 모두 은덕으로 생각하고 있습니다.[149]

　제주의 지방관은 金泰璜이 원래 가난한 사람이어서 쌀 600包로 뱃삯
을 갚지 못할 수 있다는 뜻을 표하면서 뱃삯을 줄여줄 것을 기대하고 있
었다. 그러나 陳乾 등은 자기도 가난한 상인이므로 받아야 할 비용을 줄
일 수 없다고 力說하였다. 특히 받아야 할 쌀을 제주의 전복과 해삼으로
바꾸려고 하는 모습은 표류 조선인을 송환하는 일이 '義擧'가 아니라 단
지 영리를 도모하기 위함이었음을 방증한다.

　청나라 때 전복과 해삼은 귀중한 해산물로 손꼽혔다. 전복은 중국에
서 주로 山東半島 일대의 해역에 분포하였다.[150] 반면에 한반도의 경우
제주도 해역의 전복이 최고였다. 이로 인하여 전복을 따거나 교역하러
제주 해역에 들어가는 자가 종종 있었다. 한편 해삼은 주로 山東半島와
遼東半島 일대의 해역에 분포하였다. 하지만 명나라 때부터 시작된 남획
때문에 청나라 초기에 이르러서는 해삼의 공급량이 부족한 상황이었다.
특히 남쪽 지역의 경우 북쪽에서부터 운반해 와야 하므로 운송 원가를
더하면 그 값은 더욱 뛰게 마련이었다. 이로 인하여 해당 시기 남쪽 지역

---

149) 李益泰, 『知瀛錄』, 「陳乾朱漢源等問答」. "問: 漂人等載來之價, 以米六百包結約云. 泰
　　璜等在我邦之時, 素甚貧窶, 不能聊生, 況此萬死之餘, 只以赤拳, 末由報得, 可慮千萬.
　　答: 我等往安南, 可稱貧商. 載漂人而爲義擧. 始初想南風之令此甚易, 不料延捗, 多
　　苦日久, 以致費用之大也. 我等載漂人之心, 豈不知漂人之苦? 但舡價辛勞借貸銀兩等
　　事, 我等與漂人有同樣之苦也. 所以安南承約償米之數. 況米數而不知能償其銀數乎, 一
　　路心愁, 燃眉莫解. 如李德仁金泰璜等, 能以朝鮮之米, 轉換貴地海參鮑魚, 聽貴地之價
　　而不知多寡. 如能行之, 我等回貫之事全也. 如商等不貧, 豈行好事而云其償貸之言乎?
　　此爲彼我之苦, 因有安南預先立契之言也. 報得於本船者, 我等均感德也."
150) 王士禎, 『香祖筆記』 卷10.

의 海商은 저렴한 가격으로 구입할 수 있는 해삼 등의 부등가 교환이 가능한 물품을 갈망하였다. 이 와중에 동남아 지역과의 해삼 무역이 등장하기 시작하였고, 그 시기는 대략 17세기 말로 추측된다.[151] 당시 청과 安南의 무역품 가운데 해삼이 포함되었다는 것이 이미 밝혀졌다.[152] 뿐만 아니라 청 海商이 한반도 서해안에 물어들여 靑布·羊皮로 해삼을 환매하는 것 역시 자주 발생하는 일이었다. 18세기에 접어들어 청 海商과 교통하는 甕津縣 島民만 해도 수백 명에 이를 정도였다.[153] 이러다 보니 청 海商은 한반도를 전복·해삼의 공급지로 인식할 가능성이 없지 않았다. 그리고 陳乾 등이 전복·해삼의 환매 요청을 제기할 수 있는 것은 이들이 조선에 관한 정보를 어느 정도 갖고 있었음을 암시해준다.

그런데 결과적으로 보면 조선은 陳乾 등의 요청을 받아들이지 않은 모양이었다. 청에 보낸 자문에 의하면 陳乾 등이 소지한 화물은 조선에서 발매되지 않고 북경으로 운반되었으며,[154] 약속된 600包의 쌀도 결국 은으로 지불되고 해삼과 전복으로 바뀌지는 않았다. 대신에 표류 조선인을 회송한 은혜에 보답하는 의미에서 조선은 쌀값으로 쳐준 600냥뿐만 아니라 뱃값으로 800냥, 사공들의 댓가인 400냥, 바다를 건널 때 든 路費 1000냥, 그리고 陳乾 등 28명이 평안도를 지나간 뒤의 여비로 줄 은 56냥(1인당 2냥씩) 등 총 2만 8천여 냥을 평안도 管餉所에 있는 遼軍木을 판매한 은자로 지급하였다.[155] 쌀값을 제외하면 나머지 금액은 모두 陳乾 등이 원하는 대로 준 것이었다. 陳乾 등이 요청하던 그 값은 원

---

151) 戴一峰, 1998, 「18-19世紀中國與東南亞的海參貿易」, 『中國社會經濟史研究』1998-4, 71~73쪽.

152) 齊暢, 2022, 「淸代中越民間的邊境貿易」, 『光明日報』 2022년 6월 8일 제11판.

153) 『承政院日記』 969冊, 英祖 20年 2月 己巳.

154) 『同文彙考』 原編 卷70, 漂民5, 上國人, 「己巳解送領來漂口人及船貨變賣給價咨」.

155) 『備邊司謄錄』 43冊, 肅宗 15年 6月 20日.

가가 아니었다. 청 학자 陳夢雷(1651-1741)에 의하면, 17세기 말 18세기 초 福建 연해지역의 造船 원가가 300냥에 불과했지만 海寇에게 팔린 가격은 700~800냥까지 올라갈 수 있었다.[156] 이를 감안하면 陳乾 등이 요청하던 뱃값 800냥 그 배면에 이윤을 극대화하려고 하는 그들의 의욕이 숨겨져 있었음이 분명하다.

조선의 이와 같은 처리 방식은 실제로 더 큰 경제적 손실을 야기했을지도 모른다. 陳乾 등이 최초에 요구했던 것은 쌀 600包에 불과하였고, 그밖에 요청했던 것은 화물을 조선에서 판매하는 일뿐이었다. 판매가 완료되면 스스로 배를 타고 해로로 돌아가려고 했던 것이다. 그러나 조선은 이들로 하여금 온전한 선박을 포기하고 육로로 돌아가게 하였기 때문에, 그 대가로 굳이 지불하지 않아도 되는 비용이 발생하였고, 또 이들이 가져온 화물을 북경까지 운반하는 과정에서 많은 인력·물력이 소모되었다. 청의 해금이 이미 해제된 상황에서 향후 청 商船의 도착이 발생할 때마다 이러한 방식으로 대응한다면 조선은 피해만 입을 수밖에 없고, 청에서도 불필요한 지출이 늘어날 수 있었다. 이것은 對朝鮮關係를 개선하려고 했던 청의 입장에서 보면 바람직한 일이 아니었다. 한편 청 강의제가 展海令을 발포한 이유는 무역을 통해 遷海令으로 조성된 福建·廣東의 세금 부족 문제를 해결하는 데 있었다.[157] 하지만 조선의 청 선박 대응 방식은 海商의 무역활동에 오히려 걸림돌이 되어버렸다. 이는 역시 청이 원하는 것이 아니었다. 따라서 청이 기사회자를 통해 규정하려고 한 것은 표인 처리법이 아닌 청 무역선에 대한 적극적인 응대였다. 물론 그 가운데 표류 사건 처리 과정에서 발생할 경제적 부담을 최소화하려는 의도도 담겨져 있었다.

---

156) 陳夢雷, 『松鶴山房文集』 卷1, 疏, 「擬陳防海事宜疏」.

157) 『淸聖祖實錄』 卷116, 康熙 23年 9月 甲子.

조선의 입장에서도 기사회자의 가치는 송환책보다 화물처리 방식에 있었던 것으로 보인다. 기사회자에서 규정된 송환책을 살펴보면, 표류 중국인에 대응하는 방식을 선택하는 과정에서 표선의 상태가 결정적인 요소였음을 알 수 있다. 즉 해로로의 송환을 실시할 것인지 육로로의 송환을 실시할 것인지는 敗船 여부에 달려 있었다는 것이다. 하지만 따지고 보면 이러한 기준은 청에 의해 문자화되었음에도 불구하고 선박의 치패 여부에 따라 대응책을 마련했던 명종대 이래 조선의 관행과 근본적으로 다르지 않아 보인다. 따라서 이 송환책은 청이 새롭게 규정해 준 것이라고 하기보다는, 기존부터 이미 관례로 활용되었던 방식이 청에 의해 정식 규범으로 공인되었다고 하는 것이 더 타당하다고 생각한다. 반면에 화물처리 방식은 새롭게 규정된 준거였기 때문에 조선이 이에 적응할 시간이 필요하였다.[158] 그 준거에 익숙해지는 과정을 잘 보여주는 사례로는 숙종 30년(1704) 王富 등 113명이 南桃浦에 표류했던 사건을 들 수 있다. 자세한 내용은 제3장에서 상술하도록 하겠다.

한편 陳乾 일행의 제주 내박 사건의 여파는 여기에서 그치지 않았다. 숙종 17년(1691) 9월 상선 한 척이 제주 旌義縣에 와서 정박하였다. 탑승자 33명 가운데 陳乾의 동생인 陳坤과 당시 陳乾 일행 중의 한 명이었던 薛子千이 있었다. 薛子千이 보내온 서신에 의하면, 이들은 숙종 14년 陳乾 등이 조선에서 받았던 우대에 대해 사은하기 위해 表章과 謝禮를 바치러 온 것이었다. 하지만 지방관은 이를 의심하였는데, 중국인이 은전을 입었다는 이유로 특별히 와서 陳謝하는 일은 전례가 없었기 때문이다. 따라서 현지 정부는 방어적인 자세로 이들의 정박에 신중하게 대응

---

158) 이러한 의미에서 기사회자에서 나타난 송환책에만 의미부여를 함으로써 그 중요성을 부각시켰다는 기존 연구의 견해에 대해 재검토할 여지가 있다(최영화, 2015, 앞의 논문 ; 金奈永, 2017a, 앞의 논문).

하고자 하였다. 이후 이들이 작성한 표장을 통해 지방관의 의심은 검증되었다.

표장에서는 2년 전 陳乾 등의 제주 내박 사건의 시말을 되돌아보면서 당시 조선에서 받았던 우대와 은냥에 대해 감사의 뜻을 표한 뒤, 이번에 와서 토산물을 獻뭇함으로써 고마운 마음을 전달하고자 함을 강조하였다. 그리고 마지막 부분에서 이들의 진정한 목적을 아래와 같이 실토하였다.

> (G-1) 현재 사공·雇工들이 후추와 단목 등 물품을 조금 소지하고 있습니다. 삼가 바라건대 이 물품으로 제주[貴地]의 해삼·전복 등 토산품과 바꾸어 배를 조종하는 사공과 왕래하는 雇工의 수고비와 식량에 충당하도록 허락해주시옵소서.[159]

(G-1)을 통해 알 수 있듯이, 薛子千 등의 궁극적인 목적은 해삼과 전복의 교역에 있었다. 이들의 의도를 간파한 지방관은 외국인과의 사통을 엄금하는 조선의 법규를 재삼 강조하면서 이들에게 빨리 떠날 것을 완곡하게 요구하였다. 그러나 薛子千은 지방관의 勸告를 무시하고 표장을 국왕에게 전달해달라고 지방관에게 요청하였다. 이러한 요청이 재차 거부되자 그는 다른 곳에 가서 표장을 바칠 수 있도록 땔나무와 식수를 요청하였다. 결국 다음과 같은 대화가 이어졌다.

> (G-2)
> 문: 우리나라 해변의 각 진은 방어로 일관하여 어디에 가든 다 똑같

---

159) 李益泰, 『知瀛錄』, 「南京淸人薛子千等稱以陳謝記」. "玆有工僱駕船人衆, 隨帶些須胡椒丹木等物. 伏祈恩准, 兌換貴地土産海參鮑魚, 以爲駕船目梢往來工僱辛勞糧食之資."

다. 비록 들어가고 싶더라도 진에서는 결코 접촉을 용납할 리가
없으니 어찌할 방법이 없다.

답: 직접 (表章과 謝禮를) 바치러 조선에 오다가 바람을 만나 돛이 파
손되어 잠깐 정박했는데, 貴鎭에서는 저희에게 긴 대나무 통째
100가지[枝]와 길이가 4丈이 된 圓直木 하나를 수리해 주어야 한
다는 것을 마땅히 단자로 명확하게 (국왕에게) 보고해야 합니다.
돛이 수리되면 곧장 출발하겠습니다. 만약에 각 진에서 저희가 들
어가는 것을 용납하지 않는다면, 저희는 기꺼이 죄를 받고 이것으
로 誠意를 다했다는 것을 표하면서 저희들의 진심에 조금이라도
어긋나지 않도록 하겠습니다.

문: 너희들이 과연 직접 (表章과 謝禮를) 바칠 계획이 있었구나. 만약
에 국왕이 너희들이 구하려고 하는 물건을 주지 않는다면 어찌 할
것이냐?

답: 陳坤의 형인 陳乾이 저를 보내어 표장과 예물을 바치도록 했습니
다. 저는 병부에 표문을 요청했는데 병부의 허락을 받아야 비로소
배를 구입하고 사공을 고용할 수 있었습니다. 수많은 비용을 써
가며 고심을 하고서 왔는데 어찌 빈손으로 돌아갈 리가 있겠습니
까?[160]

薛子千은 뜬금없이 자신의 선박이 바람으로 파손되어 잠깐 제주 부

---

160) 李益泰, 『知瀛錄』, 「南京淸人薛子千等稱以陳謝記」. "問: 我國海邊各鎭, 防禦一欵, 到
處同然. 雖欲進去, 決無容接之理. 無可奈何. 答曰: 前來直進朝鮮, 遇風蓬破, 暫寄碇.
貴鎭理宜求單報明, 有長竹連尾一百枝, 圓直木長四丈一條俟修. 蓬好卽開駕. 若各鎭
不容進, 小商願當受罪, 以盡堅心誠意, 無負一點眞心也. 問: 爾等果有直進之計. 則所
求等物, 不當依給, 如之何? 答曰: 某字坤兄乾, 差某上表禮物. 問部發牌, 部准, 方得買
舟, 僱目梢. 許多費用, 苦心而來, 豈有空回之理?"

근에 정박했다고 하면서 '표류를 당했음에도 표장을 바치는 일을 포기하지 않는다'는 분위기를 조성하고자 하였다. 또한 "빈손으로 돌아갈 리가 없다"라고 강조함으로써 해삼과 전복을 반드시 받아갈 것이라는 결심을 보여주었다. 결국 제주 지방관은 薛子千의 고집을 꺾을 수 없어서 그의 요구 사항에 따라 표장을 국왕에게 전달하겠다고 하였다. 이와 더불어 문정을 통해 얻은 33명의 이름과 소지품 등 정보도 절차대로 密啓하였다. 하지만 국왕의 답변은 薛子千이 기대했던 바와 전혀 달랐다.

> (G-3) 풍랑으로 표류하게 되어 내박하는 다른 나라의 商民을 구조하여 돌려보내는 것은 바로 긍휼의 덕의인 것이지 그들이 말하는 것처럼 감사할 일은 아니다. 설령 그들이 참으로 덕의에 감사하는 마음이 있고, 감사하는 문자도 격에 맞는다 하더라도, 그들이 국경 밖에 있어 원래 交義가 없으니, 사적으로 그들의 감사의 뜻을 받아들이는 것은 안 된다. 하물며 살아서 돌아갔던 자가 陳乾인데 사은하러 온 자는 陳坤이니, 사례하는 뜻은 이미 없어졌다. 그리고 표장을 바치는 일을 명목으로 하는 것은 특히 우리나라가 받아들일 수 있는 것이 아니다. 이러한 사연으로 타일러서 (이들의 요구를) 거절하라. 또한 표문이라는 僭禮를 사사로이 받아들이는 것은 죄이니 북경에 자문을 보내어 (그들을) 무거운 쪽으로 처벌하게 하겠다는 뜻을 엄하게 밝히고 責諭하도록 하라.[161]

숙종이 내린 답변 중 3가지 지적이 중요하다고 생각한다. 첫째, 여태

---

161) 李益泰, 『知瀛錄』, 「南京淸人薛子千等稱以陳謝記」. "他國商民之漂風來泊者, 救活遣還, 自是矜恤之德意, 而元非渠輩之所稱可謝者. 設令渠輩具有感德之意, 而稱謝文字, 又爲合格, 其在境外, 旣無交義, 不可私受其謝. 況生還者陳乾, 而來謝者陳坤, 已無委謝之意. 以表爲名, 尤非我國之所當受. 以此辭緣, 諭以却之. 又以表文僭禮, 私受有罪, 移咨北京重處之意, 嚴明責諭."

까지 표류 중국인에 대한 구조 및 송환은 '긍휼의 덕의'라는 측면에서 이루어졌던 것이다. 둘째, 국경 밖에 交義가 없는 자가 表文을 바치는 것은 본분을 지나치는 참례이어서 조선은 이를 받아들일 수 없다. 셋째, 조선에서 무례를 범한 표류 중국인을 처벌하는 일은 청에 移咨하여 가부를 결정해야 한다. 이러한 지적은 당시 조선이 직면하고 있었던 현실을 잘 보여준다. 남명이 멸망한 이후 정치적인 측면에서 漢人이라는 존재가 더 이상 성립되지 않았지만, 조선은 명에 대한 그리움으로 여전히 福建 등 중국 남쪽 지역 출신의 표인에게 예의를 표하고 있었다. 즉 '긍휼의 덕의'는 청에 대한 禮가 아니라 '상경'의 차원에서 명에 대한 추모로 보아야 한다는 것이다. 하지만 현실적으로 청과 臣屬關係를 맺었으므로 중국인의 내박에 대응하는 과정에서 청을 의식하지 않을 수 없었다. 심지어 덕의에 감사하는 중국인의 마음을 받아들이는 것도 자제해야 하는 상황이었다. 따라서 조선은 근본적으로 후환을 막기 위해 '권도'의 차원에서 방어적인 태도를 취할 수밖에 없었다. 제주에서 표류 사건이 일어나면 비밀리에 처리해야 한다는 원칙이 있었음에도 불구하고 끝내 이 일을 청에 보고하기로 하였다는 것도 청의 문책이 있을 가능성에 대한 우려에서 비롯되었다. 결국 조선은 기사회자에 의하여 薛子千 등에게 식량을 주고 해로로 떠나보낸 뒤 咨文으로 청에 보고함으로써 이번 사건에 마침표를 찍었다.[162)]

　　요컨대 숙종 14년 일어났던 陳乾 등의 제주 내박 사건은 조선의 표류 중국인 대응책의 정착 과정에서 중요한 자리를 차지하였다고 할 수 있다. 이 사건을 계기로 청은 기사회자를 보내어 조선의 표류 중국인 송환책과 화물처리 방식을 공식적으로 규정하였다. 특히 화물처리 방식의 확립은 표류 중국인 대응 시 발생할 수 있는 경제적 부담을 최소화하

---

162) 『同文彙考』原編 卷70, 漂民5, 上國人, 「□□報旌義漂人發回咨」.

는 데 기여할 수 있었다. 한편 이 사건을 계기로 제주는 해삼·전복 교역이 가능한 곳으로 福建·浙江 등지 출신 상인들의 시선을 끌기 시작하였다. 이들 상인들은 본토의 토산물과 제주의 해삼·전복을 교환하고자 하였고, 필요에 따라 표류를 구실로 대며 조선의 동정심을 이용하여 교역을 강요하기도 하였다. 조선은 이들의 僞裝 표류를 간파하였음에도 불구하고 청에 이자하여 처벌 결정을 기다릴 수밖에 없었다. 현실적으로 조선에게 이들의 처벌을 결정할 권한이 없었기 때문이었다. 실제로 청의 展海令에 따라 중국 남쪽 지역 상인의 의도적인 내박을 비롯한 중국선의 조선 진출은 이전보다 빈도도 높아졌고 성격도 복잡해졌다. 따라서 기사회자의 규정만으로는 모든 경우에 대응할 수 없는 실정이었다. 바꾸어 말하자면 효과적인 대응을 위하여 이제는 구체적인 상황에 따라 자체적으로 처리 결정을 내릴 수 있는 권한이 요구되었다는 것이다.

3) 漂人 처리 재량권의 확보

전술했듯이 浙江 상인의 위장 표류 사건을 통해 조선이 자체적으로 처리 결정을 할 수 없다는 한계가 드러났다. 하지만 이 한계가 심각한 문제로 부각되게 만든 계기는 상선의 왕래가 아니라 청의 漁船의 출몰이었다. 결론부터 말하자면 조선은 청의 황당선 출몰에 대응하는 과정에서 표인 처리에 관한 재량권의 필요성을 의식하고 이를 확보하기 위해 힘썼다. 때문에 표인 처리 재량권의 확보 과정을 규명하기 위해 우선 청의 황당선 문제를 살펴볼 필요가 있다.[163]

---

163) 해당 시기 조선 서해 해역의 황당선 출몰 양상과 그 원인을 자세하게 다룬 기존연구로서는 徐仁範의 연구가 손꼽힌다(서인범, 2015, 「청 강희제의 開海政策과 조선西海海域의 荒唐船」, 『이화사학연구』50). 崔韶子도 1700년대를 조·청 사이에 표인·범월·교역 등이 쟁점으로 떠올랐던 시기로 간주하면서 이 시기를 전후하여 중

청의 해금이 해제되자 바다를 왕래하는 청의 어선 수가 대폭 늘어났다. 이로 인해 조선 서해 근해에서 황당선의 출몰이 다시금 문제가 되었다. 기사회자에 따라 표류 중국인에 대한 처리 방식이 규정되었지만, 불법으로 월경한 황당선에 대해서는 그 처리 규정이 명확하지 않았으므로, 이 문제의 해결책을 모색하기 위해 조·청 사이에는 거듭된 咨文 왕래가 이루어졌다.[164] 다음으로 구체적인 논의들을 살펴보며 그 모색 과정을 분석해보도록 하겠다.[165]

17~18세기 서해 근해에 대거 출몰했던 황당선은 명종대의 그것과 구분되어 주로 중국 山東半島와 遼東半島에서 나온 漁採船[166]이었다.[167] 물론 황당선이 이 시기에야 처음 등장한 것은 아니었지만, 17세기 말에 이르러서 점차 빈번하게 나타나던 이들의 행적은 더 이상 가만히 볼 수

국인의 조선 표류가 많이 발생하였다고 지적하였다(최소자, 2005, 『淸과 朝鮮』, 혜안, 38~40쪽). 최근에 야마모토 스스무(山本進)도 조선후기의 황당선 대책을 정리한 바 있다(山本進, 2020, 「朝鮮後期の荒唐船對策」, 『北九州市立大學外國語學部紀要』151).

164) 이러한 자문들은 주로 『同文彙考』 犯越(上國人)條와 漂民(上國人)條에 실려 있다.

165) 황당선 출몰에 대한 서술은 주로 서인범, 2015, 앞의 논문, 360~373쪽을 참조하였다.

166) 漁採란 어획하는 일과 벌채하는 일을 가리키는 말이다. 청 어민이 조선에 와서 어획하는 시절은 대부분 초봄이었기 때문에 날씨가 몹시 추운 즈음이었다. 그물과 손발이 얼어붙는 상황에서 장시간 작업하기는 매우 힘들었다. 따라서 당시 어선의 큰 돛대 밑에는 일반적으로 화로가 설치되어 있었다. 어민은 화로에 참숯을 담고 그물이나 손을 모아서 불을 쬐었다. 참숯은 주로 조선의 산에서 벤 참나무[柞木]를 피우는 방식으로 만들어졌다. 그러므로 당시 청에서는 조선에 가서 어획하는 일을 '打柞'이라고 부르기도 하였다(單丕艮, 2000, 『海洋文化硏究』, 海洋出版社, 167~173쪽).

167) 그 이외에 남해·동해를 왕래한 정체불명의 선박 또한 황당선으로 취급되었다. 예를 들어 숙종 11년(1685) 平海郡에 漂到했던 표선을 황당선이라고 불렀다. 숙종은 이왕 황당선이 내박한 이상 상세하게 사정을 심문하라고 하교하였다(『備邊司謄錄』 39冊, 肅宗 11年 8月 17日).

없는 형국이었다.

앞서 언급했지만, 숙종 8년 황당선 9척이 楸島에서 여름 내지 보름간 정박하였다. 그러나 僉使 張後良은 이 사건을 보고하지 않았을 뿐만 아니라 맹랑한 말로 전말을 숨기려 하였다는 이유로 추고를 당하고 말았다.[168] 이번 사건을 발단으로 황당선의 빈번한 조선 출몰이 문제시되기 시작하였다.

숙종은 처음에 황당선을 "쥐와 개처럼 도둑질하는 자"로 취급하며 별달리 신경 써야 하는 대상으로 여기지 않았다. 그렇다고 해서 이들의 내박을 완전히 방임해둘 수도 없었기 때문에 각별히 신칙하라는 명령을 내렸다.[169] 그 이후 3년 동안 해마다 황당선의 출몰과 관련된 보고가 있었지만 선박을 사로잡은 일은 한 번도 없었다. 이 때문에 숙종 11년(1685)에는 경계를 확실히 하여 착실히 사로잡으라는 국왕의 하교가 있었다.[170]

그 이후 10여 년 간 황당선은 사료에서 자취를 감추었다가 숙종 24년(1698) 경기수사 閔遶의 계본에서 다시 나타났다.[171] 그 계기는 숙종 21년(1695)부터 지속되었던 '을병대기근'이었다.[172] 기근이 시작된 뒤

---

168)『備邊司謄錄』36冊, 肅宗 8年 5月 9日.

169)『承政院日記』300冊, 肅宗 9年 7月 甲午. "荒唐船隻, 數數往來于海島云. 此譬如竄竊 狗偸, 不足慮也. 而亦不可置之尋常, 各別申飭可也."

170)『備邊司謄錄』39冊, 肅宗 11年 5月 26日.

171)『承政院日記』378冊, 肅宗 24年 5月 癸巳.

172) '을병대기근'에 대한 대표적인 연구로서는 김성우, 1997, 「17세기의 위기와 숙종대 사회상」,『역사와 현실』25, 32~39쪽 ; 김문기, 2011, 「17세기 중국과 조선의 재해와 기근」,『이화사학연구』43, 97~100쪽 ; 김문기, 2014a, 「淸米, 瘟疫, 大報壇: 강희제의 海運賑濟와 조선의 반응」,『歷史學研究』53, 105~117쪽 ; 松浦章, 2013, 「康熙盛京海運と朝鮮賑濟」,『近世中國朝鮮交涉史の研究』, 思文閣出版 등을 들 수 있다.

2년 동안 흉년이 극심하였다.[173] 식량난 문제를 극복하기 위하여 조선은 요동의 미곡을 수입할 수 있도록 청에 중강개시를 요청하였다.[174] 청 강희제는 예부의 반대에도 불구하고 적극적으로 조선을 賑救하기로 하였다.[175] 우선 좁쌀 4만 석을 陸運米·海運米로 나누어 조선에 운반하였고,[176] 다음에 해운미 1만 석을 또 무상으로 주었다.[177] 해운미의 운반은 '天津-中江' 노선으로 이루어졌고,[178] 天津에 내박했던 상선이 운반을 담당하였다. 비록 청에서는 해운미 운반 과정에서 발생할 수 있는 금물 무역이나 사무역을 미리 예상하여 이를 금지하는 뜻을 명확히 제시하였지만,[179] 해운을 맡게 된 吏部右侍郎 陶岱(?-1701)조차도 이 기회를 틈타 私米·物貨를 교역하고자 하였다.[180] 결국 청 강희 연간 청의 조선 賑濟를 통해 天津을 비롯한 보하이만의 각 항구에서부터 조선까지의 海上 무역 통로가 열리게 되었다. 한편 당시 山東半島와 遼東半島의 船戶들도 진제에 참여하였고, 그 과정에서 조선으로 향하는 뱃길에 익숙해졌다. 그 덕분에 이들은 이후 조선 연해에서의 황당선 출몰을 주도할 수 있었다.[181] 이와 함께 이들의 조선 표류 사건 또한 심각한 문제로 부각되기 시작하

---

173) 『肅宗實錄』 卷39, 肅宗 30年 正月 甲辰.

174) 『同文彙考』 原編 卷46, 交易2, 「丁丑請市米穀咨互錫賚」.

175) 『淸聖祖實錄』 卷186, 康熙 36年 11月 戊戌.

176) 『肅宗實錄』 卷32, 肅宗 24年 正月 戊寅.

177) 『肅宗實錄』 卷32, 肅宗 24年 2月 庚午.

178) 청이 이 노선을 선택한 것은 1695년 盛京 지역의 기근에 대응했을 때 사용했던 뱃길을 참조·원용한 것으로 보인다. 盛京 기근과 그 대응에 대해서는 松浦章, 2013, 앞의 논문, 262~268쪽을 참조.

179) 『同文彙考』 原編 卷46, 交易2, 「禮部准請咨」, 康熙 36年 12月 6日.

180) 『肅宗實錄』 卷32, 肅宗 24年 5月 甲申. "淸侍郎言: '私米及貨物, 可令貴邦商人與皇商定價貿易.'"

181) 『英祖實錄』 卷38, 英祖 10年 5月 辛巳.

였다.

숙종 24년 5월 황해도 長淵과 白翎鎭에 山東 登州船이 연이어 漂到했는데, 해당 표인은 官府의 명을 받아 배를 띄워 어채하다가 뱃길을 잃고 또 폭풍우를 만나서 표류해왔다고 진술하였다. 다만 이들 표선의 선체와 선박에 실린 각종 화물은 파손된 곳이 하나도 없었다. 이렇게 표선의 선체가 온전한 경우는 드물었지만, 조선 정부는 여전히 이들의 내박을 일반적인 표류 사건으로 취급하였고 기사회자의 규정에 따라 이들을 해로로 돌려보낸 후 咨文으로 청에 보고함으로써 일을 마무리 지었다.[182] 이처럼 표선의 심상치 않은 상태에도 불구하고 조선 정부는 이에 대해 별 주의를 기울이지 않았다. 반면 지방관은 이러한 점에 대해 상대적으로 민감한 반응을 보였다. 당시 황해감사 尹世紀(1647-1712)는 唐船이 도달하고 왕래하던 지역을 그림으로 올리면서 이를 咨文으로 예부에 보고할 것을 건의한 적 있었다. 다만 조정에서는 아무 근거가 없다는 이유로 그의 건의를 채택하지 않았다.[183]

그런데 황당선이 출몰하는 빈도가 높아지자 이들의 표류는 더 이상 일반적인 표류 사건으로 취급할 수 없게 되었다. 숙종 26년(1700) 6월 曲應選 등 59명과 劉增 등 13명이 安興에 漂到했던 사건은 조선이 이 문제의 심각성을 절감하게 만드는 계기가 되었다. 이들 표인은 白翎鎭에 와서 해삼을 채취하다가 표류를 당하여 安興에 내박했던 山東 어민이었다.[184] 월경한 사실이 명백하였으니 이 사건은 보통 표류 사건으로 보기가 어려웠다. 따라서 조정에서는 이를 계기로 황당선 출몰 시 대응책에 대해 본격적으로 논의가 이루어졌다. 이 달 25일 왕이 대신과 비국당상

---

182) 『同文彙考』原編 卷70, 漂民5, 上國人, 「戊寅報吾叉浦及白翎漂人發回咨」.

183) 『備邊司謄錄』51冊, 肅宗 26年 6月 27日.

184) 丁若鏞, 『事大考例』卷14, 海防考, 「海禁嚴束例」.

을 인견하였을 때 좌윤 羅弘佐(1649-1709)는 표인들에 대한 문정 내용을
보면 지난번 安興에 표류했던 표인[185]의 공초와 같이 특별한 사항이 없
지만, 근래 황당선의 서해 왕래가 지나치게 많아서 표인에게 황당선 관
련 사정을 물은 뒤 咨文으로 청에 보고해야 한다고 주장하였다. 우의정
申琓(1646-1707)과 영의정 徐文重(1634-1709)도 이에 찬동하였고, 숙종은
이 제안을 채택하였다.[186] 그리고 咨文을 보낼 때 신빙성이 있는 증거도
함께 제출할 수 있도록 조정에서는 황해감사에게 믿을 만한 증거를 확
보하라고 지시하였다.[187]

하지만 최종적으로 청에 발송된 咨文에서는 황당선의 빈번한 범월과
이들이 조선 연해에서 소란을 피웠다는 사실을 말로만 강조하였고 결정
적인 증거를 제시하지 못하였다.[188] 이에 대해 청은 중국 현지에서는 어
획하러 배를 띄울 자에 대해 지방관이 반드시 등록하고 票文을 발급해
준다고 설명한 뒤, 海上 무역이나 어획을 명의로 배를 띄워 금물 매매에
종사하거나 조선에 가서 소란을 피우는 자를 엄금하겠다고 약속하였다.
또한 향후 비슷한 경우가 또 생기면 반드시 票文을 搜査하여 이름·출신
지·인원수 등 정보를 증거로 제출할 것을 조선에 요구하였다.[189] 이 요구
에 따라 비변사에서는 황당선의 많고 적음을 엄히 瞭望하고 쫓아내는 동
시에 육지에 가까이 배회하는 선박을 포획하여 票文에 적힌 관련 정보

---

185) 숙종 20년(1694) 7월 登州 출신의 王福生 등 19명의 泰安 표류 사건을 가리킨다.
당시 표선은 정박했다가 도주하려고 했으나 安興僉使에 의해 붙잡혔다. 이들이 표
문을 소지하지 않았으니 표류 여부를 판단하기가 어려웠다. 그러나 외모적 특징을
통해 이들을 중국인으로 단정한 조선 정부는 표인 처리 규정에 따라 이들을 해로
로 돌려보냈다(『同文彙考』原編 卷70, 漂民5, 上國人, 「甲戌報安興漂人發回咨」).

186) 『承政院日記』392冊, 肅宗 26年 6月 丙戌.

187) 『承政院日記』392冊, 肅宗 26年 7月 丙辰.

188) 『同文彙考』原編 卷70, 漂民5, 上國人, 「庚辰報安興漂人發回兼請申筋犯越咨」.

189) 『同文彙考』原編 卷70, 漂民5, 上國人, 「禮部回咨辛巳」, 康熙 40年 2月 16日.

를 조사하는 것과, 票文이 없는 자를 심문하고 일일이 기록한 후 즉시 馳
啓하여 처리할 것을 대책으로 마련하였다. 아울러 지역민이 사적으로 황
당선과 접촉하고 화물을 교환하는 일을 금단하도록 하였다.[190]

이처럼 曲應選 등의 표류 사건을 계기로 황당선 문제는 본격적으로
조·청 양국 간의 외교 현안으로 논의되기 시작하였다. 그 이후 조선은 청
의 요구에 따라 내박한 중국선의 票文을 엄격하게 수사하였다. 전형적인
사례로서는 숙종 27년(1701) 연이어 황해도에 표류했던 수십 척의 황당
선을 처리한 일을 들 수 있다.

이 해 5월 遼東의 어선 수십 척이 長淵·白翎鎭·甕津 등지에 정박하였
다. 지방관이 票文과 인원수를 조사한 결과 票文에 이름이 없는 자가 78
명으로 확인되었다.[191] 조선은 이들이 표류를 핑계 삼아 월경한 자로 판
단하고, 청에 보낸 咨文에서 이들이 公文을 빙자하여 여분의 사람을 몰
래 더 태우고 월경하였다는 사실을 밝히고 향후 비슷한 사건이 발생할
가능성에 대한 우려를 표명하며 청의 강력한 단속을 요청하였다.[192] 청
은 표인이 조선에서 소란을 피웠는지 여부를 규명하기 위해 이들이 송
환된 뒤 심문을 실시하였다. 표인들은 票文에 이름이 없는 자를 태웠
던 사실을 인정하되 조선에서 소란을 피운 적은 없었다고 우겨댔다. 또
한 표류를 칭탁하였다고 한 조선 측의 주장에 반발하면서 진짜로 표류
를 당하였다고 강조하였다. 다른 결정적인 증거가 없는 상황에서 청은
'票文에 없는 자를 태웠다'라는 죄명으로만 이들을 처벌할 수밖에 없었
다.[193]

---

190) 『肅宗實錄』 卷35, 肅宗 27年 3月 丙辰 ; 서인범, 2015, 같은 논문, 375쪽.

191) 『通文館志』 卷9, 紀年, 肅宗大王 27年 辛巳.

192) 『同文彙考』 原編 卷60, 犯越12, 上國人, 「查報金州李桂等越境漁採申請禁斷咨」.

193) 『同文彙考』 原編 卷60, 犯越12, 上國人, 「禮部知會查治漁採人及該管官咨壬午」.

이 사건을 통해서 황당선의 표류 대응 시 일어날 수 있는 하나의 난제가 제기되었다. 즉 조선과 표인 쌍방이 다 각자의 주장을 고집한다는 문제다. 특히 표류를 당하였는지 여부, 조선에서 소란을 피웠는지 여부 등 당사자가 아닌 제3자를 통해 확인할 수 없는 문제들이 오히려 청을 곤란하게 만들었다. 청은 단속을 강화하겠다고 약속하고 또 명확한 범행을 처벌하는 방식으로 조선의 불만을 무마하고 있었지만, 어민의 범월 행위를 근본적으로 금단해달라는 조선의 요구사항을 충족시키지는 못하였다.

한편 조선의 입장에서 골칫거리가 된 것은 표류 중국인이 소란을 피우는 일과 불법 월경을 목적으로 한 중국인이 표류를 당하여 정박하는 일이라고 할 수 있다. 이 두 가지 경우에는 해당 중국인이 '표인'인 동시에 '불법행위를 벌이는 자'였다. 그러나 당사자를 어떤 신분으로 취급할 것인가에 따라 처리 원칙은 달라질 수 있었다. 이 시기에 접어들어 표류 중국인에 대한 구조 및 송환은 '긍휼의 덕의'에 의해 이루어졌다기보다는 '上國에 대한 小邦의 도리'라는 修辭로 포장된, 현실적인 강약관계에 따라 어쩔 수 없이 채택된 고식책이었다. 게다가 양국의 臣屬關係에 의하면, 청이 부여해준 권한이 없이 조선에서 자체적으로 표인에게 처벌을 가하는 것은 참월한 행위에 불과하였다. 이로 인하여 조선은 황당선의 표류 사건이 일어날 때마다 청에 咨文을 보내어 구체적인 폐단을 설명한 뒤 청의 강한 단속을 거듭 요청할 수밖에 없었다. 이는 황당선의 항해를 원천 차단시키고자 한 것이었다. 하지만 청의 단속은 실질적인 성과를 거두지 못하였기 때문에, 황당선의 표류는 지속적으로 발생하고 있었다. 결국 이 문제를 둘러싼 조·청 양국의 대처는 일종의 '무한 반복'에 빠져드는 형국이었다.

이러한 문제를 타개하기 위해 청의 태도도 점차 변화하였다. 예를 들어 숙종 36년(1710) 조선이 咨文을 통해 漁採船의 불법 월경을 금단해줄

것을 재삼 요청하자, 청은 불법 어채를 목적으로 횡행하는 자를 포획하
여 해송하되 포획하지 못할 경우 포를 쏘아 쫓아내도 된다고 하면서 조
선이 자체적으로 행사할 수 있는 처리권의 범주를 제시하였다.[194] 즉 청
은 일정한 권한을 조선에 부여함으로써 문제를 개선하고자 하였다는 것
이다. 하지만 조선의 입장에서는 이제 '중국인'으로 보아야 할 청인을 자
의로 포획하거나 포로 쏘는 데에 불안한 점이 적지 않았다. 특히 중국인
을 잡으면 청으로 해송해야 한다는 것은 최종적인 재량권 행사가 여전
히 청에 의해 이루어진다는 것을 의미하였다. 때문에 황당선의 범행을
선불리 확정하였다가 청에서 다른 판단을 내리면 나중에 추궁을 당할
수 있다는 점 당연히 염려가 될 수밖에 없었다. 결국 조선에 있어서는 더
욱 명확한 권한 부여가 필요하였는데, 이는 숙종 38년(1712) 7월 일어났
던 황당선 내박 사건을 통해 실현되었다.

이 달 9일 황당선 2척이 長淵 부근 해역에 정박하였다. 지방군은 선
박을 추격하여 挾船을 탄 劉元·劉흠 2명을 잡아왔지만 큰 배 2척은 도주
하였다. 11일 2척 중의 한 척이 白翎鎭 앞바다에서 포획되고 탑승자 12
명이 붙잡혔으며, 19일에는 劉元 등이 탑승했던 큰 배가 돌아와서 정박
하고 탑승자 23명 또한 구금되었다. 劉元 등 2명은 처음에 자기들이 숯
장사를 하다가 표류를 당하여 정박했다고 주장하였지만, 나중에 돌아온
큰 배에 실린 漁具를 근거로 조선은 이들이 어민 신분임을 확인하고 표
류를 칭탁한 이들의 행위를 범행으로 취급하였다.[195] 반면에 도주하다
가 劉元 등을 데려가려고 돌아온 23명의 경우 조선은 이들을 소요를 일
으키러 온 자와 구분하여 식량을 주고 즉시 해로로 떠나보내기로 하였

---

194) 『同文彙考』原編 卷60, 犯越12, 上國人, 「禮部知會該管禁斷咨」.

195) 『同文彙考』原編 卷61, 犯越13, 上國人, 「壬辰捕送犯境漁採人劉元等咨」.

다.[196] 다만 劉元 등 2명을 송환하는 방식에 대해서는 의견이 분분하였다. 영의정 徐宗泰(1652-1719)는 현지에서 이들을 해로로 보내는 방식을 주장하였다. 이들이 범월이나 표류한 경우가 아니라 단지 바다에서 붙잡힌 사람이기 때문에 굳이 육로로 해송할 필요가 없다는 것이 이유였다. 반면에 공조판서 趙泰耉(1660-1723)는 이번 사건과 관련하여 이미 '捉送[잡아서 보냄]'이라는 뜻으로 청에 이자하였기 때문에 신용을 지키기 위해 육로로의 해송을 실시해야 한다고 지적하면서, 향후 출몰하는 중국선을 포획하지 않고 보낼 것을 건의하였다. 국왕은 후자의 의견을 채택하였다.[197]

그런데 육로로 송환될 경우 본인뿐만 아니라 출신지의 海禁官까지 重罪로 처벌을 받을 수 있다는 이유로 劉元 등은 육로로의 해송을 거부하고 있었다. 또한 같은 선박에 동승한 사람들을 서로 다른 방식으로 송환할 경우 白翎鎭에서 붙잡힌 12명의 비난을 초래할 수 있다는 점이 지적되었다.[198] 조선은 청의 諭旨와 태도를 의식해야 하지만, 당사자의 호소도 완전히 무시할 수 없었다. 결국 조선은 劉元 등의 송환 방식을 기존의 논의대로 유지하되, 白翎鎭에서 붙잡힌 12명에 대해서는 그 가운데 蔡二·葛四라는 사람만 육로로 해송하고 나머지 10명을 해로로 보내는 식으로 처리하였다. 그리고 청에 보낸 자문에서 그 이유에 대해 아래와 같이 설명하고 있었다.

(H-1) 海禁을 위반한 자의 체포와 압송과 관련하여 이미 諭旨를 받았

---

196) 유의해야 할 점은 당시 조선은 어채 행위 자체를 범행으로 간주하지는 않았다는 점이다. 범행으로 취급하는 일은 票文을 소지하지 않고 어채하러 월경하는 것과 조선 연변에서 소요를 일으키는 것이었다.

197) 『承政院日記』 470冊, 肅宗 38年 7月 辛丑.

198) 『承政院日記』 470冊, 肅宗 38年 7月 戊申.

지만, 小邦의 도리 상 감히 제멋대로 처리하거나 버려둘 수 없습니다. 생각해 보면 이들은 모두 법규를 어겼으나, 船頭와 동료는 죄질에 차이가 있으니, 만약 한 선박의 사람들을 모두 육지로 압송해 버린다면 上國의 많은 백성들이 선박을 버리고 생업을 잃게 될 수 있으므로 또한 보살피지 않을 수 없습니다.[199]

조선은 비록 청의 諭旨를 통해 해금을 위반한 자를 체포·압송할 권한을 얻었지만 이들의 '중국인'이라는 신분 탓에 여전히 섣불리 처리할 수 없다는 실정을 토로하였다. 이에 대해 청은 해금을 위반하고 조선에 가서 어획하는 어민을 賊寇로 취급해야 한다고 하면서 조선에 더 명확한 태도를 보여주었다.

(H-2) 향후 만약 이러한 어선들 가운데 조선의 바다에 몰래 이르는 경우가 있다면, 本國(조선)에서 즉시 추적하여 체포하게 하라. 만약 사로잡았다면 즉시 압송하고, 내지인이라는 이유로 지체하는 일이 없게 하라.[200]

즉 어획하러 불법 월경하고 조선에 이르는 어민을 상대할 때 '중국인'인지 아닌지를 고민할 필요 없이 범행에 따라 이들을 체포·압송하면 된다는 것이었다. 이러한 권한을 확실하게 조선에 부여하기 위해 숙종

---

199) 『同文彙考』原編 卷61, 犯越13, 上國人, 「壬辰捕送犯境漁採人劉元等咨」. "冒犯海禁者之捕獲解送, 旣奉皇旨, 在小邦之道, 有不當擅便縱舍. 第念此人等均是犯條, 而船頭火伴, 情罪有間. 一船之人, 若盡數由陸解送, 則上國多民棄船失業, 亦不可不顧念."

200) 『同文彙考』原編 卷61, 犯越13, 上國人, 「禮部回咨」, 康熙 51年 9月 13日. "嗣後如有此等捕漁船隻, 潛至朝鮮海面者, 許本國即行追勤緝拏. 如有生擒, 作速解送, 毋得因內地之人, 以致遲疑."

41년(1715) 청은 諭旨를 내리면서 조선 연변의 海防 관병이 순찰을 강화하고 월경자를 발견하면 즉시 체포·압송하라고 지시하였다.[201] 이로써 조선은 실질적인 무력을 동원해 황당선의 불법 월경에 대응할 수 있게 되었다.

하지만 여전히 문제가 남아 있었다. 고의적인 표류[故漂]로 월경하는 황당선에 대한 처리 권한이 불분명하다는 것이었다. 이는 표류인지 불법 월경인지를 판단하는 기준이 모호하였기 때문이다. 실제로 청이 追捕의 권한을 조선에 부여하였지만 황당선의 빈번한 왕래는 여전하였다. 이 때문에 조선은 황당선이 많이 출몰하는 甕津을 府로 승격시키고 重營을 설치하는 등 해방 강화책을 추진하였지만,[202] 황당선이 표류를 칭탁하고 정박하는 것은 방어책의 정비로만 극복할 수 있는 문제가 아니었다. 이것 또한 청의 재량권 부여가 필요하였다.

경종 2년(1722) 일어났던 황당선 포획 사건은 표인 재량권의 확보에 결정적인 역할을 하였다.[203] 이 해 6월 황당선 1척이 甕津 昌麟島 앞바다를 지나가다가 지방군에 의해 포획되었다. 선박에는 山東 출신의 楊三 등 14명이 있었다. 이들은 자기가 金州 부근의 섬에서 어채하다가 풍랑을 만나 조선에 표류해왔다고 자백하였지만 증빙으로서의 票文은 끝까지 보여주지 못하였다. 따라서 조선은 이들을 불법 월경자로 취급하고 봉황성으로 압송하였다. 또 이 사건을 빌미로 황당선의 표류 칭탁 현상을 지적하면서 향후의 폐단을 영원히 근절시킬 수 있도록 별도의 금령

---

201) 『通文館志』 卷9, 紀年, 肅宗大王 41年 乙未.

202) 『承政院日記』 508冊, 肅宗 44年 6月 辛卯.

203) 최영화는 1722년 청이 조선에 불법 표류민들을 단죄할 수 있는 권한을 주었다고 언급한 적 있지만 어떤 사건을 통해 이 권한을 얻었는지, 청이 이 권한을 준 이유가 무엇인지 등에 대해서는 깊이 분석하지 않았다(최영화, 2015, 앞의 논문, 68쪽).

을 내려줄 것을 청에 간청하였다.[204]

청에서는 楊三 등을 조사했지만 이들이 표인인지 匪類인지를 확인하지 못하였다.[205] 또한 표류를 구실삼아 불법적으로 경계를 넘는 자들이 제법 많다는 사실도 조선의 자문을 통해 알게 되었다. 따라서 이러한 문제의 해결책을 아래와 같이 명시하였다.

> (I) 향후 무릇 풍랑을 만나 표류한 민인이 票文이 있고 사단을 일으키지 않았다면 여전히 정례를 따라 송환하게 해야 한다. 만약 匪類와 같이 票文이 없는 상태로 불법적으로 경계를 넘어 사단을 일으킨 경우 조선 국왕으로 하여금 체포하여 해당국의 법에 따라 처벌하고 禮部에 咨文을 보내어 題本으로 諭旨를 청하게 해야 한다.[206]

이것은 표류를 칭탁하는 사건의 처리에 대한 최초의 규정이었다. 이 회자를 통해 표류 사실 여부를 판단함에 있어서 票文의 유무와 소요를 일으켰는지의 여부가 하나의 기준으로 성립되었고, 조선은 이 기준에 따라 자체적으로 상황을 판단할 수 있게 됨으로써 확실한 표인 처리 재량권을 확보하게 되었다.

요컨대 17세기 후반 황당선의 대대적인 조선 해역 횡행을 계기로 황당선 표류 문제와 이에 대한 대응책이 조·청 양국 간의 논의 대상으로 부각되었다. 조선은 거듭된 咨文 왕래를 통해 중국선을 추포할 권한, 중국인을 쫓아내거나 체포할 권한, 자국의 법으로 중국인의 漂到를 처리할

---

204) 『同文彙考』 原編 卷61, 犯越13, 上國人, 「捕送越境漁採人楊三等咨」.

205) 『淸世宗實錄』 卷2, 康熙 61年 12月 辛酉.

206) 『同文彙考』 原編 卷61, 犯越13, 上國人, 「禮部知會嚴禁無票漁採上諭咨」. "嗣後凡飄風民人, 若有票文未生事者, 仍令照例送回. 若有匪類並無票文, 私自越境生事者, 許該國王緝拿, 照伊國之法審擬, 咨明禮部, 具題請旨."

권한을 차례로 확보하였다. 이로써 표류 중국인에 대한 처리 절차의 체계화를 가능케 하는 외부적인 조건도 조성되었다. 물론 여기에는 청의 완화된 對朝鮮 정책이라는 전제도 바탕에 깔려 있었다.

한편 표인 처리에 대한 재량권을 확보하는 과정에서 조선은 표류 중국인의 구조·송환 문제를 '긍휼의 덕의'라는 원칙에서 현실적인 강약관계에 의한 고식책으로 전환시켰다. 이는 기존과 같은 '한인' 개념이 성립할 수 없는 상황에서 '상경' 차원에서의 예의가 무의미해지자 '권도' 차원에서의 臣屬關係 질서 유지가 가장 현실적인 선택이라고 조선이 판단하였음을 시사한다. 다른 한편으로 조·청관계가 안정화되고 표인 처리 재량권의 확보에 따른 내부 처리 절차의 정비 또한 가능해지면서, 표인 대응책의 체계화에 따른 정치적 원리의 재구축 또한 요구되었다. 결론부터 말하자면 이것은 18세기 무렵 진행된 중화계승의식의 강화와 함께 실현되었다.[207] 자세한 내용은 다음 장에서 서술하겠다.

종합해서 보면, 17세기 후반의 소위 '명·청 교체' 과정에서 한동안 조선·청·남명·일본 사이에 '사각관계'가 형성되었고, 조선은 병자호란 이래 청과의 긴장관계를 의식하면서도 명에 대한 예의를 남명의 표인에 투사하고자 하였다. 하지만 집권층의 입장에서는 청이 중원을 차지한 상황에서 국익을 확보하기 위해서는 對明義理를 그대로 외교 현안의 처리에 적용시킬 수 없었다. 결국 '經·權' 간의 충돌이 일어나자 명분론과 의리론이 고조되었고, 표인에 대한 입장 또한 그 영향을 받아 일정하게 유지되지 못하였다. 게다가 정씨세력의 등장이 조선의 변경 방어에 있어서 새로운 불안 요소로 대두됨에 따라, 남명과 정씨세력 출신 표인에

---

207) 18세기 중화계승의식의 강화와 문화적 화이관의 성립에 대해서는 허태용, 2009, 『조선후기 중화론과 역사인식』, 아카넷, 171~184쪽을 참조.

대응하는 과정에서 조선은 점차 방어적인 태도를 취하면서 해방 시스템의 강화를 추진하였다. 이러한 혼란스러운 국면은 청의 展海令 반포에 따라 수습되었다. 청은 臺灣을 수복함으로써 청 중심의 국제질서를 형성시켰고, 조선은 국가의 존립을 위해 그 질서에 편입되지 않을 수 없었다. 이러한 상황에서 조선은 표류 중국인 처리와 같은 현실적인 외교 문제에 대응하기 위해 對明義理보다 對淸關係를 우선해야 하였다. 다만 청인에 대한 경계심 때문에 방어적인 해방 시스템은 계속 유지되었다. 한편 청에서는 對조선정책을 戰時의 강경책에서 완화책으로 전환시켰으므로 조선과의 외교 현안에 대한 구체적인 해결책을 추진할 수 있었다. 따라서 조선의 표류 중국인 대응책은 청에 의해 규정되었다. 이와 더불어 조선에서도 對淸關係를 정리하는 의미에서 표인의 처리 절차를 재정비하였다. 그 과정에서 청의 展海令 반포 이후 황당선의 증가가 외교 현안으로 떠오르자 조·청 양국은 그 대책을 마련하기 위해 거듭된 논의를 진행하였다. 황당선의 출몰 외에도 고의적 표류 현상 또한 논의의 대상이 되었다. 일련의 교섭 결과 조선은 청으로부터 차례로 표인 처리 재량권을 확보하였다. 요약하자면 17세기 후반부터 18세기 전반까지는 표류 중국인 대응책의 '정착기'로 볼 수 있다. 조선은 명·청의 교체에 직면하자 자국의 손익을 따져 현실적인 대책을 규정화하였다. 다만 이념적인 차원에서 '청인의 漂到'를 '중국인의 漂到'로 받아들이는 것은 합리화되지 못하였다. 구체적인 처리 절차를 확정하는 동시에 표인에 대한 입장 또한 전환시킬 필요가 있었다.

제 3 장

18세기 중·후반~19세기 중반
對淸關係의 안정과
漂人 대응의 規範化

18세기에 접어들어 청은 기본적으로 청 중심의 국제질서를 형성시켰다. 병자호란이 발발한 지 100여 년이 경과한 뒤였으므로 현실적인 측면에서 조청관계를 정리해야 하는 상황이었다. 이 시기에 들어서 조선은 표면적으로는 對淸 사대를 유지하였지만 실질적으로는 내정과 외교 등 차원에서 '自主'를 일정하게 확보하고 있었다. 따라서 해당 시기 조·청관계는 보다 안정적인 국면에 접어들어 형식적·의례적인 조공책봉 관계로 변모되었다.[1] 이 시기의 표인 송환 문제 또한 '安定期'의 외교 현안으로서 청이 내려준 기사회자에 따라 처리되었으니 기본적으로 큰 변화가 보이지는 않았다.[2] 기존의 표류 연구는 주로 이 시기 발생했던 표류 중국인 사건에 중점을 두고 그 양상을 분석한 듯하다. 특히 표인 대책에 대한 고찰은 대부분 송환을 중심으로 이루어졌다.[3] 기존 연구를 통해

1) 형식적·의례적인 조공책봉 관계란 조선이 겉으로는 청과의 사대관계를 유지했지만 실제적인 국가 운영 과정에서 청의 간섭을 받지 않았다는 것을 가리키는 말이다. 아래와 같은 연구 성과를 참조했다. 崔韶子, 1997, 『明淸時代 中·韓關係史 硏究』, 이화여자대학교 출판부 ; 최소자, 2005, 『淸과 朝鮮』, 혜안 ; 宋慧娟, 2007, 『淸代中朝宗藩關係嬗變硏究』, 吉林大學出版社, 95~99쪽 ; 金暻綠, 2008, 「조선의 對淸關係認識과 外交體系」, 『이화사학연구』37 ; 金成根, 2008, 『朝·淸 외교관계 변화연구 -朝貢·冊封을 중심으로-』, 강원대학교 사학과 박사학위논문, 61~73쪽 ; 洪性鳩, 2017, 「청질서의 성립과 조청관계의 안정화: 1644~1700」, 『東洋史學硏究』140.

2) 하루나 아키라[春名徹]는 아라노 야스노리[荒野泰典]의 송환체제 개념을 '동아시아의 송환체제'를 의미하는 漂流民送還制度로 확대시키고 그 정착기를 청 중심의 국제질서가 형성된 18세기로 보고 있다(春名徹, 1994, 「近世東アジアにおける漂流民送還體制の形成」, 『調布日本文化』4).

3) 최소자, 2007, 「표류민」, 오금성 외, 『명청시대 사회경제사』, 이산, 289~303쪽 ; 김경옥, 2008, 「18~19세기 서남해 도서지역 漂到民들의 推鄕 -『備邊司謄錄』問情別單을 중심으로-」, 『朝鮮時代史學報』44 ; 2014, 「조선의 對淸關係와 西海海域에 표류한 중국 사람들」, 『韓日關係史硏究』49 ; 정민, 2009, 「다산의 해방고(海防考)에 나타난 중국 표선(漂船) 처리문제」, 『韓國學論集』45 ; 최영화, 2015, 「朝鮮後期 官撰史料를 통해 본 중국인 漂流 사건의 처리」, 『島嶼文化』46.

규정에 따른 표류 중국인의 송환책 전개 양상과 표류 중국인의 구성 등 내용을 파악할 수 있다. 그럼에도 불구하고 표인 출신지에 따른 송환 장소의 변화 추이와 그 원인, 표인을 송환하기 전에 이루어진 일련의 대응 과정 등에 대해서는 아직 충분히 밝혀지지 않은 상태이다. 이 시기 표인 송환 방식에 관한 규정이 생기되 구체적인 송환 장소는 일련의 변화를 걸쳐서야 비로소 고정되었다. 한편 표인 발견, 보고, 인양, 접대, 호송 등 기타 대응 사항들도 경험이 축적됨에 따라 점차 체계화되어갔다. 전면적으로 대응책을 구체화하기 위해서는 발견부터 송환까지의 절차들을 함께 검토해야 할 것이다. 이러한 겉으로 드러나는 사항들 이외 표인을 보고·구조하는 방법, 표인을 조사·호송하기 위해 이루어진 관료들의 이동과 漂到地에 온 그들의 의식주, 그 과정에서 발생하는 비용의 부담, 표인이 소지한 화물의 처리 등 구체적인 문제들을 어떻게 해결했는지 또한 정리할 필요가 있다. 이를 감안하여 본장에서는 송환 장소의 변화 추이를 규명하는 동시에 여러 사례들에 기반하여 표인 대응책의 전체적인 전개 양상을 살펴봄으로써 기존 연구에서 충분히 다루지 못한 부분을 보완하고자 한다.

이 무렵 중국인의 표류가 가장 많이 발생한 지역으로 황해도·전라도·제주도를 들 수 있다(〈그림 8〉을 참조). 이 지역들의 연해 구역은 열악한 항해 조건을 지니고 있었다는 점에서 공통점이 있다.

우선 황해도 서·남쪽 일대의 지형에 대해서는 순조 연간 松禾縣監으로 임명되었던 洪敬謨(1774-1851)가 순찰 중인 종숙 洪義俊(1761-1841)을 따라 그 연해 지역을 돌아다닌 후 쓴 「遵海勝遊記」에 잘 묘사되어 있다. 이 책에 의하면, 康翎에서 甕津까지의 바다는 곳곳마다 크게 차이가 있고 섬들이 곳곳에 분산되어 있기 때문에 그 주위의 물결이 어수선하고 빠르게 흐른다. 특히 唐船을 감시하는 첨사가 배치되어 있던 吾叉浦의 경우에는 그 북·동쪽에 위치한 長山串 일대의 바다에 솟아오르는 醋岩·

甕岩과 물 밑에 잠겨 있는 암초가 많았다. 이로 인하여 물결은 그 주위를 맴돌고 다른 바다에 비하여 빠르게 흐르므로 선박이 다니기가 굉장히 위험하였다.[4] 때문에 조선후기 장산곶에서 조운선이 전복된 일이 자주 발생하였다. 정조 연간 장산곶 이북의 여러 읍들이 모든 세곡을 돈으로 징수하게 된 것도 이러한 피해를 최소화하기 위해서였다.[5]

　　다음으로 전라도 남·서쪽 바다 가운데 항해가 가장 위험한 곳에는 羅州諸島[6] 해역과 七山 海路가 있다. 羅州諸島는 해저의 화산활동이나 산호초의 성장으로 새로 형성된 양도(洋島, oceanic island)가 아니라 대륙과 연결되어 있다가 해수면 상승 등 원인으로 고립·분리된 육도(陸島, continental island)이다.[7] 환언하면 羅州諸島의 해양 밑에 암석이 숨어 있다는 것이다. 비록 수심이 약 80m 내외라서 암석이 직접적으로 선박에 닿지는 않지만, 암석으로 인한 험한 조수는 여전히 항해하는 데 큰 영향을 미칠 수 있었다. 한편 영광군 백수면 앞바다에서 蝟島까지 이르는 七山洋은 "수세가 몹시 급하고 사방으로 바람을 맞을 수 있는"[8] 해역으로

---

4) 洪敬謨, 『冠巖全書』 冊18, 記, 「遊海勝遊記」. "則地盡頭, 山脈隱入海底, 不知其幾百里. 惡石嵯峨, 怒濤洶湧, 醜·甕兩岩, 矗立串末之盡處, 齒齒衆石, 橫亘其後. 一線水路, 屈曲於兩巖之間, 交互於衆石之隙, 比如盤蛇之形. 波浪觸石, 無風噴激. 寔是國中水路之第一險處."

5) 『正祖實錄』 卷10, 正祖 4年 11月 辛卯 ; 『萬機要覽』 軍政編4, 海防, 「西海之北」.

6) 羅州諸島란 현재 목포 서쪽 海上에 위치한 150여개의 크고 작은 섬으로 구성된 공간을 가리킨다. 이 섬들은 羅州·茂安·靈光·珍島 등에서 나누어 관장하였는데 羅州諸島는 그 가운데 가장 큰 비중을 차지하였다. 1895년 智島郡이 별도의 행정구역으로 신설될 때까지 羅州諸島는 나주목의 행정구역으로 편제되었다(宋亮燮, 2005, 「朝鮮後期 羅州諸島의 折受와 設邑論議의 展開」, 『大東文化硏究』 50, 379쪽).

7) 장호, 2004, 「자연 및 생태환경」, 『한국지리지(2): 전라·제주편』, 국토지리정보원, 67쪽.

8) 『湖南啓錄』(古4255.5-12) 2冊, 光緖 11年 9月 22日. "卽七山之下, 水勢迅急, 四面受風之處也."

〈그림 8〉 시기별 각 지역의 중국인 표류 발생빈도의 추이 (단위: 건)

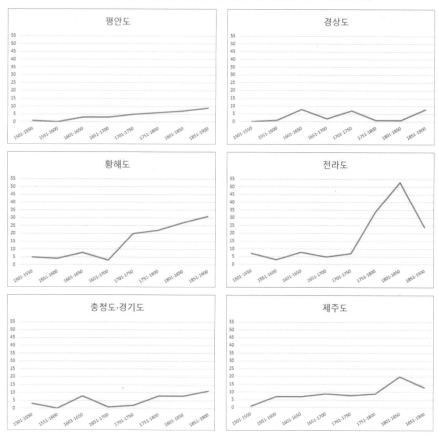

서 海上 왕래가 어려운 곳이다. 정조 10년(1786) 칠산양의 해로를 피하기 위해 제주에서 나오는 물종을 兩湖 지역에 分送하는 일을 담당하는 羅里舖를 군산의 臨坡에서 나주 제민창으로 이설하였다는 사실에서9) 이 어려움을 가늠할 수 있다. 반면에 칠산양에 큰 규모의 조기어장이 형성

---

9) 『萬機要覽』 財用編6, 諸倉, 「羅里舖倉」.

되었다.[10] 따라서 항해 조건이 열악함에도 불구하고 어선과 상선이 이곳에 많이 모여들었다.

전라도와 제주도 사이에는 楸子島가 자리하고 있다. 전라도에서 남하하고 추자도를 지나면 제주 바다에 들어가게 되는데 이 바다를 濟州海·濟州大洋이라고 불렀다. 바람이 없어도 높은 파도가 일어난다는 특징을 지니고 있는 이곳은 건너기가 매우 어려운 해역으로 인식되어 왔다.[11] 추자도와 제주도 사이에 大火脫島와 小火脫島가 있다. 두 섬 사이에는 파도가 세차게 일어 지나가는 선박이 난파된 일이 자주 발생하였다.[12] 숙종 30년(1704) 제주 목사를 역임했던 李衡祥(1653-1733)이 저술한 『南宦博物』에서 이러한 현상이 나타난 이유를 제시하였다. 요약하자면 이 해역은 두 조류가 교류하는 곳이라 물결의 움직임이 험악하다. 조종이 불가능해진 선박은 물결의 흐름에 선체를 맡길 수밖에 없기 때문에 물결이 험해질수록 선박이 전복될 위험성도 자연스럽게 증대되었던 것이다.[13]

요컨대 앞서 언급한 해역이 갖추고 있는 자연조건은 원활한 해상교통이 형성되는 데 장애요소로 작용하였다.[14] 지리적으로 보면 황해도의

---

10) 칠산어장에 관한 기록에 대해서는 김준, 2009, 「칠산어장과 조기파시에 대한 연구」, 『島嶼文化』34, 180~184쪽을 참조.

11) 申景濬, 『道路考』卷4, 海路, 「濟州海路」; 金尙憲, 『南槎錄』, 萬曆 29年 9月 22日 丙辰.

12) 구체적인 내용에 대해서는 金奈永, 2017a, 『조선시대 濟州島 漂流·漂到 연구』, 제주대학교 사학과 박사학위논문, 29쪽을 참조.

13) 李衡祥, 『南宦博物』, 誌海. "潮之出於馬島上下. 由靑山楸子之前後者, 入於全羅忠淸之境. 由火脫內外而入者, 朝於山東靑齊之界. 此旣兩潮相會之交, 波紋至㵿, 高浪異常, 異國舡漂到者, 擧皆覆沒."

14) 장산곶·칠산양 등 지역의 험한 해로는 外國船의 전복을 초래할 뿐더러 국내 조운선의 침몰·표류 사건을 상당히 발생시켰다(高東煥, 1998, 『朝鮮後期 서울 商業發達史 硏究』, 지식산업사, 129~136쪽; 고동환, 2003, 「조선후기 商船의 航行條

豊川·長淵 등지는 중국의 山東半島와 마주해 있고 전라도의 康津·海南 등지는 중국의 淮南(강남) 지역과 마주해 있다.[15] 그리고 山東半島와 강남지역은 청의 해금이 해제된 후 이루어진 번성한 근해 무역의 주요 항구 소재지로서 상선의 왕래가 빈번하였다.[16] 따라서 이 시기에 들어와서 황해도·전라도·제주는 중국인의 표류가 상대적으로 많이 일어났다. 본장에서는 주로 이 지역들을 중심으로 논지를 전개할 것이다.

1. 구조와 접대의 방식

'안정기'의 표인 처리 절차는 크게 구조·접대·송환으로 나눌 수 있다. 그 중에서 구조와 접대에는 監視와 報告, 移泊과 問情, 供饋와 宿泊 등 차례가 포함되었다.

우선 監視와 報告를 살펴보겠다. 조선시대는 변방 지역에서 발생하는 병란이나 사변을 서울에 보고하기 위하여 烽燧 제도를 실시하였다.[17] 특히 서해 沿邊의 봉수대는 먼 곳을 살피고 경계하는 候望의 임무를 담

件」, 『韓國史研究』123, 326~328쪽).

15) 丁若鏞, 『與猶堂全書』 文集 卷15, 敍, 「海防考敍」. "蓋我豊川·長淵等地, 與山東相直. 康津·海南等地, 與淮南相直."

16) 18세기 이후 청의 근해 무역의 盛況에 대해서는 松浦章, 2010, 「淸代における沿海貿易について」, 『淸代帆船沿海航運史の研究』, 關西大學出版部를 참조.

17) 조선시대의 봉수 제도의 운영과 연해 봉수의 분포 및 그 기능에 대해서는 아래와 같은 연구들을 참조하였다. 金周洪, 2001, 「朝鮮時代의 烽燧制」, 『역사와 실학』 19·20 ; 조병로 외, 2003, 『한국의 봉수』, 눈빛 ; 김용옥, 2003, 「조선조 후기의 烽燧制度 -해안 봉수대를 중심으로-」, 『법학연구』44 ; 李喆永, 2006, 『朝鮮時代 沿邊烽燧에 관한 硏究』, 대구가톨릭대학교 가정관리학과 박사학위논문 ; 조명일, 2015, 「서해지역 봉수의 분포양상과 그 의미」, 『島嶼文化』45.

당하였다. 외국선이 外洋에서 內洋으로 들어오는 일을 요망·감시하는 일은 그 중의 하나였다. 이는 황당선의 범월을 방비하는 일환으로서 이 시기 조선의 '해금책'과 연관된 듯하다.[18]

여기서 내·외양이라는 표현이 주목된다. 조선후기는 법적으로 자국 선박이 외양에 진출하는 것을 금지하고 있었다.[19] 숙종 24년(1698) 완성된 『受教輯錄』에 의하면, 그 당시 전선이나 병선을 외양으로 出送하는 일에 대한 형률이 없는 상황에서 숙종은 군인을 백 리 밖으로 보내어 군역을 면하게 하는 자에게 장 100대를 때리고 充軍하여 유배한다는 법을 여기에 적용시켰다.[20] 영조대에 들어와서 어선과 상선의 외양 진출도 금지의 대상에 포함되었다.[21] 이처럼 조선후기 정부는 외양을 조선의 해양 활동 공간에서 제외하였다. 즉 외양은 조선의 '領海'가 아닌 다른 세계로 간주되었던 것이다. 이와 더불어 외양과 대비된 내양의 경우 조선 경내의 영역에 해당되는 공간으로 인식된 듯하다. 이러한 점에서 후망을 통해 외국선이 내양에 향하는 것을 경계하는 일은 유의미한 일이었다. 내양의 형편을 외국인에게 익히게 해서는 안 되기 때문이었다.[22]

내양과 외양의 경계가 법으로 규정되지는 않았다. 하지만 海上 활동

---

18) 조선후기 해금책에 대해서는 戴琳劍, 2019, 「조선후기 정부의 海洋認識에 나타난 防禦的 성격 -漂流民에 대한 태도를 중심으로-」, 『震檀學報』132, 371~375쪽을 참조.

19) 내·외양을 주목하고 그 개념의 뜻을 접근한 기존 연구로는 한임선·신명호, 2009, 「조선후기 해양경계(海洋境界)와 해금(海禁)」, 『동북아문화연구』21, 6~10쪽 ; 戴琳劍, 2019, 앞의 논문, 372~373쪽 등을 들 수 있다.

20) 『受教輯錄』卷4, 兵典, 「兵船」. "戰·兵船, 出送外洋, 未有當律. 以縱放軍人出百里外空歇軍役, 杖一百充軍之律, 定配."

21) 『新補受教輯錄』卷2, 刑典, 「推斷」. "沿海浦民之漁採者, 使不得遠出大洋." 『典客司日記』11冊, 英祖 丁丑(1757) 9月 18日. "漁·商船勿出外洋, 自是令甲."

22) 『備邊司謄錄』185冊, 正祖 21年 閏6月 10日. "而內洋形便, 不可慣習於外國人."

〈그림 9〉 조선후기 전국의 烽燧網圖

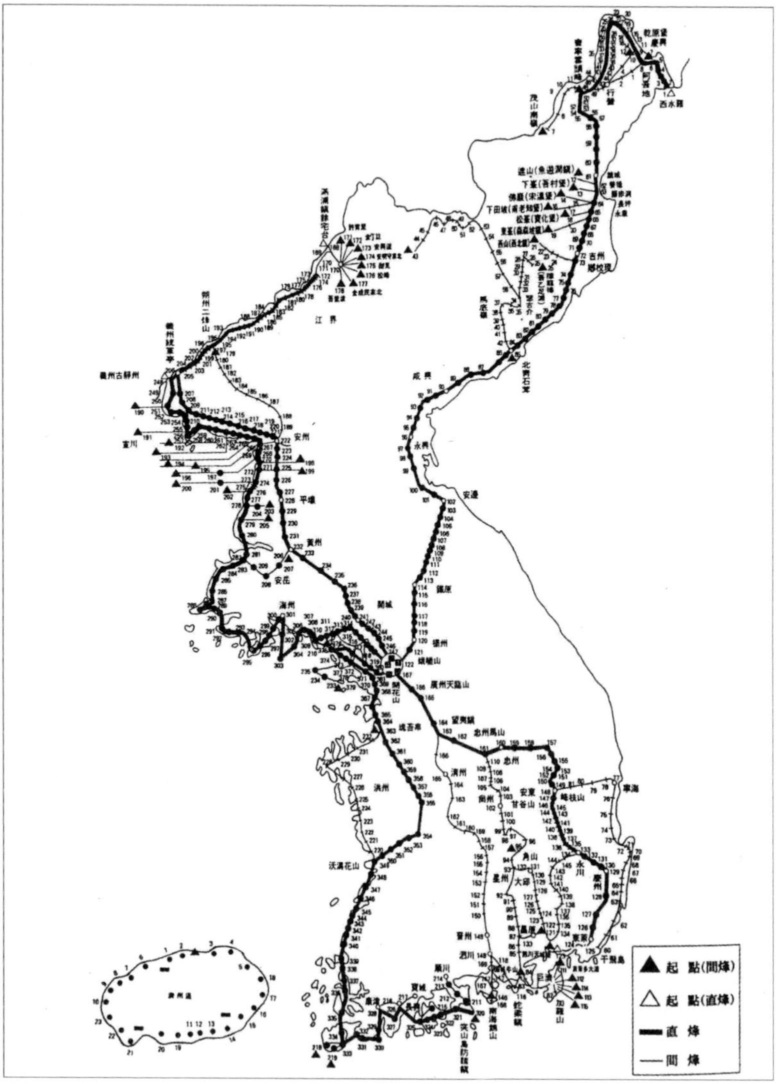

출전 : 조병로·김주홍, 2003, 『한국의 봉수』, 눈빛, 224쪽 재임용.

에 종사하는 사람에게 있어서 내·외양을 구분할 수 있는 관습적인 기준
이 따로 있었던 것으로 보인다. 신명호의 연구에 따르면, 조선후기 관습

적 기준에 따르면 해안선에서 약 5리까지는 前洋이었고, 약 5리에서 10리까지는 後洋이었으며, 전양과 후양이 공동으로 구성된 바다공간은 내양으로 인식되었다. 반면에 내양 바깥인 10리부터 가장 먼 수평선까지는 외양으로 파악되었다.[23] 유의해야 할 것은 해안선이란 본도(육지)의 해안선뿐만 아니라 섬의 해안선까지 가리키는 표현이라는 점이다. 내·외양은 '지명+내·외양'이라는 식으로 기록한 경우가 일반적이었다.[24] 이러한 상황에서 서로 다른 섬의 내양과 외양의 범위가 겹치는 경우도 생길 수 있었다. 순조 6년(1806) 비변사의 장계에서 호서 지역 뱃길의 내양과 외양에 대해 "수를 놓은 것처럼 서로 얽혀 있다"고 지적했던 것은 이를 증명한다.[25]

　　내양의 형편을 외국인에게 익히게 해서는 안 된다는 주장은 이 시기 영토의식의 강화와 관련이 있었다고 생각한다. 영조대에 접어들어 對淸

---

23) 신명호, 2018, 『조선시대 해양정책과 부산의 해양문화』, 한국학술정보, 70~77쪽. 신명호는 인조 6년(1628) 명나라로 파견된 동지사 서장관 申悅道(1589~1659)의 기록을 통해 전·후양의 범위를 발견하였다. 하지만 그 거리가 왜 5리였는지에 대해 추가 설명을 해주지 않았다. 필자는 이 거리는 해안선에 서 있는 사람과 그의 시력이 미칠 수 있는 가장 먼 바다 즉 수평선 사이의 거리로 상정할 수 있다고 생각한다. 이 거리는 직각삼각형의 높이 구하기 공식에 의해 구할 수 있다. 구체적으로 보면, 이 거리(a)의 제곱 더하기 지구반지름(b)의 제곱은 지구반지름 더하기 시선의 높이(c)의 제곱에 해당되는 값이다($a^2+b^2=(b+c)^2$). 지구반지름은 6371km로 계산하고 시선의 높이는 1.8~2m로 계산한다면 요망하는 사람과 수평선 사이의 거리는 약 4.7~5km 정도로, 즉 9.4~10리로 계산된다. 이것은 내양의 바깥과 가까운 거리로 보인다. 따라서 내·외양의 경계선은 대개 해당 해안선에 서 있는 사람의 시력이 미치는 수평선으로 추측된다.

24) 예를 들어, 丁若鏞은 海藿이 생산되는 섬을 밝혔을 때 흑산도·홍의도 등 섬을 "나주 외양에 있다"고 설명하고 만재도·발매도 등 섬을 "진도 외양에 있다"고 설명하였다. 이렇듯 기점에 따라 내·외양의 범위도 다를 수 있다(戴琳劍, 2019, 앞의 논문, 373쪽).

25) 『備邊司謄錄』 197冊, 純祖 6年 8月 2日, "湖西海路, 內洋外洋, 如繡相錯."

關係의 긴장이 완화되자 戰事에 대한 우려는 청인의 범월을 대비하는 경계심으로 전환되었다. 이러한 상황에서 변방지역의 영유권을 확고히 해야 할 필요가 생겼고, 특히 조선 영토에 대한 청의 침범 가능성을 미리 막기 위해 북쪽 지역을 철저히 개발하고 장악하려는 시도가 진행되었다.[26] 이와 함께 변경지역의 청인 범월에 대한 단속도 강화되었다. 예컨대 영조 3년(1727) 국경을 넘어 인삼을 캐던 郭連進 등 28명을 사로잡고 돌려보낼 시 청의 범월자가 소란을 피우며 체포에 저항하면 이들을 직접 죽일 수 있다는 재량권을 확보하였다.[27] 이처럼 영조대부터 청의 침범 가능성을 미리 방비하기 위하여 영토 영유권 확보의 필요성이 대두되었고, 범월에 대한 단속 또한 영토 확보의 일환으로서 적용되었다. 이러한 영토의식은 해양 공간에 대한 인식에도 영향을 미쳤다. 즉 바다를 내·외양으로 구분하는 것에 내양의 영유권을 확보함으로써 청 선박의 범월이나 내양 침범을 미리 막으려고 한 의도가 담겨 있었다는 것이다. 내양의 형편을 외국인에게 익히게 해서는 안 된다는 주장의 기저에도 이와 같은 영토의식이 깔려 있어 보인다.

외국인의 내양 진출을 금지하던 또다른 이유는 도민과 외국인의 접촉을 차단시키기 위한 것으로 짐작된다. 18세기 이래 서해안의 섬들은 죄가 있어 도망친 사람과 군역을 피하려고 도망간 사람들의 소굴이 되었다. 게다가 지방관도 폐해를 끼칠까 염려하여 관리를 자주 보내지 않았으니,[28] 도민들이 비밀리에 중국선과 밀무역을 전개하여 문제가 되었

---

26) 18세기 이래 북방영토에 관심을 가지게 된 것에 대해서는 趙珖, 1974, 「朝鮮後期의 邊境意識」, 『白山學報』16 ; 裵祐晟, 1997, 「17·18세기 淸에 대한 인식과 북방영토의식의 변화」, 『韓國史硏究』99·100 ; 강석화, 2005, 「조선후기의 북방영토의식」, 『韓國史硏究』129 등을 참조.

27) 『同文彙考』原編 卷61, 犯越13, 上國人, 「丁未禮部抄錄緝拿採蔘人郭連進等咨」, 原奏.

28) 『承政院日記』772冊, 英祖 10年 正月 乙巳.

다.[29] 이러한 상황에서 외국인의 내양 진출을 금지하던 것은 도민으로 하여금 외국인과 접촉하지 못하게 하는 수단으로 적용하기도 하였다.

가장 먼 수평선의 위치를 관찰하는 사람은 봉수군이었다. 봉수군이 가장 멀리 관찰할 수 있는 수평선의 거리는 봉수대의 높이에 달려 있다. 대체로 높이가 200m 내외인 봉수대에서 수종까지의 거리는 50km 쯤 즉 100여리 쯤 되었다.[30] 환언하면 높이가 200m인 봉수대에 있는 봉수군은 이론상 반지름 100여리가 된 바다 공간을 감시할 수 있다는 것이다. 따라서 봉수대가 높을수록 더 큰 범위의 바다가 봉수군의 시야에 들어올 수 있다. 연변봉수를 설치하는 것도 되도록 먼 거리의 외양에 왕래하는 외국 선박을 지켜보고 그 선박들이 내양으로 들어오는 일을 대비하는 데 목적이 있었다고 할 수 있다.[31]

봉수군은 眼力이 미치는 수평선을 감시하다가 未辨船의 형체를 발견하면 즉시 擧火를 통해 수령·조방장·만호 등 지방관에게 통보해야 하였다. 상황에 따라 횃불의 개수가 달랐으며, 통보를 받은 지방관은 상급 관청에 보고하고 대책을 요청하였다. 다음에 제주도를 예시로 그 대응 과정을 살펴보자.

> (A) 황당선이 나타나면 횃불 2자루를 올린다. 경계에 가까이 오면 3자루를 올리고 경계를 침범하면 4자루를 올리며, 뭍에 내리면 5자루를 올린다. (...) 만약 여러 척의 배가 몰려오면 반드시 바람에 표류하는 배가

---

29) 『承政院日記』 950冊, 英祖 18年 10月 庚寅.

30) 구체적인 계산 방법에 대해서는 한임선·신명호, 2009, 앞의 논문, 11~12쪽 ; 신명호, 2018, 앞의 책, 78~81쪽을 참조.

31) 또한 상기한 봉수군이 관찰한 100여리의 수종은 내양을 방어하기 위한 수군의 출동에 필요한 최소한 시간을 확보하기 위한 거리로 볼 수 있다(신명호, 2018, 앞의 책, 83쪽).

아니므로 차례에 구애받지 말고 배가 나타나는 초기에 모두 5자루를 올
려 군사를 모으고 변란에 대응하는 처지를 만들도록 하되, 황당선 1척이
바람에 표류하여 경계에 가까이 오는 경우 온 섬의 군대를 동원하면 극히
떠들썩할 것이니, 경고를 알리는 횃불 3자루를 올린 후, 배가 도착할 곳
의 소속 군대는 將官이 인솔하여 재빨리 防護所에 치달려 가서 從前대로
변란에 대비하도록 하고, 나머지 각처의 소속 군대는 각 장관의 인솔로
무기를 수습하고 信地에 정돈하여 파수할 곳을 調遣하는 大將의 傳令이
도착할 때까지 기다리도록 한다.32)

(A)에 따르면, 선박이 표선인지 여부는 감시를 담당하는 봉수군에 의
해 판별된다. 봉수군의 관찰은 선박이 수평선에서 나타나면서부터 시
작하였다. 사태의 긴급한 정도에 따라 올리는 횃불의 수량이 다를 수 있
었다. 그 중에서 선박이 경계에 가까이 오는 경우 3자루를 올려야 하였
고 경계를 넘어서 들어오는 경우 4자루를 올려야 하였다. 그 경계는 내·
외양의 경계로 짐작된다. 참고로 『經國大典』에는 적이 나타나서 국경에
가까이 오는 경우 3자루를 올리고 국경을 넘어오는 경우 4자루를 올리
도록 한 규정이 확인된다.33) 환언하면 18세기를 전후하여 내·외양의 경
계를 국경으로 의식하는 경향이 있었고 이를 법으로 구체화하기에 이르
렀던 것이다. 이러한 인식에 따라 정부는 내양에 해당되는 해역을 조선

---

32) 『烽煙別將講節目』(제주문화유적지관리사무소, 2007, 『제주목 사료집 제2책』, 제
주특별자치도 관광지관리사업부, 51~52쪽). "荒唐船現形, 則擧烽人二柄. 近境三
擧, 犯境四擧, 下陸五擧. (...) 如有累隻船, 連綜以來, 則必非漂風之船. 不拘次例, 現
形之初, 幷擧五柄, 以爲聚軍應變之地爲乎矣. 第隻荒唐船漂風近境, 而動一島軍兵, 極
涉搔擾. 是置報警之火三擧, 然後同船當到處所屬軍兵段, 將官領率, 星火馳進於防護
所, 依前待變. 而其餘各處所屬軍兵段, 各其將官領率, 收拾器械, 整待信地, 待大將所
傳令到, 調遣把守之地爲齊."

33) 『經國大典』卷4, 兵典, 烽燧, 「總論」.

의 '소유지'로 취급하는 동시에 내양에 들어온 외국선에 대하여 통제를 실시하였다. 반면에 외양에서 일어나던 선난에 관여하려면 우선 표선을 내양으로 이동시켜야 하였다. 일례로 정조 3년(1779) 王景安 등 74명이 전라도 古群山 해역 부근에 표류하였는데 국왕은 표선을 구조하기 위해 즉시 내양으로 移接하라고 명령하였다.[34] 이렇듯 표선이 내양에 들어와서야 비로소 조선의 봉수군에 의해 '발견'되고 구조를 받을 수 있었다. 반면에 내양에 들어오지 않고 외양만 지나가는 선박의 경우에도 봉수군이 감시를 실시하였지만, 보통 황당선으로 보고할 뿐이지 표선으로 보고하지는 않았다.[35] 한편 봉수군이 수시로 수평선을 지켜보는 것은 쉬운 일이 아니었다. 피로나 태만 등 원인으로 내양에 들어온 표선을 즉시 발견하지 못한 경우도 있었다.

통보를 받은 지방관은 이 사실을 주변 가까운 鎭에 전달하고 선박의 동향을 경계하도록 하는 동시에 제주목사에게 서면으로 보고하였다. 이어서 표선이 접근할 포구의 소재지 소속 군병들은 將官의 지휘에 따라 대응을 준비하였다.

이렇듯 봉수군의 관찰과 통보를 통해 표선이 내양에 들어온다는 소식은 널리 알려질 수 있었고, 이에 따라 관련 지역의 군병들은 표선이 포구 부근에 정박하기 전에 정비하고 적을 기다리는 자세를 갖추었다.

다음으로 移泊과 問情을 살펴보도록 하겠다. 표선이 내양에 들어와서 머무르는 방법은 일반적으로는 포구에 정박하는 것이었고, 종종 포구 부근의 앞바다에 닻을 내리는 방식을 취하기도 하였다. 그 중에서 후자의 경우 표선의 위치와 육지와의 거리가 馬場이라는 단위로 표기되었

---

34) 『備邊司謄錄』 160冊, 正祖 3年 6月 30日.

35) 물론 거리, 기후, 봉수군의 상태 등 객관적인 요소들이 표선 여부에 대한 판별에 영향을 미칠 수 있었다는 것은 사실이다.

다.[36] 馬場은 곧 馬丈의 뜻으로 생각되고, 1마장은 대략 1리에 해당된다. 기록에 의하면 표선이 앞바다에 머무른 경우 육지와의 거리는 보통 3~5 마장이었다. 이런 때에는 지방관이 그 거리와 함께 표선의 외관적 특징을 낱낱이 서면으로 보고한 뒤 표선을 안전한 장소로 움직여야 하였다.

순조 29년(1829) 11월 중국선 4척이 전라도 靈光에 표류한 사건에 관한 기록을 예시로 살펴보자.

> (B) 위에 적은 靈光郡 지방 荏子島 관하의 在遠島에 표류한 이국선 4척과 그들의 인물·선제·복식과 관련하여, 지금 해당 鎭將이 보고한 내용을 보면 분명히 청나라의 상선이 바람으로 인하여 표류해 온 것이라고 하므로, 지방관은 마땅히 표선이 정박하는 장소로 달려가야 합니다. 그러나 해당 군수 金裕憲은 먼저 보고하러 신의 감영으로 치달려 왔고 관청으로 돌아가기 전까지 務安 현감 沈啓錫으로 하여금 해당 도서로 향하게 하였습니다. 따라서 밤을 새워 치달려 가서 상세하게 문정하라는 뜻으로 措辭하여 현감에게 신칙하라고 했사옵니다. 표선이 정박하고 있는 곳은 험한 바다라면 움직이지 않게 정박하기가 어려울 수 있으니 전례에 따라 형편을 다시 물어본 후 부근에 있는 평온한 곳을 택하여 배가 거기로 移泊하도록 하옵고, 불을 삼가고 잡인을 금하는 일을 유의하여 거행케 하라는 뜻도 엄하게 신칙하였습니다. 그리고 우수사 尹載鐸에게 關文을 보내어 虞候·漢學들이 재빨리 치달려 가서 함께 문정함을 신칙하였습니다. 이후의 형지는 해당 현감이 문정하고 치보한 뒤 추가로 등문하고 연유를 살펴 함께 달리어 보고하도록 하겠습니다.[37]

---

36) 특히 제주도에서 이러한 표기법을 19세기 후반까지 사용했다는 것은 『耽羅(濟州)啓錄』을 통해 확인된다. 구체적인 사례에 대해서는 高昌錫, 1993, 「〈濟州啓錄〉에 나타난 濟州漂到彼人의 實態」, 『耽羅文化』13, 158쪽을 참조.

37) 『全羅監司啓錄』(奎15095) 1冊, 道光 9年 11月 10日. "上項靈光郡地方荏子島掌內在

(B)에 의하면, 靈光 荏子島 관하의 在遠島에 漂到한 중국 선박은 鎭將에 의해 관찰사 趙寅永[38]에게 보고되었다. 관찰사는 보고를 통해 청 상선이 표류해왔음을 단정하여 신속히 문정을 실시하는 일을 지방관에게 시달하였다. 또 우후와 현지의 역관으로 하여금 문정에 참여하도록 하였다. 다만 문정을 진행하기 전에 표선을 안정적인 위치에 移泊시켜야 하였다. 표선이 처음에 머물렀던 장소는 험한 바다로, 온전한 정박이 어려웠기 때문이었다.

표선을 온전하게 정박시켜야 했던 것은 그렇지 않으면 문정을 실시할 수 없기 때문으로 생각된다. 표인이 뭍에 내리지 않은 경우 문정은 지방관과 역관이 직접 표선에 올라가서 표인과 대화하는 식으로 이루어져야 하였다. 이러한 상황에서 만약 표선이 위험한 환경에 머무르고 있는 경우 접근하기가 어려워질 수 있었고, 이로 인한 문정의 遲延 또한 상급 관아의 문책을 초래하였다. 따라서 표선에 대한 移泊은 문정을 원활하게 진행하기 위한 중요한 조치로 보일 수 있다. 한편 표선이 험한 바다에 정박하면 열악한 날씨를 만날 확률 역시 높아졌다. 때문에 표인의 기본적인 신변 안전을 보장하기 위해서라도 移泊은 필수적인 조치였다.

유의해야 할 것은 도서지역의 지방관들이 임의로 移泊 조치를 취할 수 있는 것은 아니었다는 점이다. 移泊의 실행은 상급 관아의 지시에 의해서야 비로소 가능하였다. 지시 없이 임의로 표선을 이동시키면 단죄

遠島漂到異國船四隻, 人物·船制·衣樣, 今以該鎭將所報觀之, 明是淸人商船之逢風漂到者是白如乎. 地方官當爲馳往漂船所. 而該郡守金裕憲段, 馳進臣營, 未及還官之前, 務安縣監沈啓錫, 向往該島是如, 先爲報來爲白有等以, 罔夜馳往, 詳細問情之意, 措辭題飭於該縣監處爲白乎旀. 彼船住錠之處, 旣是險洋, 有難穩泊, 依已例更審形便, 擇其旁近安穩處, 使之移泊是白遣. 愼火·禁雜人等事, 着意擧行之意, 亦爲嚴飭. 而虞候·漢學段置, 星火馳進, 眼同問情事, 發關申飭於右水使尹載鐸處是白遣. 嗣後形止, 待該縣監問情馳報, 追于登聞, 竝以馳達爲白臥乎事."

38) 『純祖實錄』卷30, 純祖 29年 元月 戊申.

를 받을 수 있었다. 문제는 도서 말단의 관리 입장에서 보면 선박이 위험한 환경에 처했다 하더라도 지시가 없어 이동시키지 않고 결국 표인이 사망하는 결과를 초래한다면 역시 죄를 면하지 못하였다는 점이다. 이러한 모순점은 아래와 같은 도서 別將의 伸冤을 통해 확인할 수 있다.

> (C) 살피고 삼가는 별장의 도리에 의하면 감히 마음대로 외국 선박으로 하여금 內港에 들어와서 정박하게 하지 못하였으므로 사유를 갖추어 巡營과 水營에 보고하여 처분을 공손히 기다렸으나, 겨울날에 바람이 자주 불고 (선박이) 좌초하는 등 어렵고 위험한 지경에 여러 번 이르렀으니, 별장은 병리와 상의하지도 않고 진의 거주민에게 물어보지도 않으며 죄를 지음을 알면서도 감히 나름대로 선박을 이동시켰습니다. 대개 (선박을) 나름대로 이동시키는 이와 같은 죄는 다 별장이 스스로 하던 일로 본진의 병리와 민인이 하는 일은 아니었습니다. 지금은 營門에서 擅移를 죄명으로 본진의 병리를 단죄하였으니 이는 앞으로의 징계로서 충분하지만, 별장의 우견에 의하면, 앞으로 표선이 본진에 정박하는 일에 대해서는 가령 선박이 부서지고 사람이 죽었다 하더라도 전의 징계를 두려워하기 때문에 감히 선박을 조금이라도 움직이지 못할 것인데, 그때 (영문에서) 또한 '船敗人沒'이라는 죄명으로 문초를 할 것입니다. 아! 본진의 병리는 이것으로도 추론되고 그것으로도 처벌을 받게 되오니 어찌 억울하지 않을 수 있겠습니까?[39]

---

39) 李綱會, 『雲谷雜楮』 卷1, 「令前移泊兵吏推論時訴冤狀」. "以別將審謹之道, 不敢擅移 外國之船入泊內港, 故具由報營, 恭待處分是白加尼. 冬日風多, 淺磧沒險, 履經艱危之 狀, 故別將不某(?)於兵吏, 不問於鎭民, 自知負罪, 敢此擅移. 凡此擅移之罪, 皆別將之 自作也, 非本鎭兵吏與民人之所爲也. 今者營門以擅移斷罪於本鎭兵吏, 則是足爲日後 之懲戒是乎矣. 以別將愚迷之見, 日後漂船之泊於本鎭者, 假令船敗而人沒, 怯於前日之 懲戒, 莫敢少移, 則其時又以船敗人沒之罪勘之矣. 嗟呼! 本鎭之兵吏, 以此而推論, 以 彼而勘罪, 豈不冤哉?"

(C)는 순조 19년(1819) 11월 중국 상선 2척이 나주 黑山鎭 관하의 小牛耳島에 표류한 사건에 관한 訴狀이었다. 당시 앞바다에 정박하고 있던 표선이 폭풍에 침몰할 뻔하였다. 이에 노심한 흑산진 별장은 상급 관아의 처분이 없음에도 불구하고 표선 2척을 바람세가 잦아든 都草島로 이동시킨 후 巡營과 水營에 보고를 올렸다.[40] 하지만 상급 관아에서는 오히려 외국인을 임의로 움직였다는 이유로 해당 兵吏를 처형하였다. 이러한 까닭에 별장은 (C)와 같은 소장을 올려 병리를 논죄하는 일과 외국인이 표류해 오면 어떻게 처리하든 간에 죄를 면하지 못하는 일에 대한 억울함을 표명하였다.

실제로 표선은 都草島로 옮겨진 후에도 심한 파도로 안온하지 못한 상태였다. 따라서 우수사 李升權이 장계를 올려 표선을 다시 옮기는 일을 요청하였다. 비변사에서는 비록 표선을 다시 옮기는 일은 어렵지만 애초에 자세히 살피지 않고 또 이렇듯 옮겨달라는 요청이 있으니 표인을 위험한 곳에 내버려 둘 수 없다고 판단해서, 표인이 원하는 대로 안전한 곳으로 정박시키는 방안을 제안하였다.[41]

표선을 안전한 곳에 정박시킨 뒤 문정을 실시해야 하였다. 문정은 주로 漂到地의 지방관과 역관의 주도하에 이루어졌다.[42] 그 과정에 대해서는 순조 19년 중국 상선이 牛耳島에 표류한 사건을 통해 구체적으로 살

元鍾敏은 최초에 『雲谷雜櫡』에서 나타난 표인 구조와 관련된 내용을 밝혀주었다 (원종민, 2011, 「『雲谷雜著』를 통해본 조선후기 표류 중국인에 대한 구조 활동」, 『중국학연구』58 ; 원종민, 2012, 「『玄洲漫錄』·『雲谷雜著』를 통해 본 표류 중국인과의 의사소통 과정 및 問情 기록」, 『중국학연구』60).

40) 李綱會, 『雲谷雜櫡』 卷1, 「移泊報狀」, 「彼人移泊形止報狀」.
41) 『備邊司謄錄』 209冊, 純祖 20年 元月 20日 ; 『承政院日記』 2124冊, 純祖 20年 元月 辛酉.
42) 현지에 漢學 역관이 없을 경우 서울에서 京譯學을 보낼 것이었다. 다만 이러한 경우 표인이 漂到地에 오래 체류하는 문제가 발생할 수 있었다.

펴보자.

이 해 2월 江南 蘇州府 상선 1척과 施洪量 등 14명이 우이도 前洋에 포류했다는 소식이 瞭望軍의 치보에 의해 별장에게 알려졌다. 별장이 배를 타고 표선이 정박하는 위치에 가서 상황을 파악한 후 수영에 보고하였다.[43] 이어 수군우후는 問情官으로서 현지의 漢學 역관[44]과 함께 표선의 정박지로 출발하였다. 그러나 바다에서의 움직임은 자연조건의 영향을 많이 받았다. 3월 1일 출발했던 우후 일행은 악풍 때문에 2일 밤에야 표인의 정박지에 도착하였고, 3일에야 비로소 문정을 실시할 수 있었다.[45] 그리고 표인들을 看守하기 위해 한학 역관이 당분간 우이도에 머무르게 되었다.

문정을 실시하기 전에 船制·人形·衣樣 등에 대해 다시 확인할 필요가 있었다. 문정은 표인 가운데 글을 쓸 줄 아는 자와 필담하는 방식으로 진행되었다. 조사 항목에는 주로 1) 표인의 국적과 출신지, 2) 표류의 경위, 3) 票文의 유무, 4) 선적 화물 확인(종류, 양, 가격 등), 5) 도량형의 단위, 6) 船主에 관한 정보, 7) 선박에 관한 정보(가격, 흘수, 선제 등), 8) 중국 지리에 관한 정보, 9) 표선에 실린 媽祖 神像의 유래 등의 내용을 포함하였다.[46]

漂到地에서 실시되는 지방관의 문정은 표류 중국인이 조선에 漂到한 후 받은 최초의 심문이라 할 수 있다. 그 후 추가 문정의 유무는 장차 표

---

43) 李綱會, 『雲谷雜楮』 卷1, 「報狀草」.

44) 원종민의 연구에 따르면 이 역관은 한학이 아닌 蒙學일 가능성이 있었다(원종민, 2012, 앞의 논문, 142~143쪽). 이 추론이 맞다면 그 당시 나주지역에서 漢學이 배치되지 않았음을 알 수 있다.

45) 李綱會, 『雲谷雜楮』 卷1, 「問情報草」.

46) 李綱會, 『雲谷雜楮』 卷1, 「漂到報狀時問情草」 ; 『玄洲漫錄』 卷1, 「問情草抄」. 자세한 질문 내용 정리에 대해서는 원종민, 2012, 앞의 논문, 146~158쪽을 참조.

인이 돌아가는 방식에 따라 상이하였다. 바꾸어 말하자면, 표인을 해로로 들여보낼 경우 추가 문정이 없었고, 표인을 육로로 송환할 경우 서울을 경유해야 하였기 때문에 여러 차례의 문정이 더 있었던 것이다. 서울에서의 문정은 주로 비변사에 의해 실시되었고, 그 결과물로서 問情別單이 있었다.[47] 한편 때로는 관찰사·통제사의 문정이 따로 있기도 하였다.

---

47) 현재 『備邊司謄錄』에 수록된 중국인과 관련된 문정별단은 50건으로 확인된다. 구체적으로는 아래와 같다.

순번	연도	인원	표도지	순번	연도	인원	표도지
1	1683	張文學 등 3명	전라도 羅州	26	1800	唐明山 등 6명	전라도 靈光
2	1686	洪添年 등 9명	전라도 順天	27	1805	傅鑑周 등 22명	제주 涯月
3	1687	顧如商 등 65명	제주 旌義	28	1808	龔鳳來 등 16명	제주 大靜
4	1687	劉씨 1명	전라도	29	1808	陳仲林 등 13명	전라도 靈光
5	1688	沈電如 등 15명	제주 旌義	30	1808	阮成九 등 40명	전라도 靈光
*6	1688	陳乾 등 28명		31	1813	黃萬琴 등 22명	전라도 扶安
7	1704	王富 등 113명	전라도 南桃浦	32	1813	黃全年 등 46명	전라도 靈光
8	1706	車琯 등 13명	제주 大靜	33	1813	黃宗禮 등 73명	전라도 靈光
9	1713	王裕 등 8명	제주 大靜	34	1819	吳永泰 등 27명	전라도 羅州
10	1724	盧昌興 등 26명	제주 大靜	35	1824	石希玉 등 37명	전라도 羅州
11	1732	王敬思 등 16명	제주 大靜	36	1824	潘明顯 등 14명	전라도 羅州
12	1732	夏一周 등 16명	전라도 珍島	37	1826	朱和惠 등 16명	전라도 羅州
13	1755	24명	전라도	38	1829	王箕雲 등 2명	전라도 珍島
14	1759	徐七 등 15명	전라도 茂長	39	1836	沈拙 등 41명	전라도 羅州
15	1759	范文富 등 28명	전라도 黑山島	40	1836	劉日星 등 3명	전라도 羅州
16	1760	林福盛 등 24명	전라도 慈恩島	41	1839	徐天祿 등 11명	전라도 羅州
17	1762	孫合興 등 22명	전라도 古群山	42	1852	朱守賓 등 5명	충청도 泰安
18	1774	楊樂 등 2명	제주 大靜	43	1855	馬群華 등 31명	전라도 珍島
19	1774	曲欽一 등 25명	전라도 法聖鎭	44	1858	劉靑雲 등 10명	충청도 泰安
20	1777	趙永禮 등 7명	전라도 珍島	45	1858	趙汝林 등 21명	충청도 所斤鎭
21	1777	秦源順 등 15명	전라도 靈光	46	1859	曲會先 등 12명	전라도 珍島
22	1777	金長美 등 29명	전라도 茂長	47	1874	譚瑞淸 등 5명	전라도 羅州
23	1786	張元周 등 4명	전라도 靈巖	48	1877	李培增 등 3명	경기도 德積鎭
24	1791	安復檠 등 21명	충청도 洪州	49	1880	孫作雲 등 10명	전라도 靈光
25	1794	邱福臣 등 51명	충청도 馬梁鎭	50	1880	許必濟 등 10명	충청도 庇仁

다음으로 영조 36년(1760) 10월 25일 福建 상인 林福盛 등 24명이 나주 慈恩島에 표류한 사건을 예시로 2차·3차 문정의 실시 양상을 검토해보자.

당시 林福盛 등 일행이 慈恩島에 漂到한 뒤 수군우후 金相台가 1차 문정을 실시하고 그 내용을 問情記로 정리하여 비변사에 올렸다. 비변사에서 문정기를 통해 표인들이 육로로 돌아가기를 원한다는 내용을 파악하였다. 따라서 사역원에서는 한학 역관 李禧仁을 차정하여 말을 주고 내려 보내서 2차 문정을 진행한 뒤에 差員과 함께 표인을 서울로 데리고 오게 하였다.[48]

표인들이 서울에 도착한 날짜는 12월 24일이었다. 조정에서 사역원의 낭청과 역관으로 하여금 3차 문정을 실시하도록 하였다. 3차 문정을 통해 얻은 정보는 2차 문정 시 얻은 그것과 큰 차이가 없는 것으로 보였다. 『備邊司謄錄』에는 두 차례의 문정 내용을 모두 수록하고 있다.[49] 양자를 비교해보면 다음 〈표 10〉과 같다.

그 중에서 6번 사건(중국인의 표류가 아님)을 제외하면 나머지는 주로 제주도와 호남·호서지역에 일어난 표류 사건으로 보인다. 해당 지역에 漂到한 중국인을 육로로 송환할 때 비변사에서 이들에 대한 문정을 실시한 뒤 문정별단을 남겼던 것이다. 다만 상기의 지역 이외의 곳에 표류하던 자와 육로가 아닌 해로로 떠난 자의 경우 비변사에서 문정별단을 남지 않았다는 점에서 유의할 필요가 있다.

48) 『備邊司謄錄』139冊, 英祖 36年 11月 18日.

49) 실제로 『備邊司謄錄』에 수록된 문정별단은 주로 사역원의 낭청이 주도한 3차 문정에 관한 기록으로 구성되었다. 단 그 중에서 漂到地로 파견된 역관이 주도한 2차 문정의 기록까지 포함한 문정별단의 경우 총 5개로 확인된다. 林福盛 등 일행의 표류 사건에 관한 기록을 제외하고 나머지 4개의 기록은 1) 숙종 39년(1713) 王裕 등 8명이 제주에 표류한 사건에 관한 기록, 2) 영조 8년(1732) 王敬思 등 16명이 제주에 표류한 사건에 관한 기록, 3) 영조 8년 夏一周 등 16명이 진도에 표류한 사건에 관한 기록, 4) 영조 31년(1755) 鄭永順 등 24명이 靈光·咸平에 표류한 사건에 관한 기록 등이다(『備邊司謄錄』66冊, 肅宗 18年 11月 18日 ; 93冊, 英祖 9年 1月 7日, 2月 4日 ; 130冊, 英祖 32年 元月 25日).

〈표 10〉 영조 36년(1760) 林福盛 등의 표류 사건에 관한 2차·3차 문정 내용 비교

구분 내용	2차 문정 (담당자: 경역관 李禧仁)	3차 문정 (담당자: 사역원 낭청)
표인 출신지	○	X
표인의 이름·나이	○	X
표문 유무	○	○
표류 경위	○	○
漢人·淸人 확인	○	X
선적 화물과 그 처리	○	○
船主	○	○
중국 지리	○	○
표인 출신지의 풍흉	○	○
표인 출신지의 지방행정	○	○
중국의 세법(화물, 토지 등)	X	○
표인 출신지의 耕田法	X	○
표선에 실린 佛像의 유래	○	X
지방 특산물	○	X
지방군 조련 관련 규칙	○	X
황제의 行幸과 관련 소문	○	X
표류 동안의 질병 발생 상황	○	○

출전 : 『備邊司謄錄』 139冊, 英祖 36年 12月 25日.

〈표 10〉에 의하면, 역관의 문정 내용과 사역원 낭청의 문정 내용 사이에 중복된 부분은 주로 票文 유무, 표류 경위, 선적 화물, 선주 등 표류 사실에 관련된 각종 정보와, 표인 출신지의 위치·행정편제 등 해당 지역의 지리·제도와 관련된 정보에 집중되었다. 물론 역관의 문정은 낭청의 그것보다 먼저 진행되었기 때문에 낭청은 문정을 실시하기 전에 표인에 관한 정보를 이미 알고 있었던 것으로 추측된다. 그럼에도 중복된 질문을 한 이유는 청인에 대한 경계심으로 표인이 거짓말을 했는지 여부를 재삼 확인할 필요가 있었기 때문인 것으로 생각된다. 전체적으로 보면, 2차·3차 문정은 표인의 신원 확인과 중국 관련 정보 수집을 목적으로 한

다는 측면에서는 같은 성격을 지니고 있었지만, 구체적인 질문 내용의
경우 문정 실행자에 따라 다를 수 있던 것으로 보인다. 이는 표류 발생
당시의 시대적 배경, 문정 실행자의 개인적 취향 혹은 해당 관청의 전례
및 요구 사항 유무와 관련이 있는 것으로 짐작된다.

그 중에서 시대적 배경을 살펴보면, 이 시기 동아시아의 국제정세는
기본적으로 평화가 정착되었으므로 표인에 대한 문정은 17세기 말~18
세기 초의 그것과 다른 모습으로 나타났다. 후자의 경우 주로 청의 군사
적 동향과 대외무역 상황, 대만 문제, 해금책, 과거제 등에 대한 질문을
중심으로 문정이 진행되었는가 하면, 전자의 경우에는 문정하는 과정에
서 지역사회의 정치·경제·문화·풍속, 뱃길의 거리와 같은 지리 정보, 표
인의 海上 생활, 神像을 비롯한 표선에 실린 용품 등 다양한 분야에 대한
관심을 표출하였다. 특히 정조 연간 국왕은 문정을 정보수집의 좋은 방
식으로 생각해서 문정의 진행을 "무릇 물어볼 만한 것, 알아야 할 것"을
모두 질문하는 방향으로 유도하고자 하였다.[50] 다만 해당 시기 청의 대
외무역에 대한 관심은 점차 줄어들고 있었다. 이는 그 당시 쇠퇴한 청의
對日무역과 관련된 것으로 보인다. 그 이외에 지방제도·농법·세제·항로·
항차 등 방면에 대한 비변사에서의 관심은 두 시기가 일관한 것으로 보
인다.[51]

실제로 1차·2차·3차 문정 내용을 비교해 보면 각자 다른 분야의 질
문을 했다기보다는 오히려 비슷한 질문을 반복적으로 하는 경향이 있었
다. 물론 이것을 지방에서 황당선을 邊情 문제 야기의 대상으로 미리 설
정하고 '陰雨之備'의 차원에서 신중한 자세를 갖춘 결과로 보아야 하겠

---

50) 『備邊司謄錄』162冊, 正祖 5年 2月 15日. "凡所可以問, 可以知之事, 不一而足."
51) 17세기 말~18세기 초 비변사에서 실시한 문정의 내용에 대해서는 반윤홍, 2005,
「조선후기 비변사의 국외정보 파악 양상」, 『韓國史學報』20, 126~134쪽을 참조.

지만, 여러 차례의 문정 기록이 모두 중앙정부에 보고되어야 하였기 때문에 객관적으로 보았을 때 관련 문서의 양이 번거로울 정도로 많았다고 해도 과언이 아니다.52)

뿐만 아니라 이 무렵 다른 표류 사건에 대한 문정에서 나온 질문을 비교해 보면 서로가 대동소이한 특징이 있다. 즉 문정은 形式化된 경향이 있었다는 것이다. 물론 반복된 질문을 통해 표인이 거짓말을 했는지 여부를 확인하는 데 효과가 없다고 단언하기는 어렵지만, 한편으로는 문정 담당자가 동일한 형식의 문정 결과를 보고함으로써 일을 빠르고 무사하게 끝내는 데에만 힘쓰고 표인 공초의 신빙성에 대해 무관심한 경향도 없지 않았다. 이러한 경향은 표인 진술의 眞僞를 판별하는 데 역효과만 낼 뿐이었다. 일례로 영조 22년(1746) 10월 法聖鎭에 표류한 福建 상인 呂再興 등 28명에 대한 문정 과정에서 표인은 자신이 가져온 콩 1,000석 중 절반 이상이 漂失되었다고 밝히면서 조선에 糧饌을 求請하였다. 조선은 그들이 요청한 대로 양찬을 마련해줄 뿐만 아니라 관례에 따라 바다를 건널 때 먹을 음식[越海糧]까지 후하게 제공하였다.53) 하지만 이후 청의 조사에 따르면, 이들이 갖고 있었던 콩은 불과 400석이었다.54) 즉, 표인의 문정 결과는 거짓이었던 셈이다. 이를 통해 당시 문정이 얼마나 소홀히 진행되었는지를 짐작할 수 있다.

한편 역관이 문정하러 漂到地에 나가면 해당 지역은 역관의 접대를 담당하게 되었다. 하지만 문정하는 일에 따라간 아전들이 이 접대를 빙자하고 지역민에 대한 침탈을 자행하는 일이 발생하였다. 이와 같은 만

---

52) 『承政院日記』 1774冊, 正祖 21年 3月 乙巳.

53) 『同文彙考』 原編 卷71, 漂民6, 上國人, 「丙寅報靈光漂人發回咨」.

54) 「奏報查明福建龍溪商民呂再興裝運黃豆被風漂至朝鮮一案由」(대만 國立故宮博物院 소장 軍機處檔, 청구번호: 001704).

행은 특히 호남 도서지역에서 많이 일어났다. 결국 "표선이 한번 지나가면 몇 개의 섬이 온통 망할" 정도로 표인의 來泊은 島民의 생활에 지대한 영향을 미쳤다.[55]

제주도의 경우도 예외는 아니었다. 역관이 문정관의 통역을 맡은 계기로 간계를 부림으로써 자신의 배를 불렸다는 것은 아래의 기록을 통해 감지된다.

> (D) 그러나 甘嘗이나 통사 등 무리가 이를 이용하여 농간을 부리고, 이를 빙자하여 물품 수납에서 각종 트집을 붙여 강요해서 가까운 마을에 사는 지역민들로 하여금 이러한 고통을 견뎌내지 못하게 하였다.[56]

그 이외에 경역관을 내려 보내는 일에도 폐단이 많았다. 특히 호남지방의 경우, 문정은 수영의 역관에 의해 이미 거행된 이상, 경역관이 내려와서 하는 일은 동일한 질문을 반복하는 것에 불과하므로 사실상 별다른 의미가 없었다. 게다가 경역관이 서울에서 호남까지 오고가는 동안 표인은 해당 지역에서 더 머물러야 하므로, 그들을 더 오랜 기간 대접하는 폐단도 뒤따랐을 것이다. 이로 인하여 순조 26년(1826) 朱和惠 등 16명이 牛耳島에 표류한 사건을 계기로 경역관을 내려 보내지 않는 대신에 원래 문정을 담당하던 수영의 역관이 직접 표인을 서울로 데리고 오는 방안이 제시되었다.[57]

마지막으로 供饋와 宿泊을 살펴보겠다. 표인이 조선에 머무르는 동

---

55) 丁若鏞, 『牧民心書』卷3, 奉公六條, 「往役」. "問情必在海島. 島民本皆無告, 吏隸從行者, 憑藉接待, 恣行剽劫. (…) 一經漂船, 數島必亡."

56) 李源祚, 『耽營關報錄』, 辛丑(1841) 閏3月 11日, 甘結明月萬戶. "而甘嘗通事輩, 夤緣作奸, 憑藉侵責, 使近里居民, 不勝其苦."

57) 『備邊司謄錄』214冊, 純祖 26年 12月 3日.

안 조선은 그들의 의식주를 해결해주어야 하였다. 이 무렵 표인 대응책이 점차 정착되었기 때문에 표인의 의식주를 챙겨주는 방식도 기본적으로 고정되었다. 구체적인 예시를 통해 검토해보도록 하자.

(E-1) 표인들이 원하는 바는 해로로 돌아가는 것이니, 여러 날을 지체시키지 말고 철물과 닻줄 등을 속히 만들어 주게 한 후 手標를 받고 즉시 떠나보내야 하겠습니다. 입을 의복 등은 전례에 따라 잘 만들어 주고, 순풍을 기다리는 동안의 음식과 바다를 건널 때 먹을 식량을 연해읍의 儲置米로 후하게 지급하며, 땔나무·기름·소금·간장·물고기·미역 등도 넉넉히 마련해줌으로써 조정에서 가엾게 여겨서 돌보는 뜻을 보이도록 하여야 하겠습니다.[58]

(E-2) 지금 이 표인들의 선박은 이미 부서졌으니 이들이 원하는 대로 육로로 돌려보내고, 입을 의복은 該道에 분부하여 후하게 만들어 주며, 출발하기 전에 公廨에 옮겨 접대하고 아침저녁으로 음식을 주고, 沿路의 쇄마는 각별하게 신칙하여 거행함으로써 조정에서 우대하여 돌보는 뜻을 보이며, 差員을 정하여 차차로 호송하고 잡인을 금하는 등의 일도 일체로 엄하게 각 該道에 신칙하여야 하겠습니다.[59]

---

58) 『備邊司謄錄』192冊, 純祖 元年 2月 7日. "渠輩情願, 旣願從水路還歸, 則不可使多日留滯. 鐵物錨纜等物, 使之卽速造給後, 捧手標, 卽爲發送. 而所着衣袴等物, 依例精造以給. 候風間糧資及越海糧, 以沿邑儲置米, 從厚題給. 柴油鹽醬魚藿等物, 亦爲優數磨鍊, 以示朝家矜恤之意."

59) 『備邊司謄錄』196冊, 純祖 5年 11月 23日. "今此漂人船隻, 旣已破碎, 依其願從陸還送. 而所着衣袴, 分付該道, 從厚製給. 發送前公廨移接及朝夕供饋, 沿路刷馬, 各別申飭擧行, 以示朝家優恤之意. 定差員次次護送及禁雜人等節, 一體嚴飭各該道."

(E)는 이 무렵 표인 대응책에 관한 비변사의 장계에서 나타난 전형적인 표현이었다. (E-1)은 표인을 해로로 들여보낼 시의 처리 방식이고, (E-2)는 표인을 육로로 돌려보낼 시의 처리 방식이었다. 전체적으로 보면 표인에 대한 대접은 시종일관 음식을 후하게 지급하고 의복을 만들어주는 형태로 이루어졌다. 이것은 보통 유교적 인도주의에서 비롯된 것으로 보인다. 다만 표인을 어떤 방식으로 보낼 것인지에 따라 대접의 진행에서 차이가 보인다. 우선 (E-1)을 살펴보면, 표인을 해로로 보내는 것은 장차 표인이 서울을 경유하지 않고 직접 漂到地에서 떠나감을 의미하였다. 따라서 표인이 떠나기 전에 미리 그들의 手標60)를 증빙으로 받아야 하였다. 일을 청에 보고할 때 구조 및 송환의 사실에 관한 증명이 필요하였기 때문이다. 또한 표인이 서울을 경유하지 않은 이상 서울에서는 표인을 대접할 준비를 할 필요가 없게 되었다. 대신에 漂到地에서는 대접 관련 준비를 마련해야 하였다. 주로 표인이 漂到地에 머무르는 동안의 식량과 장차 바다를 건널 때 먹을 음식을 준비해야 하였다. (E-1)에 의하면 해당 비용은 주로 연해읍의 저치미를 사용하여 지급하였다.

다음으로 (E-2)를 살펴보면, 표인을 육로로 송환시키려면 이들을 漂到地에서 서울로 이동시켜야 하였다. 그 과정에서 표인에 대한 공궤는 1) 표인이 출발할 때까지 漂到地에서의 음식 공급, 2) 서울로 호송되는 동안의 沿路의 음식 공급, 3) 서울에 도착한 후 서울에서의 음식 공급 등 3차례로 이어진 것으로 보인다.

이렇듯 표인이 어떤 방식으로 돌아가든 간에 漂到地에서는 반드시 식량을 제공해야 하였다. 다만 공궤와 문정의 순서는 엄격하게 규정되어 있었다. 즉 원칙적으로 문정을 통해 표인의 실체를 파악하기 전까지

---

60) 수표란 표인이 본인의 명의로 표류의 경위와 구조를 받은 경과를 기술한 하나의 증빙문서였다. 조선의 구원에 대한 감사, 표인의 명단 등의 내용도 포함되어 있다.

〈그림 10〉 순조 18년(1818) 所斤鎭에 표류한 林創 등 25명의 手標

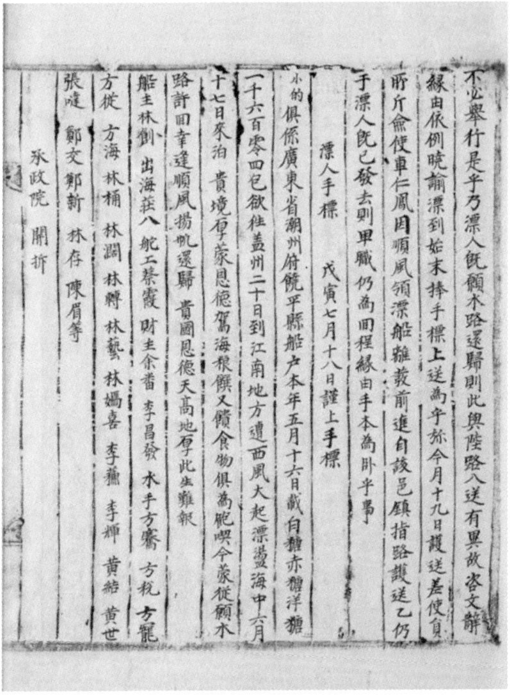
不必擧行是乎乃漂人旣願木路還歸則此與陸路入送有異故咨文辭
緣由依例曉諭漂到始末捧手標上送爲乎旀今月十九日護送差使員
所斤僉使車仁鳳因順風領漂船雖㪅前進自該邑鎭指路護送乙仍
手漂人旣已發去則卑職仍爲回程緣由手本爲臥乎事
漂人手標　戊寅七月十八日謹上手標
小的俱係廣東省潮州府饒平縣船户本年五月十六日載白糖赤糖洋糖
一千六百零四包欲往蓋州二十日到江南地方遭西風大起漂蕩海中六月
十七日來泊　貴境厚蒙恩德駕海粮饌又饋食物俱爲貯喫今蒙從願木
路許回幸逢順風揚帆還歸　貴國恩德天高地厚此生難報
船主林創　出海莊八　舵工蔡霞　財主佘番　李昌發　水手方嵩　方税　方寵
方從　方海　林桶　林凋　林嚳　林藝　林媽喜　李蘸　李輝　黃紿　黃世
張嗟　鄭文　鄭新　林存　陳眉等
承政院　開折

출전 : 『湖西兵營狀啓謄錄』(奎15093).

는 대접하면 안 된다는 것이다. 하지만 표인이 허약하거나 굶주리고 있는 상태로 내박하는 경우라면 음식을 먼저 베풀어주는 것이 타당하였다. 그렇지 않으면 표인의 건강 악화로 인해 그들을 제대로 문정하지 못할 가능성이 있었기 때문이다. 일례로 정조 20년(1796) 董雲章 등 12명이 靈巖 所安島에 표류했을 때 땔감과 식량이 모두 떨어진 상태였다. 현지의 營將은 굶주리고 있는 표인을 불쌍하게 여겨 먼저 땔감과 쌀을 주고 나서 일을 보고하였다. 그 후 현감이 와서 상선 여부 등 간단한 질문을 한 뒤 잔치를 베풀어 주었다. 문정하기 전에 공궤가 이루어졌다는 것이다. 이에 대해 조정에서는 표인의 특수 사정을 생각한 營將의 응급조치를 용서할 수 있지만 현감의 처사를 부당한 일로 비판해야 한다고 지적하는 한편, 변방의 정세에 속한 표류 사건 대응 시 규칙을 엄수할 필요성을 강조하였다.[61] 이처럼 공궤는 반드시 문정을 통해 표인의 신원을 확인한 다음에야 비로소 실시 가능하였다.

공궤는 日供과 別饋로 구분되었다. 일공은 날마다 제공되는 음식이고 별궤는 연향이라고도 하여 주기적으로 제공되는 특식이었다. 후하게 주는 것이 공궤의 원칙이었지만, 구체적인 물종은 지역에 따라 다를 수 있다. 그 중에서 호남지방의 경우 표류의 발생지가 주로 도서지역에 집중되었으므로 섬과 섬 사이에 서로 다른 대접 기준이 존재하였다. 이 무렵 漂到地에서는 표인을 대접하면서 소비된 錢穀을 會計·成冊하여 조정에 보고하였기 때문에 그 장본을 통해 표인에 대한 식량 공급 상황을 파악할 수 있다. 또 지방에서 올린 표류에 관한 장계에는 대접과 관련된 정보가 수록되기도 하였다. 이러한 자료들에 근거하여 해당 시기 각 지역의 공궤 상황을 표로 정리하면 다음 〈표 11〉과 같다.

그 중에서 황해도의 경우 詳定米로 일공을 지불하였고, 제주의 경우에는 供彼庫를 설치·운영함으로써 표인 접대의 비용을 조달하였다.[62] 그러나 供彼庫의 설치는 표인 대접을 위한 지역민의 경제적 부담을 감소시키지 못하였다. 표인 대접 시 관료의 비용 支出도 민에게 부담하도록 하였기 때문이다. 이를 시정하기 위해서 헌종 12년(1846) 革弊節目을 작성

---

61) 『備邊司謄錄』 184冊, 正祖 20年 12月 16日.
62) 供彼庫는 평안도의 勅庫錢과 같은 성격으로 외국인의 제주 표류를 대응하는 데 발생할 비용을 조달하기 위해 설치된 民庫의 일종이다(李源祚, 『耽營關報錄』, 辛丑(1841) 閏3月 13日, 甘結牧官). 供彼庫의 설치와 운영, 그리고 그 폐단에 대해서는 高昌錫, 1992, 「朝鮮後期 濟州 供彼錢의 設置와 弊端」, 『濟州島史研究』 2, 68~80쪽을 참조.

〈표 11〉 18세기 후반~19세기 중반 각 지역의 표인 식량 공급 상황

지역 구분		황해도(①)	충청도(②)	전라도(③)		경상도(④)	제주(⑤)
				진도	우이도		
供饋	日供 (1인당)	쌀 2되와 함께 기름·소금·간장·땔감을 후하게 줌	쌀 1말과 함께 간장·채소·생선·닭·땔감을 줌	쌀 3되, 미역 1立, 石魚·全魚 각 3마리, 소금 1홉, 생선·雜魚 3마리, 기름 3작, 담배 1냥, 간장 3홉, 땔감 12속	쌀 1되 5홉과 함께 땔감·식수·기름·채소를 줌	쌀 3되, 간장 3합, 미역 1줄, 생선 1마리, 乾魚 1마리, 기름 3작, 소금 2합과 함께 등유·땔감을 줌	쌀 2되, 닭 2脚, 생어 1마리와 함께 미역·담배·소금·간장·기름·숯 등을 줌
	別饋	(7명의 기준) 餅米 5말, 찹쌀 6말, 콩 5되, 쌀 1말, 대추 5되, 생밤 5되, 되지 1마리, 밀가루 5되, 脯 14줄, 쇠고기·곶감·淸·들기름·밀가루·감주·造泡·계란·참기름·다시마·김치·채소·간장·식초·땔감 등	(5일마다) (12명의 기준) 전·淸·餅湯·돼지고기·油散子·곶감·造泡湯·太佐·채소·切肉·술 각 1器	(5일마다) (16명의 기준) 餅米 3말 2되, 소주 2잔(1인당), 간장 3되 2합, 닭 8마리, 생선 16마리, 乾魚 16마리, 소금 3되 2합, 기름 3합 2작, 채소 16器, 곶감 1꼬치(1인당)			
越海糧		쌀 150말, 石魚 150마리, 미역 90줄, 간장 6말, 기름 6되, 등유 6되, 땔감 188속	쌀 2석, 되지 2마리, 김치 4同, 담배 4묶음, 沈石魚 5줄, 淸漿 20器, 소금 3말, 미역 30닢, 등유 2되, 땔감·순무 등	쌀 120말, 명태어 1200마리, 石魚 400마리, 미역 400줄, 水菡 1200개, 기름 1말 2되, 청장 2말 4되, 된장 1말 2되, 소금 1말 2되, 담배 50근, 땔감 150丹, 횃불 50柄, 물 50盆			쌀 40말, 닭 50마리, 미역 10줄

출전 : ①『黃海監營狀啓謄錄』(奎15107) ; ②『湖西兵營狀啓謄錄』(奎15093), 『忠淸道泰安府安興新津里前洋漂到異樣船艗飭糧饌帆幅衣服所入物種成冊』(奎16966) ; ③『全羅左水營啓錄』(奎15097), 『全羅道珍島地方南桃浦掌內漂到由陸彼人日供別饋物種並錄成冊』(奎16971), 李綱會, 『雲谷雜楮』 卷1, 「彼人日供糧米劃給狀」; ④『統營管下固城地方唐浦境漂到彼人十六名日供別饋式例成冊』(奎16986) ; ⑤『耽羅啓錄』(奎15099)

반포하기도 하였다.[63]

호남 도서지역에서도 이러한 폐단이 엿보인다. 前述한 순조 19년 2월 施洪量 등 14명의 우이도 漂到 사건을 예시로 보면, 당시 표인을 대접하는 데 지역민들이 부담하던 비용은 300여 냥에 달하였다. 뿐만 아니라 나주 병리 尹天鳳이 人情이라는 구실로 지역민에게 50냥을 토색질하고 이를 문정 시 소비된 각종 비용으로 충당하고자 하였다. 결국 표인 대접 시 발생된 각종 비용은 끝내 지역민에게만 부담되어 버렸고, 이에 고갈된 지역민들은 타지로 流離할 수밖에 없을 정도로 심각한 생활고에 시달리고 있었다.[64]

이처럼 국가의 차원에서 표인을 후하게 대접하는 것은 예와 도의를 지키는 일이었지만, 도서 지역민 입장에서 표인 대접은 생활난을 초래하는 일에 불과하였다.[65] 따라서 표선이 오면 島民들은 칼을 빼 들고 활을 겨누어 살해할 뜻을 보임으로써 표인으로 하여금 도망쳐 버리게 하거나 표인들의 애호 및 구원의 요청을 외면하는 등 無情한 태도를 보여주기도 하였다.[66]

표인의 대접에는 공궤를 제외하고 숙소 배치도 포함되었다. 만약 표인이 해로로 떠나기로 했다면, 화물이 온전하게 보유된 전제하에 그들은 표선이 정박한 浦邊에 막사를 짓고[結幕] 숙식하는 경우가 일반적이었다. 물론 漂到地에서 숙소를 마련해주기도 했는데 주로 지방 관청의 公

---

63) 『彼船所泊里供饋革弊節目』(『古文書集成 108: 濟州 涯月 水山里·中嚴里·下加里 古文書』, 한국학중앙연구원, 2014).

64) 李綱會, 『雲谷雜楮』 卷1, 「擬漂船所入供饋推于地方官報巡營狀」.

65) 丁若鏞이 지적했듯이, 표선이 오면 수만 전의 돈을 징수하게 되는데 이 돈은 토지에 부과되는 것이었다. 그렇기 때문에 농민들은 "쓰러져서 구렁을 메울" 정도로 날로 곤궁해지는 지경이었다(丁若鏞, 『牧民心書』 卷6, 戶典六條, 「平賦」).

66) 丁若鏞, 『牧民心書』 卷3, 奉公六條, 「往役」. "故漂船到泊, 島民必拔劍關弓, 示以殺害之色, 使之遁去."

廨를 사용한 것이었다. 다만 황해도의 경우에는 民家의 溫突房을 이용하여 표인을 안치시켰다. 민가가 없거나 황폐한 경우에야 비로소 鎭·縣의 관아를 사용하였다.[67]

만약 표인이 육로로 돌아가기로 했다면, 정부에서는 이들을 서울로 이송한 후 송환 때까지 숙소를 제공하였다. 제1장에서 언급했듯이, 16세기 이래 육로로 송환된 표인은 서울에 도착한 뒤 보통 사역원에 배치되었다. 다만 현종 8년 林寅觀 일행과 숙종 7년(1681) 智島에 표류한 高子英 등 26명의 경우 弘濟院에 배치되었다.[68] 이어서 숙종 9년(1683) 11월 智島에 표류한 張雲守 등 3명을 南別宮의 家丁房에 안치시켰다.[69] 이를 계기로 남별궁은 본격적으로 표인의 숙소로 사용되기 시작하였다. 실제로 숙종대 이전까지는 남별궁이 각종 임시적인 館所로 기능해왔다. 숙종대에 들어와서 사신접대와 관련된 일을 담당하는 迎接都監이 남별궁에서 설치되자 이곳은 영접도감의 낭청이 회동하는 장소로 기능이 전환되었다.[70] 정조 즉위년(1776) 禮賓寺의 直所가 남별궁의 관내로 옮겨짐에 따라 남별궁은 사신을 접대하기 위한 장소로서의 정비를 이루었다.[71] 그럼에도 표인 숙소로서의 역할을 계속 수행하였다. 이러한 역할의 수행은 100여 년 동안 유지되다가 정조 15년(1791)에 접어들어 종지부를 찍었다. 같은 해 12월 安復楳 등 21명이 洪州 長古島에 표류하였는데 표선이 부서져 육로로 돌아가야 하는 상황이었다. 당시 추운 날씨에 속히 귀국하기를 원하는 표인들의 마음을 생각해서 정조는 남별궁이 아닌 홍

---

67) 『黃海監營狀啓謄錄』(奎15107) 9冊, 庚戌(1850) 2月 15日.

68) 『顯宗實錄』卷14, 顯宗 8年 10月 癸酉 ; 『肅宗實錄』卷12, 肅宗 7年 8月 丁亥.

69) 『承政院日記』302冊, 肅宗 10年 元月 癸巳.

70) 『承政院日記』250冊, 肅宗 2年 元月 丙申.

71) 『正祖實錄』卷2, 正祖 卽位年 11月 癸酉.

〈그림 11〉 남별궁과 홍제원의 위치도(『首善全圖』중 일부)

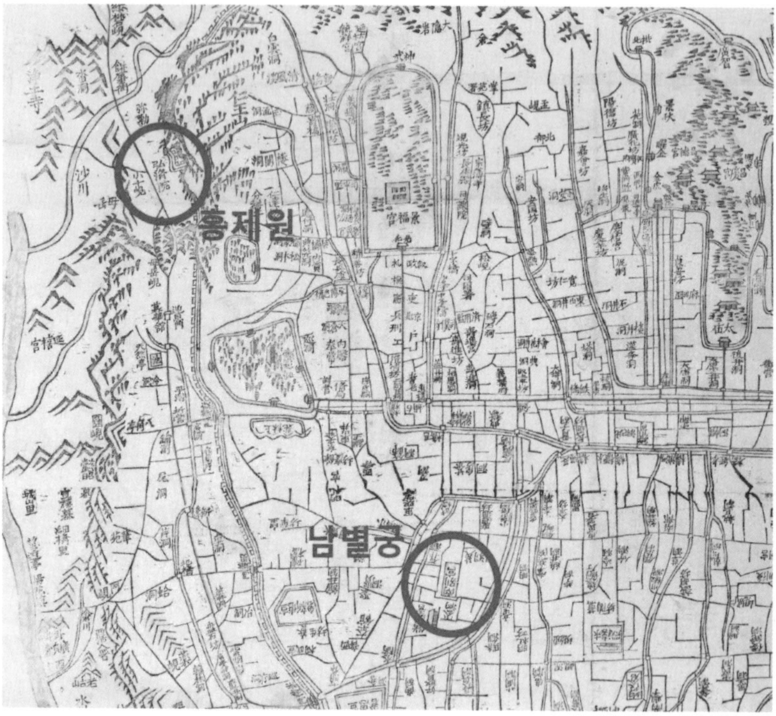

제원에 그들을 배치시키기로 했다.[72] 홍제원은 중국 사신이 서울 도성에 들어오기 전에 예복을 갈아입는 장소로서[73] 도성 밖에 위치하였다. 따라서 지방에서 올라온 표인을 이곳에 배치하면 빠른 송환이 가능할 뿐만 아니라 표인과 雜人과의 접촉도 줄일 수 있었다. 이로부터 서울로 올라온 표인을 대접할 때 홍제원을 표인의 숙소로 지정하는 것은 관례화되기 시작하다가 고종 4년(1867) 편찬된 법전 『六典條例』에 의해 공식적으

---

72) 『承政院日記』1697冊, 正祖 15年 12月 乙丑.

73) 『新增東國輿地勝覽』卷3, 漢城府, 驛院, 「洪濟院」.

로 법례화되었다.[74)

이상으로 표류 중국인을 구조·접대하는 구체적인 절차를 살펴보았다. 해당 시기는 조선이 안정적인 대외관계를 전개하면서 대내적으로 외교 사무 처리의 관습에 대한 정리가 이루어진 즈음이었다. 표류 중국인의 처리 절차 또한 이러한 분위기에서 서서히 고정되어 갔고, 그 과정에서 표선에 대한 감시 및 보고가 海防 시스템의 구축에 의해 실현되었다. 또한 표인에 대한 문정은 안전한 변정을 확보하고 해외 정보를 획득하는 차원에서 의미를 갖고 있었다. 하지만 같은 사건에 대한 여러 차례의 문정에서 중복된 질문만 나온 것과, 서로 다른 사건에 대해 똑같은 질문으로 문정을 진행한 것은 해당 시기 문정이 形骸化된 일면을 보여준다. 문정을 담당하는 역관이나 낭청의 입장에서는 정보를 얻기보다 일을 무사하게 마무리하는 것이 더욱 중요했기 때문이다. 한편 표인에 대한 공궤가 유교적 인도주의의 차원에서 후하게 이루어진 것은 동아시아 유교문화권의 공통적인 현상이라 할 수 있다.

2. 송환과 화물처리의 規範化

1) 송환 절차의 변화

앞서 언급했지만 표류 중국인에 대한 송환은 육로 혹은 해로를 통해 이루어졌다. 그 가운데 육로로의 송환의 경우 표인을 연행 사행에 딸려서 북경으로 보내거나 재자관을 별도로 선정하여 표인을 봉황성에 인계

---

74) 『六典條例』 卷1, 吏典, 議政府, 「邊政」. "從陸而路由京畿, 則接入弘濟院, 遣公事官, 更爲問情."

하는 등 두 가지 방법을 주로 사용하였다. 구체적으로 보면, 사행을 통해
송환하는 방법은 표인을 북경까지 압송한 뒤 병부에 넘겨주고 咨文을 예
부에 바치는 식으로 진행되었고, 봉황성에 인계하는 방법은 사역원 낭
청 혹은 의주부의 역학을 압송관으로 별정하여 표인을 봉황성에 압송한
후 거기에 넘겨주는 식으로 진행되었다. 또한 후자의 경우 한학 가운데
재자관을 별도로 선정하여 咨文을 가지고 예부에 바쳐야 하였다. 대신
에 재자관은 청에서 賞銀 30냥을 받을 수 있었다.[75] 봉황성에 인계된 표
인은 일반적으로 瀋陽에 의해 다시 북경으로 압송된 후 병부에서 심문을
받고서 병부에 의해 원적지로 보내졌다.

조·청관계가 안정되기 전까지 표류 중국인에 대한 송환 처리는 한인
인지 청인인지에 따라 다를 수 있었지만, 표인의 출항목적과 출신지 등
의 요소는 최종적인 송환 장소를 선정하는 데 큰 영향을 미치지는 않았
다. 그러나 조·청관계가 완화된 후 양국 간의 효율적인 표인 송환 처리가
요구되었기 때문에 상황은 달라졌다. 즉 표인의 출항목적과 출신지 등
의 요소가 송환 처리에 영향을 끼치기 시작했다는 것이다. 특히 출신지
에 따른 송환 장소의 변화가 수차례 발생했던 점이 주목된다.

18세기에 접어들어 청의 연안무역이 활발하게 전개되었다. 福建-天
津 사이에 이루어진 남북 간의 화물 유통은 연안무역을 번성하게 만들
었다.[76] 해당 시기 중국 연안의 주요 항구 도시 및 화물 품목은 아래 〈표
12〉와 같이 정리할 수 있다.[77]

---

75) 『通文館志』 卷3, 事大, 「賚咨行」.

76) 香坂昌紀, 1971, 「淸代前期の沿岸貿易に關する一考察──特に雍正年間·福建-天
津間に行われていたものについて」, 『文化』35(1·2).

77) 각 항구의 구체적인 지리 정보와 무역 규모에 대해서는 松浦章, 2010, 앞의 논문,
45~55쪽을 참조.

〈표 12〉 18세기 이후 중국 연안의 주요 무역 항구 분포 상황

지역	주요 항구 도시	주요 화물
遼東(遼寧)	錦州, 寧遠州, 蓋州, 牛莊, 復州, 金州	大豆, 小米
天津	天津	古玩, 銅磁器, 綿花, 皮貨
山東	登州, 萊州, 靑州, 膠州	豆貨, 棗, 醃豬
江蘇	海州, 上海	布疋, 紗緞, 牛油
浙江	寧波, 乍浦	綾羅, 絲綢, 草席
福建	福州, 興化, 泉州, 漳州, 廈門	糖, 茶, 紙, 胡椒, 蘇木
廣東	潮州, 惠州	糖貨, 果品

출전 : 『同文彙考』 ; 『備邊司謄錄』 ; 『歷代寶案』.

청의 연안무역은 주로 남북 간의 화물 교환을 중심으로 이루어졌다.[78] 때문에 남북을 왕복하는 상선은 바람을 만나면 조선으로 표류해왔다. 영조~순조대 조선에 표류해 온 중국 상선은 주로 山東·福建·浙江·江蘇 등지의 상선이었다. 18세기 이래 조선은 이들 표인들을 송환하는 데 출신지에 따라 송환 절차를 조정한 적 있었다. 순조 21년(1821) 丁若鏞이 펴낸 『事大考例』 중의 「海防考」에는 송환 절차의 변화 과정을 11개의 사례로 정리한 바 있다.[79] 구체적인 내용은 아래 〈표 13〉과 같다.

〈표 13〉 丁若鏞 「海防考」에서 기록된 표류 중국인 송환 절차의 변화

순번	연도	송환 사실	변화의 내용
1	1652	제주에 표류했던 苗珍實 등 213명이 송환됨.	송환 舊例는 표인이 모두 북경으로 압송된 후 병부에 의해 원적지로 보내지는 식으로 진행.
2	1713	제주에 표류했던 福建人이 송환됨.	표인을 봉황성까지만 송환함. 구례가 조금 변경되었음.

---

78) 范金民, 2014, 「淸代前期福建商人的沿海北艚貿易」, 『明淸論叢』 2014-2.

79) 정민은 최초에 丁若鏞이 정리한 표인 송환 절차를 소개하였다. 구체적인 내용은 정민, 2009, 앞의 논문, 169~171쪽을 참조.

순번	연도	송환 사실	변화의 내용
3	1715	長淵에 표류했던 登州 출신의 魯正彦 등 11명이 송환됨.	표인을 모두 봉황성에 보냄. 이때부터 구례는 봉황성까지 송환하는 방식으로 바뀌어 정착됨.
4	1728	白翎島에 표류했던 鎭江 출신의 高三 등 10명이 송환됨.	
5	1733	제주에 표류했던 松江府 출신의 王敬思 등 16명이 송환됨.	봉황성에 인계된 표인은 북경으로 이송되어야 함. 조선의 재자관은 봉황성에서 표인을 넘겨주고 자문을 북경에 바친 후 표인의 북경 도착까지 기다려야 함. 이때부터 재자관은 자문을 바치면 바로 귀국 가능케 됨.
6	1756	萊州 출신의 표인 王福得과 吳廷柱가 송환됨.	山東 출신의 표인은 북경까지 이송되지 않고 성경에서 바로 원적지로 보내짐.
7	1756	福建 출신의 표인 莊君澤 등 24명이 송환됨.	福建 출신의 표인은 봉황성에서 인계 뒤 북경으로 이송.
8	1774	丹陽縣 출신의 표인 王相順 등 9명이 송환됨.	江南 출신의 표인은 봉황성에서 인계 뒤 바로 원적지로 보내짐.
9	1777	內地人 王玉山 등 68명이 송환됨.	이때부터 山東·福建 출신의 표인은 모두 봉황성에서 인계 뒤 바로 원적지로 보내짐.
10	1778	直隸 등 여러 지역 출신의 표인 趙永禮 등 75명이 송환됨.	
11	1798	延坪島에 표류했던 榮城縣 출신의 石進功 등이 송환됨.	없음.

전거 : 丁若鏞, 『事大考例』 卷14, 海防考, 「彼漂押付例」.

〈표 13〉에 따르면, 표류 중국인의 송환 구례는 표인을 모두 북경으로 압송하는 것이 원칙이었지만, 숙종 39년(1713)부터 봉황성까지 송환하는 사례가 나타나기 시작하였고 영조대 초기쯤에 송환의 장소는 봉황성으로 정착되었다. 또한 영조 9년(1733) 이후부터는 표인이 북경에 도착하기 전에 재자관은 미리 귀국할 수 있도록 원칙이 바뀌었다. 1750년대 이후부터 山東·福建·江南 지역 출신의 표인은 瀋陽에서 바로 원적지로 돌아갈 수 있게 되었다.

丁若鏞은 표류 중국인 송환법의 기본적인 변화 추이를 정리하였다. 표류 중국인의 송환 장소가 북경보다 더 가까운 봉황성으로 변경되었던 것과 재자관이 자문 전달만 완료하면 바로 귀국할 수 있었다는 것은 기존의 송환 절차와 비교했을 때 큰 변화로 볼 수 있다. 그 가운데 송환 장소의 변경은 丁若鏞이 지적한 숙종 39년보다 더 일찍 발생했던 것으로 판단된다. 기사회자에서는 표인을 북경으로 압송해야 한다고 명확히 규정하고 있었다. 〈연표〉에 의하면, 기사회자 이후부터 숙종 39년까지 육로로의 송환 사례는 총 5건으로 확인된다. 숙종 22년(1696) 宣沙浦에 漂到했던 馬德福 등 5명에 대한 송환은 기사회자 이후 최초의 육로로의 송환 사례였다. 당시 조선은 표인 5명을 年貢使 사행에 딸려서 북경으로 보냈다.[80] 규칙대로 송환을 실시했던 것이다. 두 번째 사례는 2장에서 언급했던 숙종 30년 南桃浦에 漂到했던 王富 등 113명을 송환한 사례인데 표인들은 봉황성에 인계되었다. 주목할 만한 것은 역관이 표인을 봉황성에 인계한 뒤 咨文만 가지고 북경으로 가는 것은 전에 이미 행했던 일이라고 비변사가 지적했다는 것이다.[81] 이는 숙종 22년부터 숙종 30년까지 그 사이에 표류 중국인을 봉황성에 인도하는 일이 또 있었음을 암시해준다. 이러한 의미에서 숙종 22년~30년 사이에 표인을 봉황성에 넘겨주는 방식이 나타나기 시작했다고 추정할 수 있다. 또한 영조 6년 (1730) 劉槇 등 14명이 宣沙浦에 표류했을 때 조선은 이들의 표류 사실을 확인한 뒤, 해로로 떠나는 것을 원한다는 표인의 요청에도 불구하고 이들을 봉황성에 보내기로 하였다. 그 이유는 아래의 사료에서 드러난다.

---

80) 『同文彙考』原編 卷70, 漂民5, 上國人, 「丙子報宣沙浦漂人順付年貢使咨」.

81) 『備邊司謄錄』 55冊, 肅宗 30年 10月 15日. "齎咨譯官, 到鳳城交付之後, 自彼次次押送, 譯官則只齎咨文, 入往北京, 亦是曾前已行之例."

(F) 다만 이들 표인을 상호 護送한다는 뜻은 양국에서 약조로 하였으
니 준엄하게 지키는 것은 우리나라도 마찬가지입니다. 법령도 엄격히 지
켜야 하고 어지럽혀서는 안 됩니다. 표인을 봉황성으로 호송하는 것은 사
소한 폐단이 있겠지만 이 때문에 경솔히 약조를 어지럽히는 것은 부당할
듯합니다.[82]

즉 조선과 청 사이에는 표인을 봉황성으로 보내는 것에 관한 '약조'
가 생겼다는 것이다. 따라서 조선은 이 '약조'를 지키기 위해 표인의 요
청을 무시하고 이들을 봉황성으로 보냈다. 여기서 나타난 '약조'의 내용
은 "山東 출신의 표인은 봉황성에 인계하고 江南 출신의 표인은 북경에
인계하다"라는 것으로 추측된다.[83]

또한 丁若鏞에 의하면, 영조 9년(1733)부터는 재자관이 표인을 봉황
성에 넘겨주고 북경에 가서 자문을 바친 뒤 바로 귀국할 수 있도록 규칙
이 변경되었다. 이것은 이 해 珍島에 표류했던 夏一周 등 16명을 송환했
을 때 역관 韓壽禧가 요청하던 사항과 관련된 것으로 보인다.[84] 같은 해
청은 조선에 표류하던 內地人을 북경으로 보내는 일도 금지시켰다.[85] 이
처럼 표류 중국인의 송환 처리는 주로 瀋陽에 의해 진행하는 식으로 방

---

82) 『備邊司謄錄』88冊, 英祖 6年 7月 25日. "第此等漂民, 互相護送之意, 兩國約條, 旣
甚嚴截, 在我國亦一. 令甲則所當嚴守而勿撓. 護送鳳城, 雖有些少弊端, 似不當以此輕
撓約條."

83) 『承政院日記』874冊, 英祖 14年 7月 甲寅. "山東人付於鳳城, 江南人付於北京, 乃約
條也."

84) 당시 韓壽禧는 예부에 자문을 바치면서 앞으로 비가 오면 조선으로 돌아가는 길은
걷기 힘들다는 이유로 표인이 북경에 당도하기 전에 미리 귀국하는 것을 요청하였
다(『同文彙考』原編 卷71, 漂民6, 上國人, 「禮部回咨」, 雍正 11年 4月 29日).

85) 『同文彙考』原編 卷73, 漂民8, 上國人, 「盛京禮部查王裕順船票有無夏光令因何病斃
咨」. "如有內地人遭風漂至朝鮮國者, 毋庸送京."

식이 점차 바뀌었다.

　이러한 와중에 山東 출신의 표인의 송환 문제는 조선에 있어 골칫거리가 되었다. 여기에는 두 가지 이유가 있다. 첫째, 山東人의 표류는 대부분 범월의 행위가 수반되었기 때문이다. 예컨대, 영조 14년(1738) 山東 登州 출신의 胡元浦 등 44명이 唐津에 표류한 사건이 발생하였다. 이들이 漂到한 뒤 충청·경기 등지의 내양을 깊게 들어와서 뭍에 내려 현지의 邊將과 서로 搏擊하는 등 소란을 피웠고, 문정 과정에서 표인으로 죽은 사람의 死因에 대하여 앞뒤가 일치하지 않은 진술을 하였다. 기사회자에 따르면 선박이 크게 파손되지 않은 이상 응당 해로로 돌려보내야 했지만, 내양까지 침범하였다는 점을 고려하면 금령을 범했던 사실도 명백하였다. 당시 청 건륭제가 등극한 지 3년도 채 되지 않은 상황에서 犯禁한 표인에 대한 처리를 신중하게 하지 않으면 안 되었다. 건륭제의 태도가 강희제·옹정제와 다를 수 있다는 우려가 있었기 때문이다. 조정에서는 표인의 송환 절차에 대해 깊은 논의를 펼쳤다. 우의정 宋寅明(1689-1746)은 海防의 측면에 입각하여 표인을 쫓아버리기만 한다면 앞으로 이들이 두려운 생각 없이 내양의 왕래를 심상하게 볼 수 있다는 점을 우려해서, 표인을 해로가 아닌 육로로 보냄으로써 후일의 징계를 보여주어야 한다고 주장하였다.[86] 다만 송환의 장소에 대한 대신들의 의견이 분분하였다. 일각에서는 전례에 따라 표인을 봉황성에 인도하고 咨文 속에 措辭를 잘 꾸미는 것이 타당하다고 하는가 하면, 다른 일각에서는 표인을 북경으로 보내되 재자관으로 하여금 형세를 보아 미봉하게 하여야 한다고 제안하였다. 영조는 표인을 봉황성에 인계하도록 결정을 내렸다.[87] 그러나 공조판서 朴師洙(1686-1739)가 상소하여 이번의 표인들

---

86) 『備邊司謄錄』 103冊, 英祖 14年 6月 11日.
87) 『承政院日記』 874冊, 英祖 14年 7月 辛亥 ; 『備邊司謄錄』 104冊, 英祖 14年 7月 4日.

은 票文을 가지고 있지 않았으니 票文을 소지한 표인과 동일하게 볼 수 없다고 하면서 표인을 봉황성이 아닌 북경으로 보낼 것을 力說하였다.[88] 이로 인하여 조정에서는 재차 논의가 이루어졌다. 행판중추부사 金在魯 (1682-1759)는 표인을 직접 북경에 들여보내면 "왜 약속을 어기고 지나치게 이러한 당부를 하느냐"라는 청의 힐문을 당할 수 있다는 이유로 朴師洙의 주장을 반대하였다. 반면에 宋寅明은 표인을 북경으로 보내는 것은 다른 것이 아니라 이 기회를 틈타고 황당선의 출몰을 엄금하는 요청을 제출하기 위해서라고 지적하면서 朴師洙의 주장에 동의하였다. 그리고 예조판서 尹淳(1680-1741)은 山東 출신의 표인을 압송하면서 봉황성을 지나쳐 가면 瀋陽의 官員의 의심을 살 수 있다는 우려를 들어 봉황성으로의 송환을 권유하였고, 황당선의 출몰을 금지하는 요청은 앞으로 사행 때 별도로 咨文을 바쳐도 늦지 않다고 하였다. 영조는 표인을 핑계로 황당선에 대한 청의 금지를 요청하는 것은 당분간 징계의 효과가 있음에도 불구하고 청의 기강이 무너지면 그들에 대한 단속도 약해질 것을 염려하지 않으면 안 된다고 강조하면서, 전례에 따라 봉황성으로의 송환을 실시하라고 명하였다.[89]

영조 46년(1770)에도 비슷한 문제가 일어났다. 이 해 山東 萊州 출신의 劉金玉 등 70명이 태안에 표류하였다. 표선에 큰 손상이 없어 해로로의 송환을 실시해도 문제가 없었지만, 이들이 票文을 가지고 있지 않았다는 점에서 범월의 가능성도 고려하지 않을 수 없었던 만큼 징계의 차원에서 육로로 송환할 필요가 있었다.[90] 표인의 신분을 확실하게 파악하

---

88) 『承政院日記』874冊, 英祖 14年 7月 乙卯 ; 『英祖實錄』卷47, 英祖 14年 7月 5日 乙卯.

89) 『備邊司謄錄』104冊, 英祖 14年 7月 8日.

90) 『承政院日記』1304冊, 英祖 46年 5月 戊寅.

기 위하여 조정에서는 역관을 보내 票文 없이 표류해 오면 청에 고발할 것을 표인에게 전달함으로써 표인 스스로 신분을 밝힐 수 있도록 유도하고자 하였다.[91]

이처럼 山東은 바다를 사이에 두고 마주보는 가까운 곳이었으므로 바다를 통해 조선을 왕래하는 것은 그다지 어렵지 않았다. 山東人은 애초에 범금을 작정하고 조선에 들어올 생각으로 배를 띄우는 경우가 많았기 때문에 이러한 경우 조선은 표류의 대응에 대해 난처한 태도를 드러냈다. 海防의 차원에서 이들의 범월 행위를 반드시 엄중하게 징벌해야 했지만, 이들의 표류 사실에 대해 기사회자 혹은 '약조'에서 나타난 처리 방식에 따르지 않으면 문제를 야기할 수 있다는 우려 또한 염두에 두지 않으면 안 되었기 때문이다. 완화된 조·청관계를 유지하기 위하여 조선은 또한 '경권'의 방법을 활용하여 기존의 '약조'를 지키면서도 조심스럽게 황당선 출몰에 대한 청의 금지를 요청하고자 하였다.

둘째, 山東人을 內地人으로 보아야 할 것인지 外地人으로 보아야 할 것인지에 헷갈릴 수 있었기 때문이다. 순조 원년(1801) 登州 출신의 黃方誠 등 7명이 吾叉鎭에 漂到하였다. 표선이 부서지지 않았지만 이들은 또 표류를 당할 것을 걱정하여 육로로 돌아가기를 원한다고 하였으니, 조정에서는 육로로의 송환을 결정하였다. 당시 비변사에서는 登州 출신자를 "關內人民"으로 취급하였으므로 재자관을 별정하여 거느려 보내는 방식을 취하였다.[92] 이 사건에서 山東人은 內地人으로 인식되었던 것이 분명하다. 반면에 순조 6년(1806) 椒島에 표류했던 登州 출신의 陳章 등 2명을 송환했을 때 비변사에서는 "登州가 外地이다"라는 이유로 재자관을 별정할 필요가 없고 의주부의 역학을 보내어 표인을 봉황성에 인계

---

91) 『備邊司謄錄』154冊, 英祖 46年 5月 6日·9日·11日.
92) 『備邊司謄錄』192冊, 純祖 元年 10月 29日.

하는 송환 방식을 선택하였다.[93] 즉 登州를 外地로 취급하였던 것이다.

山東을 外地로 혼동한 현상은 명의 행정편제와 청의 요동 정책과 연관이 있었다고 생각한다. 명은 송의 행정편제를 참고하여 布政使司·都指揮使司·按察使司로 행정기구를 구획하였다. 그 가운데 요동 지역에 요동도사를 설치하였지만 布政使司를 설치하지 않았고, 요동도사는 山東의 布政使司가 관장하였다. 이것은 山東과 遼東의 지리적인 위치 및 당시 北元 정세에 대한 경계에 의해 정해진 것으로 보인다. 따라서 山東과 遼東 간의 왕래가 잦았고, 어떤 의미에서 遼東半島를 山東의 관하로 보아도 무방하였다. 요동도사는 청이 중원을 차지하고 瀋陽을 陪都로 설치함과 함께 철폐되었다. 청은 山海關을 경계로 그 동쪽 지방을 關外 즉 外地로 보고 서쪽 지방을 關內 즉 內地로 보았다. 관내 지방을 제대로 통제하기 위해 명의 행정구획을 토대로 관내 지방을 18개의 성으로 나누어 다스렸던 것이다.[94] 山東은 성 18개 중의 하나로서 내지에 속하였다. 한편 청은 중원에 들어가면서 요동 지역의 거주민을 대량으로 이동시켰기 때문에 요동지역의 인구가 격감하였다. 따라서 1653~1667년 인구 유입을 위한 '招民開墾' 정책이 요동 지역에서 실시되었다.[95] 1667년 이후 해당 정책이 취소되었지만 요동으로의 移民 현상은 사라지지 않았다. 기존 연구에 따르면, 요동에 들어가던 이민의 원적지는 주로 山東과 直隸에 집중되었다.[96] 18세기 후반 무역·운수·조달 등 목적으로 登州와 遼東을 왕래하는 선박이 더욱 많아졌다.[97] 이처럼 명대 遼東이 山東 布政使司의 관하에 들어갔던 것과 청대 요동 이민 정책에 따른 山東人의 遼東 유

---

93) 『備邊司謄錄』 197冊, 純祖 6年 10月 8日.

94) 周振鶴, 1998, 『中國歷代行政區劃的變遷』, 商務印書館, 61~63쪽.

95) 『盛京通志』 卷23, 「戶口志」.

96) 張士尊, 2003, 『淸代東北移民與社會變遷: 1644-1911』, 吉林人民出版社, 103쪽.

97) 『備邊司謄錄』 182冊, 正祖 18年 11月 7日, 「馬梁鎭漂漢人問情別單」.

〈그림 12〉 청대 山東半島와 遼東半島의 주요 도시 및 항구 분포 상황

출전 : 松浦章, 2010, 『淸代帆船沿海航運史の硏究』, 關西大學出版部, 44쪽 그림을 가공함.

입, 그리고 山東과 遼東 두 지역 간의 빈번했던 선박 왕래가 조선이 두 지역을 같은 곳으로 취급하게 되는 데 영향을 미쳤던 것으로 보인다.

요컨대 해당 시기 조·청관계가 안정됨에 따라 표류 중국인의 송환 절차는 두 가지 방면에서 변화하였다. 표류 중국인의 송환 장소가 북경에서 봉황성으로 변경되었던 것과 재자관이 자문 전달만 완료하면 바로 귀국할 수 있었다는 것이 이에 해당된다. 瀋陽은 점차 표류 중국인을 귀향시키는 데 중요한 역할을 수행하게 되었다. 또한 송환 절차는 표인의 출신지에 따라 조정 가능하였다. 이 무렵 표류 중국인을 송환하는 과정에서 누적되었던 경험들은 앞으로의 표류 외국인을 대응하는 데까지 적용되면서 일반화되는 경향으로 나타났다.

2) 송환책의 定式化

조·청관계가 안정된 이래 표류 중국인을 대응하는 데 가장 중요한 문제가 표류와 범월을 구분하는 일이라고 할 수 있다. 표류인지 범월인지에 따라 대응 방식이 다르기 때문이었다. 18세기 중반까지 법률상 표류와 범월의 구별은 불분명하였다. 영조 19년(1743) 편집한 『新補受教輯錄』에 의하면, 범월을 「刑典」 아래의 조항으로 명확히 설치한 반면에 표류를 독립적인 조항으로 설치하지는 않았다. 다만 자국 선박의 遠洋 진출을 금지하는 의미에서 일본으로 표류해 가는 자를 범인으로 추단한다는 절목이 있었다.[98] 하지만 沿海民의 표류는 의도적으로 하는 것인지 우연히 발생한 것인지에 대해 구별하지는 않았다. 영조 22년(1746) 편찬된 『續大典』에도 서북 연변지역의 범월에 관한 禁制만 수록되며 표류에 관한 절목은 보이지 않았다.[99] 표류로 인하여 경계를 넘는 것도 '범월'로 취급한 것이다. 이와 같은 인식은 표류해 온 외국인에 대해서도 적용되었다. 즉 '인간의 움직임은 반드시 의식적인 행동일 것이다'라는 판단에 의하여 외국인의 조선 표류는 우발적인 사건이라기보다 우선 '고의적으로 경계를 넘는 행위'로 취급하는 경향이 있던 것이다. 하지만 이와 같은 인식은 18세기 후반에 들어 변화되었다. 이 변화는 문신 蔡濟恭(1720-1799)의 말을 통해 엿볼 수 있다.

> (G) 바다에서 漁採에 종사하는 사람은 이익을 좇기 위해 배를 띄웠습니다. 만약에 뜻밖의 풍랑을 만나게 되면 비록 엄격한 경계가 있음을 알

---

98) 『新補受教輯錄』 卷2, 刑典, 「推斷」. "沿海浦民之漂泊倭境者, 勿論沙工·格軍, 一併嚴刑, 遠地定配."

99) 『續大典』 卷5, 刑典, 「禁制」.

고 있음에도 불구하고 바람 때문에 배를 조종하지 못하므로, 경계를 넘어서 그 밖으로 들어가는 것을 스스로 가로막을 수 없었을 것입니다. 이것은 육지에서 사는 사람이 일부러 경계를 넘어가는 일에 비하면 조금 차이가 있는 것 같습니다.[100]

蔡濟恭의 말을 통해 알 수 있듯이, 이 무렵 조선 조정에서는 불가항력적인 원인으로 본인의 의지와 관계없이 움직이게 되는 가능성을 의식하게 되었다. 특히 청의 展海令에 따른 황당선 출몰의 격증은 이러한 의식 전환을 자극해 주었다고 생각한다. 황당선의 출몰 양상 가운데 표류와 범월이 모두 포함되었다. 때문에 양자를 구분하고 특히 여태까지 제대로 정리되지 못했던 표류 사건의 처리 방식을 수집·정리하여 참고할 만한 규례로 만들 필요가 생겼다.

이러한 최초의 작업은 사역원에 의해 이루어졌다. 사역원은 對淸 외교를 담당하는 관서로서 숙종대 후반에 이르러서 對淸關係의 전개 과정에서 일어났던 각종 의례절차, 제도변화, 특수사례 등에 관한 기록들을 정리하였다. 그 결과물은 바로 사역원의 관서지인 『通文館志』였다. 『通文館志』의 편찬은 주로 역관이었던 金指南(1654-1718)과 아들인 金慶門 (1673-1737), 그리고 都提調에 의해 실행되었다. 이 책은 숙종 34년(1704) 편찬 완료되었고 숙종 46년(1720) 初刊되었다.[101] 序文에서 이 책의 편찬

---

100) 『承政院日記』 1460冊, 正祖 4年 3月 戊子. "海上漁採之民, 逐利入海. 若逢意外風浪, 則雖知界限之至嚴, 而風之所驅, 不得馭舟, 遂入標限之外而莫能止焉. 此與陸民故爲犯越, 似有少間矣."

101) 『通文館志』의 편찬 경위, 초간·중간의 과정 그리고 내용의 가치 등에 대해서는 적지 않은 연구 성과가 제출되었다. 대표적인 연구에는 田川孝三, 1953, 「通文館志の編纂とその重刊について」, 『朝鮮學報』4 ; 金鍾圓, 1965, 「通文館志의 編纂과 重刊에 對하여」, 『歷史學報』26 ; 李迎春, 2007, 「『通文館志』의 편찬과 조선후기 韓中關係의 성격」, 『역사와 실학』33 ; 金暻綠, 2020, 「조선의 『通文館志』 편찬과 대

목적에 대해 "따라서 국조 이래로 史典에 수록된 내용과 여러 대가의 傳記를 널리 채집하고 듣고 보는 것을 참작하여 순서대로 책으로 편찬함으로써 역대 외교관계의 연혁, 관제, 크고 작은 章程과 法式을 짐작·정리하여 類別로 규례를 만들어 일정한 제도를 마련하였다"라고 밝혔다.[102]

초간본에서는 對淸關係와 관련된 내용들을 권2·3에 해당되는 '事大' 항목 밑에 배치하였고, 표인 송환에 관한 규정의 경우 '押解漂口'라는 제목으로 권3「資咨行」아래 배치하였다. 다만 그 내용은 주로 『大淸會典』에서 나타난 청 강희제의 展海令과 기사회자에서 확립된 표인 처리 방식으로 구성되었고, 조선이 기사회자에 따라 대응책을 어떻게 구체화하였는지에 대한 정리는 보이지 않았다. 이외에 권8 '紀年' 항목 아래에는 연대별로 인조~숙종대 사이에 발생했던 일부 중국인 표류 사건을 기록하였다. 다만 표류 및 송환 사실만 밝혔을 뿐이어서 전체적인 처리 절차를 파악하는 데 그다지 큰 도움이 되지는 않았다.

초간본에서 조선의 구체적인 대응책 실시 상황을 수록하지 않은 데에는 두 가지 이유가 있다고 생각한다. 첫째, 초간본이 완성된 숙종 34년에는 조선의 표인 처리 재량권이 아직 확보되지 않는 상태였기 때문이다. 2장에서 지적한 바와 같이, 청이 명확하게 재량권을 주어야 비변사에서 비로소 관련 세부적인 절차를 마련할 수 있었던 것이다. 둘째, 숙종 34년 그 당시 표인 송환책도 제대로 정비되지 않았고 표류는 범월과 구분된 사건이라는 의식도 형성되지 않았기 때문이다. 따라서 초간본에는 표류와 관련하여 청이 반포한 내용만 수록하였고 실제적인 실시 양상에 대해 정리하지는 않았다.

청관계」, 『震檀學報』134 등이 있다.

102) 『通文館志』, 序. "於是博採國朝以來史典所錄及諸家傳記, 參以聞見, 編次爲書, 原其沿革官制及大小程式, 斟酌會通, 類以成例, 作爲一定之制."

『通文館志』는 정조 2년(1778) 李湛(1652-1716)에 의해 증보·중간되었다. 중간본에는 초간본의 본문 내용을 첨삭하지 않고 항목마다 그 뒤에 '續'자를 붙여 그 동안 개정·폐지된 규칙이나 절차를 추가로 보충하였다.[103] 표류 사건을 대응하는 데 많은 경험을 쌓았을 뿐만 아니라 표류에 대한 인식도 심화되었으므로 표류 사건의 구체적인 처리 절차를 정리하는 작업이 가능해졌던 것이다. 새롭게 정리된 부분은 '續押解漂口'라는 제목으로 「贊咨行」 뒤에 첨가되었다. 구체적인 내용은 다음과 같다.

(H) 중국인이 표류하다가 우리나라 경내에 정박할 경우 지방관이 우선 관에서 접대하면서 該營에 馳報하면 該營은 형지를 국왕에게 장계로 올려 보고하고 譯學을 명하고 파견하여 문정을 실시한다. 선박이 온전하고 표인이 수로로 떠나기를 원하는 경우에는 바람을 기다려 이들로 하여금 돌아가게 한다. 만약에 선박이 파손되어 표인이 육로로 돌아가야 할 경우에는, 비변사에서 草記하고 서울에서 問情官을 뽑아 파견하여 다시 문정을 실시한 다음에 연유를 갖추어 써서 그 수본을 비변사에 바친다. 이어서 문정관이 차사원과 함께 표인을 데리고 오는데, 兩西 지역에 漂到한 자의 경우 漂到地에서 직접 의주로 해송하고, 三南 지벽에 漂到한 경우 표인을 서울로 거느려 오면 漢學 4·5명을 差定하여 비변사의 낭청과 함께 문정한 다음에 비변사에서 문서를 쓰고 임금에게 상주한다. 며칠 동안 표인을 머물러 두고 접대하며 재자관을 차정하여 內地와 外地의 구분에 따라 이들을 押解하여 돌려보낸다. 원적지가 산해관 안쪽에 있는 자의 경우 咨文을 북경에 보내고, 원적지가 山海關 바깥쪽에 있는 자의 경우 咨文을 鳳凰城에 보내어 還送한다. 만약 사행을 맞이할 경우 (표인과 자문을) 사행에 딸려서 보낸다. 표인이 서울에 머물고 있는 동안 禮賓寺에서 供饋를

---

103) 金鍾圓, 1965, 앞의 논문, 189쪽.

담당하고 戶曹에서 사람마다 衣·袴 각각 1벌, 小匣草 5개, 錫烟竹 1개, 戰
笠 1개, 小帽子 1개, 黑皮靴 1개, 中帶子 1개, 小帶子 1개를 贈給한다.[104]

　'續押解漂口'에는 여태까지 발생했던 중국인 표류 사건에 대한 처리
절차를 일목요연하게 요약하였다. 기본적으로는 명종대 이래 점차 관례
화된 대응책과 크게 다르지 않았다. 표인의 원적지를 내·외지로 구분하
면서 송환을 실시하는 것이 새롭게 추가된 부분이었다. 다만 표인이 내
지인의 경우 인계하는 장소가 어딘지에 대해 명확히 제시하지는 않았다.

　요컨대 『通文館志』의 중간에 따라 표류 중국인의 송환 절차는 '일정
한 제도'로 구체화되었다. 그러나 『通文館志』는 당시 便覽書에 대한 사
역원 전체 구성원들의 공감과 염원에 의해 편찬되었기 때문에[105] 법적인
효력은 약해 보인다.

　표류 중국인의 송환책이 법적인 효력을 가지게 된 시기는 정조연간
『典律通補』를 편찬할 즈음이었다. 『典律通補』는 정조연간 법제정비사
업의 일환으로서 법제에 대한 종합적이고 상시적인 관리체제를 재구축
하고 '『大典通編』 체제'를 구현하려는 집권층의 노력을 보여주고 있었
다.[106] 『典律通補』는 『大典通編』이 만들어지던 정조 9년(1785)에 바로 찬

---

104) 『通文館志』 卷3, 事大上, 賫咨行, 「續押解漂口」. "上國人漂泊我國界, 地方官爲先館
　　接, 馳報于該營. 則該營狀聞形止, 發遣譯學問情. 船完而願從水路者, 候風發回. 若船
　　破從陸者, 備局草記, 自京差送問情官, 更爲問情, 具由手本于備局. 仍與差員, 眼同領
　　來. 而兩西漂到人, 自其地直解于義州. 三南則領到于京城, 差定漢學四五員, 借備局郎廳
　　問情後, 備局啓告. 留接數日, 差咨官分內外地押解轉送. 原籍地方山海關以內人則傳咨
　　北京, 以外人則傳咨鳳凰城而還. 如値使行時, 則順付. 漂人留京時, 禮賓寺管供饋, 戶
　　曹贈給每人衣袴各一, 小匣草五, 錫烟竹一, 戰笠一, 小帽子一, 黑皮靴一, 中帶子一, 小
　　帶子一."

105) 李迎春, 2007, 앞의 논문, 123쪽.

106) 『大典通編』은 『經國大典』이나 『續大典』과 같은 대전류 편찬으로서 최상위법을 차

집에 들어갔으며, 『大典通編』에서 통합된 '典'과 『大明律』의 '律'을 다시 통합하여 조선의 법률체제를 재정비하고자 하는 목적으로 광범위한 법례 관련 서적을 총망라하였다.[107] 『通文館志』도 그 참고문헌 범위에서 포함되었다. 『典律通補』에는 표류 중국인의 송환과 관련된 내용을 아래와 같이 재수록 하였다.

> (I) 표인은 배가 부서지고 육로로 돌아갈 경우 압송을 실시한다. 山海關 안쪽에 있는 자의 경우 자문을 북경에 보내고 바깥쪽에 있는 자의 경우 봉황성에 자문을 보낸다. 만약 사행을 맞이할 경우 (표인과 咨文을) 사행에 딸려서 보낸다.[108]

『典律通補』에서 규정된 표인 송환책은 주로 육로로의 송환에 한정되었고, 표인의 출신지가 내지인지 외지인지에 따라 송환 장소가 다르다는 점을 강조하고 있었다. 이로써 표인 송환책의 실시는 전례를 상고하는 방식에서 정해진 규례에 따르는 방식으로 바뀜으로써 본격적인 규범화가 이루어졌다고 할 수 있다.

다만 유의해야 할 점은 『典律通補』의 편찬자는 상기의 내용을 통해 표류 사건의 대응책이 아닌 '咨文을 보내는 방식'을 규정하는 데에 주안

지했지만 그 편찬 과정을 정조연간 다양한 법제정비 사업 중의 하나로 이해할 필요가 있다. 이러한 의미에서 기존 연구에서는 『大典通編』의 편찬과 다양한 법제정비 과정을 아울러 '『大典通編』 체제'라고 칭하였다(金伯哲, 2008, 「朝鮮後期 正祖代 법제정비와 『大典通編』 체제의 구현」, 『大東文化研究』64).

107) 『典律通補』는 '典'과 '律'을 일통하는 성격을 지니고 있었다는 점에 대해서는 한상권, 1994, 「조선시대 법전 편찬의 흐름과 각종 법률서의 성격」, 『역사와 현실』13, 316~317쪽을 참조.

108) 『典律通補』 卷3, 禮典, 「事大」. "漂人船破從陸, 則押送. 山海關以內人, 傳咨北京, 以外人, 傳鳳凰城. 值節行, 則順付."

점을 두었다는 것이다. 따라서 표인에 대한 구조처럼, 咨文의 이행과 관계없는 일의 경우 규범화되는 대상이 아니었다. 해로로의 송환책을 규정하지 않는 이유도 여기에 있었다.

『通文館志』와 같이 표인에 대한 구조·송환을 비롯한 모든 처리 절차를 정리하는 다른 官書에는 『萬機要覽』이 있었다. 『萬機要覽』은 국가재정과 군사업무 등 국정운영의 핵심내용들을 담고 있는 정무 지침서로서 편찬 과정에서 적극 참여했던 순조의 의지가 투영되었다.[109] 이로 인하여 국왕이 정무를 처리하는 데 참조할 만한 준칙들을 수록하는 『萬機要覽』은 『通文館志』보다 제도적·법적 효력이 더 높았다고 생각한다.

『萬機要覽』은 비록 순조 8년(1808)부터 편찬하기 시작하였지만, 그 과정에서 참조되던 주요 문헌들은 대부분 정조대에 간행되었던 서적들이었다. 이러한 점을 감안하면 이 책은 18세기 이래 법제정비의 성과를 집중적으로 반영해준 것으로 보아도 무방할 것이다.[110] 그 가운데 표류 중국인과 관련된 내용은 '軍政編'의 비변사 절목 밑에 실려 있었다. 자세한 내용은 아래와 같다.

> (J) 외국인의 漂到와 관련된 狀啓가 들어오면 해로·육로를 불문하고 표인이 원하는 대로 이들을 송환시킨다는 의사로 覆啓하여 알린다. 피복

---

109)『萬機要覽』의 편찬 배경과 그 과정에 대해서는 문광균, 2018, 「1808년 『만기요람』의 편찬과 그 의미」, 『역사와 현실』107, 234~241쪽을 참조.

110)『萬機要覽』 편찬시 인용되었던 주요 자료는 다음과 같이 정리된다(문광균, 2018, 앞의 논문, 241쪽).

구분	인용자료
財用編	문헌비고, 경국대전, 속대전, 대전통편, 탁지지, 탁지정례, 탁지전부고, 통문관지, 비변사초기, 자휼전칙
軍政編	문헌비고, 대전통편, 국조보감, 군려대성, 삼군총고, 연기신편, 병학지남, 삼수부지, 동국여지승람

및 항해하는 데 필요한 식량을 주고 잡인을 금하면서 표인을 호송하는 제반 절차를 엄중히 시달한다. 표인이 만약 京畿를 경유하여 갈 경우에는 홍제원에 들어온 뒤 낭청을 파견하여 다시 문정을 실행하고, 피복과 잡물을 따로 내어 주도록 한다. [호남지역에 漂到한 자의 경우 본인이 해로로 떠나기를 원한다면 회답하는 하교를 기다리지 말고 표인을 바로 보낸 후 형지를 보고하도록 正宗 계해년에 규례를 정하였다.] 표류 중국인이 육로로 돌아갈 경우에는 內地人이면 따로 재자관을 정하여 거느려 호송하고, 만일 外地人이면 의주부의 역관이 표인을 거느려 鳳凰城에까지 가서 넘겨주고 자문은 금군을 정하여 의주부로 내려 보낸다.[111]

　『萬機要覽』에서는 구조·무휼·송환 등 절차에 따라 표인 대응책을 규정하였다. 그 중에서 "해로·육로를 불문하고 표인이 원하는 대로 이들을 송환시킨다"라는 부분과 "호남지역에 漂到한 자의 경우 본인이 해로로 떠나기를 원한다면 국왕의 하교를 기다리지 않고 바로 보낸다"라는 부분은[112] 새롭게 추가된 내용으로 『通文館志』에서의 규정과 구분된다. 특히 '표인이 원하는 대로 송환을 실시한다'라는 원칙의 수립은 조정에서 표인 본인의 의사를 더욱 중요시하는 경향이 있었다는 점을 보여준다.

---

111) 『萬機要覽』, 軍政編1, 「備邊司」. "異國人漂到狀啓入來, 水·陸間從自願還送之意, 覆啓知委. 而衣袴及越海粮, 禁雜人, 護送等節申飭. 漂人若路由京畿, 則入弘濟院後, 發遣郎廳更爲問情. 衣袴·雜物, 別爲題給湖南則漂人願從水路, 不待回下, 直爲發送後, 形止狀聞事, 正宗癸亥定式. 漂漢人從陸還歸者, 內地人則別定咨官領送, 若外地人, 灣府譯學領付鳳城, 咨文定禁軍下送灣府."

112) 후자에 대해서는 『萬機要覽』에서 정종 계해년에 이 규례를 정했다고 표시하였다. 하지만 정조연간 계해년이 없었다. 실제로 이 규례는 정조 20년(1796, 병진년) 11월 연이어 전라도에 漂到했던 중국배에 대한 대응책에서 나온 것으로 확인된다 (『承政院日記』 1769冊, 正祖 20年 11月 辛未; 1781冊, 正祖 21年 9月 甲午). 『萬機要覽』에서 계해년이라고 기록했던 것은 誤記 때문이었는지 이유가 따로 있었는지 알 수 없다.

이러한 경향은 또한 18세기 민을 소중히 여김으로써 스스로의 정통성을 확인하고자 한 국왕의 의지[113]와 연관된 것으로 짐작된다.

한편 중국인뿐만 아니라 모든 외국인의 조선 표류에는 상기한 표인 대응책이 적용 가능했다는 점이 주목된다. 이것은 표류 중국인의 대응책이 표류 외국인의 대응책으로 전환됨으로써 일반화되었음을 의미하기 때문이다. 이렇듯 송환책을 포함한 표인 대응책의 체계화 및 규범화는 『萬機要覽』을 통해 기본적으로 완성되었다.

체계화된 표인 송환 절차를 도표화하면 〈그림 13〉과 같다.

〈그림 13〉 18세기 후반 19세기 초반 체계화된 표류 중국인 송환 절차

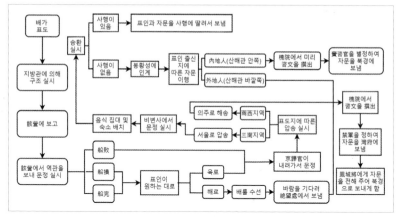

이상으로 사람을 돌려보내는 절차를 살펴보았다. 다음으로 표인이 소지한 화물에 관한 처리 방식을 살펴보도록 하겠다.

---

113) 송양섭, 2015, 『18세기 조선의 공공성과 민본이념』, 태학사, 39~40쪽.

3) 화물처리의 원칙

앞서 언급했듯이 청의 展海令이 반포된 후 중국의 연안무역이 성행
하기 시작하였다. 이와 더불어 항해를 생계수단으로 이루어진 각종 海
上 활동 또한 빈번하게 발생하였다. 항해의 목적은 크게 생산·운수·상업
등으로 나눌 수 있다. 생산이란 주로 漁採·刈蘆 등을 가리키고 운수란 화
물이나 船客을 한 곳에서 다른 곳으로 이동시키는 일을 가리키며, 상업
은 구입·조달·매매 등 경제적인 활동을 가리킨다. 조선에 표류한 중국인
가운데 이 세 가지 활동의 종사자가 차지한 비중이 가장 컸다. 아래 〈표
14〉는 〈연표〉에 따라 표류 중국인의 항해 목적을 수치화한 결과이다.

〈표 14〉 16~19세기 표류 중국인의 출항 목적 통계

(단위: 회)

구분 시기별	生産 (漁民·農民·樵夫)	運輸 (水夫·舵工·船客)	商業 (民商·官商)	其他 (官兵·通譯·使役)	未詳	計
1500-1550년	4	1	6	0	4	15
1551-1600년	0	2	2	1	10	15
1601-1650년	2	6	9	18	13	48
1651-1700년	7	2	11	0	5	25
1701-1750년	21	8	26	0	6	61
1751-1800년	17	3	45	0	15	80
1801-1850년	11	12	73	0	23	119
1851-1900년	15	7	59	5	19	105
計	77	41	231	24	95	468

〈표 14〉를 통해 알 수 있듯이, 18세기부터 표류 중국인의 발생 빈도
가 높아지는 동시에 그 중에서 특히 상인의 漂到 횟수는 대폭 증가하였
다. 전체적으로 보아도 상선의 표류는 가장 큰 비중을 차지하였다. 상선
이 표류해 오면 표인뿐만 아니라 화물도 처리해야 할 대상이 된다. 일반
적으로 조선은 표류 사건 대응 시 표인을 구조하는 동시에 이들이 소지

한 화물을 증출해주었다. 다만 화물의 후속처리는 사람을 대응하는 방식과 달리 송환을 제외하면 발매도 가능하였기 때문에 화폐나 상품유통 등 경제적인 문제와 연관되었다. 뿐만 아니라 화물 중 금물이 포함되면 또 다른 외교 문제가 야기될 수 있었으므로, 화물의 발매는 시장에 의해 이루어지지 않고 정부가 개입해서 조달하는 방식으로 진행되었다. 그 과정에서 관련 처리 방식도 점차 규칙화되어갔다. 기존의 표류 연구에서는 이를 간과하는 경향이 있었으므로[114] 보완할 필요가 있다.

우선 화물 증출의 구체적인 과정을 살펴보자. 증출 방식은 표선의 상태에 따라 달랐다. 표선이 부서지지 않고 앞바다에 정박할 경우, 지방관이 救助船을 타고 표선이 정박하는 위치까지 나가서 구조 및 증출을 실시하였다. 사람과 화물을 救助船으로 옮기는 과정에는 일반적으로 挾船이 사용되었다. 반면에 표선이 부서진 경우, 지방에서는 지역민을 동원하여 현지의 선박을 타고 물결에 떠다니는 화물을 회수하였다. 화물 회수 작업은 표인이 송환된 후에도 지속하는 경우가 있었고, 이때 회수된 화물은 지역민에 의해 사유물로 점취되기도 하였다.

다음으로 화물 처리 방식의 변화 추이를 살펴보겠다. 18세기 후반까지 화물 처리 방식의 형성 과정에서 여러 번의 변화가 나타났다. 광해군대는 표인이 가져온 짐은 시장에서 매매 가능하였다. 하지만 그 이후 표인의 짐은 조선의 差員에 의해 표인과 함께 중국으로 보내지는 경우가 더 보편적이었다. 다만 지대한 수량의 화물을 운반하는 것은 인력이 대량으로 소모될 뿐만 아니라 그 과정에서 상당한 마필도 필요로 하였으므로 역로의 폐단을 증가시켰다. 따라서 효종 즉위년(1649) 統營에 漂到하던 표인이 소지한 화물에 대해 조정에서는 값으로 쳐주어 지급할 가

---

114) 지금까지 管見의 유일한 관련 연구 성과는 철물에 대한 屈廣燕의 연구였다(屈廣燕, 2018, 「朝鮮西海域淸朝海難船情況初探(1684-1881)」, 『淸史硏究』2018-2).

〈그림 14〉 바다에 정박한 표선에 대한 救助 설명도

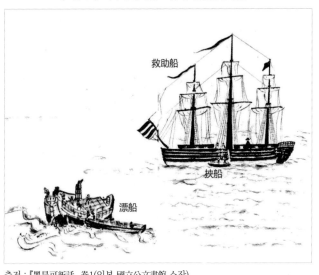

출전 : 『墨是可新話』 卷1(일본 國立公文書館 소장).

능성을 논의하였다. 당시 표인들은 면포가 아닌 銀貨로의 환불을 요청하
였다. 그러나 500여 냥으로 환산된 화물을 은화로 지불하는 것이 조선
에 있어 쉬운 일이 아니었으므로 이 방법은 최종적으로 무산되었다.[115]
숙종 15년(1689) 이후 기사회자에 따르면 금물을 제외한 화물은 조선의
가격으로 발매할 수 있게 되었다. 따라서 숙종 39년(1713) 제주에 표류
하던 중국 상인 8명이 소지품을 가져가기가 어렵다는 이유로 교역을 요
청하자 호조에서는 값을 쳐주어 구매하였다.[116] 즉 화물의 교역은 시장
에서 자유매매의 형식으로 진행하는 것이 아니라 정부 주도하에 이루어
진 것이었다. 이와 같은 처리 방식은 점차 일반적인 관행으로 형성되었
고, 이를 통해 이루어진 물품의 교역 또한 합법적인 행위로 조·청 양측의

---

115) 『承政院日記』 109冊, 孝宗 卽位年 10月 乙未·丙申·丁酉·戊戌.
116) 『備邊司謄錄』 66冊, 肅宗 39年 11月 19日.

인정을 받았다.

　문제는 상선에 실린 물품은 조선에 있어서 긴요한 것이 아니면 유입되었다 하더라도 상품유통 발전에 실질적인 도움이 되지 않아 그 가치가 떨어질 수밖에 없었다는 것이다. 오히려 은의 유출 문제가 발생할 수 있었다.[117] 이러한 상황을 고려하여 조선은 상선에 실린 물품을 높은 가격에 구매해줄 수 없었지만, 표인들의 불만을 예상하여 아주 저렴한 가격으로 구매할 수도 없는 위치에 있었다. 결국 기사회자의 화물 처리 준거 수용 과정에서 현실적인 이익 문제가 발생하였다. 이를 극복하기 위한 조선의 대응을 잘 보여준 사례로서는 2장에서 언급한 숙종 30년(1704) 福建 상인 王富 등 113명이 珍島 南桃浦에 표류했던 사건이 있다. 기사회자의 화물 처리 규정이 처음으로 적용된 사건이었기 때문이다.

　숙종 30년 7월 王富 등 일행은 바람으로 인하여 진도에 漂到하였고 표선이 파손되었다. 조정에서는 처음에 표선을 수선한 후 해로로 돌려보내려고 하였다.[118] 하지만 표선이 끝내 침몰되었기 때문에 이들을 육로로 돌려보낼 수밖에 없었다. 다만 이들의 짐은 몇 백 바리[馱]에 이를 정도로 수량이 매우 많았기 때문에 문제가 되었다. 표인은 조선에서 화물을 교역하려고 한 뜻을 표하였다. 조정에서도 화물 운반 시의 제반 폐단을 고려하면서 표인의 제안을 수용하고자 하였다. 처음에 일부 대신들은 청에 알리지 않고 자의로 교역을 허락하는 것이 事體에 있어 온당

---

117) 17세기 이래 일본의 은이 국제 화폐로 등장하였고 조선의 국내 무역에서도 화폐로 사용되었다. 일본의 은이 조선으로 유입되자 조선에서는 다층적 화폐 시스템이 형성되었다. 그러나 18세기 일본의 은 유입이 감소되고 청으로의 은 유출이 지속되는 상황에서 화폐 시스템까지 영향을 받았다. 따라서 청으로부터의 경제적 피해를 당했다는 論調가 팽배하였고 이는 청에 대한 거부감과 함께 청으로의 은 유출을 반대하는 분위기를 조성하였다(권내현, 2017, 「17-18세기 조선의 화폐 유통과 은」, 『민족문화연구』74).

118) 『備邊司謄錄』 55冊, 肅宗 30年 8月 7日 ; 『承政院日記』 419冊, 肅宗 30年 8月 甲戌.

치 못하다고 지적하면서 이로 인한 청의 집탈을 우려하고 있었다. 나중에 기사회자에서 나타난 규정을 확인한 결과, 표인의 제안대로 처리하는 것으로 합의가 되었다. 이와 함께 우의정 李濡(1645-1721)는 구체적인 교역 방식에 대해 "매매하는 일은 장사꾼에게 맡기고 그 값은 官家에서 결정한다"라는 방안을 제시하였다.[119] 조선의 입장에서는 이 방안에 따라 처리하면 상례와 다를 수 있어서 상황에 따라 수시로 적절하게 조정하지 않으면 안 되었다. 따라서 기사회자의 규정이 있다고 하더라도 조정에서는 끝내 그 값을 일방적으로 정하지 않고 譯官을 따로 내려 보내어 표인과 상의하여 정하도록 하는 방식을 취하였다.[120]

그런데 상의한 결과 낮은 가격으로 결론이 나자, 표인들은 불쾌감을 표하였다. 이들은 표류하기 전에 糖·蘇木·犀角·象牙 등 물품을 가지고 일본에 가서 銅·銀·海蔘·鮑魚 등을 환매하고자 하였다.[121] 기존 연구의 통계에 따르면, 18세기 초반 중국 廣州와 일본 나가사키 사이에 중국 상품의 가격차가 2·3배 정도 났다.[122] 그러므로 당시 중국 상인이 나가사키에 가서 무역하면 그 수익은 상당하였다. 王富 등 일행은 비록 표류를 당하여 부득이 조선에서 화물을 발매해야 했지만 이 때문에 화물을 싸게 팔 생각은 없었다. 그러나 조선은 아주 저렴한 가격으로 화물을 구입하고자 하였다. 예컨대 蘇木은 처음에 100근당 2냥 6전 5푼으로 折價했는데, 이 가격은 당시 100근당 9냥인 왜관의 평상 가격과 비교해보면 절반에도 못 미치는 수준이었다. 비변사에서는 이 가격은 표인의 불만뿐

---

119) 『備邊司謄錄』 55冊, 肅宗 30年 9月 16日 ; 『承政院日記』 420冊, 肅宗 30年 9月 丁未, 癸丑.

120) 『承政院日記』 420冊, 肅宗 30年 9月 甲寅.

121) 『備邊司謄錄』 55冊, 肅宗 30年 10月 19日, 「全羅道珍島漂到漢人問情別單」.

122) Sarasin Viraphol, 1977, *Tribute and Profit: Sino-Siamese Trade, 1652-1853*, Cambridge: Harvard University Press, p.68.

만 아니라 청의 의심도 야기할 수 있기 때문에 이미 결정한 가격 이외에 값을 더 보태서 줄 필요가 있다고 지적하였다. 또한 조선의 입장에서 보면 표인이 요구한 實價로 마련해주었다 하더라도 본전에서 밑질 것이 없으니, 조정에서는 표인이 원하는 가격으로 쳐주면서 이를 조정의 '특별한 긍휼'로 曉諭하는 것이 타당하다고 강조하였다.[123] 결국 은 461냥이 추가로 지불되었다.

이처럼 기사회자의 화물 처리 준거를 수용하는 과정에서 조선에서 제사한 가격이 표인이 예상했던 가격보다 낮다는 문제가 발생하였다. 하지만 조선이 억지로 강매하는 것이 아니었다. 다시 蘇木을 예시로 보면, 이것은 조선 경내에서 그다지 쓸모 있는 물화가 아니었을 뿐만 아니라,[124] 표류 때문에 물건이 오랫동안 물에 잠겨 있어 부패하게 된 경우도 있었다. 따라서 조선의 입장에서는 낮은 가격으로 구입할 수밖에 없는 상황이었다.

요컨대 기사회자는 화물 처리 준거를 설립하였지만, 물물교환 과정에서 발생할 수 있는 이익 상충과 그 해결방안을 제시하지는 않았다. 따라서 조선은 이 준거를 수용하는 동시에 현실적인 상황에 따라 구체적인 대책을 모색하여야 하였다.

대책 마련의 계기는 바로 王富 등 일행을 돌려보낸 뒤의 사후 수습이었다. 당시 표인을 돌려보내기 전에 증출되던 물화는 불과 위층에 실린 것뿐이었고, 아래층에 적재한 물건은 더 많았으나 즉시 꺼내올 수 없어서 그대로 두어 건지지 않았다. 조정에서는 처음에 이 물건들에 대해 상반된 의견이 제시되었다. 일각에서는 이 물건들이 원래 값을 쳐주는 데

---

123) 『承政院日記』 421冊, 肅宗 30年 10月 丁亥 ; 『備邊司謄錄』 55冊, 肅宗 30年 10月 22日.
124) 『備邊司謄錄』 56冊, 肅宗 31年 4月 13日.

포함되지 않은 이상 조선은 자의로 가져다 國用으로 전용할 수 없으므로 그대로 두어 民들이 가져다 쓰도록 맡겨두고 檢問하지 않는 것이 타당하다고 주장하였다. 반면에 다른 일각에서는 民으로 하여금 사사로이 가져가게 하는 방식의 폐단, 즉 강한 자에 의한 물건의 독점 발생과 허다한 물화의 국내 유통으로 인한 청의 의심 야기를 지적하면서 검문·신칙할 필요성을 강조하였다.125) 이러한 와중에 국내 시장에서 黑角·蘇木 등 물화의 유통이 나타났다는 소식이 전라수사의 장계에 의해 전해졌다. 이를 통해 민간에서 침몰된 물화의 인양 작업을 지속하고 있었다는 사실을 알게 된 조정에서는 국가 측면에서의 증출 작업의 필요성을 의식하자 군인을 동원하고 물건을 증출한 뒤 북경으로 돌려보내고자 하였다. 하지만 만약에 증출된 물건이 부패하면 돌려보내기가 어렵다는 문제가 파생될 수 있었다. 때문에 조정에서는 끝내 물건을 증출하지 않고 그대로 두기로 결정하였다.126)

그런데 문제는 金俊이라는 民이 관부에서 賞을 받기 위해 허락 없이 사사로이 일부를 증출하였는데, 그 물건의 양이 아주 많았을 뿐만 아니라 거기에는 黑角과 같은 금물도 포함되어 있었다. 조선은 표인이 머물렀을 때 물화를 증출해주지 않고 그들이 돌아간 후에야 더욱 귀중한 물건을 증출했던 행위로 인하여 입장이 난처해졌다. "멀리서 온 사람을 회유한다[柔遠人]"라는 도리에 부합하지 않기 때문이었다.127) 따라서 조선은 물화 인양의 전말과 지방관에 대한 論罪 경과를 咨文으로 청에 보고하였

---

125)『承政院日記』423冊, 肅宗 31年 2月 庚午. "朝議或云, 此物旣不入於給價中, 朝家不當取爲國用, 只宜仍以置之, 一任民人取用, 或拯或不拯, 不必檢問云. 或云此旣爲重貨, 其令民人, 各自私取, 則强者必專之, 難免雜亂之弊. 且許多之物, 若流遍於國中, 則終不可謂之非國家所知, 宜有所檢飭云."

126)『承政院日記』423冊, 肅宗 31年 3月 己酉.

127)『承政院日記』429冊, 肅宗 32年 4月 丁巳.

다.[128] 결국 청은 이 물건을 보내지 말고 조선에서 참작하여 처리하면 된다고 回咨를 보냈고 일은 일단락이 되었다.[129]

王富 등 일행의 표류 사건을 통해 화물 처리 준거를 원용하는 데 표인과 조선 간의 이익 상충이 표면화되었다. 이를 피하기 위해서는 화물 증출 등의 작업이 표인이 머무른 동안에 완성되어야 할 뿐만 아니라, 발매 가능한 물화와 표인이 가져가야 할 물화를 미리 구분할 필요가 있기도 하였다. 결국 18세기 후반에 이르러서 육로로 돌아갈 표인의 화물을 처리하는 데 아래와 같은 규칙이 마련되었다.

> (K) 표인들의 짐 가운데 운반해 가기 어려운 것은 후한 값을 쳐주어 사고 운반해 갈 수 있는 것은 刷馬로 차례차례 교대해 줄 것이며, 선박이 부수어지지 않았으면 발매해서 값을 쳐주고 참으로 쓸모가 없으면 그들이 보는 곳에서 즉시 불태워야 한다.[130]

위의 사료에서 알 수 있듯이 조선은 운반 가능 여부에 따라 표인이 가져온 화물을 나누어 처리하고자 하였다. 운반 가능할 경우 刷馬를 통해 화물을 육로로 의주까지 운송해주는 것이었고, 운반하기가 어려울 경우 화물을 후한 값으로 쳐주어 사주는 것이었다. 조선 경내의 운반이 해로가 아닌 육로로 진행되는 이유는 연안 운송 도중 불가항력적인 피해로 인한 화물 손상을 피하려고 했기 때문으로 판단된다. 이 규칙은 19세기까지 표류 중국인의 화물 처리에 준용되었다.

---

128) 『同文彙考』原編 卷70, 漂民5, 上國人, 「報追拯物件咨丙戌」.

129) 『同文彙考』原編 卷70, 漂民5, 上國人, 「禮部知會拯出物件令該國處置咨」.

130) 『備邊司謄錄』159冊, 正祖 2年 10月 11日. "渠輩卜物之難以運致者, 從厚折價以給. 可以運致者, 以刷馬次次替給. 船隻如果不破, 則發賣以給. 果是無用, 則彼人所見處, 卽地燒火."

　19세기에 들어와서 화물을 가져갈 것인지 여부는 화물 운반의 난이도가 아니라 표인의 희망 여부에 따른 것으로 그 기준이 전환되었다. 표인이 가져가고 싶지 않은 화물은 값으로 쳐주는 이외에 표인이 보는 곳에서 불태우는 방식으로 처리 가능하였다. 그리고 조선은 은으로 쳐줄 수 있는 물품에 대해 일정한 범위를 한정시킴으로써 불필요하거나 국내 유통이 어려운 물품을 교역하는 폐단을 시정하고자 하였다.

　이상에서 살펴본 바와 같이, 표류 중국인 화물의 처리 과정에서 기사회자의 규정을 준용하되 구체적인 論價와 교역의 과정에서 기본적으로 서로의 경제적 손실을 최소화하는 것을 우선하였기 때문에 최종적인 처리 방식은 그 규정과 다를 수 있었다. 한편 조선의 입장에서는 화물 처리 시 청의 의심을 사지 않는 동시에 표인에 대한 도리를 지키는 것도 중요한 원칙이었다. 따라서 기사회자의 규정을 수용하면서도 자국의 원칙을 따로 세울 필요가 있었다.

　다만 교역이 어떤 기준에 따라 이루어지든 간에 청에 이자하여 보고하는 절차가 불가피하였다. 청은 咨文을 통해 교역의 타당성을 판단하였고 만약에 문제가 있다면 교역을 취소할 수 있었다. 그 예시로서 19세기에 발생했던 鐵物 문제를 들 수 있다.[131]

　당시 청은 국내의 철물을 해외 무역의 금지 대상으로 명확히 규정하였다. 造船이 완공되면 船主가 선박에 실릴 鐵製 도구나 예비 쇠못 등의 수량을 일일이 보고해야 할 정도로[132] 철물에 대한 통제는 엄격하였다. 조선도 만약에 청의 표선에 실린 철물을 발견한다면 표인과 함께 보내야 하였다. 하지만 표선에서 발견된 철물은 주로 선박을 불태운 후 남은

---

131) 屈廣燕, 2018, 앞의 논문, 119쪽. 屈廣燕은 해당 시기의 철물 문제를 청 嘉慶年間 일어났던 해적 문제와 함께 고찰하였다. 본 연구는 기존 연구를 바탕으로 해당 시기 철물 문제가 조선에 미친 영향을 살펴보고자 한다.

132) 『大淸律例』 卷20, 兵律·關律, 「私出外境及違禁下海」.

쇠못 등 선박을 단장하는 데 쓴 것[粧船鐵物]이고 무역품이 아니었기 때문
에, 조선에서는 처음에 이러한 철물을 값으로 쳐주거나 연해읍에 나누
거나 바다에 던지는 등 방법으로 처리하였다. 이러한 와중에 19세기 초
철물 처리를 둘러싸고 조선에 대한 청의 불신 문제가 일어났다.

순조 8년(1808) 11월 龔鳳來 등 16명이 제주 大靜縣에 漂到하였다.
표선이 부서지고 해로로 돌아갈 수 없는 상황에서 육로로의 송환이 정
해졌다. 표인과 함께 보내진 咨文에는 화물 처리에 대해 아래와 같이 기
록하고 있었다.

> (L) 운반하기가 어려운 물건과 선박을 단장하는 데 쓴 철물은 좋은 가
> 격으로 쳐주었고, 부서진 선박과 버려둔 잡물은 그들이 원하는 대로 불태
> 웠습니다.[133]

(L)을 통해 조선은 철물을 값으로 쳐주는 식으로 처리했음을 알 수 있
다. 당시 철물의 양은 4,300여 근에 달하였고 조선은 은 86냥 2푼으로
쳐주었다.[134] 하지만 청은 이 철물을 표인이 소지한 개인 물품으로 혼동
하여 표인이 불법으로 철물을 해외로 가지고 나갔다고 주장하였다.[135]
이 때문에 청은 원래 표인 해송을 담당한 재자관에게 주어야 할 賞賜를
반감하고 연향까지 취소하였다.[136] 조선은 청이 의심하게 된 이유를 咨
文에 나타난 단장할 '粧'자를 꾸밀 '裝'자로 착각하고 '粧船'을 '裝船'으로
잘못 이해하기 때문인 것으로 판단하여 咨官을 별정하여 사실을 밝히는

---

133) 『同文彙考』 原編 續, 漂民4, 上國人, 「己巳報大靜縣漂人押解咨」. "物件之難運者, 及
　　 粧船鐵物, 從優折價以給. 其破碎船隻, 棄置雜物, 依願燒火."
134) 『承政院日記』 1965冊, 純祖 9年 4月 丁未.
135) 『同文彙考』 原編 續, 漂民4, 上國人, 「盛京將軍衙門知會粧船鐵物開單入送咨」.
136) 『同文彙考』 原編 續, 漂民4, 上國人, 「禮部知會齋咨官頒賞半減咨」.

咨文을 직접 북경에 보냄으로써 해명하고자 하였다.[137] 결국 사실이 밝혀지자 청은 의심을 풀고 표인 해송에 대한 賞賜를 회복시켰다. 또한 조선이 당시 녹이지 않았던 철물 1,716근을 瀋陽으로 운반하였기 때문에, 청은 은 34냥 3전 2푼을 조선에 돌려주었고, 일은 원만하게 해결되었다.[138]

　순조 10년(1810) 철물 처리에 관한 논쟁이 재차 일어났다. 이 해 10월 孫文緖 등 35명이 황해도 康翎에 漂到한 후 육로로 송환되었다. 표선을 불태운 후 남은 釘鐵 60여 근도 함께 보내졌다.[139] 그리고 鐵錨·鐵鍋·麻繩 등 운반하기가 불편한 물건의 경우 규칙에 따라 값을 쳐주고 은을 지불하였다. 하지만 표인들은 봉황성에 인계되고 심문을 받았을 때 折價의 사실을 숨기면서 상기의 물건들이 조선에 의해 압류되었다고 밝혔다. 瀋陽에서는 龔鳳來 등의 표류 사건 중의 철물 처리를 참조하면서 조선에 이자하여 압류된 철물을 보내달라고 하였다.[140] 실제로 조선은 예부에 보낸 咨文에서 折價의 경위를 이미 詳述하였으나,[141] 瀋陽에서는 이 咨文을 보지 못하고 표인의 말에 따라 이자하였던 것이다.[142] 그럼에도 불구하고 이미 보내달라는 瀋陽 측의 요구가 전해졌으므로 요청된 제반 물건을 보내지 않으면 안 되었다. 결국 조선은 瀋陽에서 요구하는 대로 값으로 쳐준 철물을 다시 보냈고,[143] 예부에서는 그 값 1냥 7전 7푼을

---

137)『承政院日記』1965冊, 純祖 9年 4月 丁未.

138)「奏報嚴訊遭風民人龔鳳來等朝鮮國留買鐵物及行査朝鮮國王咨覆各緣由」(대만 國立故宮博物院 소장 宮中檔, 청구번호: 404014199).

139)『通文館志』卷11, 紀年續編, 純宗大王 10年 庚午.

140)『同文彙考』原編 續, 漂民5, 上國人,「盛京將軍知會鐵物咨送咨」,「盛京將軍衙門知會催送鐵物咨」.

141)『同文彙考』原編 續, 漂民5, 上國人,「庚午報長岱浦漂人押回咨」.

142)『承政院日記』1993冊, 純祖 11年 2月 乙酉.

143)『同文彙考』原編 續, 漂民5, 上國人,「盛京禮部知會鐵物査收咨壬申」.

돌려주었다.[144]

상기의 두 사건을 통해 해당 시기 철물 유출에 대한 청의 민감한 반응을 엿볼 수 있다. 기존 연구에 따르면, 이는 蔡牽을 비롯한 해적 집단의 횡행을 방비하는 청의 경계심과 연관이 있었다.[145] 조선도 청의 이와 같은 우려를 의식하여 표선의 철물을 처리하는 데 더욱 신중한 태도를 취하였다. 예를 들어, 순조 11년(1811) 王理 등 5명의 白翎鎭 표류 사건을 처리할 시 비변사에서는 "가져갈 수 있는 물건과 선박을 단장하는 데 쓴 철물"을 샅샅이 운반하도록 요청하는 동시에, 철물에 대한 처리를 소홀히 하면 안 된다고 특별히 강조하였다.[146] 이렇듯 철물에 대한 청의 경계심 확대는 조선의 표인 대응책에 영향을 미쳤다. 조선은 청의 의심을 해소하기 위해 이미 값을 쳐주었음에도 철물을 돌려보냈던 것이다.

이러한 변동은 최종적으로 관례화의 과정을 거쳐 成文化되었는데 그 계기는 순조 19년(1819) 제주에서 일어났던 중국인 표류 사건이었다. 이해 江南省 通州 출신의 葛源裕 등 12명과 彭錦祥 등 12명이 각자 3월과 11월에 제주에 漂到하였다. 후자는 표선이 부서졌기 때문에 전자의 튼튼한 표선을 타고 함께 떠나려고 하였다. 하지만 표선을 불태운 후 남은 철물 2,500근을 가져갈 생각이 없었다. 이로 인하여 조선은 표인을 해로로 돌려보내는 동시에 철물을 육로로 봉황성에 보냈다.[147] 그리고 이에 대한 청의 회자에 구체적으로 철물 처리의 준거를 제시하였다.

(M) 內地 민인이 풍랑으로 인하여 조선 경내에 표류할 경우에는 만약

---

144) 『同文彙考』原編 續, 漂民5, 上國人, 「禮部知會鐵物給價咨」.

145) 屈廣燕, 2018, 앞의 논문, 120쪽.

146) 『承政院日記』 2009冊, 純祖 11年 11月 癸巳. "而至於鐵物, 尤不可疎漏."

147) 『承政院日記』 2136冊, 純祖 20年 12月 庚戌.

에 선박을 파괴하여 불에 태우면 (남은) 釘鐵과 使物은 응당 해당 표인으로 하여금 소지하도록 하여 함께 봉황성으로 보내야 한다.[148]

즉 표선을 불태우면 그 남은 철물을 무조건 청으로 돌려보내야 한다는 것이었다. 이에 따라 조선은 향후 철물을 처리하는 데 운반하기가 불편한지 여부를 불문하고 還送의 방식을 취해야만 하였다. 이처럼 折價의 방식으로 이루어진 조·청 양국 간의 철물 교역은 마침내 청에 의해 금지되고 말았다.

해당 시기 철은 은보다 경제적 가치가 그다지 높지 않았기 때문에, 청의 요구에 따른 강제적인 철물 환송은 운반하는 데 소요될 인력·물력을 제외하면 실제로 별다른 경제적 폐단을 초래했다고 보기가 어렵다. 따라서 순조 19년 이후 청의 요구에 따라 철물을 환송하는 것은 큰 문제가 아니었다. 그러나 때로는 지방관이 철물의 수량을 숨기려는 경향이 있었다. 예컨대, 순조 24년(1824) 10월 石希玉 등 37명이 나주 荷衣島에 표류하였고 육로로 돌아가기로 하였다. 이들이 서울로 올라온 뒤 비변사에서는 문정을 실시하였고, 문정을 통해 철물은 成冊에 실린 79근보다 3,543근이 누락되었다는 사실을 알게 되었다. 이에 놀란 조정에서는 해당 지방관을 조사하였다. 지방관은 철물이 成冊에 누락된 사실을 인정하면서 마침 보고하고 區處하려 했다고 변명하였다.[149] 조정에서는 이 지방관을 엄격하게 처벌하였고, 누락된 철물을 추후 청으로 돌려보냈다. 다만 청의 의심을 사지 않기 위해 예부에 보낸 咨文에는 지방관의 은

---

148) 『同文彙考』 原編 續, 漂民5, 上國人, 「庚辰盛京禮部知會漂人核辦咨」, "內地民人遭風漂到朝鮮國境內者, 若將船隻損壞燒毀, 釘鐵以及使物, 應令該難民携帶, 連人一同送至鳳凰城."

149) 『承政院日記』 2188冊, 純祖 25年 2月 壬申; 『備邊司謄錄』 213冊, 純祖 25年 2月 14日.

닉 행위에 대해 생략하였다.[150]

지방관이 고의로 철물을 成冊에 누락시킨 것은 이 철물을 통해 경제적 이익을 꾀하고자 하였기 때문으로 추측된다. 조선후기에 철은 선박·조총의 제조뿐만 아니라 복구·보수·신축 등 건축공사 시행 과정에서도 중요한 原料로 사용되었고.[151] 철의 채굴은 비교적 자유로웠고, 그 생산지 또한 광범위하게 각 도에 분포되었다.[152] 철은 특정한 수요가 생길 때에만 조달되었고, 그 공급은 外道卜定·公儲備蓄·私貿 등 방식을 통해 이루어졌다. 정조 20년(1796) 화성 성곽 축조를 예시로 보면 당시 사무에 의한 正鐵의 단가는 대략 0.13~0.16냥/근으로 나타났다.[153] 이에 따르면 3,543근의 철은 약 461~567냥으로 환산된다. 수익이 얼마나 되는지를 가늠해볼 수 있다.

이처럼 철물 처리는 19세기 초 청이 해적 세력을 경계하는 과정에서 특수한 외교 현안으로 부각되었다. 원래 折價의 방식으로 진행된 철물 처리는 청에 의해 금지되었고, 대신에 모든 철물을 환송해야 하였다. 이는 오히려 은의 청 유출을 줄일 수 있어서 조선 당국은 이에 대한 반감을 보이지 않았다. 다만 私利를 도모하는 지방관의 철 회수 은닉 현상이 존재하였다. 이를 감안하면 표인의 화물 처리 및 회수 과정에서 지방관 혹은 지역민에 의해 이루어진 물품 점취 행위가 발생할 수 있었다는 사실도 자명하다.

---

150) 『同文彙考』原編 續, 漂民5, 上國人, 「乙酉報荷衣島漂人押解咨」.

151) 孫禎睦, 1977, 『朝鮮時代 都市社會研究』, 一志社, 154~156쪽.

152) 柳承宙, 1969, 「朝鮮後期 軍需鑛工業의 發展 -鳥銃問題를 中心으로-」, 『史學志』3, 26쪽.
    물론 철은 특정한 국가적인 또는 사회적인 수요로만 채굴되었기 때문에 연·은과 같은 조선후기의 주류 鑛産과 비교가 안 되었다는 것이 사실이다.

153) 이권영·김왕직, 2007, 「조선후기 관영건축공사에 있어서 철물과 철제 연장의 공급체계에 관한 연구 -營建儀軌 기록을 中心으로-」, 『건축역사연구』16(3), 105쪽.

3. '懷柔遠人'과 중화계승의식

위에서 살펴본 바와 같이, 18세기 말 19세기 초 조선의 표류 중국인 대응책은 제도적 측면에서 어느 정도 정비되었다. 하지만 명분상 對明義理를 적용할 수 없는 상황에서, 표류 청인을 구조·무휼·송환하는 덕의를 합리화하는 논리적 構造가 필요하였다. 앞서 王富 등 일행의 표류 사건을 검토했을 때 언급했듯이 이 논리적 구조는 '멀리서 온 사람을 회유한다', 즉 '懷柔遠人'이라고 표현되는 정치철학적 사상이었다.

'회유원인'이라는 표현은 『禮記·中庸』에서 나라를 다스리는 9가지 원칙[九經] 중의 '柔遠人' 앞에 "가슴에 품다"라는 의미의 '懷'자를 붙여서 만들어진 것으로 보인다. 우선 經典에서 나타난 '유원인'의 관련 서술을 정리하면 다음과 같다.

> (N-1) 멀리 있는 자에게 너그러이 대하면 사방에서 사람들이 찾아올 것이다. (...) 떠나는 이를 보내고 오는 이를 맞이하며, 능력 있는 자를 대우하고 부족한 자를 가엾게 여기는 것이 멀리 있는 자에게 너그러이 대하는 것이다.[154]

> (N-2) 遠이란 번국의 제후를 가리키는 말이고 四方이란 번국을 가리키는 말이다.[155]

(N-1)은 『中庸』에 나타난 '유원인'에 관한 내용이고, (N-2)는 孔穎達(574-648)이 그 내용에 단 주해이다. 孔穎達에 따르면, 遠人이란 제후국

---

154) 『禮記·中庸』 20章. "柔遠人, 則四方歸之. (...) 送往迎來, 嘉善而矜不能, 所以柔遠人也."
155) 『禮記註疏』 卷52. "遠, 謂蕃國之諸侯. 四方, 則蕃國也."

[藩國]의 사람을 뜻하였다. 멀리 있는 제후국의 사람이 오면 따뜻하게 대해주는 것이 회유원인의 방식이고, 그 목적은 사방의 사람으로 하여금 찾아오도록 하길 위해서였다. 이렇듯 '회유원인' 사상의 전제에는 '主'와 '客'의 차등적 관계가 내재해 있었고, 이 관계의 기저에는 華夷觀이 깔려 있었다.

　주지하다시피 화이관은 華夏民族과 주변의 이민족 사이에 일어났던 정치적 권력쟁투에 따라 형성된 문명·종족 차원에서의 구분의식이었다.[156] 화이관은 화하민족의 영토 확장 과정에서 사상적 근거가 되었고, 천자의 有德의 세계에 四夷를 포섭시키면 '夷'도 '華'의 일원이 될 수 있다는 문화적 통합 의도가 포함되었다.[157] '회유원인' 사상도 문화적 우월성이라는 의미에서 이론적 근거가 형성된 것으로 생각된다. 이와 같은 문화 우위론은 주나라의 문화를 복원하고자 한 儒家들에 의해 더욱 견고해졌고, 유교문화권에 속한 민족의 가치판단에 지대한 영향력을 행사하였다. 다만 주의해야 할 점은 이 우위론의 핵심 내용에서 '夷'에 대한 '華'의 절대적 우월성 이외에 '夷'에서 '華'로의 전환 가능성, 즉 중화문화의 포용성도 두드러진다는 것이다.[158] 이 때문에 덕으로 사방을 교화·복종시킬 수 있었고, '멀리 있는 사람'을 綏靖하는 것도 정당화할 수 있었다. 바로 이러한 의미에서 '회유원인' 사상의 정치적 의미가 성립될 수

---

156) 華夷思想 개념을 둘러싼 문제점과 학계에서의 논쟁에 대해서는 洪承賢, 2008, 「고대 중국 華夷觀의 성립과 성격 -春秋三傳의 검토를 중심으로-」, 『中國史研究』57, 187~197쪽을 참조.

157) 全海宗, 1979, 「東洋에 있어서의 民族主義 -中華主義的 民族觀의 변천-」, 『西洋史論』20, 52쪽.

158) 헤비야(James L. Hevia)에 따르면, 청의 天下觀은 이러한 차등·포용적(hierarchi-cal inclusion) 성격을 지니고 있었다(James L. Hevia, 1995, *Cherishing Men From Afar: Qing Guest Ritual and The Macartney Embassy of 1793*, Durham: Duke University Press, p.246).

있었다.

'회유원인' 사상은 주변 정권을 중국 중심 국제질서에 편입시키기 위한 이론적 도구로 역할하였다. 특히 청대 표류 외국인에 대한 구휼·송환에서 이 사상은 정치적 원리로 적용되었다. 구체적으로는 1737년 청 乾隆帝가 내린 諭旨를 통해 엿볼 수 있다.

> (O) 향후 풍랑으로 인하여 표류해 온 이와 같은 선박이 있으면 해당 督撫로 하여금 有司를 데리고 가서 특별히 마음에 두어 무휼하게 하라. 국가의 公金을 동원하여 의복과 식량을 賞給으로 주고 선박을 수리해주며, 아울러 화물을 조사하고 돌려준 후 (사람과 함께) 본국으로 돌려보냄으로써 멀리 있는 자를 회유한다는 朕의 뜻을 내비쳐라. 이는 영구한 定例로 삼아라.[159]

(O)를 통해 알 수 있듯이, '원인'에 대한 회유는 주로 무상으로의 人·物 구조와 송환을 통해 구현되었다. '멀리서 온 사람'으로서의 표인을 구휼하고 그들에게 은혜를 베푸는 것은 인덕으로 가득 찬 천자의 이미지를 강화하려는 황제의 의도를 드러냈다. 황제의 덕의를 주변 나라에 확대시킴으로써 '사방의 사람들'로 하여금 흠모하는 마음으로 찾아오게 하는 것은 곧 문화적 통합의 일환으로 취급되었다. 따라서 청의 '회유원인' 사상의 이면에는 정치적 측면에서 황제로서의 절대적인 권위와 문화적 측면에서 중화문명의 우월성에 대한 자부심이 숨겨져 있었다고 할 수 있다.

---

159) 『淸高宗實錄』 卷52, 乾隆 2年 閏9月 庚午. "嗣後如有似此被風飄泊之人船, 著該督撫督率有司, 加意撫恤. 動用存公銀兩, 賞給衣糧, 修理舟楫, 並將貨物查還, 遣歸本國, 以示朕懷柔遠人之至意. 將此永著爲例."

18세기에 접어들어 조선 정부도 표류 사건을 대응할 때 '회유원인' 사상을 정치적 원리로 적용시키고자 했던 것으로 보인다. 두 가지 방면에서 그 연유를 찾을 수 있다. 우선 대내적인 방면에서 보면, 이것은 조선후기 경세론 측면에서 도덕실천적인 『中庸』 연구의 방법론과 연관이 있었다고 생각한다. 이 시기 성리학적 본체론을 탈피하여 인간의 도덕적 실천을 위한 이론적 근거를 구축하는 입장에서 『中庸』을 이해하려고 한 흐름이 있었다. 군주가 세상을 주도하는 원칙으로서의 仁政, 항시적으로 道를 실천하는 '至誠' 등 해석을 예시로 들 수 있다.[160] 특히 18세기 이후 국왕의 도덕 실천에는 당쟁에서 왕권을 중흥시키려는 정치적 의도가 담겨 있었던 것으로 보인다. 표인에 대한 구휼은 국왕의 仁心과 道義를 실천할 수 있는 중요한 계기였기 때문에 주목받았다. 여기서 표인은 표류해온 외국인뿐만 아니라 표류 조선인도 포함하였다. 즉 표류 조선인이 송환되면 국왕은 이들의 월경 사실을 문책하기보다 '仁恕'의 의미에서 이들을 인견하고 恤典을 베풀었다는 것이다.[161] 은혜를 통해 왕권 강화를 실현하고자 한 마음이었다. '회유원인'의 정치적 목적 또한 이와 관계가 있었던 것으로 판단된다.

다음으로 대외적인 방면에서 보면, 북벌론의 무산에 따라 文化正統論이 대두되고 마침내 중화계승의식까지 이어지는 조선후기의 중화의식이 또 하나의 원인으로 작용하였다고 생각한다. 명·청의 교체를 목도한 조선 지식인들은 처음에 이적으로 치부된 청을 거부하고 명의 부흥을 기대하면서 '尊明排淸'의 義理論에 따라 북벌론을 고창하였다. 이와 같은 청에 대한 반감은 남명의 멸망과 함께 사라지지 않고 오히려 문화

---

160) 엄연석, 2016, 「규장각 소장본을 통해 본 조선 중·후기 『중용』 연구 경향」, 『한국문화』74, 87~90쪽.

161) 이훈, 1999, 「人的 교류를 통해서 본 朝鮮·琉球關係 -被擄人·漂流民을 중심으로-」, 하우봉 외, 『朝鮮과 琉球』, 아르케, 237쪽.

의 차원에서 명으로부터의 중화 정통 계승을 강조하는 방향으로 전환되었다. 이에 따라 조선의 중화의식은 '소중화'에서 현실의 '중화'로 바뀌었고, 문화정통론을 구축하는 과정에서 '尊周思明'이라는 사상적 원동력이 적용되었다.162) 결국 중화계승의식이 형성되자 문화적 측면에서 조선의 우월성을 확보할 수 있었다.163) 이는 '회유원인' 사상 수용의 이론적 토대가 마련되었음을 의미한다.

이렇듯 '회유원인' 사상의 수용은 대내적인 왕권강화의식과 대외적인 문화정통의식을 기반으로 이루어졌다. 이 사상은 당대 조선의 학계 동향과 대외인식과 결합되어 중요한 이론적 근간으로 작용하였다. 특히

---

162) 조선후기 중화사상의 변화 추이에 대해서는 많은 연구 성과가 축적되었다. 본 연구는 주로 아래와 같은 논저들을 참조하였다. 정옥자, 1998, 『조선후기 조선중화사상 연구』, 일지사 ; 유근호, 2004, 『조선조 대외사상의 흐름: 중화적 세계관의 형성과 붕괴』, 성신여자대학교 출판부 ; 孫衛國, 2007, 『大明旗號與小中華意識』, 商務印書館 ; 김문식, 2009, 『조선후기 지식인의 대외인식』, 새문사 ; 허태용, 2009, 『조선후기 중화론과 역사인식』, 아카넷 ; 계승범, 2009, 「조선후기 중화론의 이면과 그 유산」, 『韓國史學史學報』19 ; 계승범, 2011, 『정지된 시간: 조선의 대보단과 근대의 문턱』, 서강대학교 출판부 ; 계승범, 2012, 「조선후기 조선중화주의와 그 해석 문제」, 『한국사연구』159 ; 우경섭, 2012, 「朝鮮中華主義에 대한 학설사적 검토」, 『한국사연구』159 ; 우경섭, 2013, 『조선중화주의의 성립과 동아시아』, 유니스토리 ; 김영민, 2013, 「조선중화주의의 재검토」, 『한국사연구』162 ; 王元周, 2013, 『小中華意識的嬗變』, 民族出版社 ; 張崑將 編, 2017, 『東亞視域中的「中華」意識』, 國立臺灣大學出版中心 등.

163) 이러한 문화적 우월감은 조선 지식인과 표류 중국인의 대화를 통해서도 느껴진다. 예를 들어, 영조 35년(1759) 11월 福建 출신의 徐七 등 15명과 范文富 등 28명이 羅州·康津 일대에 표류하였다. 이들은 함께 육로로 돌아가는 도중 서울 남별궁에서 李德懋(1741-1793)와 필담하였다. 李德懋는 福建의 향유, 독서, 명의 사정 등에 대해 물어보았다. 또한 머리를 깎고 옷깃을 왼쪽으로 한 표인의 모습을 보면서 "홀로 우리나라만이 禮義를 숭상하여 갓을 쓰고 띠를 띠므로 이제야 우리나라에 태어난 것이 다행임을 알겠구나[獨我東, 尙禮義而冠帶之. 於今覺幸生東國也]"라고 감탄하였다(李德懋, 『靑莊館全書』卷3, 嬰處文稿1, 「記福建人黃森問答」). 명에 대한 추모와 조선 중화문명에 대한 자부심을 표출하였던 것이다.

이 사상은 중화계승의식과 함께 당시 표류 중국인 대응 시 명분 차원에서의 공백을 메웠다.[164] 구체적으로 보면, 숙종대 '회유원인' 사상은 화물의 증출 및 환송을 통해 드러났는가 하면 영·정조대에 이르러서 그것은 표인에 대한 衣食 공급을 통해 나타났다. 후자의 사례를 구체적으로 살펴보자.

> (P-1) 白翎島 표인에 대하여 아직까지 狀聞으로 주달하지 않아 원인
> 을 회유하는 의리로 답답한 마음이 절실하였는데 지금에서야 도착하였

---

164) 실제로 '회유원인' 사상은 18~19세기 조선사회가 당도하였던 京鄕分岐의 큰 추세에서 적용되기도 하였다. 예컨대, 영조 3년(1727) 10월 21일의 晝講에서 檢討官 趙鎭禧(1678-1747)가 '유원인'의 의리는 조선에서 응당 지방에 적용해야 한다고 지적하였다. 지방이 멀어서 왕의 교화가 미치지 못하기 때문이었다(『承政院日記』 648冊, 英祖 3年 10月 癸卯). 한편 당시 서울의 京華士族 관료학자들은 대도시로 발달해 가던 서울에서 성장하였기 때문에 상업의 융성과 다양한 문화를 직접 느낄 수 있었다. 이들의 정신세계는 향촌의 농업생활만을 기반으로 학문사상을 전개하던 지방 지식인들의 그것과 구별되었다(유봉학, 1998, 『조선후기 학계와 지식인』, 신구문화사, 114~115쪽). 즉 문화적 측면에서 서울을 높이고 지방을 낮췄다는 것이다. 이러한 상황에서 경화사족 사이에는 지방향유에 대한 문화적 우월감이 형성되었다. 이 우월감에 따라 서울을 기준으로 지방향유가 '원인'이 되었고, 지방향유의 서울 출사는 '원인에 대한 회유'에 의해서야 비로소 가능한 것으로 취급되었다. 예컨대, 순조 28년(1828) 掌令 權馝는 지방의 인재를 등용하는 것을 요청하기 위해 삼남지역과 관동지역을 당나라의 東都로 비유하면서 옛날의 제왕이 원인 여부를 불문하고 인재만 등용했음을 강조하였다. 그리고 그 이유 중의 하나를 '유원인의 의리[柔遠人之義]'로 지적하였다(『承政院日記』 2235冊, 純祖 28年 11月 壬寅). 이처럼 삼남 및 관동 등 먼 지방의 출신자가 원인으로 치부되었고, 서울에서 이들을 등용하는 일은 '유원인'의 차원에서 인식되었다. 물론 여기서 원인이란 '번국의 제후'가 아니라 거리상 '멀리 있는 자'라는 단순한 뜻을 의미하는 듯했지만, 문화적 측면에서의 차등관계가 적용되었다는 것이 분명하였다. 이처럼 경향분기의 추세에 따른 '회유원인' 사상의 적용 문제는 조선후기 사상사 연구의 한 주제로 될 수 있지만, 본 연구는 주로 이 사상이 대외적으로 적용되는 양상을 살펴보고자 하므로 대내적인 적용 양상에 대한 분석을 생략하도록 하겠다.

다. 수로로 데려다 주는 것은 지금 논할 수 없으니 비국에서 즉시 咨文을 짓고 재자관을 정하여 북경으로 압송하게 하라. 장연현감이 보고한 장계는 내용이 너무 애매모호한데 무신이면서 『中庸』의 九經도 읽지 않았는가? 아, 南京의 사람이 여기까지 표류해 왔으면 배도 없고 양식도 없을 텐데 어찌하여 옷이 얇은지 여부를 묻는가?[165]

(P-2) 바지·저고리 등의 옷은 그들이 혹은 의례적으로 사양할 수 있겠지만, 멀리서 온 사람을 회유하는 조정의 의리에 있어서 돌보아 주는 도의가 없어서는 안 되므로 전례에 따라 잘 지어 주어야 합니다. 또한 그들이 머무는 동안의 양식과 반찬, 돌아갈 때 바다를 건너는 동안 필요한 양식, 그리고 소금·간장·물고기·미역·땔감·기름 등의 물건을 넉넉히 지급함으로써 조정의 軫念하는 덕의를 보여주어야 합니다.[166]

(P-1)은 영조 50년(1774) 鎭江 출신의 陳啓斌 등 9명이 長淵에 표류한 사건에 관한 기록이다. 영조는 사건 처리에 대해 각별히 신경을 쓰고 '배도 없고 양식도 없는' 표인에 대해 연민의 뜻을 표하였다. 또한 장연현감의 장계 내용이 모호한 것은 해당 관원이 『中庸』의 九經을 읽지 않았기 때문이라고 지적하였다. 결국 국왕의 답답한 마음은 '원인을 회유하는 의리'를 지키려고 한 생각에서 유래한 것으로 밝혀졌다. 이렇듯 영조는

---

165) 『備邊司謄錄』 156冊, 英祖 50年 2月 19日. "白翎漂人, 尙無聞奏, 柔遠人之道, 心切杳杳, 今始來到. 水路領付, 今不可論, 令備局卽爲撰咨, 定齎咨官押付北京. 長淵縣監報狀, 其涉曚曨, 以武臣不讀中庸九經章乎? 噫! 南京之人, 漂到于此, 無船無糧, 何問衣薄與否?"

166) 『備邊司謄錄』 160冊, 正祖 3年 7月 3日. "至於衣袴, 渠輩雖或例讓, 在朝家柔遠人之道, 不可無顧恤之道, 依例精造以給. 留住間糧饌, 回還時越海糧及鹽醬魚藿柴油等物, 從厚題給, 以示朝家軫念之德意."

표류를 당하고 죽을 고비를 넘긴 표인을 불쌍하게 여기고 특별한 은혜를 베풀고자 하였다. 실제로 당시의 사건은 숙종대 王富 등의 표류 이래 처음에 '유원인'의 의리가 표류 사건 처리에 적용되는 것이었다. 이는 국왕 중심의 정치질서를 통해 민을 중심에 놓는 정책을 구현하려고 한 영조의 제왕학과 연관이 있어 보인다.[167] 이러한 정치적 포부를 실현하기 위해 영조는 대량의 경전을 공부하였는데, '유원인' 사상의 습득 또한 반복적인 『中庸』 독서 과정에서 이루어진 것으로 추정된다.[168] 이 사건으로부터 표류 중국인을 원인으로 취급하는 경향이 나타나기 시작하였다.

(P-2)는 정조 3년(1779) 浙江 출신의 王景安 등 77명이 靈巖郡에 표류한 사건에 대한 비변사의 啓文이다. 이에 따르면, '회유원인' 사상은 표인에게 옷을 잘 만들어 주는 것에서 드러났다. 그리고 각종 양식을 마련해주는 일은 표인에 대해 '軫念하는 덕의'를 표현하기 위해서였다. 軫念이란 임금이 백성을 위해 마음을 쓰고 근심함을 뜻하는 표현이다. 즉 원인을 회유하는 의리가 국왕의 덕의에서 비롯된다는 것이었다. 이러한 논리 구조는 '仁政'이라는 왕권 강화 이데올로기에 부합하는 것으로서 천자의 이미지를 부각시키려는 청 건륭제의 논리와 근본적으로 다름이 없었다.

이처럼 18세기 후반 조선은 중화정통을 표방하면서 표류 중국인을 '원인'으로 치부하였다. 표류 중국인에 대한 구휼은 원인을 회유하는 국왕의 덕의에 의해 실시되었다. 이러한 상황에서 표인의 신분은 '중국인'이 아닌 '왕의 덕의에 감화를 받는 원인'이었기 때문에, 표류 중국인을 우대하는 것은 對明義理를 위한 것이 아니더라도 명분상 큰 문제가 없었다.

---

167) 정재훈, 2015, 「영조의 제왕학과 국정운영」, 『韓國思想과 文化』77.
168) 영조의 구체적인 『中庸』 독서 일정에 대해서는 金重權, 2019, 「朝鮮朝 經筵에서 英祖의 讀書歷 考察」, 『書誌學研究』79, 54쪽을 참조.

이와 같은 논리 구조의 전환은 해당 시기 안정적인 조·청관계와 연결시켜서 설명할 수 있다. 주지하는 바와 같이, 영·정조대에 들어와서 조·청관계는 국왕의 성의와 황제의 후대를 교환하는 과정에서 우호적으로 유지되었다.[169] 물론 조선의 對淸 사대는 명에 대한 至誠事大의 수준에 이르지 않고 '권도'의 차원에서 임시방편으로 행해졌지만, 적어도 保國安民이라는 실리적인 수요를 위해 거짓되지 않은 방식으로 이루어졌다.[170] 즉 성의를 보여주었다는 것이다. 이러한 의미에서 해당 시기 표류 중국인에 대한 국왕의 덕의는 청에 대한 성의를 드러내기 위한 것으로 이해할 수 있다.

그런데 여기서 조선 국왕의 성의는 궁극적으로 對淸 사대를 위한 것이 아니라 국왕 중심의 제왕학을 추구하기 위한 것이었다는 점을 간과해서는 안 된다. 이는 영조 1년(1725) 直講 韓㵆의 上疏를 통해 확인된다.

(Q) 제왕의 학문이 비록 일반 선비와 같지는 않지만 반드시 견고하게 뜻을 세우고, 반드시 정밀하게 이치를 궁구하며, 반드시 돈독하게 실제로 이행해야 하고, 반드시 넓게 이를 확충해야 한다는 점은 역시 다름이 없습니다. 사물을 접하고 일에 응하는 것은 모두가 배우고 성실한 바탕에서 의리를 연구하고 밝힌 뒤에야 어떤 일을 할 때 뜻밖에 생기는 변을 제어할 수 있는 것입니다. 그러므로 『大學』에서 誠意·正心의 요체는 반드시 格物致知를 우선하였고, 『中庸』九經의 법에서도 誠實을 근본으로 삼았습니다. 대저 천하의 이치에는 성실함이 있은 뒤에야 자연스럽게 효과가 있는

---

169) 구범진, 2014, 「조선의 청 황제 성절 축하와 건륭 칠순 '진하 외교'」, 『한국문화』 68 ; 노대환, 2018, 「18~19세기 조선의 대청 외교」, 동북아역사재단 한국외교사 편찬위원회 편, 『한국의 대외관계와 외교사 -조선 편-』, 동북아역사재단.

170) 허태구, 2020, 「정조대 대청 외교와 대명의리의 공존, 그 맥락과 의미」, 『지역과 역사』47, 152쪽.

것이니, 성실함이 없는데도 효과가 있다는 말은 신이 들어보지 못했습니다.[171]

韓澍에 따르면, 군주는 어떤 일에 응하든 간에 성실함의 확보를 우선 시해야 한다는 것이다. 영조가 가장 선호한 『大學』과 『中庸』에서는 모두 성실함을 근본으로 삼았다. 정조대에 이르러서도 성의의 중요성이 거듭 강조되었다. 예컨대 정조 10년(1786) 侍讀官 申馥은 『中庸』 九經에서 가장 긴요한 부분은 修身이고 수신에서 가장 긴요한 부분은 성실함이라고 하면서 성실함이 없으면 九經은 虛文밖에 안 된다고 지적하였다.[172] 이처럼 영·정조대 국왕 주도의 경세 질서를 구축하는 과정에서 성실한 자세가 요구되었고, 이 자세는 對淸 외교뿐만 아니라 표인을 우대하는 데에도 적용 가능하였다. '회유원인'의 사상이 주로 표인에 대한 접대에서 드러난 이유도 여기에 있었다.

요컨대 18세기 후반에 접어들어 '회유원인'의 정치사상은 국왕 중심의 정치질서를 추구하려는 왕의 성실함과 함께 표인에 대한 우대로 구현되었다. 다만 '회유원인'의 사상이 성립된 전제로서의 문화 우월성이 여전히 유효하였다는 점에서 유의할 필요가 있다. 조선은 '회유원인' 사상을 수용하는 과정에서 '원인'의 뜻을 보편적인 의미로서의 '멀리 있는 자'로 조금 변용시켰지만, 중화계승의식에 의해 형성된 문화정통의식은 여전히 견고하였다. 표류 중국인을 '원인'으로 취급할 수 있는 것 또

---

171) 『承政院日記』 604冊, 英祖 1年 11月 丁未. "帝王之學, 雖與韋布不同, 然而立志必固, 窮理必精, 踐履必篤, 擴充必廣, 亦無以異也. 接物應事, 無非學也而講明義理於誠實之地, 然後裁制事變於作爲之際. 故大學誠正之要, 必以格致爲先, 中庸九經之法, 亦以誠實爲本. 夫天下之理有其誠, 然後自有其效. 無其誠而有其效, 非臣攸聞."

172) 『承政院日記』 1598冊, 正祖 10年 4月 戊寅. "而九經之緊要處, 在乎修身, 修身之緊要處, 又在乎誠. 苟於心術隱微之間, 一有不誠, 則九經皆爲虛文矣."

한 중화의 정통이 청이 아닌 조선에 있다는 자부심에서 유래하였다. 이로 인하여 이 무렵 표류 중국인을 제외하고 표류 일본인이나 표류 류큐인도 조선의 같은 기준에 따라 우대를 받을 수 있었다.[173] 즉 조선은 문화적 측면에서 자신을 청·일본·류큐와 구분시켰다는 것이다. 이러한 의미에서 이 시기 표류 중국인을 우대하는 것은 조선이 청을 의식하였기 때문이라기보다 조선이 '중화의 계승자'로서 보편적인 의미에서의 '원인'에게 성의를 보여주기 위해서였던 것으로 보아야 할 것이다.

종합해서 보면, 18세기 중·후반에 접어들어 조·청관계가 완화되었기 때문에 표류 중국인의 처리 또한 '안정기'의 대외문제로 전환되었다. 조선은 기사회자의 규정을 기반으로 상황에 따라 구체적인 국내의 처리 절차를 만들었다. 이러한 절차들은 對淸關係의 정리 과정에서 성문화하여 규범화되었다. 한편 규범화된 표인 대응책의 정치적 원리로서는 '회유원인' 사상이 있었다. 이 사상은 왕권강화의식과 중화계승의식에 따라 수용되었고, 국왕 주도의 정치질서를 구축하려던 왕의 정치사상으로 작용하였다. 또한 '회유원인'의 사상에 따르면 조선과 청은 문화적 측면에서 차등관계에 있었으므로 청인에 대한 우대는 '멀리 있는 자'를 따뜻하게 접대하는 뜻으로 對明義理와 상충하지 않게 되었다. 후술하겠지만,

---

173) 예를 들어, 정조 1년(1777) 漂倭 17명이 강원도 三陟에 표류하였는데, 정조는 '원인을 회유하는 의리'에 따라 참조할 전례가 없어도 두꺼운 옷을 만들어 주는 것과, 연해의 각 읍에서 양식을 후하게 주는 것을 요구하였다(『承政院日記』 1407冊, 正祖 1年 9月 辛卯). 또 정조 14년(1790) 류큐인의 제주 표류 사건이 일어났을 때 국왕은 말하기를 "그들이 원하는 대로 즉시 돌려보내는 동시에, 의복을 만들어주고 식량을 후하게 지급하여 조정에서 軫念하는 뜻을 보여주라"고 유시를 내렸다(『備邊司謄錄』 176冊, 正祖 14年 6月 29日).
특히 표류 일본인도 '원인'으로 취급되었다는 것은 '회유원인' 사상의 이론적 근거가 사대·교린이라는 외교수단에 의해 성립된 것이 아니라는 점을 시사해준다.

이 사상은 표인 접대의 정치적 원리로서 19세기 중·후반에 들어 내박한 서양인에게도 적용되었다.

제 4 장

19세기 중·후반 해양질서의 변용과
海難救助 방식의 성립

18세기 이래 완화된 조·청관계는 19세기 후반까지 대체로 안정적으로 지속되었다.[1] 양국 관계의 근본 정신은 戰時의 '힘의 강약에 의한 지배와 복종'에서 事大字小로 표현된 도의적인 원칙으로 전환되었고, 의례적인 조공·책봉 왕래와 실질적인 '政教禁令의 自主'의 전개에 따라 양국은 '예외적인' 屬邦 관계가 건립되었다.[2] 그러나 양국 관계의 틀은 19세기 동아시아 해역 질서의 변용 앞에서 새로운 시련에 직면하게 되었다. 변용의 발생은 서양 세력의 동아시아 진출, 즉 서세동점에서 비롯되었다. 한편으로 청의 展海令 반포 이후 중국 상인들의 해외도항과 함께 외국 선박의 중국내도도 허용되었으므로 서양 제국의 무역선이 몰려오기 시작하였고, 다른 한편으로 유럽 천주교의 포교운동에 따라 선교사의 동아시아 진출도 등장하였다.[3] 이러한 와중에 식민지를 획득하려는 서양 열강의 야심이 드러났고, 그 결과 중의 하나가 아편전쟁의 발발이었다. 청은 아편전쟁에서 패배한 뒤 외세 침투와 국내의 반란 위기에 몰렸기 때문에 위신이 추락될 수밖에 없었고, 이는 기존 청 중심 국제질서에 동요를 야기하였다. 특히 외교사절의 주재 문제를 둘러싼 저항과 마찰은 동아시아 전통질서의 붕괴를 암시하였고, 불평등조약의 체결 또한 屬邦體制에서 公法體制로의 이행을 초래하였다.[4] 조선의 해양질서는 그 일

---

1) 全海宗, 1970, 『韓中關係史研究』, 一潮閣 ; 崔韶子, 1997, 『明清時代 中·韓關係史研究』, 이화여자대학교 출판부.

2) Key-Hiuk Kim, 1980, *The last Phase of the East Asian World Order: Korea, Japan, and the Chinese Empire, 1860~1882*, Berkeley and Los Angeles: the University of California Press.

3) 衛藤瀋吉, 2004, 「世界史の中の東アジア」, 『近代東アジア國際關係史』, 東京大學出版會.

4) 한규무, 2002, 「19세기 청·조선간 종속관계의 변화와 그 성격」, 하정식·유장근, 『근대 동아시아 국제관계의 변모』, 혜안 ; 金衡鍾, 2017, 「19세기 근대 한·중 관계의 변용 −자주와 독립의 사이−」, 『東洋史學研究』140.

련의 과정에 따라 변용되었으며, 청 해금체제의 붕괴로 인한 불법 어업 활동 및 서양 선박의 진출이 그 주된 내용이었다. 조선은 한편으로 서양 각국의 통상요구나 선교 요청을 거부하였고,[5] 다른 한편으로 기존의 처리 방식으로 청의 불법 어업활동에 대응하였다. 특히 서양 선박과 관련된 문제를 청에 미루고자 하였다. 하지만 청의 쇠락에 따른 屬邦 관계의 이완이 청을 적극적으로 개입하지 못하게 만들었다. 결국 洋擾와 일본의 북상 등으로 인하여 조선의 해양은 강제로 개방되었고, 표류 사건의 처리 방식 또한 이러한 변화에 따라 근대적인 海事의 모습으로 전환되어 갔다. 본장에서는 서양 선박의 출몰과 청의 불법 어업활동을 중심으로 해양질서의 '변동기'에 발생했던 표류 사건과 조선의 대응을 살펴보고 자 한다. 이로써 조선의 소극적인 대응을 밝히고, 기존의 '회유원인' 처리 방식에서 근대적 海難救助로의 표인 대응책 변화를 규명하려고 한다.

1. 아편전쟁 이후 漂人 구성의 변화

1) 서양 異樣船의 출몰 양상

서세동점 과정에서 조선은 서양 문명의 침투를 불가피하게 받을 수 밖에 없었다. 물론 조선은 청으로 파견된 燕行使를 통해서 서양 문물을 수용하고 서양과 간접적으로 접촉할 수 있었지만,[6] 직접 서양 문명과 부

---

5) 禹澈九, 2000, 「구미 열강의 통상요구」, 『한국사』37, 국사편찬위원회, 73~86쪽.

6) 조·청관계가 정상화되자 연행을 통해 북경에 방문한 조선 지식인들은 보다 자유롭게 숙소 주변을 다닐 수 있게 되었다. 당시 천주당은 사신들의 숙소와 가까운 곳에 위치했으니 조선 지식인들이 천주당에 방문해 西學을 접하기 수월하였다(金源模, 1998, 「조선후기 서구의 충격과 조선의 대응」, 『한국민족운동사연구』18, 7쪽 ; 盧

덮히는 공간은 여전히 해안과 섬이었고 맞이할 상대는 독특한 모양을 가진 서양 선박이었다.[7] 19세기에 접어들어 조선 해역으로 들이닥친 서양 선박에는 주로 영국, 프랑스, 러시아, 미국의 선박이 포함되어 있었고 이들은 중국·일본의 정체불명의 선박과 함께 異樣船이라고 불러왔다. 19세기의 類書 『松南雜識』에 따르면 이양선이란 특히 영국 선박을 가리켰다. 순조 32년(1832) 영국 商船 로드 애머스트(Lord Amherst)호가 충청도 洪州에 到泊한 이후부터 영국 선박의 조선 해역 방문은 "일어나지 않는 해가 없을" 정도로 빈번하였기 때문이었다.[8]

해당 시기 조선 사회는 누적된 폐단으로 사회체제에 대한 개혁의 필요성이 대두하였다. 세도가문이 득세하고 권세를 독점하여 專權을 휘두르고 있었고, 다른 한편으로는 삼정문란으로 관리들의 학정과 약탈이 횡행하는 사회에서 백성들은 처참하게 짓밟혔다. 가혹한 삶에 시달리던 이들 중의 일부는 괴로운 현실을 도피하기 위하여 18세기말부터 전래된

大煥, 1999, 『19세기 東道西器論 形成過程 硏究』, 서울대학교 국사학과 박사학위 논문, 19~22쪽 ; 金文植, 2003, 「조선후기 지식인의 對外認識」, 『韓國實學硏究』5, 230~234쪽).

7) 서양 선박의 조선 해역 진출과 관련된 기존 연구는 다음과 같다. 金在勝, 1987, 「朝鮮海域에 異樣船의 出現과 그 影響」(1)~(4), 『海技』1987-4~8 ; 金在勝, 1996, 「朝鮮海域에서 英國의 海上活動과 韓英關係(1797-1905)」, 『해운물류연구』23 ; 金在勝, 1997, 『近代韓英海洋交流史』, 仁濟大學校 出版部 ; 韓相復, 1988, 『海洋學에서 본 韓國學』, 海潮社 ; 宋炳基, 1998, 「歐美列强의 朝鮮 進出과 對應」, 『東洋學』28 ; 金源模, 1998, 앞의 논문 ; 金源模, 2004, 「19세기 韓英 航海文化交流와 朝鮮의 海禁政策」, 『文化史學』21 ; 박천홍, 2008, 『악령이 출몰하던 조선의 바다』, 현실문화 ; 김학준, 2010, 『서양인들이 관찰한 후기 조선』, 서강대학교 출판부 ; 김성준, 2010, 「서양선에 대한 조선인의 인식과 대응」, 『배와 항해의 역사』, 혜안, 153~196쪽 ; 김혜민, 2018, 「19세기 전반 서양 異樣船의 출몰과 조선 조정의 대응」, 『震檀學報』131.

8) 趙在三, 『松南雜識』 國號類, 外國類, 「永結利國」. "按純祖壬辰, 漂至洪州海, 其後無歲無之, 俗號異樣船."

천주교 이념을 수용하였다. 하지만 19세기에 들어 노론 벽파가 집권하여 그 이념을 위험한 사상으로 단정하여 천주교 信徒를 대대적으로 탄압하였다.[9] 이러한 상황에서 신도들은 대포를 싣고 온 서양 군함에 종교의 자유에 대한 희망을 걸었다.[10] 하지만 이는 거꾸로 이양선에 대한 집권층의 불안감과 거부감을 가중시켰다. 결국 천주교의 신도들의 西舶 청원을 계기로 이양선의 조선 해역 출몰 문제는 새로운 변경 문제로 부각되기 시작하였다.

정조 21년(1797) 영국 선박 프로비던스(Providence)호의 東萊 내박 이후 조선이 서양 이양선에 대응하는 방식은 감시·문정·송환 등 이전의 표선에 대해 취한 기계적인 처리 방식과 비교하면 큰 차이가 없다. 순조 16년(1816) 영국 선박 알세스트(Alceste)호와 리라(Lyra)호의 충청도 탐사 사건이 조선의 대응이 달라지지 않았음을 보여주는 좋은 사례이다.[11] 이해 영국이 청에 파견한 特使 애머스트(Amherst)卿을 호위하기 위해 맥스웰(Murray Maxwell, 1775-1831) 함장이 승선한 알세스트호와 홀(Basil Hall, 1788-1844) 함장이 승선한 리라호가 양력 8월 16일 天津 蓮河口에 도착하였다.[12] 두 함장은 特使團이 황제를 만나는 동안 시간의 여유가 있었

---

9) 노대환, 2008, 「18세기 후반~19세기 중반 노론 척사론의 전개」, 『朝鮮時代史學報』46.

10) 서양 선박이 천주교 신도에게 구세주의 상징이 된 계기였다. 정조 21년(1797) 영국 선박 프로비던스(Providence)호가 東萊 龍堂浦에 정박했던 사건은 있었다(金源模, 1998, 앞의 논문, 964~965쪽 ; 김혜민, 2018, 앞의 논문, 159~160쪽). 이 선박은 조선 동해안을 탐사하였고, 조선 관원의 問情까지 받았다.

11) 선행연구에서는 탐사의 구체적인 경위에 대해 상세히 정리한 바 있다(園田庸次郎, 1934, 「英艦'アルセスト'及び'リラ'の東航」, 『靑丘學叢』18, 123~157쪽 ; 金在勝, 1996, 앞의 논문, 229~231쪽 ; 金源模, 2004, 앞의 논문, 969~980쪽 ; 박천홍, 2008, 앞의 책, 173~211쪽 ; 김학준, 2010, 앞의 책, 97~105쪽). 다만 당시 조선 측의 대응 과정에서 나타난 처리상의 특징에 대한 설명은 보완할 여지가 있다.

12) John McLeod, 1819, *Voyage of His Majesty's ship Alceste, along the coast*

기 때문에 그 여유 시간을 이용하여 알세스트호와 리라호를 이끌고 조
선 서해안으로 항행하기로 결정하였다. 조선인과 접촉하거나 대화할 경
우에 대비하여 廣東 출신의 통역 1명을 동행하게 하였다.[13]

맥스웰과 홀 일행이 양력 9월 1일 小靑島 해역에 돛을 내리자 5~6명
의 島民들이 이들의 움직임에 주목하기 시작하였다. 일행이 상륙한 이
후 도민들은 놀라운 표정으로 이들의 옷을 검사하였다. 하지만 이 놀라
움은 금방 두려움으로 전환되었다. 맥스웰 일행이 마을의 출입을 요청
하자, 도민들은 다른 곳으로 가라고 손짓하다가 이들의 팔을 잡고 떠미
는 식으로 거절의 뜻을 강력하게 표하였다. 결국 마을로 진입하지 못하
게 되자 맥스웰 일행은 이 섬에서 지질조사만 실시한 후 계속 남쪽으로
항진하고 3일까지 外烟島·鹿島 등의 섬들을 탐사하였다. 녹도에서 도민
들과 다소의 교섭이 이루어졌지만, 이것이 끝내 이방인에 대한 도민들
의 경계심을 풀어주지 못하였다.[14] 이어 양력 9월 4일 일행은 드디어 馬
梁鎭 葛串 庇仁灣으로 입항하자 현지의 관리들 사이에서 이양선을 어떻
게 대응할 것인지에 대한 본격적인 논의가 나타나기 시작하였다.

이 날 밤 馬梁鎭 첨사 趙大福과 庇仁 현감 李升烈 등은 이양선 출몰
통보를 받자 인력을 동원하여 영국 군함을 비인만 안으로 끌어들이고자

---

of Corea, to the island of Lewchew, London: John Murray, pp.30~31.

13) Joseph H. Longford, 1911, The Story of Korea, New York: C. Scribner's
    sons, p.275.
    실제로 이 통역은 광동말(Cantonese)밖에 할 줄 몰랐을 뿐만 아니라 한자까지 모
    르는 文盲이었다. 게다가 조선인이 광동말을 못 알아들었으므로, 함장과 조선인의
    의사소통 과정에서 이 통역은 전혀 도움이 안 되었다.

14) John McLeod, op.cit., p.44 ; Basil Hall, 1818, Account of a Voyage of
    Discovery to the West Coast of Corea, and the Great Loo-Choo Island,
    London: John Murray, pp.2~12.

하였지만 실패하였다.[15] 이로 인하여 첨사와 현감은 큰 배 6~7척을 이끌고 위엄을 과시하면서 리라호에 접근하였다. 맥스웰과 홀 함장은 현감 등의 선박에 내려가서 인사하였고 간단한 조사를 받았지만, 언어불통으로 인하여 유의미한 의사소통이 이루어지지 못하였다. 그 과정에서 홀 함장은 손짓으로 뭍에 내리기를 원한다는 뜻을 표명하자, 현감은 알세스트호에 등선하고 싶다는 의사를 전달하였다. 이에 홀 함장의 안내에 따라 현감 일행은 알세스트호를 등선하고 거기서 본격적으로 問情을 실시하였다.[16] 다만 문정 과정에서 현감은 영국인들이 말을 못 알아듣는다는 점을 고려하지 않고 일방적으로 조선어로 질문만 던졌다. 영국인들은 무슨 질문인지 모른 채 억지로 영어로 대답을 하였지만 현감에게는 소귀에 경 읽기에 불과하였다.[17] 결국 문정은 무의미한 문답을 주고받고 대충 해치우는 식으로 끝나버렸다.

위의 내용을 통해 알 수 있듯이, 첨사와 현감은 서양의 이양선에 대해서도 과거 중국의 표선에 취한 처리 절차를 그대로 원용하여 이박·문정을 실시하였다. 실제로 영국 군함이 비인만에 도착하던 그 날은 해풍이 잠잠한 좋은 날씨였기 때문에[18] 선박이 표류를 당할 이유가 없었다. 그리고 현감 일행은 군함에 등선한 후 사람을 보내 삭구와 선미루에 올라가 선박의 상태를 확인한 바 있었다.[19] 따라서 선박이 표류해온 것이 아니라는 점을 알지 못할 리가 없었다. 하지만 충청수사 李載弘이 올린 장계에 의하면 첨사와 현감은 여전히 영국 군함을 표선으로 보고하였

15) 『純祖實錄』 卷19, 純祖 16年 7月 丙寅 ; 『日省錄』 純祖 16年 7月 19日 丙寅.
16) John McLeod, op.cit., pp.44~47 ; Basil Hall, op.cit., pp.13~17 ; 金源模, 2004, 앞의 논문, 971~973쪽.
17) Basil Hall, ibid., p.16.
18) Basil Hall, ibid., p.13.
19) Basil Hall, ibid., p.15.

다.20) 한편 현감은 영국인과 서로 말이 안 통했음에도 불구하고 일방적으로 문정을 진행하였다는 점을 감안하면, 문정의 실시는 이방인을 제대로 조사하기 위한 것이 아니라 시늉만 하는 것으로 보인다. 그렇다 보니 당시 이양선에 대한 감시와 조사는 겉치레에 그쳤을 뿐이고 실효를 거두지 못하였다고 할 수 있다.

뿐만 아니라 이 사건에서 나타난 말단 관리의 희박한 邊防 의식도 비판을 받았다. 李載弘의 장계에는 첨사와 현감을 罷黜하라는 요청이 포함되어 있었다. 그 이유는 다음과 같다.

> (A) 그리고 원래 두 선박이 돛을 내린 곳은 큰 바다가 아니라 육지에 가까운 해역이었습니다. 그러면 바람이 지고 파도가 잔잔할 때까지 기다려 사람과 선박을 많이 보내고 최선을 다해서 (이양선을) 끌면 어찌 끌어들이지 못할 리가 있겠습니까? 그런데 처음부터 이양선이 바다에 정박하는 것을 방임하였고 끝내는 이양선을 외국으로 빠르게 돌아갈 수 있도록 만들어 아주 중요한 일은 憑問할 수 없게 되었습니다. 이는 미증유의 일이라서 놀랍기 짝이 없습니다. 변방의 정세를 중요시하는 도리에 있어서 이 일을 그대로 둘 수 없습니다.21)

李載弘의 주장에 의하면, 이양선을 비인만 안으로 끌어들이지 못했던 것은 지방관이 최선을 다하지 않았기 때문으로 이들의 변방 의식의 느슨함을 보여주는 것이었다. 게다가 말단 관리들은 파직을 당할 것을

---

20) 『純祖實錄』 卷19, 純祖 16年 7月 丙寅. "馬梁鎭葛串下, 異樣船二隻漂到."

21) 『日省錄』 純祖 16年 7月 19日 丙寅. "而二隻船留碇之處, 不在大洋, 旣在近陸之地. 則待其風息浪靜, 多發人船, 盡力挽回, 何無曳入之路? 而始焉任其逗留於水中, 終使倏然還去於海外, 致令莫重之事, 憑問無階. 事未前有, 萬萬驚駭. 其在重邊情之道, 不可仍置."

염려하여 이러한 부족한 변방 의식을 덮기 위해 표류 사건의 보고서를 기계적으로 작성하여 이양선의 내박을 중앙에 전달하였으니 이는 효과적인 대책 마련에 걸림돌이 될 수밖에 없었다.

이양선의 출몰에 대한 말단 관리의 경계 태만은 앞서 언급하던 로드 애머스트호의 방문에 고심하는 중앙 정부의 태도와 비교되었다. 중국의 무역개방 가능성을 타진하기 위한 중국 연안의 지리와 군사시설 탐사 임무를 띠고 온 로드 애머스트호는 영국 동인도회사 廣東 주재 商館의 소속 武裝商船이었다.22) 총책임자는 廣東 주재 상관의 理事인 린세이(H. H. Lindsay, 1802-1881)이고 통역 겸 의료 담당자는 프러시아 출신의 전교사 귀츨라프(Karl Friedrich August Gützlaff, 1803-1851)이었다. 이들은 순조 32년 양력 4월 臺灣에 도착한 후 廈門·寧波를 거쳐 上海에 갔으며, 다시 上海에서 北進하였다가 山東半島까지 도착하였다. 양력 7월 16일에 이들은 조선까지 항해하기로 결정하였다. 린세이는 즉흥적으로 조선을 방문했던 맥스웰과 홀 함장과 달리, 처음부터 이미 조선 해역 탐사의 계획을 가지고 있었다.23) 양력 7월 17일 그는 로드 애머스트호를 인솔하고 황해도 夢金浦 앞바다에 왔다가 22일 다시 출발하고 25일 충청도 古代島 부근 해역에 도착한 후 양력 8월 17일까지 거기서 머물렀다. 조선에서 지체하는 동안 린세이와 귀츨라프는 조선 조정에 통상을 요구하거나 주변 섬에서 포교 활동을 하기도 하였다.24)

---

22) Immanuel C. Y. Hsü, 1954, "The Secret Mission of The Lord Amherst on The China Coast, 1832", *Harvard Journal of Asiatic Studies*, Vol.17, No.1/2, p.231.

23) Lindsay and Gutzlaff, 1833, *Report of Proceedings on a Voyage to the Northern Ports of China, in the Ship Lord Amherst*, London: B. Fellowes, p.214.

24) Charles Gutzlaff, 1834, *Journal of Three Voyages Along the Coast of China, in 1831, 1832, & 1833, with Notices of Siam, Corea, and the Loo-*

몽금포에 왔을 때 린세이와 귀츨라프는 현지의 漁民과 교섭하고 助泥鎭의 吏校와 필찰로 문답을 주고받았다.[25] 흥미로운 것은 당시 린세이에 대한 어민의 태도는 양측의 기록에서 사뭇 다른 모습으로 나타났다는 점이다.

(B-1) 우리(린세이와 귀츨라프: 인용자)는 해안 쪽으로 가는 길에 한 작은 어선에 올라탔다. 처음에는 어선에 있는 사람들이 많이 놀란 것 같았지만, 그곳의 이름이 무엇이냐는 내(린세이: 인용자) 질문은 금방 그들을 안심시킨 듯하였다. 그 중의 한 명은 장산 풍상(Chang- shan Pung-shang)이라고 써 주었지만, 그가 아는 한자가 많이 없어서 그한테서 더 이상의 정보를 얻지 못하였다. 우리가 그에게 책 한 권과 사자단추 몇 개를 주자 그는 기쁜 마음으로 받은 후 답례로 우리에게 생선 몇 마리를 주었다.[26]

(B-2) 그 중의 한 명은 저희(어민: 인용자) 배에 올라탄 뒤 샅샅이 뒤지면서 찾다가 방금 낚은 鱸魚 세 마리를 보고 손가락으로 입을 가리키면서 마치 먹고 싶다는 의사를 표하고 있는 것 같았습니다. 저희들은 두렵고 겁이 나서 결국 내주었습니다. 그는 곧 만년필과 唐紙를 꺼내어 문자

---

choo Islands, London: Frederick Westley and A. H. Davis, pp.316~355.

25) 『純祖實錄』 卷32, 純祖 32年 8月 乙酉.

26) Lindsay and Gutzlaff, op.cit., p.215. "In our way on shore we boarded a small fishing-boat: the people in it at first seemed much alarmed, but were soon reassured on my asking them in writing what the name of the place was: one wrote down Chang-shan Pung-shang, but he could not give us any more information, understanding very few Chinese characters. We gave him a book and a few lion buttons, which he gladly received, and voluntarily offered us some fish in return."

를 쓰고 보여주었지만, 저희는 모두 무식한 사람이라 대답할 수 없었습니다. 그는 또한 웃으면서 長山을 가리키며 마치 그 지명을 묻는 듯해서 저희는 長山이라는 두 글자만 써 주었더니 이에 그는 소지하고 있는 책자한 권을 주었습니다. 저희는 원래 책을 모르는 사람이고 책을 받아도 쓸데가 없는데, 게다가 감히 외국인의 물건을 사적으로 받을 수 없으므로 책을 돌려주고자 하였습니다. 하지만 그는 끝까지 받지 않고 책을 저희배에 내버려 둔 뒤 바로 닻줄을 풀고 그의 큰 배에 가버렸습니다.[27]

(B-1)은 린세이가 작성한 보고서에서 나타난 기록이고 (B-2)는 황해감사 金蘭淳(1781-1851)이 올린 장계에서 나타난 기록이었다. (B-1)에서는 린세이로부터 책과 단추 등을 받던 어민들이 기뻐하였다고 묘사된 것에비해 (B-2)에서는 그들의 이미지를 두려운 마음으로 외국인의 물품을 거절하고자 한 것으로 표현하였다. 기록이 상반되게 나타난 이유가 무엇인가?

여기서 다시 金蘭淳의 장계를 검토할 필요가 있다. 이 장계는 金蘭淳이 長淵 현감 金星翼 등의 죄를 고발하기 위해 올린 것이었다. 金星翼과水使 尹禹鉉이 로드 애머스트호가 왔을 때 상세히 문정하기는커녕 사실대로 낱낱이 보고하지도 않고 단지 예사로운 唐船이 왔다간 것처럼 통보하였기 때문이다.[28] 물론 그 무렵 당선이 자주 출몰하였기 때문에 金蘭淳도 처음에 이들의 통보를 의심하지 않았지만, 추후 충청도 洪州에

---

27) 『日省錄』純祖 32年 8月 11日 乙酉. "其中一人, 移登渠船, 搜覓船中, 適見所釣鱸魚三尾, 以手指口, 似有欲食底意. 渠等不無畏㤼, 果爲出給. 彼乃以銀管自濡筆及唐紙一折, 書示文字, 然而渠等俱以無識, 不能答示. 彼又笑而手指長山, 有若問其地名, 故渠等僅以長山二字書示, 則彼以所持冊子一卷給渠等. 渠等本不知書, 受且無用, 而外國人之物, 不敢私受, 竟爲還給. 彼終不受, 擲諸渠船, 仍卽解纜, 向其太船而去矣."
28) 『純祖實錄』卷32, 純祖 32年 8月 乙酉.

서 로드 애머스트호를 문정하는 기록을 본 후에 비로소 이 선박이 당선
이 아니라 서양 선박이라는 점을 깨닫게 되었다. 이에 놀란 金蘭淳은 다
시 린세이와 접촉했던 어민과 관리들을 불러와서 추문하였다.[29] 추문의
목적은 이양선의 실체를 파악하고 서양인과의 접촉 과정에서 異端邪說
을 수용하는지 여부를 확인하는 데 있었다. 당시 천주교를 탄압하는 분
위기에서 책을 비롯한 서양 문물을 받아들이는 것은 死罪까지 초래할
수 있는 위험한 일이었다. 이 때문에 어민들은 공초를 받았을 때 서양인
의 책자 증여를 거부하였음을 강조함으로써 서양인과 무관함을 밝히고
자 하였다. 또한 장계에서 이 책자를 불태웠음을 특별히 언급하였다.[30]
그러나 어민들은 서양인으로부터 사자단추를 받았다는 사실을 밝히지
않았다. 실제로 린세이는 조선인과 효과적으로 대화를 나누기 위해 단
추를 선물하는 경우가 많았는데, 이는 서양 문명에 대한 조선인의 호기
심을 자아냈다. 몰래 단추를 호주머니에 숨기는 조선인도 있었다.[31] 이
처럼 천주교에 대한 집권층의 금령으로 서양 서책을 경계하는 분위기가
만연하였지만, 이것이 서양 문물에 대한 민의 궁금증을 막지는 못하였다.

한편 이양선의 도래에 대한 말단 관리의 거부감 또한 보이지 않았다.
이들은 오히려 서양인과의 접촉에 적극적인 모습을 드러냈다. 린세이의
기록에 의하면, 虞候 金瑩綬와 홍주목사 李敏會(1766~?)가 로드 애머스
트호가 고대도에 정박하는 동안 자주 방문하러 갔고 서양인에게 친근한
감정을 보여주었다.[32] 린세이 등 일행과 작별했을 때 李敏會는 먼 곳에
서 와서 선물까지 준 이들을 잘 대접해주어야 하였지만 나라의 금령 때

---

29) 『日省錄』 純祖 32年 8月 11日 乙酉.
30) 『日省錄』 純祖 32年 8月 11日 乙酉. "故取來營庭, 已爲燒火."
31) Charles Gutzlaff, op.cit., p.325.
32) Lindsay and Gutzlaff, op.cit., p.240.

문에 어울릴 수 없다는 유감을 토로하기도 하였다.[33] 이렇듯 민과 말단 관리는 현실에서 서양인을 대면하는 과정에서 서양에 대한 경계심과 호기심을 동시에 갖고 있었던 것으로 보인다.

반면 충청감사 洪羲瑾(1767-1845)의 장계를 통해 이양선의 출현과 서양인의 통상요구를 알게 된 조정에서는 이 사건을 대응하는 데 '人臣無外交'라는 태도를 취하면서 신중하게 대책을 마련하고자 하였다. 이양선 도래의 원인을 파악하기 위해서 서울에서 역관 吳繼淳을 보내어 문정하도록 하였고,[34] 린세이 등이 국왕에게 전한 문서와 선물들은 서울까지 도달하지 못하도록 궤에 봉하고 해당 지역에 보관하는 식으로 처리되었다. 한편 이양선의 통상 요구 사실이 청에 전해질 염려가 있으니 미리 사건을 청에 보고함으로써 후환을 단절해야 한다는 비변사의 의견이 제시되었기 때문에,[35] 승문원에서는 이 의견에 따라 咨文을 지었다. 자문에서는 이양선이 와서 통상을 요구하였다는 사실을 밝히면서 특히 "藩臣은 외교가 없고 關市에서 이의를 살피는 것이 더욱 守邦의 상도에 속한다[藩臣無外交, 關市譏異言, 尤係守邦之彛典]"라는 조선의 태도를 강조하였다.[36] 자문을 받은 후 청 道光帝는 "대의명분을 깊이 이해하는" 조선의 '충성'을 칭찬하면서 조선 국왕에게 錦緞 등을 상으로 하사하였고,[37] 동시에 영국선의 무역 활동이 廣東에서만 가능함을 로드 애머스트호에 엄하게

---

33) Lindsay and Gutzlaff, ibid, p.258.

34) 『備邊司謄錄』 220冊, 純祖 32年 7月 6日 ; 『承政院日記』 2279冊, 純祖 32年 7月 庚戌.

35) 『日省錄』 純祖 32年 7月 10日 甲寅 ; 『備邊司謄錄』 220冊, 純祖 32年 7月 11日 ; 『純祖實錄』 卷32, 純祖 32年 7月 乙丑.

36) 『同文彙考』 原編續, 漂民5, 上國人, 「壬辰報斥送暎吉利國商船咨」 ; 『純祖實錄』 卷 32, 純祖 32年 7月 乙丑.

37) 『清宣宗實錄』 卷222, 道光 12年 閏9月 壬寅.

유시하라고 명하였다.[38]

이처럼 조선 조정은 이양선의 출몰 사건을 조·청관계의 틀 안에서 처리하고자 하였다. 이러한 처리 방식은 당시 청 중심의 국제질서 하에 對淸關係를 공고히 하려고 한 조선의 입장에서는 일면 타당하였다. 그러나 조·청관계를 울타리로 삼아놓고 이양선과의 직접적인 대면을 회피하려는 조선의 태도는 피동적이고 방어적이었기 때문에 이후 조선이 서양과의 문명충돌에서 실질적인 진전을 이루는 데 장애가 되었다. 일례로 린세이 일행은 暹羅와 交趾 두 나라는 중국과 조공관계를 맺었지만 여전히 영국과 무역 왕래를 하고 있다는 것과 조선이 일본이라는 '외국'과 무역관계를 유지하고 있다는 사실을 강조하면서 조선의 '인신무외교'라는 논리에 반발하였으며,[39] 조선은 중국의 朝貢國(tributary to China)일 뿐이지 從屬國(dependent state)이 아니라는 점을 力說하였다.[40] 린세이 일행의 발언은 종래 '事大字小'로 이해된 조공관계에 대해 새로운 시선을 제공하였음에도 불구하고 조선은 이것이 미증유의 일이라는 점에 집착하여 끝까지 거부하였다.[41] 결국 조선은 영국의 노골적인 통상요구를 받았음에도 불구하고 끝내 전통적인 대외관계를 바탕으로 이들을 대하였기 때문에 영국의 무역 확대 야심을 예견하지 못하였다.

조선 조정의 이와 같은 반응은 당시 이양선에 대한 집권층의 인식이 형식적이고 추상적인 공문서의 틀 안에서 이루어질 수밖에 없었다는 점과 무관하지 않았다. 게다가 지방에서 올린 장계에서 이양선을 표선으로 통보하던 경우가 많았기 때문에 "서양 이양선의 출몰은 우연적이고

---

38) 『淸宣宗實錄』 卷224, 道光 12年 10月 丁卯.

39) Lindsay and Gutzlaff, op.cit., p.246, 253.

40) Charles Gutzlaff, op.cit., p.350.

41) Lindsay and Gutzlaff, op.cit., p.246.

우발적인 사건"이라는 고정관념을 더욱 깰 수 없게 만들었다. 로드 애머
스트호에 관한 장계에서 洪羲瑾은 처음에 이양선이 표류해 왔다고 보고
하였지만,[42] 나중에 린세이 일행의 자백에 따르면 이들은 오로지 서남풍
을 타고 동쪽(조선)으로 왔을 뿐이었다. 당시 "여기에 오려고 했다면 바람
으로 표류된 것이 아니잖은가?"라는 問情官의 반복적인 질문에 린세이
일행은 자신들은 문서를 바치려고 온 것이고 표류해 온 것이 아니라는
점을 재삼 확인해주었다.[43] 하지만 비변사는 린세이 등의 대답을 "실정
이 아니다"라고 판단하고 여전히 이들을 우연히 온 상인으로 상정해서
『萬機要覽』에서 나타난 표류 외국인에 대한 처리 방식을 원용해서 이들
의 '漂到'를 대응하고자 하였다.[44] 이렇듯 조선의 민과 말단 관리들은 현
장에서 이양선의 충격을 실감하고 있었던 반면에 지배층은 소박한 수준
에서 이양선에 대한 막연한 인식을 가질 수밖에 없었다.

다만 로드 애머스트호의 방문은 조선이 서양 특히 영국에 대한 위기
의식을 갖게 되는 계기가 되었다는 것 또한 사실이다.[45] 1차 아편전쟁이
일어나기 3개월 전인 헌종 6년(1840) 3월 冬至兼謝恩使 사행의 서장관
李正履(1783-1843)가 올린 聞見別單에는 아래와 같은 서술이 있다.

---

42) 기록에 따르면 린세이 일행이 고대도에 도착한 날을 전후하여 해당 해역의 열악한
   날씨가 거듭되었다(Lindsay and Gutzlaff, ibid, pp.220~221). 따라서 폭풍우
   로 파도에 흔들거리고 있는 배를 처음에 표선으로 誤認한 것이 충분히 이해할 수
   있다고 생각한다.

43) 金景善, 『燕轅直指』卷1, 出疆錄, 11月 25日, 「附英吉利國漂船記」;『日省錄』純祖
   32年 7月 8日 壬子.

44) 『日省錄』純祖 32年 7月 9日 癸丑.

45) 19세기 서양에 대한 조선의 위기의식의 형성과 그 양상에 대해서는 閔斗基,
   1986, 「十九世紀後半 朝鮮王朝의 對外危機意識 -第一次, 第二次中英戰爭과 異樣船
   出沒에의 對應-」, 『東方學志』52를 참조. 또한 조선이 對淸·對日관계를 이용하여 서
   세동점을 대응하는 과정에 대해서는 原田環, 1984, 「十九世紀の朝鮮における對
   外的危機意識」, 『朝鮮史研究論文集』21을 참조.

(C) 몇 해 전 영국은 우리나라와 서로 우호적인 관계를 맺고 무역 왕래를 전개하기 위해 충청도 홍주에 내박하였습니다. 그러나 우리가 단호하게 이를 허락하지 않아서 몇 개월 동안 대치하다가 그들은 邪書를 내던지고 가버렸습니다. 현재 중국에서는 영국의 내박을 우려하고 있으므로 우리도 마땅히 연해의 수령에게 海防을 엄하게 하라고 신칙하고, 근해에 와서 곳곳을 탐색하는 이상한 선박이 있으면 즉시 치보한 후 바로 쫓아내고 체류하고 있는 배에 의해 邪敎에 점차적으로 물들게 되는 것에 대한 우려를 없애야 할 것입니다.[46]

(C)를 통해 알 수 있듯이, 조선은 로드 애머스트호 사건에서 무역을 확대시키려고 한 영국의 야심을 감지하지 못하고 있었다. 그러나 당시 청이 영국 선박의 출몰을 우려하고 있음을 파악하고 있었던 것으로 보아, 조선 역시 청과 영국 간의 충돌 가능성과 그 파급효과에 대해 어느 정도 위기의식을 갖고 있었다고 볼 수 있다. 게다가 같은 해 12월 영국 선박 2척이 제주도에 와서 정박하여 포를 쏘고 소를 빼앗는 등의 소란을 피웠다.[47] 이 과정에서 조선의 위기의식은 점차 영국을 비롯한 서양 세력의 침략에 대한 우려와 함께 자국의 海防强化論으로 전환되었다.[48] 한편 1차 아편전쟁이 일어나기 1년 전인 헌종 5년(1839) 천주교를 적대시하던 정치 세력이 집권하게 되자 천주교 탄압을 목적으로 하는 기해박

---

46) 『日省錄』憲宗 6年 3月 25日 乙卯. "年前英吉利來泊於忠淸道洪州界, 欲通好交易, 而我國堅不許之. 數月相持, 投棄邪書而去矣. 今彼中旣以此爲憂, 我國亦宜另飭沿海守令, 申嚴海防, 若有殊常船隻, 來到近洋, 這這探察, 星火馳報後, 卽刻逐出, 勿令逗留, 致有漸染邪敎之慮."

47) 『備邊司謄錄』228冊, 憲宗 6年 12月 30日.

48) 閔斗基, 1986, 앞의 논문, 263쪽 ; 노대환, 2003, 「조선후기 서양세력의 접근과 海洋觀의 변화」, 『韓國史硏究』123, 362쪽.

해가 전국적으로 확대되었다. 이러한 분위기에서 邪書 문제로 지목되었
던 로드 애머스트호를 경계해야 할 대상으로 재삼 언급하는 것은 당연
한 일이었다.

하지만 海防論을 비롯한 조선의 對서양 위기의식은 1차 아편전쟁에
서 청의 패배와 불평등조약으로서의 南京條約의 체결에 관한 소식이 전
해졌음에도 불구하고 강화되지 않았고 오히려 전쟁의 결과를 청과 영국
의 '和親'으로 인식하면서 청의 패배를 위기로 받아들이지 못하였다.[49]
전쟁에 대한 조정의 관심은 오로지 아편의 조선 유입 여부에 있을 뿐이
었다.[50] 물론 당시 이 전쟁을 국지적인 전투로 인식하고 전쟁의 결과를
패배가 아니라 회유책에 따른 일종의 양보로 생각하고 있었던 청의 태
도가 조선으로 하여금 이 전쟁을 심각한 사태로 인식하는 것을 방해하
였다고 할 수 있지만,[51] 대청관계를 보호막으로 삼고 있던 조선의 입장
에서 보면 청을 서양 세력의 침략에 쉽게 망하지 않는 강대국으로 간주
하는 것 또한 이 전쟁에 대해 무관심했던 원인으로 볼 수 있을 것이다.
이와 같은 무관심의 분위기는 변정 사무를 담당하고 이양선을 직접 대
면하는 변장까지 만연하였다. 일례로 헌종 11년(1845) 6월 영국 선박 사
마랑(Samarang)호[52]가 제주도에 와서 정박하여 문정을 받았을 때 영국
측의 통역 담당자 吳亞順은 1차 아편전쟁 중 청의 패배와 영국 군함의

---

49) 『日省錄』憲宗 9年 3月 29日 壬申 ; 閔斗基, 1986, 앞의 논문, 264쪽.

50) 原田環, 1984, 앞의 논문, 87쪽 ; 김혜민, 2018, 앞의 논문, 164쪽.

51) 아편전쟁에 대한 조선의 무관심의 원인에 대해서는 河正植, 1998, 「歐美列强의 中
國侵略과 朝鮮의 反應」, 『東洋學』28, 6~7쪽을 참조.

52) 이 해 6월 아편전쟁에 참전했던 벨쳐(Edward Belcher, 1799-1877) 함장이 승
선한 사마랑호는 우도에 도착하여 이곳을 기지로 삼아 7주일 동안 제주도·거문도
등 도서지역을 탐사하였다. 이 사건의 발생 경위에 대해서는 韓相復, 1988, 앞의
책, 336~338쪽 ; 박천홍, 2008, 앞의 책, 317~318쪽 ; 김혜민, 2018, 앞의 논문,
166~167쪽을 참조.

강대함을 旌義 현감 任秀龍 등 관리들에게 전하였지만, 이 관리들은 "한 마디도 믿지 않는" 표정을 보였다.[53] 그 후 任秀龍 등은 吳亞順의 말을 허황된 것이라고 조정에 보고하였고, 조정에서는 로드 애머스트호의 대응책을 전례로 참조하여 사마랑호의 출현을 청에 통보할 뿐만 아니라[54] 일본에도 알려주었다.[55]

이양선의 출몰에 대한 청의 낙관적 태도가 조선에 미친 영향은 헌종 13년(1847) 조선이 프랑스 선박 표류 사건을 대응하는 과정에서도 나타났다. 이 해 프랑스 해군 대령 라피에르(Augustin de Lapierre)가 이끄는 군함 그루와르(Gloire)호와 빅토리외즈(Victorieuse)호가 扶安 火島의 後洋에 漂到하였다. 라피에르가 조선에 보낸 문서에 따르면, 이들은 헌종 12년(1846) 홍주 外烟島에 내박했던 세실(Jean-Baptiste Cécille, 1787-1873) 해군 대령이 조선에 보낸 서한[56]에 대한 조선 측의 回文을 받으러 왔다가 도중에 좌초되고 난파하여 火島 부근 해역에 닻을 내린 후 小艇을 타고 가까운 茂永仇味에서 상륙하였다는 것이다. 이들은 조선에게 물과 식량으로 구제해달라는 것과 上海에 가서 표인 700명을 실을 수 있는 선

---

53) Frank S. Marryat, 1848, *Borneo and the Indian Archipelago*, London: Longman, Brown, Green and Longmans, p.179.

54) 『憲宗實錄』卷12, 憲宗 11年 7月 甲子 ; 『日省錄』憲宗 11年 7月 5日 甲子.
   조선은 이 사건을 예부에 자문을 보내어 통보하면서 서양인들이 들어와 民情을 혼란스럽게 하면 청에 영향을 미칠 수 있다는 점을 지적하여 청에 먼저 禁斷을 실행해달라고 요청하였다(『同文彙考』原編續, 漂民6, 上國人,「乙巳請禁斷英夷船來往咨」).

55) 『通文館志』卷11, 紀年續編, 憲宗大王 11年 乙巳.

56) 헌종 5년 기해박해 당시 조선은 프랑스 신부 3명을 처형하였다. 세실이 조선에 보낸 서한에는 바로 이 일에 대한 조선 정부의 책임을 추궁하는 내용을 담고 있었다(『通文館志』卷11, 紀年續編, 憲宗大王 13年 丁未). 그러나 주리안(Jurien) 해군 중령의 말에 의하면 세실과 라피에르의 조선 방문은 모두 계획적인 遠征에 속한 것이었다(韓國敎會史研究所 譯, 1977,「韓佛關係資料(1846~1856)」, 『敎會史研究』1, 178~179쪽).

박을 가져올 수 있도록 이동용 선박 2척을 빌려달라는 것 두 가지를 요청하였다.[57]

당시 좌초된 그루와르호와 빅토리외즈호는 구멍이 뚫려 물이 새고 있었기 때문에[58] 표류해왔다고 판단해도 큰 문제가 없어 보였다. 따라서 현지의 지방관은 기존의 표인 대응책에 따라 이들에 대한 문정을 실시하고자 하였다. 문제는 표선이 최초에 정박했던 火島의 後洋은 扶安보다 萬頃 관하에 더 가까우며 표인들이 상륙했던 곳 또한 고군산진의 관하였다는 것이다. 이 때문에 부안·만경·고군산 등지의 관리들이 모두 나와서 각자의 문정을 실시하였다.[59] 하지만 문정에서 나타난 질문이 대동소이하였으므로, 라피에르를 비롯한 표인들은 똑같은 질문에 대해 침묵함으로써 거듭된 문정에 협조하고 싶지 않은 뜻을 나타냈다. 이에 대해 조선 관리들은 표류 사건에 관한 법의가 엄중하므로 물으면 묻는 대로 거침없이 대답하라고 표인에게 강요하였다.[60] 이렇듯 이양선에 대한 관리들의 문정 실시는 조정으로부터 변정에 소홀히 한다는 추궁 받는 것을 피하기 위함에 불과하였다. 다만 비변사는 많은 문정관들이 한 곳에 모이는 것이 民邑을 피폐하게 만들 수 있다는 점을 지적하면서 부안과 만경의 지방관을 제외하고 다른 문정관에게 원래의 임소로 돌아가라고 주장하였다.[61]

한편 그루와르호와 빅토리외즈호가 대포 등의 무기를 보유하고 있음에도 불구하고 조선에 있어서 두 선박은 오로지 '우연히 먼 곳에서 온 특수한 상선'일 뿐이었다. 이러한 인식에 따라 조선은 그루와르호와 빅토

---

57) 『憲宗實錄』 卷14, 憲宗 13年 8月 丁巳.

58) 『日省錄』 憲宗 13年 7月 8日 乙酉.

59) 『統制營啓錄』(奎15101) 1冊, 道光 27年 7月 18日.

60) 『統制營啓錄』(奎15101) 1冊, 道光 27年 7月 27日.

61) 『備邊司謄錄』 234冊, 憲宗 13年 7月 18日.

리외즈호를 夷船으로 간주하고 대응하였으며, 그 기저에 역시 '회유원인' 사상을 깔려 있었다.[62] 여기서 '회유원인'의 현실적인 목적을 드러냈다. 즉 표류해 온 외국인에 대한 구휼의 이면에는 자국인이 그 상대국에 표류하면 같은 대우를 받아야 한다는 것이 암묵적으로 전제되어 있었다는 것이다.[63] 따라서 이러한 전제 하에 표류해 온 외국인을 구휼하는 과정에서 발생할 비용은 漂到國에서 부담해야 하였다. 자국인이 상대국에 표류하여 구조를 받으면 관련 비용이 당연히 상대국에 의해 부담될 것으로 생각하고 있었기 때문이다. 하지만 이와 같은 논리는 서양의 사유방식 앞에 좌절되었다. 아래의 대화를 살펴보자.

(D)

　문: 그 동안 약간 쌀부대를 지급하였다고 이야기를 들었지만 사람이
　　　많아서 양이 넉넉하지 않을까 걱정된다. 만약 지금 또 부족하면
　　　마땅히 계속 보내주어야 할 것이다.

---

62) 『承政院日記』 2463冊, 憲宗 13年 7月 丙戌 ; 『日省錄』 憲宗 13年 7月 9日 丙戌.
　　실제로 청의 '회유원인' 사상도 서양인에게 적용되었다. 라피에르 등 일행이 선박을 빌리러 왔다는 일의 보고에서 나타난 "서양인들이 극히 공순하다" "너무 감사하다" 등 표현들은 관리들이 청의 회유를 과시하고 있었다는 점을 방증한다(「夷目在朝鮮遭風即由彼回粵等由」, 대만 中央研究院 近代史研究所 소장 朝鮮檔, 청구번호: 01-01-011-03-030).

63) 이는 표류 외국인에 대한 청의 구조 원칙에서도 똑같이 나타났다. 예를 들어, 1872년 독일 부영사는 표류 일본인 44명을 구조하고 청에 넘겨주었을 때 그들을 챙겨주기 위해 소요되던 비용을 청에 달라고 하였다. 청은 대답하기를 "대개 중국 상선이 바다에서 조난된 외국인 상인을 구조하거나 외국 상선이 바다에서 조난된 중국인 상인을 구조할 때 서로 비용을 달라고 요구한 적 없다[凡中國商船在洋救外國被難商人, 及外國商船在洋救中國被難商人, 彼此從無索取]"고 강조하면서 독일 부영사의 요구를 거부하였다(「救護日本遭風難民案」, 『國家圖書館藏清代孤本外交檔案』 第5冊, 全國圖書館文獻縮微複制中心, 2003, 1745~1746쪽).

답: 너무 감사합니다. 품삯을 받아주십시오. 혹시 오늘은 어떤 물품을 싣고 가져오셨는지 여쭤보아도 되겠습니까?

문: 너희들은 어째서 그런 말을 하는 거냐? 우리나라는 비록 작은 나라지만 조난자에게 베풀어 줄 물건에 대해 어찌 그 값을 계산하여 받을 수 있겠냐? 가령 우리나라의 사람은 귀국에 漂到하여 물품이 모자란다면 귀국에서 물품을 지급해주면서 가격을 계산할 리가 반드시 없을 것이다. 우리에게 귀국이 하지 않은 일을 시키는 것은 참으로 相敬하는 도리가 아니네. 이와 같은 말은 앞으로 하지 마라.

답: 이로써 귀국의 넉넉하고 인자한 마음을 알 수 있겠네요. 그러나 선박과 양식이 없어졌지만 가져온 은은 모두 구제되었으니, 귀국에서 값으로 물품을 지급해주는 것은 역시 大仁이고 큰 도움이 될 것입니다. 저희 나라의 법의 경우에는, 만약 먼 곳에서 표류해 온 사람이 필요한 물품이 모두 모자란다면 값을 안 받고 구제해줄 수 있을 것인데 만약 물건 값을 청구할 수 있다면 값을 부르는 것을 금하지는 않습니다.[64]

(D)는 경역관이 주도한 문정에서 나타나던 내용이다. 이를 통해 알 수 있듯이 조선은 회유의 의미에서 표인에게 식량을 베풀어 주려고 하

---

64) 『統制營啓錄』(奎15101) 1冊, 道光 27年 8月 1日. "問: 聞於其間略有米包之助給. 而人口數多, 恐有不贍. 目下若又不足, 卽當繼送. 彼答多多謝, 而請堪受工價. 請問: 今日有何物所載? 我答: 列位何出此言? 弊邦雖小, 周給遭難之物, 何可計受其價? 設或我人漂到貴地, 缺少東西, 必無助給而計價之理. 貴國不爲之事, 使我爲之, 甚非相敬之道. 此等說話, 後勿再提. 彼答: 以此, 可知貴國之優仁之心. 然雖失船及糧, 但所有之銀, 俱救濟矣. 所以貴國以價助給, 亦爲大仁厚濟. 弊國之法者, 若遠人漂來, 盡乏所需, 則不受價而周濟. 然若能討價, 則不禁討也."

였지만 표인들은 자기가 가져온 은으로 값을 지불하고자 하였다. 또한 먼 곳에서 표류해 온 조난자를 구휼한다 하더라도 값을 청구할 수 있으면 청구해야 한다는 식으로 규정된 프랑스의 법은 조선이 신봉하던 '회유원인' 사상과 사뭇 다른 것이었다. 하지만 조선은 이 대답을 듣고서 전통적인 화이질서와 상이한 다른 질서가 있다는 점을 깨닫지 못하였으며, "식량이 부족하면 계속 베풀어 줄 것이니 未及할 때가 있으면 번거롭게 생각할 것 없이 물품이 모자라지 않도록 일일이 통보하면 된다."고 하면서 표인을 무마하려고 할 뿐이었다.[65]

이상으로 살펴본 바와 같이, 1차 아편전쟁 전후 서양 이양선의 조선 해역 출몰은 잦아졌고, 이들이 내박한 이유도 통상요구·탐사·포교·표류 등으로 다양해졌다. 연해 지역민과 말단 관리들은 현장에서 이양선과 직접 접촉할 수 있었지만 집권층은 격식화된 공문서를 통해서만 이양선을 인식할 수밖에 없었다. 이양선에 대한 조선의 인식은 놀라움과 두려움을 비롯한 충격을 포함하고 있었지만 그들을 위협적인 존재로는 보지 않았다. 그래서 현지의 지방민들은 이양선에 대한 호기심을 가질 수 있었고, 말단 관리들도 이양선의 도래에 대해 과거의 처리 방식에 따라 적당히 대응하고 있었다. 조정은 對淸關係와 對日關係를 이용하여 통상 등을 비롯한 서양의 직접·간접적인 개국 요구를 물리치고 이들과의 정면 교섭을 회피하고자 하였다.[66] 한편 표류해 온 이양선을 대응하는 과정에서 전통적인 화이관과 서양의 사유방식 간의 충돌이 발생했음에도 불구하고, 이러한 충돌에서 나타난 서양 문명의 충격은 조선 내부의 심각한 위기의식을 자아내지 못하였고, 조선은 여전히 '중화의 계승자'로 자처

---

65) 『統制營啓錄』(奎15101) 1冊, 道光 27年 8月 1日. "糧米不足, 俺們當爲繼送. 而或於未及之時, 列位亦這這通奇, 毋至絶乏, 亦勿以支煩爲嫌."

66) 原田環, 1984, 앞의 논문, 74쪽.

하면서 이양선을 '멀리서 온 이적'으로만 간주하여 회유의 차원에서 이들에 대응하고자 하였다.

2) 중국인·서양인의 공동 漂到

그루와르호와 빅토리외즈호가 표류한 지 1년이 된 헌종 14년(1848) 여름 이래 이양선의 출현 빈도는 "헤아릴 수 없을" 정도로 높았다.[67] 그 가운데 중국인과 서양인이 같은 선박에 同乘하고 조선 해역에 출몰하는 경우도 많아졌다. 그 선박은 서양 선박과 중국 선박이 모두 포함되었다. 여태까지 조선에 내박했던 서양 이양선은 해당국에 소속된 선박이었다. 그러나 1차 아편전쟁 이후 청의 票文을 가지고 돌아다니는 서양 선박이 등장하여 조선에 충격을 가하기 시작하였다. 철종 2년(1851)에 이르러 중국인과 프랑스인이 공동으로 조선에 내박하는 사건이 발생하였다. 이 해 3월 이양선 1척이 제주 大靜縣 今勿浦 근해에 닻을 내렸다. 중국인 11명과 프랑스인 23명이 승선하고 있었다. 대정 현감 元錫中은 왜학·역학·통사 등과 함께 배를 타고 이양선에 가서 탑승자 중 영리한 자 5명을 불러내어 상세히 문정하였다. 문정의 결과에 따르면, 이들은 표류해 온 것이 아니라 배를 띄웠다가 실종된 사람을 찾으러 조선 해역에 도착한 것이었다. 또한 선박 안에는 식량이 모두 떨어져서 糧饌을 시급히 요청하였다. 제주의 지방관은 표선을 처리하는 절차에 따라 문정을 진행한 뒤 이들의 요청에 따라 쌀·닭·땔나무·숯 등의 물자를 마련해주었다. 프랑스인들은 물자를 운반해 간 뒤 다시 나와서 답례로 西洋木과 유리병을 갯가에 가져다 놓고 닻을 올려서 떠나갔다.[68]

---

67) 『憲宗實錄』 卷15, 憲宗 14年 12月 己巳 : 김성준, 2010, 앞의 책, 164~165쪽.
68) 『濟州啓錄』(奎15099) 1冊, 咸豊 元年 3月 25日.

이 사건에서 제주의 지방관이 가장 주목했던 것은 중국인과 프랑스인이 공동 승선한 원인, 실종된 사람에 관한 정보, 그리고 프랑스인들이 가지고 있는 청의 票文이었다. 아래 문답의 내용은 당시 서양 이양선에 대해 조선인들이 무엇을 알아보고 싶었는지를 잘 보여준다.

(E)

문: 너희들은 어느 해, 어느 달, 어느 날, 어디에서 배를 띄웠고, 어디로 항해하다가 어떤 이유로 여기에 도착했느냐?

답: (...) 특별한 일은 없고 바다에서 실종된 사람 20명을 찾기 위해서 온 것입니다.

(...)

문: 그 20명은 어느 나라 어느 지방 사람이냐? 어디에서 배를 띄워 어디로 가며, 어떤 연유로 난파하여 실종된 지경까지 이르렀느냐?

답: 蘭西國(프랑스, 인용자) 상선으로 이번 달 3일 대청국 廣東 香山 항구에서 출항하여 上海縣으로 가는 도중 바람으로 표류하게 되었습니다. (...) 上海에서 공문을 받고 13명을 찾으려고 여기저기 돌아다니고 있었습니다.

문: 난서국의 배로서 대청국 廣東 香山 항구에서 출항한 것은 무슨 이유냐? 또한 上海의 공문을 가졌다고 한 것은 극히 의아하므로 상세하게 설명하라.

답: 황제가 난서국 영사에게 上海에 駐在하라고 명령했습니다. 따라서 (上海에서) 공문을 발급 받은 뒤 廣東 香山 항구에서 출항했습니다.

문: 이미 공문으로 되었으니 반드시 照標가 있을 것이다. 같이 보여라.

답: 공문과 조표는 비록 배에 있지만, 主長은 난서국 官長이기 때문에 저희는 감히 물어볼 수 없습니다.

(...)

문: 너희들의 배는 官船이냐 私船이냐?

답: 사선은 아닙니다. 난서국의 배로서 上海縣의 捕盜官인 劉乾進 소
관의 관선입니다.

문: 관선인데 上海縣 포도관의 소관인 이유는 무엇이냐?

답: 비록 난서국의 배라고 하지만 대개 上海縣 포도관이 관리하고 있
습니다.

(...)

문: 본래 난서국의 배라면 난서국 사람이 함께 타는 것은 가능하지만,
廣東 사람이 함께 나서 동반한 이유는 무엇이냐?

답: 함께 탄 것은 여기저기 돌아다닐 때 배를 제어하다가 길을 잃으면
말이 통하도록 해주는 사람이 필요하기 때문입니다. 품삯을 받고
온 것입니다.

문: 비록 품삯을 받았지만 난서국 사람과 같은 배에 동반한 것은 이치
에 맞지 않다.

답: 난서국 사람과 공동으로 廣東과 上海를 돌아다니면서 화물을 유
통시키므로 방해될 것은 없습니다.[69]

---

69) 『濟州啓錄』(奎15099) 1冊, 咸豊 元年 3月 25日, 「問情記」. "問: 你們何年何月何日, 自
何處開船, 向往何處, 緣何到此耶? 答: (...) 別無他事, 爲尋失水人二十名耳. (...) 問:
失水人二十名, 以何國何地方人, 何處開船, 向往何處, 緣何逢敗失水之境乎? 答: 本以
蘭西國商船, 今月初三日大淸國廣東香山港口開船, 往上海縣之路, 遇風漂失. (...) 而
稟得上海縣公文, 十三名探知次, 處處海角逗遛耳. 問: 以蘭西國之船, 大淸國廣東香山
港口開船何故? 而亦稟得上海縣公文云者, 極甚疑訝. 詳示也. 答: 欽命蘭西國駐箚上海
縣, 故公文成出後, 廣東香山港口開船耳. 問: 旣成公文, 則必有照標. 覓出示也. 答: 公
文照標, 雖在船中, 而蘭西國官長主長, 我們不敢請示耳. (...) 問: 你們船隻, 官船耶?
私船耶? 答: 非私船. 以蘭西國船, 上海縣捕盜官劉乾進所係官船耳. 問: 官船, 則上海
縣捕盜官所係, 何故耶? 答: 雖曰蘭西國船, 而上海縣捕盜官例管耳. (...) 問: 本是蘭西
國船, 則以蘭西國人共船, 可也. 而廣東人之同乘作伴, 何故耶? 答: 共乘者, 各處海角

위의 문답을 통해 알 수 있듯이, 이 이양선이 조선 해역에 출몰하던 이유는 항해하다가 표류를 당하여 실종된 프랑스인 20명을 찾기 위해서였다. 이들이 上海에서 발급한 票文을 가질 수 있는 것은 당시 프랑스의 영사가 上海에 주재하고 있었기 때문이다. 다만 프랑스의 선박이라고 해도 上海의 포도관으로부터 관리를 받아야 하였다. 그리고 중국인이 프랑스인과 함께 승선한 까닭은 이들 중국인이 비용을 받고 필요할 때 통역을 해주었기 때문이었다.

조선의 입장에서는 프랑스 선박이 대국인 청에서 票文을 받고 항해하던 것이 놀라운 일이었고, 중국인과 프랑스인이 같은 선박에 동승하는 것 또한 이치에 타당하지 않은 일이었다. 실제로 청이 1844년에 프랑스와 黃埔條約을 체결한 뒤 프랑스 군함은 자국의 상선을 보호한다는 명분으로 비교적 자유롭게 중국 연해를 항해할 수 있었다.[70] 南京條約에 의해 개방된 다섯 항구는 프랑스 상선이 출입하는 주요 항구였다. 다만 난징조약에서는 다섯 항구의 개방을 승인하면서도 서양인이 다섯 항구 이외의 다른 지역에 가서 무역을 시도하는 행위를 금지하고 있었다.[71] 이렇기 때문에 조선에서는 다섯 항구를 제외한 다른 지역을 서양인들의 접촉이 제한된 금지 구역으로 여겼고 청의 조공국인 조선 또한 이 禁地의 범위에 포함된 곳으로 이해하였으며,[72] 이양선이 청에서 발급된 票文을 가지고 조선 해역에 출몰함에 의아했던 것이다.

逗遛之時, 制船迷路, 通語所致, 受工而來耳. 問: 雖云受工, 與蘭西國人同船作伴, 於理不當矣. 答: 蘭西國人共同, 廣東上海周流通貨, 故無妨耳."

70) 王鐵崖 編, 1957, 「五口貿易章程: 海關稅則」, 『中外舊約章彙編』 第1冊, 三聯書店, 63쪽.

71) 王鐵崖 編, 1957, 「五口通商附粘善後條款」, 앞의 책, 35쪽.

72) 이동욱, 2020, 「1840-1860년대 청조의 '속국' 문제에 대한 대응」, 『中國近現代史研究』86, 8쪽.

이처럼 청과 서양국 간의 불평등조약이 체결됨에 따라 서양 선박은 조선을 포함한 동아시아 해역에 거리낌없이 출몰하기 시작하였다. 이러한 현상은 1856년 영국 애로우(Arrow)호 사건을 발단으로 한 2차 아편전쟁이 일어난 뒤 더욱 뚜렷해졌다.[73] 한편 통역이나 무역 파트너로서의 중국인이 서양인과 같은 선박을 타는 경우도 많아졌으므로 중국인과 서양인이 공동으로 조선에 표류하게 될 확률이 높아졌다. 조선의 기존 표인 대응책 또한 이러한 해양질서의 복잡한 변화 앞에서 새로운 도전을 맞이하게 되었다.

2차 아편전쟁이 발발한 이후부터 「朝淸商民水陸貿易章程」(이하 '장정'으로 약칭)이 체결된 고종 19년(1882)까지 중국인과 서양인의 공동 漂到 사건이 집중적으로 발생하였다. 아래 〈표 15〉는 〈연표〉에 따라 이 시기의 공동 漂到 사건을 정리한 것이다.

〈표 15〉 1856~1882년 중국인과 서양인의 공동 漂到 실태

순번	연도	乘船員 구성	출항지	표착지	송환방식
1	1859	중국인 2명, 영국인 128명	日本	東萊鎭	해로로 들여보냄.
2	1859	중국인 1명, 영국인 47명	日本	東萊鎭	해로로 들여보냄.
3	1860	중국인 1명, 영국인 109명	上海	東萊鎭	해로로 들여보냄.
4	1860	중국인 21명, 영국인 30명	日本	楸子島	漕船을 주고 해로로 들여보냄.
5	1862	400명(중국인 2명, 路松國人)	日本	絶影島	해로로 들여보냄.
6	1866	중국인 2명, 미국인 6명	日本	東萊鎭	해로로 들여보냄.
7	1866	중국인 2명, 미국인 6명	日本	東萊鎭	해로로 들여보냄.
8	1866	중국인 2명, 미국인 2명, 영국인 2명, 네덜란드인 2명	煙台	宣沙浦	육로로 들여보냄.
9	1871	중국인 9명, 布國人 2명	煙台	白翎鎭	布國 참장의 부하가 와서 표인들을 데리고 감.

73) 2차 아편전쟁의 발발 경위에 대해서는 金基赫, 2000, 「구미세력의 침투」, 『한국사』37, 국사편찬위원회, 52~60쪽을 참조.

순번	연도	乘船員 구성	출항지	표착지	송환방식
10	1878	중국인 9명, 영국인 3명	上海	旌義縣	같은 날에 표류한 일본선에 승선시키고 해로로 들여보냄.
11	1881	중국인 15명, 영국인 1명	登州	健入浦	해로로 들여보냄.
12	1882	중국인 24명, 俄國人 26명	日本	大靜縣	해로로 들여보냄.

위의 표에 따르면, 중국인과 서양인의 공동 漂到는 주로 철종 11년 (1860) 전후, 즉 북경이 영국과 프랑스의 연합군에 의해 함락된 시기에 집중적으로 발생하였다. 서양인 가운데 영국인과 미국인이 가장 큰 비중을 차지하였다. 청이 2차 아편전쟁 중인 1858년에 서양열강들과 天津條約을 체결한 뒤 山東半島의 항구는 처음으로 개방되었고,[74] 2년 후 北京條約의 체결로 天津까지 개항장으로 만들어버렸다. 이에 따라 서양 선박이 보하이만까지 자유롭게 항해할 수 있게 되면서 서해를 비롯한 동아시아 해역은 거의 열린 공간과 다름이 없었다. 게다가 영국은 베이징 조약을 통해 중국인 노동자를 고용할 수 있는 특권을 획득하였기 때문에[75] 중국인이 영국 선박을 타고 영국 상인과 함께 돌아다니는 것도 점차 잦아졌다.

이 시기에 표선이 가장 많이 나타난 곳은 경상도와 제주도였다. 이들 표선의 출항지는 주로 일본과 上海에 집중되었다. 이 시기 上海와 南京은 각자 난징조약과 톈진조약에 의해 개방되었기 때문에 영국인과 미국인을 비롯한 서양 상인들이 두 통상 항구에서 출발하여 해상 무역을 전개하고 있었다. 그 가운데 일본은 1858년 미일수호통상조약에 따라 가나가와[神奈川]·하코다테[箱館]·니가타[新潟]·효고[兵庫]·나가사키[長崎] 5

---

74) 톈진조약에 따르면 최초에 개항장으로 지정된 항구는 登州였다. 하지만 영국 영사가 현장 답사를 끝낸 뒤 항구 부근의 물이 얕다는 이유로 개항지를 煙台로 새롭게 선정하였다. 청은 이를 허락하고 1861년 공식적으로 煙台를 개방하였다.

75) 王鐵崖 편, 1957, 「續增條約」, 앞의 책, 145쪽.

〈그림 15〉 19세기 중·후반 청·일 양국의 통상 항구

개 통상 항구가 개방하였기에 서양 상인들이 왕래하는 주요 무역국이었
다.76) 따라서 1860년대 上海·南京과 일본을 왕래하는 중국인과 서양 상
인들이 많아짐에 따라 이들이 풍랑을 만나면 대부분 조선의 경상도 혹
은 제주도에 漂到했던 것이다.77)

　이 무렵 청·일 양국을 왕래하는 상선 가운데 서양 선박의 비중이 점
차 증가하였다. 서양 선박의 조선술이 발달하였기 때문에 선박이 풍랑

---

76) 그 중에서 가나가와의 경우에는 개항된 6개월 이후 시모다[下田]항이 폐쇄되었고,
대신에 에도와 오사카가 새로운 통상 항구로 지정되었다.

77) 흥미로운 것은 여태까지 경상도는 上海 출신의 중국인 혹은 上海에서 출발한 선박
이 漂到한 경우가 적었기 때문에 上海에 관한 정보가 거의 없었다는 점이다. 예컨
대 철종 14년(1863) 上海 출신의 薛雙德 등 16명이 통영 관하의 楸島에 표류하여
문정을 받았을 때 지방관은 上海가 어딘지를 몰라서 이는 縣의 이름인지 마을의
이름인지를 물었다(「癸亥十二月淸船問情記」, 晉州 麻津 載寧李氏 가문 소장 필사
본. "問: 海上, 縣名耶? 村名耶?"). 上海에서 온 표선이 새로운 정보를 가져왔지만,
현지의 관원들은 무관심한 태도만 드러냈다.

으로 조난하였다 하더라도 조종이 불가능한 지경에까지 이르지는 않았다. 따라서 조선은 이러한 선박의 漂到에 대응하는 데 필요한 일부 절차를 생략할 수 있었고, 漂到地에서 문정을 실시한 뒤 해로로 보내면 그만이었다. 그럼에도 불구하고 공궤·송환방식 등 방면에서 표인들의 요구가 다양해졌기 때문에 조선은 여전히 상황에 따라 구체적인 대책을 마련해야 하였다. 몇 가지 사례를 통해 대응 실태를 살펴보자.

철종 10년(1859) 4월 영국배 2척이 東萊府 龍塘浦 前洋에 닻을 내렸다. 지방관이 통사 4명을 인솔하고 그 중 한 척에 올라갔다. 탑승자는 영국인 128명과 중국인 2명으로 구성되었다. 조선 측의 통사는 중국인 2명 중 吳月堂이라는 사람과 필담하였다. 吳月堂에 의하면 이 이양선은 영국 상선으로서 南京에서 滿州로 항해하다가 바람에 조난하여 음식을 구입하러 이곳으로 왔다고 하였다. 지방관은 이들 영국인들을 "극히 불쌍한[殊甚可憫]" 사람으로 바라보고 있었다. 중국인 통역이 없으면 의사소통이 불가능하고 물자 조달도 어려웠기 때문이었다. 결국 지방 정부는 회유의 의미에서 과일·채소·식수·땔나무 등 물자를 공급해 주었다.[78]

이 사건에 대응하는 과정에서 현지의 지방관들은 표선의 표류 사실 여부를 제대로 확인하지 않았다. 표선이 내박한 시절은 4~5월이었고 이때 서해에서는 주로 남풍·서남풍이 불었다. 때문에 南京에서 출발하여 보다 북쪽에 위치하는 滿州로 항하는 도중 바람으로 인하여 동쪽에 있는 경상도까지 표류해 왔다는 설명에 다소 설득력이 부족하였다. 특히 南京에서 경상도까지 갈 경우 전라도나 제주도를 반드시 지나가야 한다는 점을 감안하면, 표류를 당했다고 해도 경상도까지 떠내려가기는 매우 어려웠다. 게다가 표인들은 다른 영국배 1척이 경상도에 도착한 뒤 무역

---

78) 『日省錄』哲宗 10年 5月 24日 己未.

하기 위해 어디로 다녀왔는지에 대해 상세히 알려주지 않았으니[79] 이들
의 내박 의도가 더욱 의심스러울 수밖에 없었다. 하지만 조선의 지방관
은 아무 의심 없이 이들을 불쌍하게 여기고 회유의 차원에서 기존의 대
응책을 원용하여 일을 처리하였다.[80]

　그런데 6개월 이후 이들의 2차 漂到는 오히려 상술한 의심을 입증해
준다고 생각한다. 같은 해 10월 吳月堂 등 일행이 또한 앞서 닻을 내렸
던 곳에 내박하였다. 함께 온 다른 영국 선박도 있었다. 지방관은 작은
배를 출동시켜 영국 선박을 지키는 동시에 관례대로 문정을 실시하였
다. 吳月堂의 말에 따르면, 이들이 4월 이곳에 표류하다가 떠난 뒤 다시
南京과 滿州로 향하였다. 滿州에서 다른 영국 선박을 만나서 絨緞을 무
역한 후 같이 일본 하코다테 항구에 가서 판매하였다. 그리고 돌아가는
도중 풍랑 때문에 이곳에 표류하였다. 다른 영국 선박에 대한 문정에서
도 같은 대답이 나왔다. 또한 이들은 소·닭·달걀·채소·대파·쌀·생선·땔나
무 등 물자를 구매하고자 하였다. 두 영국 선박의 통상 의도가 분명하였
다. 선박이 내박하기 전에 표류를 당한 적이 있는지 여부에 대해 판단하
기가 어렵지만, 같은 이양선이 1년 내내 두 번이나 같은 곳에 정박하였
다는 것은 우연한 일로 보기가 힘들다. 조선도 이러한 점에 의아하였으
나 회유의 차원에서 이들이 요청한 물자를 지급하지 않을 수 없기 때문
에 여전히 기존의 대응책으로 대접하는 이외에 더 많은 정보를 얻지 못

---

79) 『日省錄』 哲宗 10年 5月 24日 己未. "而同行船之分往何處, 貿買各種之以緞以銀, 不
　　爲詳告."
80) 조정에서는 처음에 표인의 요구를 다 충족시킨다면 후일 폐단이 무궁하다고 걱정
　　하였지만, 그들이 요청한 물품은 약재와 양찬 등 일반적인 물자뿐이라서 회유의
　　차원에서 굳이 거부할 필요가 없고 그들이 빨리 떠날 수 있도록 요청대로 물자를
　　마련해주는 것이 타당하다는 판단을 내렸다(『承政院日記』 2615冊, 哲宗 10年 5月
　　丁酉).

하였다.[81]

이처럼 해당 시기 이양선은 표류를 이용하여 조선에 와서 물자 조달을 핑계로 통상을 전개하고자 하였다. 지방 정부는 이양선에 있던 중국인 통역을 통해야 비로소 의사소통이 가능하였다. 하지만 서양인을 자세히 조사하기보다는 통역에게 선박의 내박 경위, 출항지와 목적지 간의 거리 등 형식적인 질문만 할 뿐이었다. 실제로 상기한 사건에서 중국인 통역은 영국과 廣州·南京 간의 통상 왕래, 영국 선박이 해로로 滿州 지역까지 진출 가능함 등 해상질서의 중요한 변화들을 설명하였지만, 이는 지방 정부의 관심을 불러일으키지 못하였다. 철종 11년 영국 선박 1척이 동래부에 漂到하여 은으로 말을 사려고 했을 때도 지방 정부는 이 사건을 "상선이 왕래하다가 풍랑으로 표류하였다"라는 일반적인 표류 사건으로 취급하였을 뿐이었다.[82] 이와 같은 무관심의 태도는 17세기 중·후반 한인과 일본인의 공동 漂到 사건을 대응하는 과정에서 조선이 중국의 정세에 지대한 관심을 보였던 것과 크게 대비된다. 19세기 후반 서양의 이양선에 대한 조선의 이러한 무관심은 현지에서 위기의식이 부족했음을 분명하게 보여준다.

한편 송환 방식에 관해서도 새로운 상황이 생겼다. 철종 11년 중국인 20명과 영국인 30명은 공동으로 楸子島에 漂到하였고, 큰 배와 1척의 從船이 부서졌다. 우수영 우후 朴載仁과 군수·만호 등 일군의 지방관들이 배를 타서 표인이 머무른 곳에 나갔다. 중국인에 대한 문정을 통해 이들은 모두 상인으로서 일본에서 장사하다가 上海로 돌아가는 도중 풍랑 때문에 표류해 왔음을 알게 되었다.[83] 또한 중국인의 통역을 통해 영

---

81) 『日省錄』哲宗 10年 11月 13日 己未.
82) 『日省錄』哲宗 11年 閏3月 25日 己未. "則往來商販, 因風漂到, 更無可疑."
83) 『全羅右水營啓錄』(奎15098) 1冊, 咸豐 10年 閏3月 20日.

국인에게도 문정을 실시하였다. 문정 끝에 송환의 방식에 대해 아래와
같은 논의가 있었다.

> (F)
>
> 문: 당신들의 배가 이미 파손되었으니 어떤 방식으로 돌아갈 생각이냐?
>
> 답: 이들이 말하기를 "만약에 용량이 천 섬 정도에 이르는 큰 배 2척
> 을 준다면 뱃길로 上海에 돌아갈 것이다"고 했습니다.
>
> 문: 조정에 飛報하는 배가 방금 출발했으니 처분을 내리면 그때 마련
> 해주겠다는 뜻을 영국인에게 전달하라.
>
> (…)
>
> 답: 이들이 말하기를 "오래 머무르기가 힘들다. 우리는 작은 배 3척이
> 있는데 2·3일 동안 먼저 이 작은 배를 타고 上海에 가서 큰 배를
> 빌려온 후 우리를 다 같이 싣고 돌아가는 게 나을 것 같다."고 했
> 습니다.
>
> 문: 표선이 지금 우리나라 경내에 이르렀으니 조정에서 결정할 때까
> 지 함부로 행동해서는 안 된다. 국법이 엄하니 당분간 불안해하지
> 말고 잘 있으라.
>
> 답: 이들 영국인들은 예의와 法度를 잘 모릅니다.
>
> 문: 너희들이 계절에 따라서 입는 옷과 매일 먹는 양찬은 전부 우리에
> 의해 지급되는데, 이는 바로 멀리서 온 사람을 안심시키는 우리나
> 라의 法意이다. 이들 영국인에게 이 뜻을 널리 알려라.[84]

---

84) 『日省錄』 哲宗 11年 4月 9日 癸酉, 「大英國人問情記」. "問: 彼們船旣破傷, 從何路歸
去耶? 答: 彼云若給大船可容千石者二隻, 從水路一同回上海也. 問: 船隻則今方飛報
上司, 待處分備給矣. 以此意言諭于大英人也. (…) 答: 彼云難以久留, 我有小船三隻,
二三日間, 先使此船送往上海, 交得大英船以來, 與我們一同回去. 問: 漂船之到我境也.
上司發落前, 不得擅動. 國法截嚴, 姑爲安心度了. 答: 彼大英人, 不知禮義法度也. 問:

영국인들은 처음에 새로운 큰 배 2척을 원한다는 뜻을 표명하였다. 지방관은 조정에서 결정을 내린 후에야 비로소 마련해줄 수 있다고 대답하였다. 그러나 영국인들은 오래 머무를 생각이 없었으므로, 자신들의 從船 3척을 타고 上海에 가서 모든 표인을 실을 수 있는 큰 배를 빌려오는 방안을 제시하였다. 이에 대해 지방관은 법금 및 '회유원인'이라는 법의를 강조하면서 공궤를 조선의 규칙에 따라 처리할 수 있도록 표인들을 설득하고자 하였다.

실제로 영국인들이 제시한 방안은 조선이 처음 들은 것은 아니었다. 전술한 프랑스 군함 그루와르호와 빅토리외즈호의 표류 사건에서 이미 비슷한 방법이 제기된 바 있었다. 그러므로 이번의 경우 조정에서는 프랑스 군함 표류 사건을 참조하여 漕船 중 가장 튼튼한 2척을 영국인들로 하여금 스스로 헤아려서 선택하게 하였다.[85]

조정의 이와 같은 결정은 '표인이 원하는 대로 송환을 실시하다'라는 기존의 원칙을 제대로 지키기 위한 것이자 '회유원인'이라는 뜻을 표방하려는 의도에서 나온 것이었다.[86] 특히 '회유원인'의 원리가 '법의'로 표현된 것은 당시 이 사상이 대외관계의 사상적 근본으로 자리 잡았다

儞們之節衣日供, 如數備給, 自是我國綏遠人之法意也. 儞各布諭也."

85) 『備邊司謄錄』 247冊, 哲宗 11年 4月 10日.

86) 이러한 의도는 고종 3년(1866) 중국인 2명과 서양인 6명이 鐵山 宣沙浦에 표류했던 사건을 대응하는 데 명확하게 드러났다. 당시 표선이 파손된 관계로 표인 8명은 육로로 돌아가기를 원한다고 하였다. 의정부는 기존의 대응책에 따라 육로로의 송환을 실시하는 것을 제안하는 동시에, "상국인과 외국인을 막론하고 표류해 오면 이들이 원하는 대로 송환시키는 것이 멀리서 온 사람을 회유하는 道義입니다[毋論上國外國, 漂到人之水陸間依願許施, 柔遠之義也]"고 강조하였다(『日省錄』高宗 3年 5月 23日 辛巳). 이처럼 '표인이 원하는 대로 송환을 실시하다'는 원칙은 사대관계에서 적용하는 것이 아니라 조선이 '중화의 계승자'로서 멀리서 온 사람을 회유하는 의리를 보여주는 데 적용하는 것으로 인식되었다.

는 점을 시사해준다. 다만 표인이 원하던 그 방식은 객관적으로 더 많은 異國船을 이끌고 조선 해역에 들어오는 결과를 초래할 수 있었고, 향후 표인을 데리고 오는 선박이 임의로 조선 해역에 진출할 수 있다는 후환을 남겼다. 이러한 폐단은 신미양요가 발발했던 고종 8년(1871) 다시 나타났다.

이 해 4월 登州 출신의 姚辰東 등 7명이 白翎鎭에 표류하였다. 장연 부사 李昌鎬, 백령 검사 李普憲, 역관 趙廷孝 등이 나가서 문정을 실시하였다. 표인들의 대답에 의하면, 이들은 장사를 하러 布國(프러시아) 선박을 타고 琿春으로 향발했다가 海霧로 인하여 길을 잃고 표류하던 중 선박이 파손되어 이곳에 漂到하였고, 그 중에서 프러시아 사람 10명과 다른 중국인 5명의 경우 이미 挾艇에 나누어 타고 돌아갔다. 이들 7명은 육로로 돌아가기를 원한다고 하였기 때문에 조선은 처음에 기존의 대응책을 원용하여 이 사건을 일반적인 표류 사건으로 처리하고자 하였다.[87]

그런데 종선을 타고 떠나갔던 사람들은 姚辰東 등 7명을 데리러 다시 돌아왔다. 이들은 牆洞浦에 정박하다가 조선 병선의 추격으로 흩어졌는데, 그 중 큰 배를 탄 사람들은 도망갔고 挾船을 탄 중국인 2명과 布國人 2명은 조선군에 의해 붙잡혔다. 거듭된 문정 끝에 이들의 표류 전말과 다시 돌아온 이유를 확인한 후 황해 감사 徐元輔와 수사 尹暎이 선박을 마련해 주어서 이 4명을 전에 漂到했던 7명과 더불어 해로로 보내는 일을 조정에 아뢰었다. 하지만 조정에서는 전에 漂到했던 7명을 육로로 돌려보내는 일을 이미 정하였다는 이유로 이 4명도 함께 육로로 보내기로 결정하였다.[88]

문제는 5월 24일 영국 외교관 토머스 웨이드(Thomas Francis Wade,

---

87) 『黃海水營啓牒』(奎15109) 1冊, 辛未(1871) 5月 6日, 「問情記」.

88) 『備邊司謄錄』253冊, 高宗 8年 5月 9日·23日.

1818-1895)가 總理衙門에 조회하여 영국인이 조선에 의해 억류를 당하였다고 주장하면서 청의 협조를 요청하였다는 것이다. 그 주장의 근거는 조선에 갔다 온 舵工의 공초였다. 그에 따르면, 5월 13일 思違利라는 영국인이 스스로 중국 선박 1척을 고용하고 서양인 2명과 중국인 7명을 인솔하여 그 표인들을 데리러 조선에 왔다. 이들이 조선에 도착한 뒤 思違利는 水手 2명과 함께 작은 배를 타고 표선을 찾기 위해 부근 해역에 돌아다녔다가 조선군에 의해 붙잡혔다.[89] 총리아문은 당시 조·미 양국 간의 특수한 분위기를 고려하여 웨이드의 주장의 眞僞를 확인할 필요가 있다고 판단해서 조사의 일을 예부에 부탁하였다.[90]

실제로 웨이드가 청의 총리아문에 사건의 조사를 요청했을 당시 조선은 이미 표인의 송환 처리 절차를 마무리한 상태였다. 5월 22일 이양선 1척은 백령진 外洋에 정박한 뒤 從船 1척이 浦邊에 내박하였다. 선박 안에는 중국인 1명과 서양인 2명이 있는데 서양인의 경우 山東 영사관의 영국인 梅輝立과 布國 參將인 夏先福이었다. 이들은 전에 표류했던 중국인 9명과 布國人 2명의 領還을 위하여 관병을 인솔해 왔다고 밝혔다. 조선은 문정을 통해 이들의 실체를 확인한 뒤 모든 표인들을 이들에게 인계하고 예부에 咨文을 보냈다. 따라서 영국인이 억류된 사실 여부에 대한 예부의 거듭된 咨文에 대해 조선은 "소란을 일으키지 않았다면 절대 억류할 리가 없다[如非惹事滋擾, 斷無拘留凌侮之理]"고 강조하면서 이 일은

---

89) 「英國照會威妥瑪函」(中央研究院近代史研究所 編, 1972, 『淸季中日韓關係史料』 卷 1~10, 179~181쪽).

90) 당시 조선과 미국 간 긴장된 분위기에서 청은 조선과 영국의 관계까지 악화되는 것을 바라지 않았다. 따라서 영국의 요청에 따라 거듭 조선에 咨文을 보냈다. 당시 이 사건에서 청의 입장과 행동에 대해서는 姜博, 2016, 『洋擾中的天朝──西方侵擾朝鮮與淸政府的應對』, 중국 山東大學 석사학위논문, 45~46쪽을 참조. 또한 신미양요 전후 조미관계의 전개에 대해서는 김명호, 2005, 『초기한미관계의 재조명 - 셔먼호 사건에서 신미양요까지-』, 역사비평사, 113~420쪽을 참조.

오해로 인해 의심하게 된 것일 뿐이라고 해명하였다.[91]

이처럼 이국선이 조선에 와서 표인을 데리고 가는 것은 경제적 측면에서 유리하였지만,[92] 당시 이양선에 대한 방어시스템이 제대로 정비되지 않은 상황에서 오해로 인한 충돌까지 발생할 가능성을 무시할 수 없었다. 그럼에도 불구하고 조선은 중국인과 서양인의 공동 漂到에 대응할 때 '회유원인'의 의리만 강조하여 송환은 가능한 표인이 원하는 방식을 따랐다. 그 결과 조선 해역은 점차 열린 공간으로 변화되어 갔고, 이국선의 출몰이 더욱 빈번해졌다. 심지어 청이 표류 조선인을 귀국시킬 때에도 해로로의 송환 방식을 사용하였다. 일례로 고종 9년(1872) 조선인 張順哲 등 7명이 登州 榮成縣에 표류하였다. 榮成縣 知縣은 상선으로 하여금 이들을 조선으로 송환하게 하였다.[93] 중국에서 표류 조선인을 해로로 귀국시키는 일은 "몇 백 년 이래 처음 있는 일[幾百年來創有之事]"이었기 때문에, 조선은 표류 조선인을 호송해 온 姜連公 등 일행을 후하게 대접하고 바다를 건널 때 필요한 양찬까지 마련해줌으로써 자국 측의 후의를 보여주고자 하였다.[94]

요컨대 2차 아편전쟁이 발발한 뒤 중국인이 통역이나 무역파트너로서 서양인과 같은 선박을 타고 해상 무역을 전개하는 사례가 증가함에 따라 중국인과 서양인이 공동으로 조선에 표류해 온 경우도 생겼다. 이들이 탑승한 선박은 대부분 서양 선박이었으므로 풍랑에 조난했다 하더

---

91) 「朝鮮國王咨稱已送還海難漂到華洋人等」(대만 中央研究院 近代史研究所 소장 朝鮮檔, 청구번호: 01-25-003-01-017).

92) 『同文彙考』 原編續, 漂民7, 上國人, 「辛未報長淵漂民入送咨」. "且有大船踵至, 順付領還, 允爲便當."

93) 『黃海水營啓牒』(奎15109) 1冊, 壬申(1872) 9月 6日, 「問情記」.

94) 『黃海水營啓牒』(奎15109) 1冊, 壬申(1872) 9月 16日 ; 『備邊司謄錄』 254冊, 高宗 9年 9月 10日.

라도 조종이 불가한 지경에까지 이르지는 않았다. 따라서 이러한 선박이 조선에 표류하면 주로 물자 보급과 이에 따른 통상 활동을 요청했던 것이다. 조선은 기존의 대응책에 따라 이들에 대응하면서 '회유원인'이라는 의리에 의해 물자 보급 요청을 만족시키는 대신에 통상 요구를 거부하였다. 반면에 서양인의 선박이 파손된 경우 이들은 청에 가서 튼튼한 선박을 빌려와서 표인을 모두 싣고 돌아가는 방식을 제안하였다. 조선은 역시 '회유원인'의 차원에서 이들이 원하는 대로 송환을 실시하였다. 하지만 이는 이국선이 임의로 조선 해역에 진출하는 결과를 초래하였다. 결론적으로 조선은 '중화의 계승자'로서의 자세로 멀리서 온 사람에 대한 의리를 표방하였지만 이러한 태도는 의도와 달리 자국의 해역을 외부 세력에게 더욱 개방하는 결과를 가져왔다.

2. 해금체제 붕괴와 대응책의 변동

1) 청 해금 해제와 불법 어업활동

19세기 후반에 이르러 이양선과 함께 청의 불법 어선도 조선 해역에 몰려들었다. 청이 아편전쟁에서 패배하고 서양국과 일련의 불평등조약을 체결한 것은 청 중심의 해양질서에 균열을 가져왔다. 청은 여태까지 해금책을 통해 해양을 통제하고 있었다. 특히 道光연간 해금책의 실시는 淸人이 서양인과 결탁해서 간악한 꾀를 부릴 가능성을 차단하는 데 목적이 있었다.[95] 하지만 불평등조약의 체결에 따라 청의 해양 통제력이 더

---

95) 陳壽祺, 『重纂福建通志』 卷87, 海防, 「海禁」. "設禁之意, 特恐吾民作奸勾夷."

욱 약화되어[96] 전통적인 해금체제도 점차 유명무실하게 되어 갔다. 이러한 상황에서 18세기 일어났던 청의 불법 어선 월경 문제가 다시 대두되기 시작하였다.[97]

청의 불법 어선이 등장하기 시작한 것은 1850년대 전후였다. 헌종 15년(1849) 2월 세 개의 돛대를 가진 唐船 1척이 長淵 陸沙乃浦 앞바다에서 잠깐 정박했다가 사라진 일이 있었다. 당선이 漁期가 아닌 시기에 출몰함에 경악한 조선 조정은 자주 감시하고 수시로 치보하라고 연해 각 읍진에 더욱 嚴飭하였다.[98] 그러나 철종대에 들어와서 상황은 더욱 악화되었다. 철종 3년(1852) 조선이 예부에 보낸 咨文에 의하면, 철종 원년(1850) 어선 80여척이 황해도 豐川·椒島·長淵·吾又·白翎·甕津 등지에 와서 고기잡이를 자행한 일, 철종 2년(1851) 정월 어선 수천 척이 풍천·백령·오차 등지의 근해에 와서 그물을 설치하고 고기를 잡으며 상선을 가로막아 미곡을 약탈한 일, 철종 3년 어선 수백 척이 백령·장연 등지의 근해에 출몰하여 고기를 잡은 일 등이 있을 정도로 청의 불법 어선의 출몰 현

---

96) 『淸史稿』 志113, 兵9, 「海防」. "自道光中, 海禁大開."

97) 어업 분쟁을 둘러싼 조·청 양국 간의 문서 왕래는 주로 18세기 전반에 집중되었다. 그 이후 불법 어선의 출몰이 사라진다는 것은 아니지만, '상대적으로' 완화되었다. 김문기는 1684~1842년 사이에 일어났던 어업 분쟁을 전통시대의 어업 분쟁으로 설정하고 1842~1882년 사이에 일어났던 어업 분쟁을 조약체제 시기의 어업 분쟁으로 설정하여 양자의 차이점을 비교 분석하였다. 특히 조약체제 시기 어업 문제가 다시 극심해진 단서는 청어에서 찾을 수 있다고 주장하고 있다(김문기, 2008, 「19세기 조선과 청의 어업 분쟁 –1882년 '조청무역장정' 체결 이전까지-」, 이근우 외, 『19세기 동북아 4개국의 도서분쟁과 해양경계』, 동북아역사재단, 108~135쪽 ; 김문기, 2014b, 「온난화와 청어: 청·해·인의 관점에서」, 『역사와 경계』90, 193~201쪽). 본 절은 김문기의 연구를 바탕으로 청의 불법 어업활동 전개 과정에서 표류가 어떻게 이용되었는지, 불법 어업활동에 대한 조선의 태도가 표인 대응책에 어떤 영향을 미쳤는지를 살피는 것이 목적이다.

98) 『黃海監營狀啓謄錄』(奎15107) 8冊, 己酉(1849) 2月 29日.

상은 심각하였다. 여태까지 山東半島와 遼東半島의 어민들이 조선의 해금을 알면서도 潛越하고 고기잡이를 했던 경우가 없지 않았지만, 보통 바람이 잔잔한 여름 초에 선박 한두 척만 와서 작업하다가 바로 가버렸기 때문에 조선에 별다른 피해를 입히지 않았다. 하지만 철종대에 이르러서 날씨와 상관없이 몰려들어 고기를 잡는 어선이 수천 척에 이를 정도로 규모가 상당히 커졌다. 그리고 이 어선들의 행로를 보면 고기만 잡으러 온 것이 아니라 약탈과 불법적인 밀무역에도 참여하였다. 이로 말미암아 조선은 다시 어선의 불법 월경을 금단해줄 것을 청에 요청할 수밖에 없었고,[99] 동시에 연해 海防을 강화하는 일환으로 鎭將, 虞候, 무관 출신 수령 중에서 유능한 자를 장령으로 別定하고 이들에게 청 어선을 외양으로 쫓아내게 하였다.[100]

고종 6년(1869) 청 어선 수십 척이 옹진 근해에 출몰하자 지방에서는 병사를 동원하여 어선을 추격하다가 끝내 중국인 8명을 생포하였다. 현장에서 이들을 즉시 처단하지 않았고 추후 다시 법으로 처리하고자 하였다. 이들 중국인에게 회유의 뜻을 보여주어야 한다는 점을 고려하여, 의정부에서는 선박을 되돌아주어 석방하도록 하는 것을 건의하였다. 또한 앞으로 추포하는 일에 대해 엄히 단속하고 상황에 따라 조처할 것을 道臣과 帥臣에게 분부해야 한다고 주장하였다.[101] 그리고 서로 신칙함으로써 다시는 소요를 일으키는 일이 없도록 하기 위해 이 사건을 사실대로 청에 보고하였다.[102]

이처럼 해당 시기 조선이 빈번해진 청의 불법 어업활동을 대응했던

---

99) 『同文彙考』原編續, 犯越2, 上國人, 「壬子請禁斷黃海道沿海各處犯越漁採船咨」.

100) 『黃海監營狀啓謄錄』(奎15107) 9冊, 庚戌(1850) 5月 29日.

101) 『黃海監營關牒謄錄』(奎15131), 己巳(1869) 2月 2日 ; 『承政院日記』 2735冊, 高宗 6年 正月 己亥.

102) 『同文彙考』原編續, 犯越3, 「己巳登山浦犯越漁採人解送咨」.

방법은 무력으로 어선을 쫓아내는 것과 청에 咨文을 보내 강력한 해금조
치를 요청하는 것 두 가지였다. 특히 전자의 경우 조선과 이들 사이의 모
순과 충돌을 격화시켰다. 청 어선은 이를 대비하기 위해 점차 집단적·약
탈적인 匪民의 모습으로 변하여 민간인을 약탈하고 인명을 살상하는 등
불법행위까지 벌어지게 되었다.[103]

한편 청 어민들은 충돌 끝에 조선에 의해 붙잡히면 표류하였다고 변
명하여 자신의 월경 범행을 숨기고자 하였다. 고종 8년(1871) 수십 척의
청 어선이 옹진 근해에 출몰하였다. 수영에서는 이들을 단속하기 위해
군사를 출동시켰다. 쌍방은 昌獜島·麒麟島·漁化島·麻蛤島 등지의 해역에
서 교전을 벌였고, 접전 끝에 각지에서 각각 중국인 14명·13명·9명·6명
을 붙잡았다. 모두 山東 登州 출신이었다. 하지만 昌獜島에서 붙잡힌 楊
淸年 등 9명과 麒麟島에서 붙잡힌 楊雲表 등 10명만 자신들이 어채를 하
러 나왔다고 자백하였고 나머지 중국인들은 모두 표류해 왔다고 강조하
였다. 이들의 선박을 검사한 결과, 昌獜島에서 포획된 선박의 경우 火器
등 무기를 싣고 있었고, 麒麟島에서 포획된 선박의 경우에는 조선의 쌀
과 조선에서 유통되지 않는 동전을 싣고 있었으며, 漁化島와 麻蛤島에서
포획된 선박에는 漁具가 가득 찼다. 이 때문에 조선은 이들을 어채·수탈·
밀무역 등 목적을 가지고 나온 불법 월경자로 단정하고 표류해 왔다는
변명을 믿지 않았다.[104] 결국 山東 출신이라는 점을 고려하여 이들을 봉
황성에서 넘겨주고 예부에 咨文을 보내는 식으로 사건을 처리하였다.[105]
咨文에서는 어민들이 수탈 행위를 벌이지 않고 어채만 하면 가끔씩 경계
를 넘어 조선 해역에 들어왔다 하더라도 체포하지 않았음을 특별히 지

---

103) 김문기, 2008, 앞의 논문, 111쪽.
104)『黃海水營啓牒』(奎15109) 1冊, 辛未(1871) 正月 10日·13日·16日.
105)『同文彙考』原編續, 犯越3,「同年報甕津犯境人口捕獲解送咨」.

적하면서 청에 해금조치를 재삼 요청하였다.[106]

그런데 이들 어민들은 청의 문초를 받았을 때에도 표류를 당했다고 주장하고 소지한 화기·화약 등의 무기를 해적을 대비하기 위한 물품이라고 강변하였다. 청은 이들이 벌인 불법 행위를 승인하여 山東 순무에게 자세히 조사한 후 정례에 따라 이들을 처벌하라고 명하는 동시에 연해 지역에 대한 통제를 지시하였다.[107]

이렇듯 해당 시기 청 어민들은 표류를 핑계로 대고 조선 해역에 와서 수탈 등 방자한 행위를 저질렀으며, 조선은 숙종 38년 예부의 回咨에서 얻은 어선에 대한 재량권을 행사하여 추포 등의 방식으로 청 어민들의 만행에 대응하였다. 그 과정에서 어민의 표류 칭탁을 간파하기 위해서는 표선에 대한 검사와 어민에 대한 문정 등 일련의 처리 절차를 더욱 철저하게 수행해야 하였다. 이에 따라 形骸化된 표인 대응 절차가 어느 정도 재정비될 여지가 있었지만 그 실질적인 효과는 미미하였다.

한편 청 어선이 불법 어업활동을 자행하는 과정에서 표류를 당하는 경우 조선은 표인 대응책에 따라 사건을 처리하고자 하였다. 예를 들어, 고종 12년(1875) 2월 불법적으로 풍천 근해에 와서 어로하던 23척의 어선이 풍랑으로 조선 해역에 난파되었고, 그 중 15척은 파손되어 풍천 각 포구에 漂到하였는데 사망자의 시신 11구가 발견되었다. 시신을 통해 이들이 정말로 표류를 당했음을 확인한 조선은 표인 대응책에 따라 시신을 운반한 후 埋瘞하였고, 파손된 표선을 불태웠다. 또한 나머지 8척의 어선을 문정하지 않고 이들이 스스로 돌아가도록 방치한 관리를 엄

---

106) 『同文彙考』 原編續, 犯越3, 「報漁採匪民投留慢書咨」. "藉使此輩非有摽掠情節, 只事漁採生涯, 苟或來犯界海, 莫道剿捕成憲."

107) 『同文彙考』 原編續, 犯越3, 「禮部知會拿送犯越流民訊明辦理暨匪民投留慢書著沿海地方一律稽查奉上諭咨」.

중하게 죄를 다스렸다.[108]

고종 13년(1876) 조선이 강화도조약[109]으로 개항된 이후 청의 불법 어업활동은 황해도에서부터 충청도·전라도까지 확대되었다.[110] 이들의 원적지는 山東을 비롯하여 江南까지 포함하게 되었다. 일례로 고종 16년(1879) 정월 古群山 일대에 몰려들었던 중국인 중에는 山東을 비롯하여 南京·蘇州 등지의 출신자가 있었다.[111] 이들의 선박 가운데 작은 배는 고기잡이를 담당하고 큰 배는 생선 거래를 하였다.[112] 이처럼 고기잡이와 생선거래의 종사자들, 즉 어민과 상인이 무리를 지어 함께 활동하는 현상이 이 시기에 접어들면서 많아졌다. 심지어 각자 표류해 온 뒤 조선 해역에서 새롭게 무리를 지어 무역에 종사하는 경우도 있었다. 아래와 같은 사례를 살펴보자.

고종 16년 2월 수십 척의 당선이 연이어 古群山에 내박하였다. 어선 33척과 상선 2척이 있었는데 각자 다른 시간에 표류를 당하고 조선에 왔던 것이다. 『湖南啓錄』(藏K2-3675) 3冊, 光緖 5年 3月 8日.[113] 이들의

---

108) 『黃海水營啓報錄』(奎3801), 乙亥(1875) 2月 24日.

109) 申櫶(1810-1884)의 『沁行日記』에는 강화도조약 체결의 전말에 대해 상세히 기록하고 있다.

110) 김문기, 2008, 앞의 논문, 112쪽.

111) 『日省錄』 高宗 17年 1月 23日 辛卯, 27日 乙未.

112) 『日省錄』 高宗 17年 1月 27日 乙未. "大船買魚爲業, 小船俱是捕魚."

113) 『湖南啓錄』(藏K2-3675) 3冊, 光緖 5年 3月 8日,「三十四隻船問情記」. "問: 你們漁標中, 在本境海邊捕魚, 毋許越境云. 則你當知法, 而何如是行漁耶? 答: 普天之下, 莫非王土. 大海寬闊, 何曰越境乎? 暫漁, 十五六歸家. 問: 各國之定界自在, 居民之産業各殊. 越境行漁, 大關法禁, 速之歸去可也. 答: 遇風到此, 而此地有魚. 旣是捕魚船, 故少待十日, 捕魚而歸, 豈不幸乎? 問: 來此地, 捕魚爲幾許耶? 答: 諸船所得, 不過二三萬之尾. 問: 你若遇風到此, 則今旣風順, 卽當歸去, 而奚何犯法捕魚, 又待十日乎? 答: 再住十日之外, 俱以同歸. 決不失言. 問: 你船公標昭明, 我國法禁至嚴. 屢屢開諭, 你何冒法而不歸乎? 更勿行漁, 卽速歸去也. 答: 一是風不便. 當祈求幾日, 有東南風, 則卽歸去."

표류에 관한 정보를 정리하면 아래 〈표 16〉과 같다.

〈표 16〉 1879년 2월 고군산에 漂到한 唐船에 관한 정보

출신지	선박 수	출항일	출항목적	표도일
登州府 威海縣	20척			
登州府 寧海州	6척	1.22	고기잡이.	2.6
登州府 榮城縣	2척			
登州府 文登縣	5척	1.18	고기잡이.	2.3
蘇州府 元和縣	1척	2.4	文登縣에서 布貨를 팔고 생선을 실은 뒤 나옴.	2.18
蘇州府 元和縣	1척	2.10	文登縣에 가서 청어를 싣고 판매하려고 함.	2.27

그 가운데 蘇州府 상선 2척은 조선에 漂到한 뒤 일찍 왔던 登州의 어선들에 따라 고기잡이를 시작하였다. 이 선박들은 표류를 당했다 하더라도 선체가 파손되지 않았기 때문에 해상 작업을 계속할 수 있었다. 조선은 이들의 표류 사실 자체를 의심하지는 않았지만, 漂到한 뒤 고기잡이를 시도하던 표인들은 표류를 핑계로 대고 국경을 넘어 어업활동을 전개하는 불법 어선들과 마찬가지로 금단을 위반했기 때문에, 이러한 행위에 대해 질책해야만 하였다. 하지만 이들 표인 중의 어민들이 질책을 받아도 제멋대로 행동하고자 하였다. 월경 어업활동에 대한 쌍방의 상이한 태도는 우수군 우후 金始漸이 주도한 문정의 내용을 통해 드러났다.

(G)

문: 당신들의 票文 중에는 "본국 경내의 해변에서만 고기를 잡아라. 월경해서는 안 된다."라는 말이 있다. 그럼 당신들이 법을 알고 있을 텐데 어찌 이와 같은 불법적인 어업활동을 했는가?

답: 온 하늘 아래 왕의 땅이 아닌 곳이 없습니다. 바다가 넓은데 어찌 월경이라고 할 수 있습니까? 잠깐 고기잡이를 했을 뿐입니다. 15일 또는 16일이 되면 집으로 돌아갈 겁니다.

문: 나라마다 정해진 경계가 스스로 존재하고 백성들의 산업이 서로
다른 법이다. 국경을 넘어서 고기를 잡는 것은 법으로 금지된 일
과 크게 연관되오니 속히 돌아가면 된다.

답: 바람을 만나서 이곳에 이르렀고, 여기에는 물고기가 있습니다. 이
러한 상황에서 고기를 잡는 선박으로서는 열흘 동안 머물면서 고
기를 잡지 않는다면 이는 불행한 일이 아니겠습니까?

문: 당신들이 이곳에 와서 잡은 물고기는 얼마나 되는가?

답: 여러 척의 배에 있는 물고기를 다 합쳐도 불과 2, 3만 마리뿐입니다.

문: 당신들은 바람을 만나서 이곳에 이른 것이라면 지금 바람이 순하
게 불고 있어 응당 이미 돌아갔어야 했는데 어찌 법을 어기고 고
기를 잡으면서 열흘 더 있겠다고 했는가?

답: 열흘 이후 다같이 돌아갈 것이며 절대 약속을 안 지킬 일은 없을
겁니다.

문: 당신 배의 공문과 표문이 분명하고 우리나라의 법금도 극히 엄하
다. 이미 여러 번 타일렀는데 당신들은 어찌 법을 어기면서까지
돌아가지 않느냐? 더 이상 고기잡이를 하지 말고 속히 돌아가라.

답: 그것은 다 바람이 순하지 않았기 때문입니다. 며칠만 더 주시길
바랍니다. 동남풍이 불면 바로 돌아가겠습니다.[114]

---

114) 『湖南啓錄』(藏K2-3675) 3冊, 光緖 5年 3月 8日,「三十四隻船問情記」. "問: 你們漁
標中, 在本境海邊捕魚, 毋許越境云. 則你當知法, 而何如是行漁耶? 答: 普天之下, 莫
非王土. 大海寬闊, 何曰越境乎? 暫漁, 十五六歸家. 問: 各國之定界自在, 居民之産業
各殊. 越境行漁, 大關法禁, 速之歸去可也. 答: 遇風到此, 而此地有魚. 旣是捕魚船, 故
少待十日, 捕魚而歸, 豈不幸乎? 問: 來此後, 捕魚爲幾許耶? 答: 諸船所得, 不過二三萬
之尾. 問: 你若遇風到此, 則今旣風順, 卽當歸去, 而奚何犯法捕魚, 又待十日乎? 答: 再
住十日之外, 俱以同歸. 決不失言. 問: 你船公標昭明, 我國法禁至嚴. 屢屢開諭, 你何冒法
而不歸乎? 更勿行漁, 卽速歸去也. 答: 一是風不便. 當祈求幾日, 有東南風, 則卽歸去."

金始漸은 표인들이 국경을 넘어 고기를 잡는 행위의 부당성을 지적하였지만, 표인들은 익살스러운 말투로 분위기를 완화시키면서 자신들의 조선 경내의 어업활동이 허락을 받을 수 있는 방향으로 유도하려고 하였다. 조선 경내에서 계속 고기잡이를 하려던 의도가 명백하였다. 한편 상선에 대한 문정 과정에서 金始漸은 어민들이 불법 월경의 부당함을 깨닫고 바람이 순하면 바로 돌아갈 것을 이미 약속했다고 강조하면서 상인에게 속히 돌아감을 권유하였지만, 상인들은 자신이 장사를 하는 사람으로서 어민과 다르다고 力說하면서 어선이 떠나면 같이 떠나겠다고 하였다.[115]

이처럼 해당 시기 청의 어민과 상인들은 조선 해역에 와서 어업활동을 진행하기 위해 표류를 핑계로 대는 경우가 많았다. 유의해야 할 점은 이 무렵 점차 발달된 조선술과 선박규모 덕분에 표선의 파손 정도는 이전보다 적었다는 사실이다.[116] 그러나 이는 거꾸로 표선 여부를 판별하기가 더 어려워졌음을 의미하였다. 판단 기준으로서의 선체 훼손 정도가 이전에 비해 덜 뚜렷하였기 때문이다. 이러한 의미에서 (G)에서 나타난 표선의 경우는 표류를 당한 것이 사실인지 의심의 여지가 있었다. 또한 시간의 흐름에 따라 항해자들은 선박을 조종하는 기술을 향상시키고 서해 항로에 익숙해졌기 때문에, 표류를 당했다 하더라도 역으로 표류를 이용하여 조선 해역으로 이동하는 가능성이 없지 않았다. 이러한 상황에서 표류의 眞僞를 식별하기 위해서는 더욱 자세한 검사와 문정이 요구되었지만 지방에서는 여전히 형식적으로 문정을 실시하고 있었으므로, 이는 표류 사실에 대한 판단에 도움이 되지 않았다. 다만 표류로 온

---

115) 『湖南啓錄』(藏K2-3675) 3冊, 光緒 5年 3月 8日, 「後漂四帆船問情記」.
116) 金奈永, 2017a, 『조선시대 濟州島 漂流·漂到 연구』, 제주대학교 사학과 박사학위 논문, 261쪽.

것인지 여부와 상관없이 해당 시기 조선 해역에서 출몰했던 중국 선박은 특정한 목적을 가지고 의도적으로 조선 경내에 머무른 경우가 많았으므로, 최대한 빠르게 조사를 마무리한 뒤 선박을 돌려보내는 것이 당시 표선 구조 및 송환의 원칙이라고 할 수 있다.

이 시기 중국 선박이 대거 조선 서해안에 몰려들어 고기잡이를 자행했던 것에 대해 두 가지 방면에서 그 원인을 찾을 수 있다. 첫째, 기근 문제 때문이었다. 고종 13년부터 3년 동안 중국 山東·直隷·山西·河南·陝西 등 다섯 개의 省에는 역사상 가장 심각한 기근이 들었다.[117] 기근으로 인한 생활고를 극복하기 위하여 배를 띄운 사람도 많아졌다. 일례로 고종 17년(1880) 전라도 靈光郡에 표류한 뒤 그물을 던졌던 山東 사람 10명에 대한 문정 내용에 의하면, 이들이 무릅쓰고 조선에 이르게 된 이유는 고향에서 연달아 흉년을 만나서 곤란을 겪고 있기 때문이었다.[118]

둘째, 어류의 이동 때문이었다. 기존 연구에서 지적했듯이, 해당 시기 조선 해역에서 출몰했던 청 어선의 주된 어획 대상은 청어였다.[119] 청어의 어획 시기는 대개 정월부터 3월까지였고,[120] 이는 상기한 표류 사건들이 발생했던 시기와 대체로 일치하였다. 청어는 조선의 대표적인 어종 중의 하나였지만,[121] 1820년대 그 당시 어군의 활동 범위는 주로 중국 山東半島 일대의 근해였다.[122] 다만 海面에 항행하는 윤선의 소음

---

117) Susan Cotts Watkins and Jane Menken, 1985, "Famines in Historical Perspective", *Population and Development Review*, Vol.11, No.4, p.650.

118) 『備邊司謄錄』 261冊, 高宗 17年 5月 5日, 「全羅道靈光郡漂人問情別單」.

119) 김문기, 2008, 앞의 논문, 129쪽.

120) 丁若銓, 『玆山漁譜』 卷1, 鱗類, 「靑魚」.

121) 청어에 대한 조선 지식인들의 인식에 대해서는 김문기, 2008, 앞의 논문, 129~131쪽을 참조.

122) 『光緒樂亭縣志』 卷13, 食貨志下, 物産, 「鱗屬」, "道光初年, 邑稱極盛, 擧網卽得萬千."

증대,[123] 또한 서해 냉수괴(cold water mass)의 장기적인 東移[124] 등 여러 가지 원인으로 인하여 한류성어류로서의청어는 山東半島 해역에서 한반도 해역으로 이동하게 되었다. 청어로 생활을 유지하는 山東 어민들도 어군의 움직임에 따라 자연스럽게 한반도로 향해서 어업 활동을 전개하게 되었던 것이다.

여하튼 청 어민과 상인이 공동으로 조선 해역에 들어와서 어업활동을 전개하는 것은 조선의 해양질서에 큰 영향을 끼쳤다. 구체적으로 보면 어선의 어로행위는 조선 어민의 정상적인 조업을 위협하였고,[125] 다른 한편으로 상선의 생선 거래는 邊民과 이국인의 접촉을 초래하여 정부의 금단을 무효로 만들었다.[126] 이러한 상황에서 조정은 대내적으로 법

---

123) 『光緖文登縣志』卷13, 土産, "自洋船飛駛海面, 水輪激水, 聲如震雷, 靑魚皆畏而遠去." 여기서 洋船이 바다에 항행했던 시기에 대해 검토할 필요가 있다. 앞서 지적했지만, 2차 아편전쟁에서 최초의 불평등조약에 의해 개방된 山東半島의 도시는 煙台이고 개방된 시기는 1861년이었다. 환언하면 서양 윤선의 소음이 본격적으로 山東半島 부근 해역에 영향을 미치기 시작한 것은 적어도 1860년대 이후의 일이었다. 그러나 1850년대 초부터 山東 어민이 대거 조선 해역에 몰려들어 어획하기 시작하였다. 따라서 윤선의 소음은 청어 천이의 주된 원인이라기보다 오로지 그 움직임을 가속시킨 이유였을 뿐이라 할 수 있다.

124) 김문기는 1850년대 이후 일어났던 청어 이동의 원인을 지구 온난화로 보고 있다(김문기, 2014, 앞의 논문, 207쪽). 그러나 중국 기상학자 竺可楨(1890-1974)의 연구에 따르면 1840~1890년 50년 동안 중국은 여전히 한랭기에 있었기 때문에(竺可楨, 1972, 「中國近五千年來氣候變遷的初步硏究」, 『考古學報』1972-1), 온난화보다 그 당시 서해 냉수괴가 지속적으로 동쪽 즉 한반도 쪽으로 이동하여 청어의 천이에 더 직접적인 영향을 미쳤다는 주장, 즉 '냉수괴 移動說'이 제기되기도 하였다(李玉尙·陳亮, 2007, 「淸代黃渤海鯡魚資源數量的變動──兼論氣候變遷與海洋漁業的關係」, 『中國農史』2007-1, 31쪽).

125) 『日省錄』高宗 17年 4月 25日 壬戌. "唐船之漁採者, 絡續於沿海諸處, 遮截漁路而設機張網, 攔住浦氓."

126) 이들 상선들은 조선인에게서 청어를 매입한 뒤 다른 시장에 가서 판매함으로써 차익을 챙겼다. 뿐만 아니라 조선인과 禁物을 몰래 매매하기도 하였다. 이로 인하여

금을 거듭 강조하고[127] 대외적으로는 계속 어선 월경에 대한 청의 금단 조치를 요청함으로써 불법 어업활동에 대응하였다.[128]

불법 어선에 대한 조선의 경계심은 일반 표인에게까지 파급되었다. 고종 16년 11월 중국인 7명이 충청도 비인현에 표류하였다. 이들의 출신지는 奉天이라 해로보다 육로로 송환하는 것이 더 편하였다. 그러나 표인들은 선박을 버리기 아깝고 또 해로로 돌아가면 날씨가 추울 것으로 염려하여 두 달 동안 머물러 기다리는 것을 요청하였다. 비인 현감 洪用周는 중국인의 체류가 가져올 각종 폐단을 걱정하여 이 요청을 거부하면서 바람이 순해지면 곧 선박을 돌려주고 떠나게 해야 한다고 주장하였다. 의정부는 표인들의 요청이 풍랑을 두려워하기 때문이라고 판단하고 그들의 요청을 허락해주되 날씨가 조금 따듯해지면 바로 이들을 귀국시키는 방안을 제시하였다.[129]

이 사건에서 보인 것처럼, 중국인이 조선 경내에 체류하는 것에 대한 지방관의 경계심은 표인이 원하는 방식으로 실시되었던 기존의 표인 송환 방식에도 영향을 미쳤다. 다만 표인이 어로하러 온 것이 아니라는 점이 확인되면 송환은 여전히 기존의 원칙대로 진행할 수 있었다. 실제로 이 시기 겨울 시절에 표인이 해로로 돌아가다가 다시 난파되던 사건이 없지는 않다. 따라서 표인은 이 시절에 표류하게 되면 겨울이 지나고 나서 돌아가는 것을 원하는 경우가 있었다. 예컨대 고종 17년 11월 茂長

변방에서 실랑이가 벌어지는 경우가 잦았고, 이는 정부의 고민거리가 되었다(김문기, 2014, 앞의 논문, 200~201쪽).

127) 『備邊司謄錄』 263冊, 高宗 19年 4月 2日 ; 『承政院日記』 2899冊, 高宗 19年 4月 丁巳.

128) 『同文彙考』 原編續, 犯越3, 「庚辰請禁斷漁採船來往咨」.

129) 『備邊司謄錄』 260冊, 高宗 16年 12月 10日 ; 『承政院日記』 2870冊, 高宗 16年 12月 己酉.

縣에 표류했던 상인 宗希潤 등 9명이 겨울의 풍랑에 난파될까 봐 두려워
하는 이유로 봄이 올 때까지 기다리게 해달라고 요청하고 허락을 받았
다.[130] 이들은 다음해 정월까지 조선에 머무르다가 해로로 떠났지만 다
시 난파되어 大靑島에 표류하였다. 2차 표류에서 선박이 훼손되었으니
끝내 육로로 귀국했던 것이다.[131] 또한 고종 17년 12월 注文鎭에 漂到했
던 李閏發 등 8명도 開春 이후 떠나는 것을 요청한 바 있었다.[132]

　표인이 겨울에 항해하는 것이 걱정된다는 이유로 조선 경내에서의
체류를 원하면 조선은 '회유원인'의 의리에 따라 응당 이들을 보살펴
야 하였다. 하지만 날씨 등 불가항력적인 요소는 오히려 농간을 부리는
청 어민들이 조선 경내에 머무를 수 있는 '합리적인' 핑계가 될 수도 있
다. 그러므로 조선의 입장에서는 표인의 표류 사실 여부와 불법 어업활
동 의도의 유무에 대해 제대로 확인할 필요가 있었다. 이는 문정관의 철
저하고 거듭된 문정 실시가 요구되므로 역관이 漂到地에 체류하는 시간
은 길어질 수밖에 없었고, 이로 인한 民邑의 피폐도 자명한 일이었다. 특
히 漂到地의 역학이 이 일을 담당하지 못할 경우 서울에서 역관을 보내
야 하였기 때문에 이로 야기된 민폐는 더욱 심해졌다. 한편 표인이 체류
하게 되면 한두 달 동안 이들의 衣食을 챙겨주어야 할 뿐만 아니라 이들
의 농간을 대비하기 위해 상당한 看守軍도 별정해야 하였기 때문에, 이
는 일반 표류 사건을 대응하는 데에 비해 더 많은 인력과 물력이 필요하
였다. 즉 표류 사건의 후속 처리에 더 큰 부담을 느꼈던 것이다.

　이상으로 살펴본 바와 같이, 청 어선이 월경하여 불법 어업활동을 자

---

130) 『備邊司謄錄』 261冊, 高宗 17年 12月 1日.
131) 『黃海水營啓牒』(奎15109) 3冊, 辛巳(1881) 3月 2日 ; 『啓下咨文冊』 11冊, 「白翎鎭
　　漂漢人入送事」.
132) 『備邊司謄錄』 261冊, 高宗 17年 12月 21日 ; 『同文彙考』 原編續, 漂民8, 上國人,
　　「辛巳報注文鎭漂民入送咨」.

행하는 것은 1850년대부터 다시 극심해졌기 때문에 조선은 청의 해금 조치를 거듭 요청하는 동시에 국경을 넘어 소란을 피운 어선을 무력으로 체포하거나 쫓아냈다. 청 어민들은 자신의 불법 월경 행위를 숨기기 위해 표류를 핑계로 대는 경우가 있었지만, 조선은 진정한 표류를 당한 자와 표류를 핑계로 국경을 넘는 자를 구분하여 처리하고 있었다. 구체적으로 보면 정말로 표류해 온 표인의 경우 그 이후 소란을 피웠다 하더라도 여전히 표인으로서 우대를 받을 수 있었고, 반면에 처음부터 월경을 표류로 위장한 범금자의 경우 죄인으로 지목되었다. 다만 어떤 대응 방식이든 간에 조선의 대응은 청 중심 국제질서의 틀에서 벗어나지 않았다. '회유원인'의 원리에서 엿볼 수 있듯이, 대응 방식의 바탕에 깔려 있었던 것 역시 고유의 화이관이었다. 그러나 타국 선박이 조선 해역에 임의로 출몰할 수 있게 되었다는 점에서 조선 고유의 화이관은 지역 질서를 매우 취약하게 만들었다. 이러한 상황에서 표인 대응책이 근대적인 조약 체제의 방향으로 전환되는 것은 시간문제에 불과하였다.

2) '朝淸商民水陸貿易章程'의 체결과 海難救助

19세기 후기 바다에서 온 異國船과 지역민 간에 밀무역이 이루어지고 있었다는 사실은 해당 시기 공식적인 대외무역이 민간의 경제적 욕구를 충족시키지 못했음을 역으로 암시한다. 對淸 무역을 예시로 보면, 조·청 양국은 주로 사행무역과 開市를 통해 육로통상으로서의 공무역이 실현되었다. 개시 가운데 中江開市의 경우 임진왜란 중 군량미 조달책으로 설치되었다가 왜란이 끝난 뒤 중지하였으며, 청이 중원을 차지한 다음 재개되었지만 숙종 26년(1700) 폐지되고 말았다.[133] 반면에 청 崇德

---

133)『萬機要覽』財用編5, 中江開市, 「總例」.

연간 會寧·慶源 등지에는 개시를 연 후 그 무역 현상이 19세기 후기까지 유지되고 있었다.[134] 개시가 설치될 때 양국에서는 각자 관원을 파견하여 교역의 상황을 감시하였다. 이로 인하여 개시는 특정한 인원을 대상으로 양국 관원의 통제 하에 이루어진 제한된 무역방식이라 할 수 있다. 환언하면 개시는 일반 백성과 상인의 경제적 수요를 모두 만족시키는 수단이 아니었다는 것이다. 따라서 연행 사행을 따라 柵門에서 거래를 하는 등 수단으로 이루어진 私商의 밀무역이 성행하였다.[135] 대신에 많은 문제점도 수반되었다.

실제로 조선이 일본에 의해 개항된 후 청의 입장에서 보면 일본에 의해 정치적·경제적 선취권을 빼앗긴 것에 대한 반성이 이루어졌고, 이와 더불어 '宗主國'으로서의 권력을 행사해야 한다는 요구도 내부에서 제기되었는데 그 요구는 주로 조선에서 '내지 통상권'을 확보하는 데에 집중되었다. 한편 조선당국 또한 청과 새로운 통상관계를 맺어야 할 필요성을 절실하게 느꼈다.[136] 따라서 고종 18년(1881) 조선은 청에 통상에 관한 협상을 제의함으로써 관련 논의가 시작하였다.[137] 이 협상은 서양세

---

134) 『萬機要覽』財用編5, 北關開市, 「會寧開市」, 「慶源開市」.

135) 정부는 이러한 밀무역에 대해 나름대로의 대책을 강구했지만, 私商들은 항상 서울이나 지방의 관아와 결탁되었기 때문에 정부의 대책은 실질적인 효과를 거두지 못하고 있었다(유승주·이철성, 2002, 『조선후기 중국과의 무역사』, 景仁文化社, 222쪽).

136) 한편으로 일본과의 무역에서 일본 상품에 관세를 부과하지 못하였고 일본 상인의 무역 독점 현상이 심하였으며, 다른 한편으로 러시아의 침투가 예상되는 가운데 육로통상 방식에 대한 재검토의 필요성이 제기되었다. 통상관계 개선에 대한 조·청 양국의 요구에 대해서는 趙誠倫, 1999, 「임오군란」, 『한국사』38, 국사편찬위원회, 305쪽을 참조.

137) 당시 조선은 개항장에서의 일본 독점무역과 북쪽 러시아의 통상요구에 고심하고 있었기 때문에, 서양과의 통상수교를 통해 일본과 러시아의 위협을 견제하라는 청의 권유는 조선의 입장에서 설득력이 있어 보였다. 金弘集(1842-1896)에 의해 전입된 黃遵憲(1848-1905)의 『朝鮮策略』도 그 설득에 일조하였다. 이 와중에 청과

력이 두 나라를 침입하자 양국이 각자의 이익을 확보하기 위해 선택한 것으로 생각된다. 청은 아편전쟁에서 패배한 뒤 전통적인 조공무역을 포기해야 하는 지경에 이르렀고, 일본에 의해 개항된 조선도 근대적인 조약 체제에 편입되는 과도기적 상황에 처하였다.[138] 때문에 '自强'을 구호로 시작된 청의 양무운동과 고종대의 개화운동 등의 시도를 비롯하여 두 나라는 나름대로 초기 근대사회로 이행하는 과정에 들어가게 되었다. 이러한 상황에서 전통적인 무역방식을 개혁하는 조짐이 나타난 것이 당연한 일이었다.[139]

이러한 와중에 고종 19년(1882) 임오군란이 발생하였다. 군란진압 이후 청은 고문을 파견하고 淸軍을 조선에 주둔시키는 등 위압적으로 대응하였다. 이에 따라 통상 협상이 재개되었고, 그 결과물로 고종 19년 8월 '장정'을 체결하게 되었다.[140]

총 8개의 조항으로 구성된 '장정'에는 海難救助에 관한 규정이 포함되고 있다. 구체적인 내용은 다음과 같다.

(H) 양국 상선은 (...) 피차 바닷가에서 풍랑을 만났거나 얕은 물에 걸

의 해륙 통상 문제가 거론되기 시작하였던 것이다.

138) 구선희, 2005, 「19세기 후반 조선사회와 전통적 조공관계의 성격」, 『史學硏究』80 ; 權赫秀, 2010, 「조공관계체제 속의 근대적 통상관계」, 『동북아역사논총』28 ; 최덕수, 2021, 『근대 조선과 세계』, 열린책들.

139) 金鍾圓은 조·청 양국이 종래의 통상관계를 개선해야 하는 국면에 접어들었던 것을 필연적인 것으로 보았다(金鍾圓, 1966, 「朝·中商民水陸貿易章程에 대하여」, 『歷史學報』32, 121쪽).

140) 통상 문제의 제기 및 '장정'의 議定 배경과 그 과정에 대해서는 金鍾圓, 1966, 앞의 논문을 참조. 그 이외에 '장정'의 내용과 그 역사적 지위에 대해 상당한 연구 성과가 축적되었다. 權赫秀는 관련 연구사를 정리한 바 있다. 구체적으로는 權赫秀, 2010, 앞의 논문, 253~254쪽을 참조.

렸을 때 장소에 따라 정박하고 음식물을 사며 선박을 수리할 수 있다. 일
체의 경비는 船主의 자비로 하고 지방관은 응당 보살펴주어야 한다. 선박
이 파손되었을 때에는 지방관은 대책을 강구하여 구호해야 하고, 배에 탄
여객과 상인과 선원들은 가까운 항구의 피차의 商務委員에게 넘기고 귀
국시켜 앞서 서로 호송하던 비용을 절약할 수 있다. 양국 상선이 풍랑을
만나 손상을 입어 수리해야 할 경우를 제외하고 개방되지 않은 항구에 몰
래 들어가 무역을 하는 자는 조사하여 체포하고 배와 화물은 관에서 몰수
한다.[141]

위의 인용문은 '장정' 제3조에 해당된 일부 내용으로서 조난된 상선
에 대한 구조·송환 원칙을 규정하였다. 구체적으로 보면 상선이 훼손되
는지 여부에 따라 처리 방식이 달라졌다. 선박이 파손되지 않을 경우 漂
到地에서 식량 구입과 선박 수리가 가능하되 비용은 船主의 자비로 부담
하였다. 반면에 선박이 파손될 경우 漂到地의 지방관은 표인을 구호하여
가까운 항구에 있는 商務委員에게 넘겨주어야 하였다.

조선의 입장에서 보면, 새롭게 규정된 표류 상선 처리법은 크게 두
가지 측면에서 기존의 대응책과 다른 특징을 지니고 있었다. 표선을 구
조하는 과정에서 발생할 모든 비용은 선주가 자비로 부담한다는 것과,
송환 시 봉황성이나 북경이 아닌 가까운 항구의 상무위원 주재지로 표
인을 이송하면 된다는 것이 그것이다. 이로써 종래 표류 사건 대응 시 공
궤, 숙박, 화물 증출, 표인 이동 등 절차에서 발생했던 비용을 상당히 줄

---

141) 『高宗實錄』 卷19, 고종 19年 10月 庚午. "兩國商船, (…) 倘在彼此海濱, 遭風擱淺,
可隨處收泊, 購買食物, 修理船隻. 一切經費, 均歸船主自備. 地方官第, 妥爲照料. 如船
隻破壞, 地方官當設法救護, 將船內客商水手等, 送交就近口岸彼此商務委員, 轉送回
國, 可省前此互相護送之費. 若兩國商船, 於遭風觸損需修外, 潛往未開口岸貿易者, 查
拏船貨入官."

일 수 있었다. 또한 이 처리법은 조선이 중국 상선의 표류에 대응하는 데에만 적용하는 것이 아니라 청이 조선 상선의 표류를 대응하는 데에도 적용되었다. 바꾸어 말하자면 조선 상선이 청에 표류해 가서 구조를 받는다면 그 과정에서 발생할 비용은 조선인 선주가 스스로 부담해야 하였다는 것이다.

기존 연구는 이 규정을 조·중 양국 간의 새로운 해난구조 제도로 상정하여 그 내용을 강화도조약이나 조선이 다른 서양국과 체결하던 통상조약에서 나타난 해난구조 제도와 일치한 것으로 보며, 당시 조·중 양국 간의 해난구조 시스템은 이미 세계적인 수준에 이르렀다고 평가하고 있다.[142] 이러한 해석은 다소 지나친 것이라고 할 수 있다. 왜냐하면 이 규정은 조·청 양국 상선이 왕래하는 데 순조로운 항해를 보장해주는 일환으로 적용된 것에 불과하였고 전면적인 해난구조 제도의 성립을 목표로 하는 것이 아니었기 때문이다. '장정' 제3조는 이 시기 청 어선의 불법 월경을 금단하지 못하는 상황에서 해금을 해체하여 양국의 어민·상인들이 자유롭게 바다로 왕래할 수 있도록 만들기 위해 정립되었고,[143] 선박이 왕래하다가 난파된다는 가능성을 고려하여 위의 규정을 제정했던 것이다. 따라서 이 규정이 적용된 범위는 '양국을 왕래하는 상선'으로 제한된 것이었으며, 자국의 근해에서 작업하다가 풍랑으로 상대국에 표류해 가는 선박을 포함하는지 여부가 명확하지는 않았다.

이 규정의 적용 범위를 파악하기 위해서는 실제적인 적용 상황을 고찰할 필요가 있다. 이를 위해 '장정' 체결 이후부터 대한제국이 성립된 1897년까지 양국 간의 표류 사건 발생 실태를 정리하면 아래 〈표 17〉과

---

142) 周國瑞·陳尙勝, 2014, 「淸光緖年間中朝海事交涉硏究(1882-1894)──以海難船隻被搶爲中心」, 『甘肅社會科學』2014-1, 98쪽.

143) 金鍾圓, 1966, 앞의 논문, 153~154쪽.

〈표 17〉 1882~1897년 조·청 양국의 표류 사건 발생 실태

청 → 조선

순번	표도일	표도지	출신지	인원수	출항목적	송환방식
1	1882.11	大和島	山東	1	어획	봉황성으로 이송
2	1883.4(?)	黑山島	山東	8	?	해로
3	1883.9(?)	吾叉鎭	盛京	8	?	봉황성으로 이송
4	1883.10	鐵山	鳳凰城	4	?	봉황성으로 이송
5	1883.10	大靜縣	?	7	인천으로 이동	해로
6	1883.11	於靑島	奉天	7	木材 운송 (山東으로)	상무위원에게 인계
7	1884.1	白翎鎭	?	1(사망)	?	
8	1884.10(?)	助泥鎭	山東	5	무역	봉황성으로 이송
9	1885.9	甕津	鳳凰城	3	어획	봉황성으로 이송
10	1885.9	白翎鎭	山東	7	화물 운송 (인천으로)	해로
11	1885.10	吾叉鎭	山東	8	화물 운송 (인천으로)	해로(인천으로)
12	1885.10	豊川	奉天	3	蘆草 구입	봉황성으로 이송
13	1885.10	助泥鎭	山東	5	康翎에서 무역	해로
14	1885.12(?)	豊川	?	2(사망)	?	
15	1887.2(?)	曹鴨島	山東	3	?	해로
16	1888	慈恩島	山東	7	무역	華館에 인계
17	1889.11	德積島	山東	6	木材 운송 (榮城으로)	지방관은 표인을 뭍에 내리지 못하도록 쫓아냄
18	1890.7	大岩山島	?	15	무역	지방관의 구조를 받지 않음
19	1890.9(?)	吾叉鎭	?	15	무역	지역민의 속임을 당하여 사로잡힘
20	1893.6	長淵	?	?	무역	지방관의 구타와 강탈을 당함

조선 → 청

순번	표도일	표도지	출신지	인원수	출항목적	송환방식
21	1883.8	(浙江) 東霍山	海南縣 (?)	11	어획	'附使遣回'
22	1883.9	(浙江) 瑯磯山	海南縣	8	쌀을 구입	'由陸護送'

순번	표도일	표도지	출신지	인원수	출항목적	송환방식
23	1886.3(?)	?	?	?	?	'如例'
24	1889.8(?)	(山東) 煙台	?	7	?	'轉送回國'

출전 : 『備邊司謄錄』; 『同文彙考』; 『淸案』; 『淸實錄』; 『淸代中朝關係檔案資料彙編』; 『淸季中日韓關係史料』

같다.

　'장정' 체결 이후부터 대한제국이 건립될 때까지 중국인이 조선에 표류했던 사건은 20건, 조선인이 청에 표류했던 사건은 4건으로 확인된다. 총 24건의 표류 사건 중에서 '양국 왕래'라는 조건에 부합한 사건으로서는 7건(10·11·13·16·18·19·20)이 있고 자국의 근해에서 활동하다가 표류한 사건으로서는 6건(6·8·12·17·21·22)이 있으며, 해상 활동 구역이 불분명한 사건으로서는 3건(1·5·9)이 있다. 나머지는 출항목적을 확인할 수 없는 사건들이었다. 이처럼 해당 시기 양국 선박의 해상 활동은 목적이 다양하였고, 근해 해역에서 작업하는 경우와 양국을 왕래하는 경우가 모두 포함되었다. 그러나 '장정'의 해난구조 규정에서 모든 경우를 두루 다루지는 않았다. 그러므로 조선은 구체적인 상황에 따라 기존의 대응 방식이나 '장정'의 규정내용을 임의로 선택할 수 있었다. 구체적인 사례를 살펴보자.

　고종 19년 11월 어선 1척이 鐵山 大和島에 표류하였는데 표인 2명은 山東 출신으로 확인되었다. 그 중에서 1명은 얼어 죽었고 1명은 漂到地가 의주와 멀지 않다는 이유로 육로로 돌아가기를 원한다고 말하였다.[144] 송환은 표인이 원하는 방식으로 실시된다는 기존의 원칙에 따라 조선은

---

144) 『平安監營啓錄』(奎15110) 37冊, 癸未(1883) 正月 26日 ; 『備邊司謄錄』 264冊, 高宗 20年 2月 19日 ; 『承政院日記』 2909冊, 高宗 20年 2月 庚午.

의주 역학을 보내어 생환자 1명을 봉황성으로 해송하였다.[145) 이 사건에서 조선은 기존의 대응책을 원용하여 표인을 구조·송환하였다. 새 규정에 따르지 않은 이유는 당시 '장정'이 체결된 지 얼마 안 되었기 때문이었다. 이에 비해 다음해인 고종 20년(1883) 黑山島에 漂到한 山東 상인 8명에 대해서 조선은 기존의 대응책에 따라 표인을 봉황성에 인계하고자 하는 동시에 당시 서울에 주둔하고 있던 吳長慶(1833-1884) 장군에게 일을 통보하였다. 다만 吳長慶은 표인을 해로로 보내라고 하였으므로 조선은 최종적으로 표인을 봉황성으로 이송하지 않고 吳長慶의 군영에 넘겨주었다.[146) 그리고 이 사건의 전말을 咨文으로 예부에 보고하였다. 당시 예부가 조선에 보낸 回咨에는 아래와 같은 구절이 포함되어 있었다.

　　　(I) 향후 이러한 표민이 있을 경우 조선에 駐在하는 상무위원 公所와 해당 提督 군영에 이들을 인계해라. 該員 등은 정해진 제도에 부합하도록 구조에 참여했던 모든 조선 측의 관원에게 은을 賞賜로 적당히 지급해라.[147)

　　예부는 '장정'에서 나타난 해난구조 규정을 재삼 강조하고 있었다. 특히 규정의 적용 가능한 범위를 이번 사건에서 나타난 표인들과 같은 무리, 즉 무역하러 양국을 왕래하는 상인들에 제한된 것으로 설명하였다. 이로써 규정의 적용 범위는 점차 명확해졌다. 그 이후 같은 해 吾叉鎭에 표류한 8명과 鐵山에 표류한 4명에 대해 모두 기존의 대응책에 따

145) 『通文館志』 卷12, 紀年續編, 高宗 20年 癸未.

146) 『備邊司謄錄』 264冊, 高宗 20年 4月 22日.

147) 『通文館志』 卷12, 紀年續編, 高宗 20年 癸未. "嗣後遇有此項漂民, 交至該提督軍營及駐紮朝鮮之商務委員公所. 所有拯救官員, 即由該員等, 酌給賞銀, 以符定制."

라 후속처리를 실시하였는데,[148] 이는 표인들이 규정의 적용 범위에서 제
외되었기 때문이었다.

기록상 '장정'이 적용된 첫 번째 표류 사건은 같은 해 11월 于興 등 7
명이 충청도 於靑島에 표류했던 사건이다. 당시 표인 일행은 漂到한 뒤
바람을 피하러 같은 곳에 정박하고 있던 일본 윤선을 마주쳤다. 따라서
于興은 일본 윤선을 타고 인천에 가서 督辦 閔泳穆(1826-1884)에게 도움
을 요청하였다. 閔泳穆은 于興을 濟物浦에 안치시킨 뒤 '장정'에 참고하
여 청 상무위원에게 조회를 보냈다. 청은 '장정'의 규정에 따라 표인들을
仁川口 理事委員 李乃榮에게 인계하는 식으로 처리하라고 대답하였다.
따라서 漂到地의 지방관은 표인들이 원하는 대로 표선을 수선해주고 음
식을 마련해준 이후 將吏를 별정하여 표인들을 인천까지 領送하였다.[149]
청 상무위원은 선박 수리비와 음식 마련 비용을 지불한 이외에 조선이
표인을 봉황성에 이송할 때 받던 賞銀 30냥에 참조하여 절반인 15냥으
로 상을 지급하였다.[150]

於靑島 표류 사건이 발생 이후부터 조선은 구체적인 상황에 따른 처
리법을 선택함으로써 중국인의 표류에 대응하였다. 예를 들어, 고종 21
년(1884) 助泥鎭에 표류했던 상인 5명이 육로로 돌아가기를 원한다고 하
자 조선은 기존의 대응책에 따라 송환을 실시하였고,[151] 고종 22년(1885)
9월 甕津에 표류했던 어민 3명이 자국의 근해에서 어획하다가 난파되
어 표류하였기 때문에 조선은 기존의 대응책에 의해 육로로 송환시켰으

---

148) 『平安監營啓錄』(奎15110) 37冊, 癸末(1883) 9月 22日, 10月 9日.

149) 『淸案』 1冊, 「於靑島에 漂着한 淸人 于興等의 救護 및 交付에 關한 照會」, 「於靑島擱淺淸
人의 仁川領送通報」(『舊韓國外交文書』 卷8, 12쪽·25쪽).

150) 『淸案』 2冊, 「同上 於靑島難民救護에 對한 賞銀 및 代支錢回送」(『舊韓國外交文書』 卷8,
26쪽).

151) 『黃海水營啓牒』(奎15109) 3冊, 甲申(1884) 11月 8日.

며,[152] 같은 달 양국을 왕래하면서 화물 운송에 종사하는 劉永和 등 7명이 인천에서 山東으로 가는 도중 표류를 당하여 白翎鎭에 내박했을 때 조선은 이들을 同鄕의 선박에 배치시켜 해로로 돌려보냈다.[153] 기존의 대응책에 따라 후속처리를 실시했을 때 송환은 표인이 원하는 방식으로 진행된다는 원칙을 반드시 준수해야 하는 것으로 여겨졌다.

이처럼 '장정'에서 정립된 해난구조 규정은 적용 범위가 제한적이었기 때문에 조선은 이 적용 범위에서 제외된 표류 사건을 처리하면 여전히 기존의 대응책을 원용하여야 하였다. 적용 범위에서 포함된 사건에 대해서도 구체적인 상황에 따라 편리하고 경제적인 처리 방식을 선택하였다.

반면에 해당 시기 청은 무상으로 구조·송환을 실시하고 관원을 정하여 표인을 육로로 송환하는 기존의 정례에만 따라 표류 조선인에 대응하고자 하였다.[154] 고종 20년 8월 어로하러 배를 띄우다가 浙江省 東霍山 근해에 표류하게 되었던 조선인 11명에 대해서는 정례에 따라 이들을 북경으로 이송한 뒤 북경에 있었던 憲書 齎咨官에게 딸려서 보냈고,[155] 같은 해 9월 쌀을 구입하러 바다에 나가다가 浙江 瑯磯山 내양에 표류하게 되었던 조선인 8명에 대한 처리 방식 또한 정례에 따른 육로 송환으로 채택되었다.[156] 그리고 1886년에 이르러서 여전히 '정례와 같이' 표

---

152) 『黃海水營啓牒』(奎15109) 3冊, 乙酉(1885) 9月 29日.

153) 『黃海水營啓牒』(奎15109) 3冊, 乙酉(1885) 10月 9日.

154) 정례란 청 乾隆연간 확립된, 표류 외국인에 대한 처리법을 가리킨다. 그 중 청이 표류 조선인을 대응하던 정책에 대해서는 湯熙勇, 2011b, 『近代中國救助外國籍海難船の研究』, 일본 關西大學 박사학위 논문, 127~158쪽을 참조.

155) 『通文館志』卷12, 紀年續編, 高宗 21年 甲申.

156) 「浙江巡撫劉秉璋奏報救護撫恤朝鮮遭風難民片」(中國第一歷史檔案館 編, 1996, 『淸代中朝關係檔案資料彙編』, 國際文化出版公司, 153쪽).

류 조선인에 대응하였다는 점을 감안하면,[157] 해당 시기 청은 '장정'의 규정에 따를 생각이 없었던 모양이다. 다만 1889년 표류 조선인 7명이 煙台에서 구조를 받은 후 조선으로 보내졌지만 송환 방식이 육로인지 해로인지는 불분명하였다.[158]

물론 이러한 현상이 나타난 것은 당시 청에 표류했던 조선 선박이 그 규정의 적용 범위에서 제외되었기 때문일 가능성을 간과해서는 안 되지만, '장정'이 지니고 있었던 성격의 본질을 정확히 파악하고서야 비로소 이 현상의 근본원인에 접근할 수 있다. 주지하는 바와 같이, '장정'의 겉모습은 평등조약으로 포장되어 있었지만 그 안에서는 청의 일방적인 對朝鮮 간섭정책을 담고 있었다.[159] 이를 통해 청은 '종주국'으로서의 지위를 과시하고 조선을 근대 국제법에 준하는 '속국'으로 명시하고자 하였다.[160] 이로 인하여 1880년대 이후 對朝鮮 외교 사무를 담당하는 총리각국사무아문이 개설됨에도 불구하고 표류를 비롯한 해난과 관련된 교섭은 여전히 예부의 관할로서 취급되었다. 조선이 '장정'의 규정에 따라 표류 중국인을 상무위원에게 인계하면 賞銀을 받을 수 있었다는 것 또한 전통적인 屬邦 관계 하에 표류 사건을 처리하면서 받았던 賞賜의 전통을 그대로 계승한 것이었다.

흥미로운 것은 조선이 '장정'의 규정에 따라 표류 중국인에 대응할 때에도 '회유원인'의 차원에서 제공한 공궤를 그대로 유지하였다는 점

---

157) 『淸德宗實錄』 卷225, 光緖 12年 3月 癸丑.

158) 「淸季中日韓關係史料大事表」(中央研究院近代史研究所 編, 1972, 『淸季中日韓關係史料』 卷11, 58쪽).

159) 청의 對조선 정책이 간접적인 견제정책에서 직접적인 간섭정책으로 전환된 결정적인 계기는 바로 임오군란이었다(岡本隆司, 2004, 『屬國と自主のあいだ: 近代淸韓關係と東アジアの命運』, 名古屋大學出版會, 116~126쪽).

160) 구선희, 2005, 앞의 논문, 166쪽.

이다. 공궤의 비용은 여전히 조선에 의해 부담되었다. 漂到地에서 표인에게 음식을 공급하는 것은 조선이 '중화의 계승자'로서 멀리서 온 사람을 회유하는 의리를 보여주는 일환으로 취급되었다는 점에 대해 이미 검토하였다. 그렇다 보니 1880년대 이후 조선의 표인 대응책에는 이전부터 이념적 배경이었던 '중화의 계승자'로서의 자부심이 여전히 적용되어 있었다고 할 수 있다.

한편 고종 26년(1889) 이후 표류 중국인 대응 과정에서 나타난 지방관의 태도가 크게 변화하였다. 고종 26년 張培坤 등 6명이 德積島에 표류하였는데 해당 지방관은 표선의 정박을 허락하지 않고 표인을 뭍에 내리지 못하도록 쫓아냈다.[161] 또 고종 27년(1890) 郭潤海 등 15명이 황해도 大岩山島에 漂到한 뒤 지역민에 의해 약탈을 당하였다. 표인들이 해당 지방관에게 수차례 신고를 하였지만 지방관은 자기가 관직이 낮고 권력이 없다는 핑계로 그 일에 관여하려고 하지 않았다.[162] 또 같은 해 9월 경 王永興 등 15명이 吾叉鎭에 표류한 뒤 지방관은 표인에게 관세를 요구할 뿐만 아니라 표인 중 10명을 구금하기도 하였다.[163]

이러한 현상이 나타난 것은 前述한 청 어민의 불법 어업활동에 저항하는 지방사회의 분위기와 연관이 있는 것으로 짐작된다. 실제로 불법 어업활동 문제를 해결하기 위해 '장정'에서 조·청 양국의 어민이 상대국에 가서 어획할 수 있는 장소를 규정하였다. 그 가운데 청 어민이 어획할 수 있는 곳은 평안도와 황해도로 정해졌다. 어선에 대한 漁稅 징수도 '장

---

161) 『淸案』 18冊, 「德積島에 漂到한 山東民 張培坤의 還國措處에 關한 照會」(『舊韓國外交文書』 卷8, 646쪽).

162) 『淸案』 21冊, 「遭難淸船의 貨物奪取事件處理要請件」(『舊韓國外交文書』 卷8, 736~737쪽).

163) 『淸案』 21冊, 「長淵府吾叉鎭避難淸商船貨押留事件處理要請」(『舊韓國外交文書』 卷8, 750쪽).

정'에 의해 규정화되었다.[164] 하지만 일련의 규정은 청 어민의 불법 어업 활동을 제대로 통제하지 못하였다. 예를 들어 고종 21년(1884) 청 어민이 충청도 해역에 들어가서 어획하는 일이 발생하였다.[165] 이와 더불어 조선에 온 청 어민이 지역민에 의해 약탈을 당하는 일도 일어났다.[166] 이러한 상황에서 어선이 표류로 인하여 어획할 수 없는 지역으로 떠내려가게 되면 불법 어업활동을 하는 존재로 취급될 가능성이 있었다. 문제는 上記한 사례 중에서 표인이 표류했던 곳은 어획이 가능한 황해도였다는 사실이다. 표선을 불법 어선으로 오해할 이유가 없는 곳이었다. 그렇다면 그 원인은 과연 무엇인가? 유의해야 할 것은 상기한 황해도에 표류한 선박의 경우 주로 바람을 피하기 위해 임시 정박하는 상황이었다는 점이다. 즉 표선인지 여부를 판단하는 것이 쉽지 않았던 것이다. 게다가 선박이 모두 상선이었다는 점을 고려하면 임시 정박하는 동안 현지에서 밀무역을 하던 가능성도 배제할 수 없었다. 표류를 핑계로 밀무역을 전개하는 것과 인도적으로 식수와 식량을 구하는 것을 구분하기가 원래 어려웠기 때문이다.[167] 이처럼 표류 중국인에 대한 지방관의 태도가 변했던 것은 밀무역 활동에 대한 지방관의 경계심과 관련이 있었다.

---

164)『高宗實錄』卷19, 고종 19年 10月 庚午. "惟朝鮮平安·黃海道, 與山東·奉天等省濱海地方, 聽兩國漁船往來捕魚, 竝就此漁船應徵魚稅, 俟遵行兩年後, 再行會議酌定."

165)『淸案』7冊,「中國人의於靑島漁採에對한違法과禁斷公文要請」(『舊韓國外交文書』卷8, 220~221쪽).

166) '장정'이 체결된 후부터 청일전쟁이 발발할 때까지 조·청 양국 간의 어업분쟁과 이를 둘러싼 양국의 교섭에 대해서는 김문기, 2008, 앞의 논문 ; 조세현, 2014,「19세기후반 해운과 어업을 통해 본 한중관계 ―통상조약 해양관련 조항과 해양분쟁 사례를 중심으로―」,『역사와 경계』90 ; 周國瑞, 2016,「淸季中朝漁業糾紛交涉硏究(1882-1894)」,『韓國硏究論叢』2016-2 등을 참조.

167) 조세현, 2014, 앞의 논문, 375쪽.

한편으로 이러한 현상은 표류는 단순한 해난 사건 이외에 海上 왕래의 수단으로서 이용 가능하게 되었음을 말해준다. 이에 따라 '장정'이 체결된 이후부터 청일전쟁이 발발할 때까지 표류 중국인에 대한 조선의 태도는 적극적인 '회유'에서 소극적인 저항으로 변화하는 모습으로 나타났다.[168] 전통적인 표인 대응책 또한 이와 같은 변화에서 영향을 받아 점차 근대적 해난구조제도로 변모해 나갔다.

종합해서 보면 19세기 후반에 접어들어 서양 이양선과 청의 불법 어선으로 인하여 조선의 해양은 열린 공간으로 전환되었다. 조선은 한편으로 이방인의 도래에 대해 경계하였고, 다른 한편으로 이들 선박의 표류 사건에 '회유원인'의 원리로 대응하고자 하였다. 이는 특히 서양 이양선의 표류를 처리할 때 서양의 '평등한 계약정신'과 상충하였다. 그럼에도 불구하고 조선은 이러한 이념적인 충돌에 주의하지 못하고 자신의 '중화의 계승자'로서의 자세만 고집하였다. 오히려 서양 이양선이 일으킨 각종 문제를 청에 떠넘기고자 하였다. 결국 표인의 구성과 표류 사건의 성격이 모두 변화하고 있음에도 불구하고 조선은 여전히 기존의 처리 방식에 따라 소극적으로 대응하였다. 문화정통의 자부심이 일관하였다. 이러한 상황은 '장정'의 체결 이후에야 비로소 변화의 조짐이 보이기 시작하였다. '장정'은 겉으로 평등조약의 모습을 지니고 있었지만 실제

---

168) 1882~1894년 사이에 표류 중국인에 대한 조선의 태도는 해당 시기 표류 일본인에 대한 태도와 비교할 만하다. 관련 연구로서는 周國瑞, 2015, 「朝鮮對淸日漂流民態度比較硏究(1882-1894)」, 『山西檔案』2015-4가 있다. 이 연구에서 표류 중국인에 대한 조선의 태도가 표류 일본인에 대한 그것과 달랐다는 점을 지적하였는데 그 이유를 해당 시기 조·청 양국 간의 해난 사고 처리 방식과 조·일 양국 간의 그것과 달랐기 때문으로 설명하였다. 다만 청인이 조선에 표류했던 다양한 경우와 밀무역의 가능성에 대해 언급하지 않았다.

로 청이 '종주권'을 명문화하려는 의도에 따라 만들어졌기 때문에 질적인 변화를 가져오지 못하였다. 그러나 적어도 무상으로 실시되었던 구조 및 송환이 有償으로 전환되었다는 점에서 근대적인 해난구조의 성격이 드러났다고 할 수 있다. '장정'이 체결된 이후부터 청일전쟁이 발발할 때까지는 표인 대응책이 '근대적 해난구조제도'로 이행하는 과도기였다. 본 연구에서 논하지 않았지만, 그 이후 발생했던 표류 사건과 그 처리는 속방체제에서 공법체제로의 이행에 따라 근대적 海事 문제로 성격이 바뀌었음에도 불구하고 '회유원인'을 비롯한 유교문화의 인도주의적 요소들이 여전히 효력을 발휘하고 있었다. 이에 대한 연구는 추후 연구에 기약하도록 하겠다.

結論

본 연구에서는 16~19세기 조선의 표류 중국인 대응책이 체계화된 과정을 형성기(16~17세기 전반)→정착기(17세기 후반~18세기 전반)→안정기(18세기 후반~19세기 전반)→변동기(19세기 후반)로 나누어 다루었다. 송환을 중심으로 이루어진 기존 연구의 틀에서 벗어나, 구조·무휼·송환을 포함하는 표인 대응책의 전체적인 형성 및 변화 과정을 추적하였고 임기응변식 처리에서 체계적인 처리법으로 전환한 표인 대응책의 변화 추이를 對中國關係의 변화와 함께 밝혀냈다.

표류 중국인에 대한 구휼 및 송환은 對中國關係를 유지하는 수단으로서 고려시대부터 등장하였다. 15세기에 이르러서 조선과 명의 관계가 어느 정도 안정되었기 때문에, 양국 인원이 상대국에 표류하면 그들을 송환시키는 것이 기본적인 원칙이 되었다. 조선에 있어 표류 중국인에 대한 구휼 및 송환은 對明關係에서 외교 난제를 해결하거나 事大를 표방하기 위한 유용한 방법으로 간주되었다. 그러나 표류는 우연히 발생하는 사건이었기 때문에 표류 중국인에 대한 조선의 인식은 '경계를 넘는 외국인'이라는 모호한 범주에 그칠 뿐이었고, 관련 대책도 국가이익을 극대화하기 위함에 불과하였다. 게다가 세조대 鎖慶의 2차례 표류가 발생한 후부터 중종대 이전까지는 중국인의 표류가 거의 없었다. 그러므로 표류 중국인에 대한 인식은 심화되지 못하였고 관련 대책도 체계화되지 못하였다.

轉機가 된 것은 중종 18년(1523) 일어나던 '寧波의 亂'이었다. 이 사건을 계기로 표류 중국인에 대한 송환은 요동을 통해 진행되는 방식에서 직접 북경으로 들여보내는, 이른바 '奏聞中朝'라는 방식으로 전환되었다. 또한, 이 사건이 발생한 뒤 중종은 사대 차원에서 표류 중국인의 독특성을 부각시키는 우대 정책의 정립을 추진하였다. 이와 함께 표류 중국인에 대한 구휼 및 송환의 절차도 구체화되기 시작하였다. 명종대를 거치며 표류 중국인을 후하게 접대하고 사절 편에 딸려 보내는 기본 대응책이 윤곽을 갖추게 되었다. 다만 여태까지 중국인의 표류 사건이 많이 일어나지 않았으므로 대응책은 역시 상황에 따라 구체적으로 진행하는 식으로 이루어졌다.

정묘호란 이후 표류 중국인을 대응하는 데 對明關係뿐만 아니라 후금 세력까지 의식하게 되었다. 그리고 병자호란의 발발에 따라 조선·후금·명 사이에 표류 중국인에 대한 처리는 더욱 복잡한 상황에 직면하게 되었다. 병자호란의 발발과 함께 조선의 對淸關係는 臣屬이 강요된 상하 관계로 전환되었다. 청의 책봉을 받게 됨에 따라 명과의 국교도 단절되고 말았는데, 원칙적으로 明人과의 교통 또한 금지되는 일이었다. 이러한 상황에서 漢船과 漢人의 표류 문제가 대두하였다. 조선은 기본적으로 전례에 따른 대응책을 활용하여 사건을 처리하였지만, 청을 의식하여 표인을 엄하게 지키고, 표인을 오래 동안 머무르지 않도록 신속히 瀋陽에 보내고자 하였다. 특히 송환의 장소가 처음으로 瀋陽으로 바뀌었고 문정을 통해 받던 모든 정보를 청에 보고하였다. 이는 조선이 청에 추궁당할 것을 염려하였기 때문이다.

청이 중원에 차지함과 동시에 鄭氏세력을 비롯한 南明 反淸세력들은 福建 등 남쪽 지방의 역량을 동원하여 청에 대항하고 있었다. 그 과정에서 해상 무역활동을 전개하고 있었던 漢人 海商들이 조선에 표류하였다. 이 무렵 조선에서는 명의 遺民에 대해 동정하는 분위기였다. 인조대 후반의 反淸論은 효종대에 와서 춘추대의를 표방한 北伐論으로 격상하기도 하였다. 하지만 청의 의심과 힐문에 대한 두려움 또한 쉽게 해소되지 못한 형편이었다. 결국 한인이 조선에 표류하던 것에 대한 처리 과정에서 '常經' 차원에서의 의리명분과 '權道' 차원에서의 현실 대응 간의 대립이 고조되었다. 표류된 漢人을 송환하는 방식에 대한 논의가 많이 이루어졌고, 이로써 표류 사건을 처리하는 경험도 진일보하였다. 1683년 臺灣이 수복되어야 비로소 漢人·漢船의 표류 문제가 일단락되었고, 표인 대응책은 이제 조·청관계의 틀 속에서 재구성해야 하였다.

臺灣이 수복된 후 청 강희제는 海上의 어업활동을 허락하였고 그 다음해부터 본격적으로 해금 해제를 추진하기 시작하였다. 이와 함께 배를 띄운 중국인도 많아졌다. 이에 따라 표인 대응책으로 구체적인 구휼 절차가 규정되었다. 숙종 14년 沈電如 등 15명이 제주에 표류한 사건을 계기로 숙종은 제주에 표류하는 중국인에 대한 처리 방식을 정한 다음 兩南 연해 지역에도 이를 적용하고자 하였다. 또한 17세기 말부터 표류 중국인에 대응할 때 해안에서 표선이 머무른 위치까지의 거리에 따라 다른 대책을 취하기 시작하였다. 숙종 14년 표류 조선인을 선박으로 돌려보내준 朱漢源 등 28명을 표인으로 취급하여 억지로 육로로 송환시키는 일이 발생하였다. 이를 계기로 청 강희제는 향후 조선에 표류하는 중국 선박에 대한 처리 절차를 구체적으로 제시해주었는데 주로 표인의 송환과 화물의 처리에 관한 규정이었다. 이 규정을 담은 자문을 己巳回啓라고 불렀다. 또한 황당선 출몰 금지 요청과 경종 2년 楊三 등 14명의 故漂 사건을 계기로 조선은 표류 중국인을 대응하는 데 재량권을 확보하게 되었다. 이로써 표류 중국인에 대한 처리 절차가 체계화될 수 있는 토대가 마련되었다.

18세기에 접어들어 조선은 비록 對淸 사대를 유지하였지만 실제적으로 내정과 외교 차원에서 '自主'를 일정하게 확보하고 있었다. 따라서 해당 시기 조·청관계는 보다 안정적인 국면에 접어들어 형식적·의례적인 조공책봉 관계로 변모되었다. 해당 시기 표인 송환 문제는 '안정기'의 외교 문제로 전환되어 청이 내려준 정식에 따라 처리되었지만, 구체적인 송환 장소는 일련의 변화를 거쳐 고정되었다. 한편 표인의 발견, 보고, 인양, 접대, 호송 등 기타 대응 사항들도 누적된 경험에 따라 점차 체계화되어갔다. 『通文館志』·『典律通補』·『萬機要覽』의 편찬을 통해 기본적인 표인 대응책을 완성하였다. 또한 이때부터 '懷柔遠人' 사상은 중화계승의식과 함께 표류 사건 처리의 사상적 원리로 자리 잡았다.

19세기 후반에 이르러서 서양 이양선과 청의 불법 어선의 출몰 격증 문제를 둘러싸고 체계화된 표인 대응책은 도전을 받게 되었다. 특히 2차 아편전쟁이 발발한 뒤 중국인이 통역이나 무역파트너로서 서양인과 같은 선박을 타고 해상 무역을 전개하는 현상이 많아지고 있었다. 이에 따라 중국인과 서양인이 공동으로 조선에 표류해 온 경우도 생겼다. 이들이 탑승한 선박은 대부분 서양 선박이었으므로 풍랑에 조난했다 하더라도 조종이 불가한 지경에까지 이르지는 않았다. 이러한 선박이 조선에 표류하면 주로 물자 보급과 이에 따른 통상 활동을 요청하였다. 조선은 기존의 대응책에 따라 '회유원인'의 의리로 이들의 물자 보급 요청에 만족시켰지만 통상 요구를 거부하였다. 반면에 서양인의 선박이 파손된 경우 표인들은 청에 가서 튼튼한 선박을 빌려와서 표인을 모두 싣고 돌아가는 방식을 제안하였다. 조선은 역시 '회유원인'의 차원에서 이들이 원하는 대로 송환을 실시하였다. 결국 이는 이국선이 임의로 조선 해역에 진출하는 결과를 초래하였다. 하지만 조선 당국은 이를 의식하지 못하고 여전히 '중화의 계승자'의 자세로 멀리서 온 사람에 대한 덕의를 표방하고 있었다.

1882년 「조청상민수륙무역장정」의 체결에 따라 표인 대응책에서 변화가 생겼다. '장정'을 통해 전통적인 사대관계의 '표면적인' 타파가 이루어지는 동시에 종래 밑바탕에 깔려 있던 '중화의 계승자'로서의 자부심이 표출되었다. 이러한 특징에 따라 '장정'이 체결된 이후부터 청일전쟁이 발발할 때까지 표류 중국인에 대한 조선의 태도는 적극적인 '회유'와 소극적인 방관이 공존하는 모습으로 나타났다. 전통적인 표인 대응책 또한 이와 같은 변화에서 영향을 받아 점차 근대적 해난구조제도로 변모해 나갔다.

이상을 통해 아래와 같은 사실들을 밝혔다. 먼저 조선의 표류 중국인

정책은 명과 청의 시기구분에 따라 '對明政策'과 '對淸政策'으로 나누어 볼 수 없다는 점이다. 조선의 표류 중국인 정책의 변화는 명·청의 교체로 인하여 이루어진 것이 아니라 '중화'에 대한 인식 변화와 동반된 것으로 보아야 한다. 정책 실시 과정에서 漢人에 대한 대응책과 淸人에 대한 대응책 사이에서 모순점과 연속성을 모두 발견한 것도 조선이 對中國關係에서 '상경'에 대한 고수와 '권도'의 사용 간의 균형 상태를 모색하고 있었기 때문으로 생각된다. 본 연구의 연구방법은 기존의 병자호란 이전과 이후를 양분하는 분석의 틀의 한계점을 극복하는 데 기여할 수 있을 것이다.

다음으로 조선의 표류 중국인 정책에는 송환뿐만 아니라 구조와 무휼도 포함해야 하고, 정책 변화가 임기응변적 대응에서 체계화·규범화된 처리로 전환하는 과정을 겪었다는 점을 유의할 필요가 있다. 특히 구조와 무휼의 절차에는 '중화'에 대한 인식도 담겨져 있었다는 것을 간과해서는 안 된다. 이는 기존 연구에서 송환 방식을 중심으로 대응책을 고찰하던 방식과 청의 규정에 따라 대응책의 변화를 '형성기-안정기-혼란기'로 나누어 살펴보던 방식에 비해 조선이 능동적이거나 타협적인 자세를 더욱 부각시킬 수 있다고 생각한다.

또한, '經權'이라는 차원에서 표인 정책을 분석하는 것이 기존의 표류 연구와 구분되는 점이다. 조선은 청나라와 표면적·의례적인 사대 관계를 유지하였지만 현실적인 이익을 추구하는 데 있어서는 무조건 타협하거나 양보하지는 않았다. 고정불변의 의리로서의 '상경'에도 불구하고 '권도'라는 명분으로 현실적인 상황을 구체적으로 대응하는 방식이야말로 조선의 표류 중국인 정책의 특징이라 할 수 있다.

마지막으로 조선이 '회유원인'이라는 사상적 원리에 입각하여 표류 중국인 정책을 표류 외국인 정책으로 일반화했던 것을 밝힘으로써 표류 사건에 대응하는 과정에서 나타났던 '중화의 계승자'로서의 조선의 자세를 강조하였다. 조선에 있어서 조·청관계는 전통적인 '군신의리'를 유지하는 사대 관계가 아닌 '두 나라의 관계'였다. 따라서 청 표인에 대한 처리 방침과 그 방식은 다른 나라 표인에 대한 그것과 크게 다르지 않았다. 그 기저에는 對明義理를 고수하여 '중화계승'의 자의식으로 발전시키려던 조선의 강렬한 화이관이 깔려 있었다. 이러한 의미에서 표류 중국인 정책을 포함하는 조선의 대외정책은 단순하거나 일원적인 것이 아니었음을 알 수 있다.

본 연구의 한계도 분명하다. 표류 문제는 전근대 동아시아 국제질서 및 상업경제의 발달이라는 초국적인 맥락에서 접근해야 함에도 불구하고 이 문제를 조선조정의 대응책이라는 일국사적 관점에서 분석하고 있다는 점을 부인할 수 없다. 동아시아라는 넓은 관점에서 표류의 정치사·경제사·외교사·문화교류사적 의미를 종합적으로 밝힐 필요가 있다. 이를 위해 중국인뿐만 아니라 일본인, 류큐인, 서양인의 조선 표류 사건과 조선인의 타국 표류 사건을 전체적으로 살펴보아야 하였으나, 여기서 두루 다루지 못한 점에서 아쉬움이 있다. 이는 추후 연구를 통해 보완해 나가도록 하겠다.

附錄

〈附錄 1〉16~19세기 중국인의 표류 지역 분포 상황 및 표류 횟수

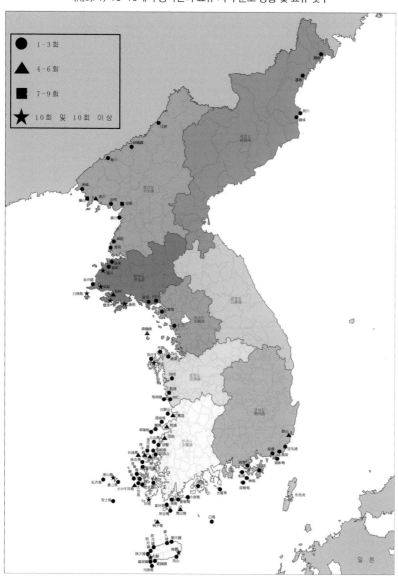

〈附錄 2〉 16~19세기 중국인의 조선 표류 연표(1523~1897)

순번	표도일	표인/선박	표도지	출신지(출항지)	송환경로(船體상황)	표인신분/직업	출전	비고
1	중종 18년(1523) 6월(?)	王謙 등 8명	黃海道, 全羅道	寧波府(定海)	육로	民人	A, D	○'寧波의 亂'에서 왜인에 의해 사로잡혔다가 표류해옴.
2	중종 23년(1528) 7월(?)	崔堂 등 4명	長淵	臨江(海洋島)	육로	民人(漁獵)	A	○표인 공술 기록이 있음.
3	중종 27년(1532) 2월 12일	姜福 등 5명	(唐津)草羅只島	東萊備(廣老島)	육로(敗船)	民人(採銀)	A	○10명 중에서 5명은 익사.
4	중종 28년(1533) 9월 22일	16명			육로		A	○私獵하러 월경하다가 표류를 당한 것으로 추정.
5	중종 30년(1535) 6월(?)	賢月 등	黃海道	(海浪島)	육로		A	
6	중종 35년(1540) 1월(?)	4명	豊川		육로		A	
7	중종 39년(1544) 6월 22일 / 중종 39년(1544) 7월(?)	李王乞 등 150여 명	(藍浦)黃竹島, (羅州)飛鸞島, (泰安)麻斤浦	福建省(福建)	육로(完固)	頭人, 客公, 水夫	A, D	○黃竹島에서 李王乞만 붙잡혔음. ○飛鸞島 근처에서 표신과 명선 간의 전투로 조선인 4명은 死傷. ○李王乞을 포함한 39명은 육로로 湯站에 인계.

순번	표도일	표인/선박	표도지	출신지(출항지)	송환경로(船體상황)	표인/직업 신분/직업	출전	비고
8	중종 39년(1544) 7월(?)	배 2척	宣川	金州衛	육로(完固)		A	
9	중종 39년(1544) 9월 6일	崔吾乙古 등 15명	(股栗)席島	吾叱古里島	육로(敗船)	民人(漁採)	A	○익사한 자가 많음.
10	명종 즉위년(1545) 7월 18일	326명	大靜縣	福建省(福建)	육로(完固)	商人	A. D	○해로 송환방식에 대해 최초로 논의함.
11	명종 즉위년(1545) 7월 19일	배 3척	興陽	福建省(福建)	육로(敗船)	商人	A. D	○그 중에서 108명이 현감·만호 등에 의해 살해됨. ○大靜縣 漂到 표인과 함께 송환됨. 총 인수는 613명.
12	명종 즉위년(1545) 8월(?)	배 1척	(高興)馬島		(完固)	商人	A	
13	명종 1년(1546) 7월(?)	150여 명	(興陽)鹿島	福建省(福建)	육로(敗船)	商人	A. D	○254명 중에서 절반은 익사. ○부경에 奏聞할 필요가 있는지 여부에 대해 논의함.
14	명종 1년(1546) 7월(?)	150명	加里浦 莞島 大茅島	福建省(福建)	육로(敗船)	商人	A. D	○鹿島에 표류한 표인과 함께 송환됨.
15	명종 2년(1547) 8월(?)	黃三(1명)	靈光	潮州	(完固)	商人	A	○표인이 병기를 가지고 침범할 때마다 이들을 체포하라는 下敎가 있음.

순번	표도일	표인/선박	표도지	출신지(출향지)	송환경로(船體상황)	표인/신분·직업	출전	비고
16	명종 7년(1552) 5월(?)		旌義縣			客商	A. W	○왜적과 같이 표류한 뒤 섬인 등 소란을 피움.
17	명종 8년(1553) 6월 3일	10명	黃海道				A	○왜적과 함께 표류함.
18	명종 9년(1554) 5월 25일	蔡四官 등 3명	溫州	(南京)	(敗船)		A	○왜인과 함께 표류함.
19	명종 11년(1556) 5월 28일	華重慶 등 38명	全羅道	無錫	육로 (敗船)		D	○왜구에 의해 붙잡혔다가 표류해옴. ○『江南經略』을 참조.
20	명종 14년(1559) 6월(?)	蘇才 등 322명	黃海道		육로		A. D	
21	명종 19년(1564) 9월 6일	龔成 등 14명	甕津	復州衛	육로	水夫	A	
22	선조 7년(1574) 6월(?)	丁大川 등 4명	大靜縣	溫州府, 寧波府	육로?		V	○通事가 없어서 표인을 巡營으로 보냄.
23	선조 15년(1582) 1월(?)	趙元祿 등	黃海道	金州衛	육로		A. D	○표인을 요동에 보냄.
24	선조 15년(1582) 1월(?)	陳元敬 등	巡歸鎭	福建省	육로		A. D. G. V. W	○표인 중에 哭生哥라는 東洋人과 馬里伊라는 西洋人이 있었음.

순번	표도일	표인/선박	표도지	출신지(출향지)	송환경로(船體상황)	표인 신분/직업	출전	비고
25	선조 17년(1584) (?)	阮喬柱 (1명)	蔚山	福建省	육로		A. D	
26	선조 20년(1587) 9월(?)	孟世隆 등 10명	海南		육로		A. D	○표인을 遼東都司에게 보냄.
27	선조 24년(1591) 9월(?)	楊政 등 19명	潭州(?)	漳州府, 泉州府	육로	商人(?)	G	○『草澗日記』에 "楊建溪·王俊民 등 20명"이라는 기록이 있음.
28	선조 26년(1593) 9월 8일	王仲寬 등 15명	扶安	金州衛(山東)	육로	通糧	G. I	○17명 중에서 2명은 해적에 의해 살해됨. ○표인을 요동으로 보냄.
29	선조 29년(1596) (?)	林日煌 등 46명	大靜縣	福建省	육로	哨探官	D. V	○표인을 遼東으로 압송함. ○『錦溪日記』 4월 1일조를 참조.
30	선조 33년(1600) 6월 23일	6명	旌義縣		(敗船)	標下	A	
31	선조 35년(1602) 11월 12일	徐上龍 등 29명	蔡安		육로 (敗船)		D. G. I	○표인을 遼東으로 압송함.
32	선조 37년(1604) 6월 14일	溫進 등 16명	慶尚道	漳州府 海澄縣	육로	商人	A. D. G. H. I	
33	선조 37년(1604) 6월 21일	王己洪 (1명)	(順天) 白島	潮州	육로	民人	G. H	○왜구의 배를 타고 여송에 가다가 동아가는 도중 표류를 당한 것임.
		陳可用 (1명)		漳州府 海澄縣 (呂宋)				

순번	표도일	표인/선박	표도지	출신지(출항지)	송환경로(船還상황)	표인/직업 신분	출전	비고
34	선조 38년(1605) 6월 10일	黃文(1명) 劉明(1명)	(靈巖) 楸子島	漳州府 廣州府	육로	民人	D, G	○표인은 통제사 李慶濬에 의해 붙잡혔던 왜선에 있었음.
35	선조 39년(1606) 11월(?)	胡推忠 등 19명	海州	浙江省	육로	標下	A, D	○軍兵 출신으로 인하여 각별한 호송을 받음.
36	선조 41년(1608) (?)	戴朝用 등 47명	慶尙道	福建省(福州)	육로	把總, 水夫, 商人	D	○송환 과정에 대해 崔晛의 『朝天日錄』을 참조.
37	광해군 1년(1609) (?)	薛利向 등 21명	平安道	萊州府	육로		D	
38	광해군 2년(1610) (?)	陳成 등 29명	蔚山	福建省	육로		A, D	○사신이 아닌 역관에 의해 송환을 진행할 수 있는지에 대해 논의함.
39	광해군 3년(1610) 11월(?)	林潤臺 등 32명	大靜縣	福建省	육로		A, D, V	
40	광해군 3년(1611) (?)	張亨興 등 11명	延安	福州府	육로		D	
41	광해군 4년(1612) (?)	王秀 등 84명	忠淸道	杭州	육로		D	
42	광해군 5년(1613) 12월	胡敬 등 42명	大靜縣	淮安府	육로	水手, 商人	D, V	

순번	표도일	표인/선박	표도지	출신지 (출항지)	송환경로 (船體상황)	표인/직업 신분	출전	비고
43	광해군 6년(1614) 8월(?)	韓江 등 95명		浙江省	육로		A, D, I	○창덕궁에서 표인에게 공궤함. ○別使를 차출하는 방식으로 표인을 압송하기로 함. ○압송 도중에 66명은 도망감.
44	광해군 9년(1617) 7월 27일	薛萬春 등 41명	蛇梁浦	福州府 (寧波府)	육로	水夫	B, D	○海賊한테 약탈을 당한 적 있음. ○問情 기록이 있음.
45	광해군 12년(1620) 11월 24일	顧龍起 등 22명	甕津	浙江, 江南 (遼東)	육로 (破船)	標下 (運糧)	A, D, I	○표인이 가져온 물건을 운반하기 위해 550명의 짐군을 투입함.
46	광해군 12년(1620) 11월 27일	周應奎 등 14명	女眠串	浙江, 江南 (遼東)		標下 (運糧)		○육로로 송환하다가 길이 차단되어 부득이하게 다시 해로를 이용함.
47	광해군 12년(1620) (?)	陳明 등 14명		廣州 海 陽縣	육로	商人	A, D, I	
48	광해군 13년(1621) 11월 30일	周才 등 14명	長連縣		육로? (破船)	捕盜官	I	○15명 중에서 1명은 病死.
49	광해군 14년(1622) 9월(?)	9명	(江華) 井浦				A	○일부 표인은 丁호 趙光瑞에 의해 살해를 당함.
50	광해군 15년(1623) 2월(?)	32명	濟州				A	

순번	표도일	표인/선박	표도지	출신지(출항지)	송환경로(船體상황)	표인 신분/직업	출전	비고
51	인조 즉위년(1623)(?)	張德功 등	全羅道		육로		D	
52	인조 3년(1625)(?)	朱鑽國 등 11명	濟州		육로	民人(運糧)	D	
53	인조 3년(1625) 12월(?)	高孟 등 32명	濟州		해로(破損)		A	○예조에서 표선을 수선하여 내보내도록 할 것을 요청함. ○해로로 보내기로 결정한 최초의 사례(?)
54	인조 5년(1627)(?)	16명			육로		A	
55	인조 6년(1628) 12월(?)	尹光玉 등 60명	靈光		해로?	千摠	C	○『溪巖日錄』 5책, 무진 12월 30일조를 참조.
56	인조 6년(1628) 12월(?)	張光禮 등 60여 명	豊川			差人	C	
57	인조 7년(1629) 3월(?)	高씨 등	仁川			參將	C	
58	인조 7년(1629) 8월(?)	黃汝成 (1명)	濟州		육로		C	
59	인조 7년(1629) 12월(?)	王道隆 등 10명	珍島		해로?	差官	C	○표인을 司譯院에 배치함. ○표인을 椵島로 압송함.

순번	표도일	표인/선박	표도지	출신지(출향지)	송환경로(船體狀況)	표인 신분/직업	출전	비고
60	인조 7년(1629)(?)	劉守成 등 59명	珍島		해로?	標下	D	○표인을 假倭로 압송함.
61	인조 8년(1630) 1월(?)	10명	咸從	(登州府)		差人	C	
62	인조 8년(1630)(?)	17명	忠淸道				C, D	○표인을 모두 司譯院에 배치함.
63		劉씨 등 18명	白川	覺華島	해로?	將官		○표인을 假島로 압송함.
64	인조 9년(1631) 윤11월(?)	宋有倉 등	靈光	(登州府)		遊擊	A, C	○왕이 표인을 접견함.
65	인조 10년(1632) 2월(?)	孫伯洪 등			해로?	解糧官, 督解官	C	○왕이 표인을 접견함.
66	인조 11년(1633) 8월(?)	魏有仁 등 13명	泰安		해로?		A, C, D	○표인을 假島로 압송함.
67	인조 11년(1633) 12월(?)	배 1척 李如果 등 10명	淸州	濱州, 定州 (登州府)	해로?(敗船)	民人(運糧)	A, D	○D에 따르면 표인의 총 인수는 19명임. ○왕이 鄧報國을 접견함.
68	인조 12년(1634) 10월(?)	鄧報國 등 32명	泰安	(假島)	해로?(破損)	都司	A, C, D	○왕이 鄧報國을 압송. ○갑이 假島로 압송함.
69	인조 13년(1635)(?)	朱國勝 등	忠淸道		해로?		D	○표인을 假島로 압송함.

순번	표도일	표인/선박	표도지	출신지(출향지)	송환경로(船體상황)	표인신분/직업	출전	비고
70	인조 17년(1639) 9월(?)	배 1척	龍岡			使人	A	○都督 陳璘의 명령으로 鹿島로 물화를 신고 가다가 표류해옴.
71	인조 19년(1641) 12월(?)	6명	靈光	靑州	육로	水手	A, B, C, E, H	○표인을 瀋陽으로 압송함.
72	인조 22년(1644) 7월 27일	蔡萬官 등 52명	(珍島) 南桃浦	廣州府 南海縣	해로	商人	A, B, C	○前年에 표도. ○표인을 倭館으로 보냄.
73	인조 23년(1645) 10월 3일	馬騰 등	(長淵) 吾又浦	天津衛	육로	海漕都司	A, B, C, E, F	○滿人으로 추정.
74	인조 25년(1647) 7월 7일	徐勝 등 51명	統營	泉州府 (東埔寨)	육로 (敗船)	官商	A, B, C, D, E, F	○東捕寨에서 일본으로 무역하러 가다가 표류를 당함. ○61명 중에서 10명은 戰死, 3명은 송환 도중 사망. ○邊將은 표인의 화물을 억탈한 혐의가 있음.
75	인조 25년(1647) 7월 9일	林東榮 (1명)	(慶尙道) 左水營	安海 (福州)	육로 (敗船)	商人	A, B, C, Z	
76	인조 25년(1647) (?)	3명		(南京)	육로 (敗船)	商人	Z	
77	효종 즉위년(1649) 7월(?)	112명	統營		육로 (敗船)	商人	B, C	○124명 중에서 11명은 戰死, 1명은 病死. ○勅使는 표인을 慕華館으로 옮겨 배치하라고 함. ○표인이 가져온 물화를 운반·발매하는 방식에 대해 논의함.

순번	표도일	표인/선박	표도지	출신지(출항지)	송환경로(선체상황)	표인 신분/직업	출전	비고
78	효종 3년(1652) 2월 9일	苗珍實 등 28명	旌義縣	南京, 蘇州府 (日本)	육로 (敗船)	商人	A, B, C, E, F, V, X, Y	○213명 중에서 185명은 익사. ○왕은 배가 부서지지 않았으면 도로 돌려보내고 배가 부서졌으면 표인을 漂到地에 留置해도 된다고 하교함.
79	현종 8년(1667) 5월 24일	林寅觀 등 95명	大靜縣	福建省 (福建)	육로 (敗船)	官商	A, B, C, D, E, F, V, W, X, Y	○표인을 弘濟院에 배치함. ○漢人 표인을 북경으로 보내야 할 것인지에 대한 논정을 벌임.
80	현종 9년(1668) 7월(?)		(梁山) 曲浦	漳州府	해로		A	○前洋에 표착. ○땔나무와 물을 싣고 감.
81	현종 9년(1668) 7월 7일	배 1척	安島		해로		A	○땔나무와 물을 싣고 감.
82	현종 11년(1670) 5월 25일	沈三 등 65명	旌義縣	廣東, 福建, 浙江 등(香山)	해로 (敗船)	商人	A, V, X, Y	○65명 중 22명은 머리를 깎았음.
83	숙종 7년(1681) 7월(?)	高子英 등 26명	(羅州) 智島	蘇州府, 杭州府	육로		A, B, C, E, F	○32명 중에서 6명은 익사. ○표인을 弘濟院에 배치함.
84	숙종 8년(1682) 5월(?)	배 9척	椒島		해로?		A, B, C	

순번	표도일	표인/선박	표도지/표도지	출신지(출항지)	송환경로 (船體상황)	표인 신분/직업	출전	비고
85	숙종 9년(1683) 11월 2일	張雲守 등 3명	(羅州) 智島	登州府 (黃城島)	육로 (敗船)	民人 (漁採)	B, C, E, F	○10명 중에서 7명은 익사한 것으로 추정. ○한양에서 표인을 배정하는 장소를 南別營으로 지정. ○問情別單이 있음.
86	숙종 12년(1686) 7월(?)	游 魏 등 80여 명	(珍島) 南桃浦	臺灣	해로 (破損)	商人	A, B, C	
87	숙종 12년(1686) 7월 5일	洪添年 등 9명	(順天) 金鰲島	泉 州 府 同安縣 (廈門港)	육로 (敗船)	商人, 船匠	B, C	○問情別單이 있음.
88	숙종 13년(1687) 2월 22일	顧如商 등 65명	旌義縣	福 州 府, 蘇州府 (吳松口)	육로 (敗船)	商人	B, C, V, X, Y	○70명 중에서 5명은 익사. ○問情別單이 있음.
89	숙종 13년(1687) (?)	劉 씨 (1명)	全羅道	福建省?	육로		B, C	○問情別單이 있음.
90	숙종 14년(1688) 6월 28일	沈電如 등 15명	旌義縣	福建, 廣東 (普陀山)	육로 (敗船)	商人, 水夫	B, C, E, F, V, X	○63명 중에서 48명은 익사. ○이 제기로 戊辰定式이 제기됨. ○問情別單이 있음.
91	숙종 14년(1688) 8월 15일	楊自遠 등 75명	旌義縣	蘇州府	해로 (破損)	商人	E, F, V, X	○표인이 현지인과의 화물 매매를 간청했으나 거절을 당하여 돌아갔음.

순번	표도일	표인/선박	표도지	출신지 (출항지)	송환경로 (船體상황)	표인 신분/직업	출전	비고
●	숙종 14년(1688) 12월 17일	陳乾 등 28명	濟州	福建省, 浙江省 (寧波府)	육로 (完固)	商人	A, B, C, F, V, X, Y	○安南에서 제주 표인 金泰璜 등을 데리고 온 중국 상인임. ○1명은 송환 도중 病死. ○淸의 回啓에서 표인 송환 방식을 규정함(己巳回咨). ○問情別單이 있음.
92	숙종 16년(1690) 5월 9일	程勝遠 등 45명	旌義縣	蘇州府	해로 (破損)	商人	V, X	
93	숙종 17년(1691) 9월 10일	薛子千 등 33명	旌義縣	福建省 長樂縣 (寧波府)	해로 (破損)	商人	B, C, E, F, V, W, X	○그 중에서 陳坤·薛子千 두 명은 숙종 14년 陳乾 등 일행의 구성원으로 확인됨. ○表章과 謝禮를 바치러 왔다고 함.
94	숙종 19년(1693) 11월 10일	程乾順 등 27명	明月鎭	福建省 (膠州)	해로 (破損)	商人	A, B, C, E, F, V, X	○표선을 수선해서 해로로 보내기로 함. ○32명 중에서 5명은 익사. ○그 중에서 莊文煌은 숙종 14년 陳乾 일행 중의 한 명으로 확인됨.
95	숙종 20년(1694) 7월 17일	王福生 등 19명	(泰安) 賈誼島	登州府 蓬萊縣 (蓬萊縣)	해로	民人	F	
96	숙종 22년(1696) 10월 19일	馬德福 등 5명	(鐵山) 宣沙浦	晉州 (山東省)	육로 (敗船)	民人	F	○7명 중에서 2명은 익사.

순번	표도일	표인/선박	표도지	출신지(출항지)	송환경로(船體상황)	표인직업/신분	출전	비고
97	숙종 24년(1698) 5월15일	呂文捐 등 19명	長淵	登州府 寧海縣	해로(完固)	民人(漁採)	F	
98	숙종 24년(1698) 5월28일	13명	白翎鎮	登州府 蓬萊縣	해로(破損)	民人(漁採)	C. F	○中和津 前洋에 표착. ○배를 수선해서 보냄.
99	숙종 26년(1700) 6월(?)	曲應遷 등 59명	(泰安) 安興鎮	登州府 福山縣	해로	民人(漁採)	B, C, D, E, F	○황당선에 대한 우려 증가.
100		劉增 등 13명		登州府 寧海縣			D, E	
101	숙종 27년(1701) 5월 9일	李桂 등	白翎鎮	金州				
102	숙종 27년(1701) 5월10일	黎文玉 등	(長淵) 吾叉浦	盖牟州	해로	民人(漁採)	E, F	
103	숙종 27년(1701) 5월11일	薛珍 등	登山鎮	金州		民人(漁採, 舵工)		○총인수는 78명임(票文에 없는 자를 포함).
104	숙종 27년(1701) 5월15일	劉三 등	(龍川) 彌串	山海衛				

순번	표도일	표인/선박	표도지	출신지 (출항지)	송환경로 (船體상황)	표인 신분/직업	출전	비고
105	숙종 29년(1703) 6월 11일	孫大禮 등 6명	(長淵?) 靑壬仇非					
106		9명	(白翎) 小靑島					
107	숙종 29년(1703) 6월 16일	16명	(白翎) 大靑島	登州府	해로	民人 (漁採)	C, F	○王保住 등 9명을 제외하면 나머지는 票文이 없음.
108		20명	康翊					
109	숙종 29년(1703) 6월 17일	王保住 등 9명	白翎鎭					
110	숙종 30년(1704) 8월(?)	배 1척	(蔚山) 開雲浦				B, C	
111		배 1척	(蔚山) 日山津		해로	商人	B, C	○前洋에 표착.
112	숙종 30년(1704) 7월 24일	王秋 등 40명	(海南) 甑島	同安縣	해로 (完固)	商人	A, B, C, D, E, F	○前洋에 표착.
113	숙종 30년(1704) 7월 25일	王富 등 113명	(珍島) 南桃浦	福建省, 浙江省, 廣東 (厦門)	육로 (敗船)	商人	B, C, D, E, F, H	○前洋에 표착. ○116명 중에서 2명은 익사, 1명은 病死. ○問情別單이 있음.

순번	표류일	표인/선박	표도지	출신지(출향지)	송환경로(船體상황)	표인 신분/직업	출전	비고
114	숙종 31년(1705) 여름		大靜縣	臺灣(臺灣)		商人	Y	
115	숙종 32년(1706) 1월 11일	車館 등 13명	大靜縣	登州府 萊陽縣(萊陽縣)	육로(漂失)	農人, 商人	B. C. E. F. V. Y	○34명 중에서 13명은 상륙하고 21은 실종함. ○間情別單이 있음.
116	숙종 36년(1710) 여름			浙江省(上海縣)		商人	C	
117	숙종 37년(1711) 10월(?)	43명	(長淵)白翎島		해로(破損)	商人	A. B. C	○표선을 수선해서 해로로 보냄.
118	숙종 37년(1711) 11월 25일	宋蘭生 등 36명	(泰安)馬鎭	登州府, 萊州府	육로(敗船)	民人(漁採)	A. B. C. E. F	○47명 중에서 11명은 익사. ○배를 수선해서 해로로 보내려고 했지만 표인들은 육로로 돌아가기를 원함. ○표인을 弘濟院에 배치함.
119	숙종 39년(1713) 7월 24일	王裕 등 8명	大靜縣	同安縣(同安縣)	육로(敗船)	商人	B. C. E. F. V	○42명 중에서 34명은 익사. ○間情別單이 있음.
120	숙종 41년(1715) (?)	魯正彦 등 11명	長淵	登州府	육로(敗船)	民人(漁採)	C. E. F	
121	숙종 43년(1717) 1월(?)	孫五 등 17명	長淵	山東省	육로(敗船)	民人	B. C	

순번	표도일	표인/선박	표도지	출신지(출항지)	송환경로(船體상황)	표인 신분/직업	출전	비고
122	경종 즉위년(1720) 11월 10일	葛奉景 등 12명 / 李二 등 3명	白翎鎭	登州府 蓬萊縣 / 登州府 福山縣	육로(敗船)		E, F	○大沙項 前洋에 표착.
123	경종 즉위년(1720) 11월 17일	朱惟一 등 111명	(甕津) 漁化島	登州府	해로	商人	B, E, F	○票文에 등록된 자는 15명밖에 안 됨.
124	경종 1년(1721) 2월 5일	徐海亮 등 13명 / 顧天升 등 5명	大靜縣	登州府 文登縣 / 南京省(膠州)	육로(敗船)	商人	A, C. E, F, V	○숙종 39년 王秞 등 표류 사건에 따라 표인을 암송함.
125	경종 1년(1721) (?)		(甕津) 漁化島		해로		C	
126	경종 1년(1721) 10월 11일	吳之綸 등 15명	宣川	通州(山海關)	해로?	民人(漁採)	C, E, F	○물이 얼어서 당장 떠날 수 없기에 다음해까지 조선에 머물러 있음.
127	경종 2년(1722) 6월 23일	楊三 등 14명	甕津	登州府	육로	民人(漁採)	C, E	○故鄕로 주정. 『淸世宗實錄』 康熙 61년 12월 10일조를 참조.
128	영조 즉위년(1724) 11월 18일	盧昌興 등 26명	大靜縣	福建省(遼東)	육로(敗船)	商人	B, C. E, F, V	○同情別單이 있음.

순번	표도일	표인/ 선박	표도지	출신지 (출향지)	송환경로 (船體상황)	표인 신분/직업	출전	비고
129	영조 2년(1726) 8월(?)	王任軫 등 45명	機張縣	蘇州府 (蘇州府)	해로	商人	Z	
130	영조 2년(1726) 8월(?)	何啓國 등 44명	(金海) 鳴旨島	蘇州府 (蘇州府)	해로	商人	Z	
131	영조 3년(1727) 윤3월 18일	周大順 등 20명	大靜縣	寧波府 鄞縣 (萊陽縣)	육로 (敗船)	商人	A, B, C, E, F, V	○21명 중에서 1명은 潮州에서 椶子島로 가는 도중 사망.
132	영조 3년(1727) 6월(?)	21명	長淵	登州府	해로?	民人 (採藥)	B, C	○어제를 목적으로 한 표인을 육로로 보내야 한다는 논의가 있음.
133	영조 3년(1727) 10월 7일	高三 등 10명	白翎鎭	鎭江府 丹徒縣	육로 (破損)	商人	E, F	
134	영조 6년(1730) 4월 28일	姚鵬飛 등 42명	(蔚山) 西生浦	寧波府 (寧波)	해로 (完固)	辦銅官商	B, C, E, F, Z	○43명 중에서 1명은 병사함. ○『槎院謄錄』에 표인은 票文이 분명하고 船隻이 완고한 경우 移咨 없이 그대로 보내도 된다는 내용이 있음.
135	영조 6년(1730) 7월 14일	劉楨 등 14명	(鐵山) 宣沙浦	登州府 (登州府)	육로	民人 (漁採)	B, C, E, F	○遠築의 사실을 강조하기 위해 해로로 떠나기를 원했던 표인을 육로로 압송함.
136	영조 6년(1730) 8월(?)		(長鬐) 包伊浦	杭州	육로	商人	Z	
137	영조 8년(1732) 10월 17일	王敬思 등 16명	大靜縣	松江府 (遼東 西鎭州)	육로 (敗船)	商人, 水手	A, B, C, E, F	○18명 중에서 2명은 의사. ○間情別單이 있음.

순번	표도일	표인/선박	표도지	출신지(출항지)	송환경로(船體상황)	표인/직업 신분	출전	비고
138	영조 8년(1732) 10월 18일	夏一周 등 16명	(珍島) 夏通島	南通州 (海豐)	육로 (敗船)	艄工	A, B, C, E, F	○同情別單이 있음.
139	영조 9년(1733) 11월(?)	明 11척	江界				A, C	
●	영조 9년(1733) (?)	羋周 등 16명		漳州府 南通州?	육로		F	○夏一周 등 16명의 표류와 같은 사건으로 추정.
140	영조 11년(1735) 5월 13일	王丰文 등 3명	椒島鎮	登州府	육로	民人 (漁採)	C, D, E	○전례에 따르면 登州·萊州 출신인 표인을 鳳凰城으로 領付해야 한다고 함. ○18명 중에서 8명은 익사하고 7명은 도망.
141	영조 14년(1738) 5월 25일	胡元浦 등 44명	(唐津) 蘭芝島	登州府 蓬萊縣 (鼉磯島)	육로	民人 (採藥)	A, B, C, E, F	○内洋에서 상륙. ○46명 중에서 2명은 사망. ○山東 출신의 표인을 北京으로 송환해야 하는지 鳳凰城으로 송환해야 하는지에 대해 논의함.
142	영조 14년(1738) 12월 4일	吳書申 등 157명	(濟州) 兔山浦	浙江省 歸安縣 (歸安縣)	해로 (敗船)	文士, 商人	A, B, C, E, F, V	○167명 중에서 2명은 일어 죽고 8명은 익사. ○우수영 병선 1척 및 제주의 上船 1척을 주어서 보냄.
143	영조 15년(1739) 11월 10일	陳協順 등 22명	(靈巖) 楸子島	興化府 (天津)	해로 (完固)	水工	A, B, C, E, F	

순번	표도일	표인/선박	표도지	출신지(출항지)	송환경로(船體상황)	표인 신분/직업	출전	비고
144	영조 16년(1740) 3월 14일	柳孟 등 6명	白翎鎮	登州府(5명) 關東(1명)(關東)	육로(敗船)	民人	A, B, C, E, F	○前洋에 정박. ○송환 방식은 問情 手本에 대한 구양의 의견에 따라 처리했던 방식에서 수본을 올려 보내는 동시에 송환을 진행하는 식으로 전환됨.
145	영조 16년(1740) 10월 21일	陳廣順 등 23명 倪天民 등 5명	(泰安) 安興鎮	漳州府 龍溪縣 餘杭縣(錦州衛)	해로(敗船)	商人?	A, B, C, E, F	○前洋에 정박.
146	영조 17년(1741) 7월 6일	王成雲(1명)	阿耳鎮	萊州府(威遠堡)	육로(敗船)	民人(採蔘)	E, F	○波瀦江의 急灘으로 인하여 표류를 당한 것임. ○5명 중에서 4명은 익사.
147	영조 17년(1741) 7월(?)	배 1척	南桃鎮	蘇州府	해로(完固)	商人	B	○連次로 漂割되었음. 같이 무역을 하다가 표류를 당했던 것임.
148	영조 17년(1741) 7월 15일	趙忱山 등 48명	(機張縣) 豆毛浦	蘇州府	해로(完固)	商人	B, C, Z	○豆毛浦의 표선은 前洋에 정박.
149	영조 18년(1742) 9월(?)		(羅州) 大牛耳島		해로	商人	B, C	○前洋에 정박.
150	영조 20년(1744) (?)				육로		B	
151	영조 21년(1745) 11월(?)	5명?			육로?		C	

순번	표도일	표인/선박	표도지	출신지(출생지)	송환경로(船體상황)	표인 신분/직업	출전	비고
152	영조 22년(1746) 2월(?)	徐二 등 9명	(長淵) 吾叉浦	松江府(上海縣)	해로(完固)	商人	B, C, E, F	
153	영조 22년(1746) 10월 4일	呂再興 등 28명	法聖鎭	福建省 龍溪縣(龍溪縣)	해로(破損)	客商	B, C, E, F	
154	영조 29년(1753) 10월(?)	14명	犿頂浦	天津縣	해로	商人	B, C	○前洋에 정박.
155	영조 30년(1754) 4월(?)	배 3척	助泥鎭	登州府	해로	民人(漁採)	A, C	○前洋에 표착.
156	영조 30년(1754) 5월(?)	18명	白翎鎭	登州府	육로		A, C	○助泥鎭에 표착했던 표인임. ○표인을 해로로 보낼 때 나타나는 폐단을 고려하여 육로로의 송환을 취함.
157	영조 31년(1755) 10월 16일	王福得 등 2명	椒島鎭	萊州府	육로(敗船)	商人	B, C, E, F	
158	영조 31년(1755) 11월 11일 / 영조 31년(1755) 11월 13일	16명 / 8명	(靈光)王柄島 / (咸平)鼠頭山	泉州府 / 同安縣(萊州府)	육로 / 육로(敗船)	商人	A, B, C, E, F	○표인들은 같은 배를 탔다가 표류를 당하여 다른 곳으로 표착된 것임. ○王柄島에 표착한 19명 중에서 3명은 익사. ○問情別單이 있음.
159	영조 34년(1758) 6월(?)	劉自成(1명)	昌城	鳳凰城	육로	民人(私採)	B, C, E	

순번	표도일	표인/선박	표도지	출신지(출향지)	송환경로(船體상황)	표인 신분/직업	출전	비고
160	영조 35년(1759) 윤6월 5일	吳右周 등 54명	(統營) 欲智島	浙江省	해로 (完固)	商人	B, C, Z	○前洋에 표착.
161	영조 35년(1759) 10월 5일	阮隆興 등 21명	旌義縣	福建省 龍溪縣 (天津?)	해로 (漂失)	商人	B, C, E, F	○우수영 병선 1척을 주고 표인을 보냄.
162	영조 35년(1759) 11월 26일	徐七 등 15명	茂長縣	蘇州府 寶山縣 (寶海縣?)	육로 (敗船)	船商	A, B, C, E, F	○25명 중에서 10명은 익사. ○問情別單이 있음.
163	영조 35년(1759) 11월 21일	范文富 등 28명	(羅州) 黑山島	福建省 蕭田縣 (膠州 唐島)	육로 (敗船)	商人	B, C, E, F	○茂長縣에 표착한 표인과 같이 송환됨. ○問情別單이 있음.
164	영조 36년(1760) 10월 25일	林福盛 등 24명	(羅州) 慈恩島	福建省 同安縣 (山東)	육로 (敗船)	商人	B, C, E, F	○問情別單이 있음.
165	영조 36년(1760) 10월 25일	倪在中 등 9명	大靜縣	蘇州府 長洲縣 (關東)	해로 (完固)	商人	B, C, E, F	
166	영조 37년(1761) 7월 20일	35명	(甕津) 麒麟島		해로? (破損)	民人 (漁採)	B, C	○前洋에 표착.

순번	표도일	표인/선박	표도지	출신지(출항지)	송환경로(선체상황)	표인 신분/직업	출전	비고
167	영조 38년(1762) 8월 28일	賈明 등 6명	(泰安) 賈誼島	奉天府 海城縣 (山東)	육로 (完固)	民人 (漁採)	B, C, E, F	○前洋에 표착. ○私造하는 선박이어서 票文이 없음.
168	영조 38년(1762) 10월 2일	孫合興 등 22명	古群山鎭	寧波府, 蘇州府 (上海縣)	육로 (破損)	船商	B, C, E, F	○問情別單이 있음.
169	영조 38년(1762) 10월 10일	黃君祥 등 11명	(羅州) 智島	松江府 上海縣 (天津)	해로	商人	B, C, E, F	
170	영조 39년(1763) 11월(?)일	鄭模玉 등 15명	所江	天津縣 (牛庄河)	육로 (完固)	商人	A, B, C, E, F	○前洋에 표착.
●	영조 40년(1764) (?)		濟州	福建			「耽羅錄」	○1764년 金正郎으로 제주에 갔다가 漂風하여 제주에 40여 일 머무른 申光洙가 지은 「耽羅錄」에서 "風雨時水福建船"이라는 詩句가 있음. 福建船이 제주에 표류해 온 듯했지만 정확한 표선의 수량을 알 수 없으니 확정한 사례로 취급하지 않고 대신에 참조로 적어둠.
171	영조 44년(1768) 10월~11월	顧文成 등 18명	媚島(1차) 登山鎭(2차) 甕津(3차)	登州府 榮成縣 (登州府)	해로 (完固)	商人	A, B, C, E, F	○18명 중에 여자 1명이 있음. ○같은 표선이 한 달 동안 여러 번 표착한 경우 급암을 어떻게 해야 하는지에 대해 논의함.

순번	표도일	표인/선박	표도지	출신지(출향지)	송환경로(船體상황)	표인 신분/직업	출전	비고
172	영조 44년(1768) 10월 28일	林茂春 등 27명	箸筮鎭	興化府 莆田縣(關東)	해로(漂失)	商人	B, E, F	○前洋에 표착. ○영조 35년 阮隆興 등 표류 사건에 따라 우수영 병선 1척을 주고 보냄.
173	영조 45년(1769) 12월 20일	王德順 등 16명	(靈光)荏子島	太倉州 鎭洋縣(劉河鎭)	해로(完固)	商人	A, B, C, E, F	○前洋에 표착.
174	영조 46년(1770) 4월 26일	劉金王 등 70명	(泰安)波濤只里	萊州府	해로(完固)	民人(漁採)	B, C, E, F	
175	영조 46년(1770) 11월 20일	浦路龍 등 22명	(白翎)小靑島	登州府(登州府)	해로(完固)	民人(漁採)	B, C, E, F	○後洋에 표착.
176	영조 47년(1771) 2월 30일	龔祥 등 8명	靈光	太倉州 崇明縣(崇明縣)	해로(破損?)		A, B, C, E, F	○아무 票文이 없는 표선의 처리 방식에 대해 논의함.
177	영조 47년(1771) 2월 19일	秦隆發 등 15명	(康翎)狗頭浦	通州	해로	商人	B, E, F	○荏子島 前洋에 표착.
178	영조 48년(1772) 10월 26일	邱文景 등 5명	椒島鎭	太古山(太古山)	육로(破損)	民人(漁採)	E, F	
179	영조 50년(1774) 2월 2일	陳啓斌 등 9명	長淵	鎭江府 丹陽縣(孟河口)	육로(破損)		B, C, E, F	

순번	표도일	표인/ 선박	표도지	출신지 (출항지)	송환경로 (船體상황)	표인 신분/직업	출전	비고
180	영조 50년(1774) 2월 4일	李才 등 8명	(豊川) 冬栢串	蘇州府 崇明縣 (崇明縣)	해로 (破損)		B, C, E, F	
181	영조 50년(1774) 10월 13일	卯六 등 12명	(扶安) 格浦	蘇州府 崇明縣 (關東)	해로		B, C, E, F	
182	영조 50년(1774) 11월 7일	楊名章 등 59명	(羅州) 都草島	大倉縣, 崇成縣, 山東 (山東)	해로 (破損)	商人	B, C, E, F	○59명 중에 여자 8명과 아이 8명이 있음. ○前洋에 표착.
183	영조 50년(1774) 11월 5일	楊燊 등 2명	大靜縣	蘇州府 崇明縣 (崇明縣)	육로 (敗船)	商人	B, C, E, F	○10명 중에서 8명은 익사. ○問情別單이 있음.
184	영조 50년(1774) 11월 9일	曲欽一 등 25명	(靈光) 法聖鎭	登州府 福山縣 (福山縣)	육로	商人	B, C, E, F	○前洋에 표착. ○問情別單이 있음.
185	정조 즉위년 (1776) 11월 2일	王玉山 등 69명	(靈光) 荏子島	登州府 福山縣 (福山縣)	육로 (完固)		B, C, E, F	○荏子島에 표착했던 87명 중에서 69명은 육로로 돌아가기를 원함. ○87명 중에 여자 1명과 아이 1명이 있음. ○後洋에 표착. ○1명은 송환 도중 病死.

순번	표도일	표인/선박	표도지(출향지)	출신지(출향지)	송환경로(船體상황)	표인 신분/직업	출전	비고
186	정조 1년(1777) 3월~4월	王裕順 등 18명	洪州(1차) 安興(2차)	登州府 福山縣	해로 (完固)		B, C, E, F	○荏子島에 표류한 표인 중에서 해로로 떠났던 사람.
187	정조 1년(1777) 10월 11일	曾金合 등 28명	(長淵) 吾叉浦	漳州府 龍溪縣 (關東)	해로 (破損)	商人	A, B, C, E, F	
188	정조 1년(1777) 10월 2일	趙永禮 등 7명	(珍島) 南桃鎭	金州府 寧海縣 (寧海縣 老鐵)	육로 (敗船)	民人 (耕漁)	B, C, E, F	○1명은 송환 도중에 병사함. ○問情別單이 있음.
189	정조 1년(1777) 10월 24일	郭元泰 등 22명	(羅州) 都草島	漳州府 海澄縣 (錦州)	해로 (完固)	商人	B, C, E, F	○前洋에 표착.
190	정조 1년(1777) 10월 23일	林源裕 등 26명	(羅州) 飛禽島	漳州府 龍溪縣 (上海縣)	해로 (完固)	商人	B, C, F	○前洋에 표착.
191	정조 1년(1777) 10월 28일	秦源順 등 15명	(靈光) 自隱加里	蘇州府 (天津縣)	육로 (敗船)	商人	B, C, E, F	○後洋에 표착. ○問情別單이 있음.

순번	표도일	표인/선박	표도지	출신지(출항지)	송환경로(船體상황)	표인 신분/직업	출전	비고
192	정조 1년(1777) 11월 17일	金長美 등 29명	(茂長) 九市浦	天津, 福建, 廣東 (天津縣)	육로 (敗船)	商人	B, C, E, F	○1명은 송환 도중 病死. ○問情別單이 있음.
193	정조 1년(1777) 11월(?)	郭輝 등 31명	(羅州) 靈山島	漳州府 龍溪縣 (錦州)	해로 (完固)	商人	C, E, F	
194	정조 1년(1777) 11월 11일	陳榮寶 등 24명	(珍島) 訥玉島	漳州府 海澄縣 (復州)	해로 (破損)	商人	B, C, E, F	○後야에 표착.
195	정조 1년(1777) 11월 17일	陳有誼 등 9명		奉天府 南錦州 (奉天)		民人 (漁採)	A, B, C, E, F	○함께 서울로 이송됨. ○南桃鎭 自隱加里·九市浦에 표류한 표인과 함께 송환됨.
196	정조 1년(1777) 11월 18일	李證財 등 15명	(白翎) 大青島	潮州府 澄海縣 (14명) / 福建省 (1명) (盛京)	육로 (敗船)	商人	A, B, C, E, F	
197	정조 2년(1778) 9월 27일	王蕭 등 4명	長淵	金州府 寧海縣 (金州府)	육로 (敗船)	商人	B, C, E, F	○5명 중에서 1명은 病死.

순번	표도일	표인/선박	표도지	출신지(출향지)	송환경로(船體상황)	표인 신분/직업	출전	비고
198	정조 3년(1779) 6월 21일	王世吉 등 74명	古群山鎮	汾州府 汾陽縣 (不湖縣 午浦)	해로	官商 (辦官銅)	B, C, E, F	○표선을 內洋으로 移接함. ○1명은 송환 도중 病死.
199	정조 3년(1779) 6월 21일	王景安 등 77명	(靈巖) 露兒島	杭州府 (不湖縣 午浦)	해로 (完固)	商人 (辦紅銅)	B, E, F	○1명은 病死. ○前洋에 표착.
200	정조 4년(1780) 1월 24일	王靑連 등 6명	長淵	登州府 (延湖)	육로 (敗船)	商人	B, C, E, F	
201	정조 4년(1780) 11월 24일	楊元利 등 17명	(羅州) 大黑山島	蘇州府 元利縣 (復州)	해로	商人	A, B, C, E, F	○前洋에 표착.
202	정조 8년(1784) 9월 13일	陳錦順 등 39명	(泰安) 賈誼島	潮州府 澄海縣 (天津)	해로 (完固)	商人	B, C, E, F	○前洋에 표착.
203	정조 8년(1784) 11월 3일	吳大信 (1명)	(羅州) 畓土島	蘇州府 南通州 (山東 大山口)	육로 (敗船)	商人	B, C, E, F	○16명 중에서 15명은 익사.

순번	표도일	표인/선박	표도지	출신지 (출항지)	송환경로 (船體상황)	표인 신분/직업	출전	비고
204	정조 9년(1785) 11월 2일	池雲生 등 4명	助泥鎭	登州府 榮成縣 (成山)	육로 (破損)	民人 (漁採)	C, E, F	○5명 중에서 1명은 익사.
205	정조 9년(1785) 11월 5일	王一敎 등 10명	吾叉鎭	登州府 寧海州 (金州 寧 海縣)	육로 (敗船)	商人	C, E, F	○助泥鎭에 표류한 표인과 같이 송환됨.
206	정조 10년(1786) 1월 22일	張元同 등 4명	(靈巖) 楸子島	登州府 榮城縣 (榮城 縣?)	육로 (破損)	民人 (漁採)	B, C, E, F	○1월 22일에 黑山島에 표류했고, 23일에 다시 출발해서 26일에 楸子島에 표류함. ○問情別單이 있음.
207	정조 11년(1787) 9월 27일	黃文秀 등 3명	(鐵山) 椵島	鳳凰城 (鳳凰城)	육로 (敗船)	民人 (漁採)	B, C, E, F	
208	정조 11년(1787) 10월 19일	欒天會 등 6명	(龍岡) 漕鴨島	秀陽縣 (秀陽縣)	육로	民人 (採柴)	B, C, E, F	○前洋에 표착.
209	정조 12년(1788) 3월 23일	徐上元 (1명)	(海州) 小睡鴨島	蘇州府 劉口庄 (劉口庄)	육로 (敗船)	商人	B, C, E, F	○14명 중에서 8명은 익사하고 5명은 굶어 죽음.
210	정조 13년(1788) 12월 4일	江進山 등 19명	朝天鎭	太倉州 鎭洋縣 (鎭洋縣)	해로 (完固)		B, C, E, F	○前洋에 표착.

순번	표도일	표인/선박	표도지	출신지(출향지)	송환경로(선체상황)	표인/직업(신분/직업)	출전	비고
211	정조 15년(1791) 10월(?)		白翎鎮		육로		B, C	
212	정조 15년(1791) 11월 29일	安復祿 등 21명	(洪州) 長古島	福山縣(19명), 寧海州(2명) (金州小平島)	육로 (破損?)	客商	A, B, C, E, F	○後洋에 표착. ○서울에서 표인이 머무는 장소는 南別宮에서 弘濟院으로 바뀜. ○問情別單이 있음.
213	정조 15년(1791) 12월 16일	李性成 등 18명	白翎鎮	登州府 榮城縣(關東)	해로 (破損)	商人	B, C, E, F	
214	정조 18년(1794) 5월 16일	薛御珍 등 9명	(定州) 薪島	蘇州府 (蘇州府)	해로 (完固)	商人	A, C, E, F	
215	정조 18년(1794) 10월 23일	邱福臣 등 51명	馬梁鎮	登州府(7명), 奉天府(44명) (登州府)	육로	舵手, 民人 (漁採)	A, B, C, E, F, J	○前洋에 표착. ○별도로 호서수영에 譯學의 자리를 둘 것인지 여부에 대해 논의함. ○問情別單이 있음.
216	정조 20년(1796) 11월 21일	陸紹方 등 17명	(羅州) 智島	通州 (山東 武定府)	해로 (完固)	商人	B, C, E, F	○後洋에 표착.

순번	표도일	표인/ 선박	표도지	출신지 (출항지)	송환경로 (船體상황)	표인 신분/직업	출전	비고
217	정조 20년(1796) 11월 23일	潘逢廷 등 16명	(靈光) 落月島	蘇州府 南通州 (福州)	해로 (破損)	商人	B, C, E, F	○陸紹方 등의 표류 사건에 따라 처리해라고 함.
218	정조 20년(1796) 11월 24일	何德馨 등 13명	(羅州) 紅衣島	通州 (錦州府)	해로		E, F	○前洋에 표착.
219	정조 20년(1796) 11월 26일	張文 등 5명	(羅州) 紅衣島	登州府 福山縣 (福山縣)	해로		B, C, E, F	○前洋에 표착.
220	정조 20년(1796) 11월 29일	李德豊 등 14명	(羅州) 黑山島	蘇州府 元和縣 (復州)	해로 (完固)		B, C, E, F	○前洋에 표착.
221	정조 20년(1796) 12월 1일	董華章 등 12명	(靈巖) 所安島	蘇州府 崇明縣 (關東)	해로	商人	B, C, E, F	○前洋에 표착.
222	정조 21년(1797) 3월(?)	明 1척	茂長縣		해로		B, C	○紅衣島에 표류했던 표인이 還泊한 것임.
223	정조 21년(1797) 10월 16일	高鳳昌 등 20명	(濟州) 兄弟島	通州	해로		B, C, E, F	○前洋에 표착.
224	정조 21년(1797) 11월 24일	陳景瑞 등 31명	明月鎭	漳州府 海澄縣 (關東)	해로	商人	A, B, C, E, F	○서양 선박으로 추정.

순번	표도일	표인/선박	표도지	출신지(출항지)	송환경로(船體상황)	표인 신분/직업	출전	비고
225	정조 22년(1798) 11월 3일	王六禮 등 15명	(海州) 延平島	登州府 榮城縣 (石島)	육로 (破損)	民人 (漁採)	B, C, E, F	○송환 도중 1명은 病死.
226	정조 24년(1800) 5월 8일	康本和 등 8명	德積鎮	登州府 文登縣 (文登縣)	해로 (完固)	民人 (漁採)	A, B, C, E, F, J	○前洋에 표착. ○거리에 관한 새로운 定式이 반포됨.
227	순조 즉위년(1800) 11월 17일	孫城安 등 6명	德積鎮	登州府 榮城縣 (石島)	육로 (破損)	民人 (漁採)	E, F	
228	순조 즉위년(1800) 12월 26일	周國俊 등 14명	(扶安) 蝟島	蘇州府 南通州 (南通州)	해로 (完固)	商人	B, C, E, F	
229		周華 등 13명	大靜縣	太倉州 寶山縣 (吳淞口)	해로 (完固)	商人	B, C, E, F	○唐浦 前洋에 표착.
230	순조 즉위년(1800) 12월 26일	高明登 등 16명		蘇州府 元和縣 (元和縣)				
231	순조 즉위년(1800) 12월 28일	唐明山 등 6명	(靈光) 任遠島	蘇州府 南通州 (南通州)	육로 (敗船)	舵工	A, B, C, E, F	○問情別單이 있음.

순번	표도일	표인/선박	표도지	출신지(출향지)	송환경로(船體상황)	표인 신분/직업	출전	비고
232		沈衡章 등 15명		上海縣(上海縣)				
233	순조 1년(1801) 1월 11일	陶茂隆 등 15명	旌義縣	蘇州府 南通州(南通州)	해로(完固)	商人	B, C, E, F	○狐村浦 前洋에 표착.
234		陳上 등 14명		太倉州 崇明縣(太倉州)				
235	순조 1년(1801) 1월 11일	周紹行 등 19명	(康津) 靑山島	蘇州府 崑山縣(崑山縣)	해로(完固)	商人	B, C, E, F	○前洋에 표착.
236	순조 1년(1801) 1월 15일	張勝林 등 7명	(羅州) 牛墨島	蘇州府 崇明縣(崇明縣)	해로(完固)	商人	B, C, E, F	
237		張廷山 등 9명		蘇州府 南通州(南通州)				
238	순조 1년(1801) 1월 16일	楊效廷 등 13명	(康津) 靑山島	太倉州 崇明縣(吳淞口)	해로(完固)	商人	B, C, E, F	○前洋에 표착.
239		毛紋天 등 12명		太倉州 鎭洋縣(鎭洋縣)				

순번	표도일	표인/선박	표도지	출신지 (출항지)	송환경로 (船體상황)	표인/직업 신분	출전	비고
240	순조 1년(1801) 1월 23일	李懋林 등 12명	旌義縣	太倉州 鎭洋縣 (鎭洋縣)	해로 (完固)	商人	B, C, E, F	○淵洞浦 前洋에 표착.
241	순조 1년(1801) 10월 21일	黃方誠 등 7명	吾叉鎭	登州府 榮城縣 (榮城縣)	육로 (完固)	商人	A, B, C, E, F	○前洋에 표착.
242	순조 1년(1801) 10월 25일	王文良 등 25명	長峯	泉州府 同安縣 (天津)	육로 (敗船)	商人	A, B, C, E, F	○만호가 표선에 들어가 술을 마시고 망령한 행동을 함.
243	순조 1년(1801) 11월 21일	沈光遠 등 21명	(참島) 竹島	太倉州 寶山縣 (關東)	해로 (破損)	商人	B, C, E, F	
244	순조 2년(1802) 11월 26일	匡臣元 등 17명	大靜縣	太倉州 鎭洋縣 (鎭洋縣)	해로 (完固)	商人	B, C, E, F	○前洋에 표착.
245	순조 2년(1802) 11월 27일	張祖堂 등 8명	康翎縣	奉天府 寧海縣 (登州府)	육로 (完固)	商人	A, B, C, E, F	○狗頭浦 前洋에 표착.

순번	표도일	표인/선박	표도지	출신지(출향지)	송환경로(船體상황)	표인 신분/직업	출전	비고
246	순조 3년(1803) 1월 25일	葉御蘭 등 15명 / 李兌九 등 2명	(靈光) 七山島	蘇州府 崇明縣 / 濟南府 榮縣(關東)	해로(完固)		B, C, E, F, J	
247	순조 3년(1803) 1월 26일	王鳳鳴 등 16명	(康津) 靑山島	太倉州 鎭洋縣(吳淞口)	해로(完固)	商人	B, C, E, F	
248	순조 4년(1804) 4월 6일	梁載臨 등 33명	吾叉鎭	奉天府 寧海縣(寧海縣)	해로(破損)	民人(漁採)	B, C, E, F	○西山浦 前洋에 표착.
249	순조 4년(1804) (?)	張浮安 등 8명	(龍川) 獐子島	琿陽城	표류(漂失)	民人(漁採)	E	○25명 중에서 12명은 배를 타고 도망가고 5명은 票文을 갖고 있으니 放還됨.
250	순조 5년(1805) 11월 13일	陳恒發 등 10명	(甑津) 麒麟島	鎭江府 丹陽縣(登州府)	표류(敗船)	商人	A, B, C, E, F	
251	순조 5년(1805) 11월 18일	傅鑑周 등 22명	涯月鎭	寶山縣 上海(海豊)	漂流(敗船)	商人	A, B, C, E, F	○問情別單이 있음.

순번	표도일	표인/선박	표도지	출신지(출향지)	송환경로(船體상황)	표인/직업(신분)	출전	비고
252	순조 6년(1806) 9월 24일	陳章 등 2명	(殷栗) 席島	登州府 棲霞縣 (登州府)	육로 (敗船)	民人 (刈蘆)	B, C, E, F	
253	순조 8년(1808) 11월 5일	龔鳳來 등 16명	大靜縣	蘇州府 元和縣 (南通州)	육로 (敗船)	舵工, 水手	B, C, E, F	○西林 前洋에 표착. ○철물 처리를 둘러싸고 조선에 대한 청의 불신이 생김. ○問情別單이 있음.
254	순조 8년(1808) 11월 12일	陳仲林 등 13명	(靈光) 小落月島	太倉州 鎭洋縣 (金州府)	육로 (敗船)	舵工, 水手	A, B, C, E, F	○問情別單이 있음.
255	순조 8년(1808) 11월 19일	阮成九 등 40명	(靈光) 奉山面	登州府 (寧海州)	육로 (破損)	舵工, 水手, 客商	A, B, C, F	○41명 중에서 1명은 병사함. ○問情別單이 있음.
256	순조 9년(1809) 12월	4명	平新鎭	登州府	해로	水夫	B, C	○萬岱里 後洋에 표착.
257	순조 10년(1810) 1월(?)	11명	德積鎭	寧海州			B, C, J	
258	순조 10년(1810) 10월 9일	王貴同 등 5명	(宣川) 小大化島	琇陽城 大古山 (琇陽城)	육로 (敗船)	樵夫	B, C, E, F	

순번	표도일	표인/선박	표도지	출신지/(출향지)	송환경로/(선체상황)	표인신분/직업	출전	비고
259	순조 10년(1810) 10월 28일	孫文緒 등 35명	(康翎) 長位浦	登州府 榮城縣 (榮城縣)	육로 (敗船)	商人	B, C, E, F	
260	순조 10년(1810) 10월 29일	葉榜 등 29명	(靈光) 荏子島	泉州府 同安縣 (奉天府 蓋州)	육로 (敗船)	商人	A, B, C, E, F	○1명은 송환 도중 병사.
261	순조 10년(1810) 12월일(?)		慶源		해로		B, C	○표인에 대한 처리는 반드시 조정의 처분에 따라 진행해야 함을 강조함.
262	순조 11년(1811) 10월 29일	王理 등 5명	白翎鎮	奉天府 寧海縣 (寧海縣)	육로 (敗船)	民人 (刈草)	B, C, E, F	○표인이 外地人의 경우 이송 담당 省官을 따로 정하지 않고 역관 및 자사원에게 자레로 교자하며 灤府에 넘겨주어 鳳凰城으로 등에 보내도록 하는 방식이 정해짐.
263	순조 13년(1813) 9월 19일	龔召方 등 12명	(白翎) 大青島	大倉州 崇明縣 (牛庄)	육로 (敗船)		A, C, E, F	○15명 중에서 3명 익사.
264	순조 13년(1813) 11월 5일	黃萬琴 등 22명	(扶安) 格浦鎮	泉州府 同安縣 (天津)	육로 (敗船)	舵工, 水手	A, B, C, E, F	○問情別單이 있음.
265	순조 13년(1813) 11월 6일	黃全年 등 46명	(靈光) 荏子島	同安, 海澄, 南安 (西錦州)	육로 (敗船)	舵工, 水手	A, B, C, E, F	○格浦鎮에 표착한 표인과 같이 한양으로 이송됨. ○47명 중에서 1명은 병사. ○問情別單이 있음.

순번	표도일	표인/선박	표도지	출신지(출항지)	송환경로(船體상황)	표인 신분/직업	출전	비고
266	순조 13년(1813) 11월 10일	黃宗禮 등 73명	(靈光) 荏澄島	泉州府, 漳州府 (天津)	육로 (敗船)	舵工, 水手, 客商	B, C, E, F	○E에서 표인 인수를 37명으로 잘못 기록함. ○問情別單이 있음.
267	순조 18년(1818) 5월 24일	秦其山 등 12명	藍浦縣	蘇州府 通州 (關東)	육로 (敗船)	商人	A, B, C, E, F, P	○問情記가 있음.
268	순조 18년(1818) 6월 22일	林創 등 25명	所斤鎭	潮州府	해로		B, C, P	○問情記가 있음.
269	순조 18년(1818) 8월(?)	83명	(康津) 薪智島	蘇州府	해로 (完固)	辦銅官商	B, C	○項島 前洋에 표착.
270	순조 19년(1819) 2월 28일	施洪量 등 14명	(羅州) 牛耳島	蘇州府 (崇明縣)	해로 (完固)	商人	B, C	○前洋에 표착. ○問情記에 대해 「雲谷雜著」 권1을 참조.
271	순조 19년(1819) 3월(?)	葛源裕 등 12명	大靜縣	通州 (上海縣)	해로 (完固)	商人	C, F	
272	순조 19년(1819) 9월 30일	張用臣 등 3명	(蕭川) 六里浦	瑽瑒城 大古山 (瑽瑒城)	육로	樵夫	B, C, E, F	
273	순조 19년(1819) 10월 1일	吳永泰 등 27명	(羅州) 慈恩島	同安縣, 海澄縣 (海澄縣)	육로 (敗船)	舵工, 水手	A, B, C, E, F	○30명 중에서 3명은 익사. ○問情別單이 있음.

순번	표도일	표인/선박	표도지	출신지(출항지)	송환경로(船體상황)	표인 신분/직업	출전	비고
274	순조 19년(1819) 11월 19일	彭錦祥 등 12명	旌義縣	通州(上海縣)	해로(敗船)	商人	E, F	○前洋에 표착. ○漂到地에서 순풍을 기다렸다가 다음해 1월 1일에 통랑으로 패선이 되어서 葛源裕 등의 배를 타고 떠나기로 함.
275	순조 19년(1819) 11월(?)	彭承福 등 17명	(羅州)	通州		商人	B, C	
276		呂同源 등 17명	小牛耳島	上海縣			『雲谷雜著』	
277	순조 20년(1820) 1월 25일	周帆風 등 16명	(靈光)小落月島	通州(通州)	육로(破鎭)	商人	A, B, C, E, F	
278	순조 20년(1820) 2월(?)	明 6척	羅州, 珍島	通州	해로(完固)	商人	B, C	
279		明 9척	濟州	通州	해로(完固)	商人	B, C	○9척 중에서 4척은 패선.
280	순조 20년(1820) 8월(?)	明 4척	(康津)加里浦, 薪智島		해로			
281		明 1척	(興陽)羅老島				B, C	
282		明 1척	旌義縣					

순번	표도일	표인/선박	표도지	출신지 (출항지)	송환경로 (船體상황)	표인 신분/직업	출전	비고
283	순조 22년(1822) 2월(?)	배 2척	(羅州) 下苔島, 荷衣島	蘇州府	해로 (完固)	商人	B, C	
284	순조 22년(1822) 윤3월(?)	7명	(扶安) 飛梁島	江南省	해로		B, C	
285		10명	(長興) 小浪島					
286	순조 24년(1824) 3월(?)	20명	(靈光) 掛吉島		해로		A, B, C	
287		20명	(咸義) 川尾浦					
288	순조 24년(1824) 10월 24일	石希玉 등 37명	(羅州) 荷衣島	漳州府 海澄縣 (蓋牟縣)	육로 (破損)	商人	A, B, C, E, F	○해당 수사와 지방관이 표선에 실린 철물을 成脾에서 누락시킴. ○問情別單이 있음.
289	순조 24년(1824) 11월 1일	潘明顯 등 14명	(羅州) 紅衣島	鎭江府 丹陽縣 (大庄河)	육로 (漂失)	商人	B, C, E, F	○荷衣島에 표류한 표인과 같이 問情을 받고 서울로 이송됨. ○問情別單이 있음.
290	순조 25년(1825) 3월(?)	배 1척	萬頃縣	泉州府	해로 (破損)	商人	B, C	

순번	표도일	표인/선박	표도지	출신지(출항지)	송환경로(船體상황)	표인신분/직업	출전	비고
291	순조 26년(1826) 11월 8일	朱和惠 등 16명	(羅州) 牛耳島	鎭海縣, 鄞縣 (山東 大山)	육로 (破損)	舵工, 水手	A, B, C, E, F	○問情은 수영에 있는 역관에 의해서만 진행되고, 더 이상 서울에서 역관을 보내지 않기로 함. ○問情別單이 있음.
292	순조 27년(1827) 2월(?)	몌 1척	珍島	漳州府 海澄縣	해로 (破損)	商人	B, C	
293		몌 1척	旌義縣 淵洞浦					
294	순조 27년(1827) 4월(?)	몌 1척	旌義縣 淵尾浦	江南省	해로 (完固)	商人	B, C	
295	순조 27년(1827) 6월 22일	林天意 등 27명	(龍川) 乭串島	泉州府 同安縣 (南臺橋)	육로 (敗船)	商人	A, B, C, E, F	○大溪島에서 도민 徐仲甫 등 5명에 의해 약탈을 당함.
296	순조 29년(1829) 10월 20일	由松 등 4명	(豐川) 月串島	關東 岫 洋坡 (大孤山)	육로 (敗船)	商人	A, B, C, E, F	
297	순조 29년(1829) 10월 25일	紀長發 등 13명	大靜縣	常州府 無錫縣 (關東)	해로	商人	B, C, M	○問情記가 있음.

순번	표도일	표인/선박	표표지	출신지(출항지)	송환경로(선체상황)	표인 신분/직업	출전	비고
298	순조 29년(1829) 10월 26일	張德修 등 10명	(長淵) 牧洞浦	登州府 福山縣 (晦巖縣)	육로 (敗船)	商人	A, B, C, E, F	○由松 등 표인들과 같이 송환됨.
299		張希堂 등 20명	(靈光) 在遠島	蘇州府 寶山縣 (奉天府)				
300	순조 29년(1829) 11월 2일	夏配瑞 등 13명		蘇州府 崇明縣 (奉天府)	해로	商人	B, C, M	○前洋에 표착.
301		高萬億 등 10명		通州 (奉天府)				
302		黃紹榮 등 17명		蘇州府 元利縣 (奉天府)				
303	순조 29년(1829) 11월 3일		(珍島) 木島				B, C, M	○前洋에 표착.
304	순조 29년(1829) 11월 11일	王篔霙 등 2명	(珍島) 羅拜島	登州府 文登縣 (文登縣)	육로 (敗船)	民人	A, B, C, E, F	○後洋에 표착. ○3명 중에서 1명은 익사. ○問情別單이 있음.

순번	표도일	표인/선박	표도지	출신지 (출항지)	송환경로 (船體상황)	표인 신분/직업	출전	비고
305	순조 30년(1830) 11월 13일	童君 등 35명	(靈光) 任子島	泉州府 同安縣 (關東)	육로 (敗船)	商人	A, B, C, E, F	
306	순조 31년(1831) 2월(?)	11명	(安興) 南門外里	登州府	해로 (完固)	商人	B, C	○前洋에 표착. ○서울에서 녹관을 보냄.
307	순조 34년(1834) 6월 23일	汪鐵雲 등 84명	巨濟府	蘇州府 (乍浦)	해로 (完固)	商人 (辦官銅)	B, C, E, F	○前洋에 표착.
308	순조 34년(1834) 11월 11일	夏景姚 등 16명	大靜縣	通州 (鶴城)	해로 (破損)		B, C, E, F	
309	순조 34년(1834) 11월 18일	劉沅倫 등 7명	吾又鎭	登州府 榮城縣 (關東)	해로	商人	B, C, E, F	
310	순조 34년(1834) 11월 20일	劉起秀 등 5명	涯月鎭	錦州府 (找住港)	해로 (破損)	商人	B, C, E, F	○前洋에 표착. ○夏景姚 등 표인들과 같이 배로 떠남.
311	헌종 2년(1836) 10월 29일	沈出 등 41명	(羅州) 黑山島	漳州府 詔安縣 (寧遠州)	육로 (敗船)	商人	B, C, E, F	○42명 중에서 1명은 病死. ○間情別單이 있음.
312	헌종 2년(1836) 12월 17일	劉日星 등 3명	(羅州) 牛耳島	鳳凰城 首陽縣 (錦州府)	육로 (敗船)	舵工	B, C, E	○표인을 서울로 이송하는 도중 일부 화물이 遺失. ○間情別單이 있음.

순번	표도일	표인/선박	표도지	출신지(출항지)	송환경로(船體상황)	표인신분/직업	출전	비고
313	헌종 3년(1837) 8월 30일	高福興 등 10명	吾叉鎭	萊州府 掖縣(萊州)	해로(破損)	商人	B, C, E, F	○순조 34년 劉沅倫 등 표류 사건을 참조하여 처리함.
314	헌종 5년(1839) 11월 19일	文從周 등 3명	吾叉鎭	奉天府 金州城(金州城)	육로(破損)	民人(漁探)	B, C, E, F	
315	헌종 5년(1839) 11월 26일	徐天祿 등 11명	(羅州)慈恩島	登州府 寶縣(巖河口)	육로(敗船)	舵工, 水手	B, C, F	○同情別單이 있음.
316	헌종 7년(1841) 1월 29일	宋子權 등 6명	(羅州)牛耳島	鎭海縣(鎭海縣)	육로(敗船)	商人	B, E, F	○19명 중에서 12명은 익사, 1명은 상륙한 후 사망.
317		孔繼祥 등 18명	(羅州)大黑山島	寧波府				
318	헌종 7년(1841) 4월(?)	高晏淸 등 12명	迁月鎭	淞江府	해로(完固)	商人	B, C, E	
319		陶松高 등 21명	旌義縣	蘇州府				

순번	표도일	표인/선박	표도지	출신지(출항지)	송환경로(船體상황)	표인 신분/직업	출전	비고
320	헌종 7년(1841) 12월(?)	陳文學 등 40명	法聖鎭	登州府	해로 (破損)		B, C, E	○管所島 前洋에 표착. ○표인 중에서 해로·육로를 떠나는 의견이 양분됨. 값은 배를 타고 표류해온 표인을 해로·육로로 나누어 보내는 것은 전례가 없었기 때문에 표문에 표인이 원하는 대로 송환을 진행하지 않음. ○송환 도중 3명은 病死. ○해로·육로의 송환결 택정 원칙은 '從願'에서 표선이 튼튼한지 여부만을 보는 것으로 전환됨.
321	헌종 7년(1841) 12월(?)	張開令 등 15명	白翎鎭	登州府 寧海縣	해로 (破損)		B, C, E	
322	헌종 7년(1841) (?)	孫錫疇 등 11명	長興鎭	蘇州府 元和縣	해로		E	
323		高萬程 등 21명	(羅州)	上海縣	해로			
324	헌종 8년(1842) 2월(?)	黃錦陽 등 15명	飛禽島	太倉州 崇明縣	해로 (完固)	商人	C, E	
325		37명	(靈光) 九畠浦	登州府	육로			○40명 중에서 3명은 病死.
326	헌종 8년(1842) 2월 24일	張耀昇 등 14명	(洪州) 外長古島	通州, 上海縣 (上海縣)	육로 (敗船)	船客, 舵工, 水手	C, E, F, P	○後洋에 표착. ○間情記가 있음.

순번	표도일	표인/선박	표도지	출신지(출항지)	송환경로(船體상황)	표인 신분/직업	출전	비고
327	헌종 8년(1842) 2월 27일	陳雲彩 등 13명	(安興) 定山里	蘇州府 元和縣(上海縣)	육로(敗船)	商人	C, E, F, P	○19명 중에서 6명은 익사. ○前洋에 표착. ○問情記가 있음.
328	헌종 8년(1842) 3월(?)	陳得貞 등 7명	(長淵) 快巖浦	大倉州 崇明縣	해로(破損)	商人	C, E	
329	헌종 8년(1842) 3월(?)	明 1척	(康翎) 鷗洲浦				C	○표인 3명의 시신이 있음.
330	헌종 9년(1843) 11월 4일	連土秀 등 21명	(豊川) 巳頭浦	山東省 (關東)	육로		B, C, E, F	
331	헌종 10년(1844) 11월 19일	趙良翰 등 16명	(豊川) 巳頭浦	登州府 (寗海縣)			B, C, E, F	
332	헌종 12년(1846) 2월 4일	成永高 등 11명	大靜縣		해로		L	○2월 1일에 江江浦에서 떠난 표선이 還泊한 것임. 『淸州牧關報牒』道光 25년 11월 25일조를 참조.
333	헌종 12년(1846) 11월 1일	高飛 등 38명	(珍島) 大十島	漳州府 海澄縣	해로(破損)	商人	B, E, J	
334	헌종 12년(1846) 11월 2일	沈大 등 15명	(羅州) 黑山島	蘇州府 海門縣	해로(完固)	商人	B, E, J	
335	헌종 13년(1847) 1월(?)	楊繪 등 5명	(海州) 廣大浦	登州府 海楊縣	해로(破損)	商人	B, C, E	

순번	표도일	표인/선박	표도지	출신지(출항지)	송환경로(船體상황)	표인 신분/직업	출전	비고
336	헌종 13년(1847) 9월(?)	于太 등 3명	吾叉鎭	奉天府 金州縣	해로(破損)	商人	B, E	
337	헌종 14년(1848) 11월 1일	朱臣岡 등 15명	(長淵) 令箭浦	太倉州 寶山縣	해로(完固)	商人	B, C, E, S	○同情記가 있음.
338	헌종 15년(1849) 3월(?)	明 3척	豊川				B, C	○無人 표선임. ○보관하다가 햇수가 되면 불태우는 전례에 따라 처리하기로 함.
339	헌종 15년(1849) 3월 12일	王德 등 7명	(甕津) 麒麟島	奉天府 海州縣(海州縣)	육로(敗船)	民人(漁採)	B, C, E, F	○8명 중에서 1명은 익사.
340	철종 1년(1850) 2월 6일	袁兆興 등 7명	(長淵) 月乃島	登州府 榮城縣(里島浦)	육로(破損)	商人	B, C, E, F, S	
341		李隆溢 등 11명	白翎鎭	登州府 蓬萊縣(登州府 水城)	(破損)	民人	C, E, F, S	
342	철종 1년(1850) 2월 15일	24명	登山鎭	蘇州府 南通州	해로?(完固)	商人	S	

순번	표도일	표인/선박	표도지	출신지 (출항지)	송환경로 (船體/상황)	표인 신분/직업	출전	비고
343	철종 1년(1850) 3월(?)	呂殷元 등 9명	(羅州)	通州 泰興縣	해로 (破損)	商人	B, C, E	○通州 사람을 太倉州 사람의 배를 타고 같이 떠나게 함.
344		沈文壽 등 17명	黑山島	太倉州 寶山縣	해로 (完固)			
345	철종 1년(1850) 10월 22일	孫連魁 등 5명	(宣川) 小化島	琇陽城 (琇陽城)	육로 (破損)	商人	B, C, E, F	
346	철종 1년(1850) 10월 26일	召尹成 등 7명	(鐵山) 㳂利浦	鳳凰城 保城縣 (保城縣)	육로 (敗船)	商人	B, C, E, F	
347		許所回 (1명)	椒島鎭	奉天府 厚山縣 (厚山縣)	육로 (完固)		B, C, E, F, S	○2명 중에서 1명은 열어서 사망함. ○問情記가 있음.
348	철종 1년(1850) 10월 30일	杜光思 등 3명	(宣川) 大化島	琇陽城 多高山 (琇陽城)	육로 (破損)	民人 (漁採)	B, C, F	○1명은 송환 도중에 義州에서 사망함. ○孫連魁 등 표인들과 같이 송환됨.
●	철종 2년(1851) 3월 24일	何發結 등 11명	大靜縣	廣東 (廣東)	해로 (完固)		L	○그 전에 표류하다가 실종된 사람을 찾으려 옴. 표선이 아님. ○34명 중에 프랑스 사람이 23명 있음. ○問情記가 있음.

순번	표도일	표인/선박	표도지	출신지 (출항지)	송환경로 (船體상황)	표인 신분/직업	출전	비고
349	철종 2년(1851) 8월(?)	李靑遠 등 6명	(海州) 大睡鵬島	登州府 榮城縣	해로 (完固)	商人	B, C, E	○의복을 제공하지 않음.
350	철종 3년(1852) 10월 27일	陶麟揚 등 10명	(羅州) 黑山島	松江府 上海縣	육로 (破損)	商人	B, C, E, F, J	○서울에서 역관을 보내지 않음.
		馬孔鑄 (1명)		登州府 福山縣 (福山縣)				
351	철종 3년(1852) 11월 11일	朱守賓 등 5명	泰安	登州府 (關東 老 口灘)	육로	民人 (漁採)	B, C, F, O, P	○6명 중에서 1명은 의사. ○問情別單이 있음.
352	철종 3년(1852) 12월 1일	宗壽桃 등 11명	大靜縣	通州 (上海縣)	해로 (破損)	商人	B, C, E, F, L	○犯川浦 前洋에 표착. ○問情記가 있음.
353	철종 4년(1853) 가을(?)	23명	旌義縣		해로		『濟州 牧關 報牒』	
354	철종 5년(1854) 12월 12일	于吾孟 등 6명	(扶安) 車輪島	登州府 寧海州 (登州府)	해로 (破損)	商人	E, F, J, M, N	○後洋에 표착. ○問情記가 있음.
	철종 6년(1855) 1월~2월		(扶安) 蝟島(1차) 注文鎭 (2차)				B, C, M, N	○1월 28일 蝟島에 표착하여 해도로 떠났다가 다시 注 文鎭 前洋에 來泊한 것임. ○問情記가 있음.

순번	표도일	표인/ 선박	표도지	출신지 (출향지)	송환경로 (선박상황)	표인 신분/직업	출전	비고
355	철종 6년(1855) 1월 10일	馬德華 등 23명 / 郭德章 등 8명	(珍島) 南桃浦	蘇州府 崑山縣 / 東昌府 聊城縣 (煙臺)	육로 (破損)	民人, 商人	B, C, E, F, M, N, S	○木島 前洋에 표착. ○間情記와 間情別單이 있음.
356	철종 6년(1855) 2월(?)	배 1척					B, C	○표인 2명의 시신이 있음.
357	철종 6년(1855) 2월 1일	王大采 등 9명	助泥鎭	登州府 榮城縣 (榮城縣)	해로 (破損)	商人 (漁業)	B, C, E, F	
358	철종 6년(1855) 11월 26일	王殿高 등 14명	(羅州) 大也島	蘇州府 南通州 (南京州)	해로 (完固)	商人	B, C, E, F, N	○前洋에 표착.
359	철종 7년(1856) 7월 24일	2명	(鐵山) 嶺德浦	奉天府 岫巖(1명) / 鳳凰城 龍王廟 (1명)	육로 (敗船)	民人	B, C, E, F	○5명 중에서 3명은 익사. ○어민 孫仁權 등에 의해 구조됨.

순번	표도일	표인/선박	표도지	출신지(출항지)	송환경로(船體상황)	표인 신분/직업	출전	비고
360	철종 7년(1856) 11월 10일	彭長春 등 13명		蘇州府 南通州 (大孤山)				
361	철종 7년(1856) 11월 12일	劉景春 등 11명	(羅州) 黑山島	太倉州 寶山縣 (洋河口)	해로 (完固)	商人	B, C, E, F, J, N	○순조 32년 류큐 표인 사건에 따라 청묘를 바닷물에 던지기로 함.
362		周聖蘭 등 10명		太倉州 崇明縣 (洋河口)				
363	철종 7년(1856) 11월 16일	劉長順 등 8명	登山鎮 (1차) (長淵) 北津浦 (2차)	登州府 文登縣 (登州府)	해로 육로 (破損)	商人	B, C, E, F	
364	철종 7년(1856) 11월 17일	高載淸 등 11명	(靈光) 任子島	蘇州府 南通州 (大孤山)	해로 (敗船)	商人	B, C, E, F	○劉景春 등의 배를 타고 떠나게 함.
365	철종 9년(1858) 10월 27일	張準 등 6명	吾叉鎭	昌巖城 (金州 皮口浦)	해로 (破損)	商人	B, C, E, F	○前洋에 표착.

순번	표도일	표인/선박	표도지	출신지(출항지)	송환경로(船體상황)	표인 신분/직업	출전	비고
366	철종 9년(1858) 11월 6일	劉靑雲 등 10명	(泰安) 熊島	登州府 榮城縣 (破海口)	육로 (漂失)	商人	B, C, E, F, P	○熨音嶼 前洋에 표착. ○問情記와 問情別單이 있음.
367	철종 9년(1858) 11월 9일	趙汝林 등 21명	所斤鎭	松江府 上海縣 (奉天府)	육로 (敗船)	商人	B, C, E, F, P	○蟻頃里 後洋에 표착. ○問情記와 問情別單이 있음.
368	철종 10년(1859) 4월 1일	吳月堂 등 2명	東萊 (1차)	南京 (南京)	해로	傳語官, 跟役	J	○龍塘浦 前洋에 표착. ○표선은 英國船으로서 표류를 당해서 식량을 구하러 왔음. ○130명 중에 중국인 2명을 제외하고 128명은 영국인임.
369	철종 10년(1859) 10월 29일	周仙 (1명)	東萊 (2차)	(日本)	해로	傳語官	J	○五六島 前洋에 표착.
370	철종 10년(1859) 10월 29일	周仙 (1명)	東萊	廣東 (日本)	해로	傳語官	J	○五六島 前洋에 표착. ○48명 중 영국인이 47명 있음. ○吳月堂 등과 같이 표착.
371	철종 10년(1859) 11월 23일	曲會先 등 12명	(珍島) 南桃浦	登州府 榮城縣 (上海縣)	육로 (破損)	舵工, 水手, 客商	B, C, E, F, J, N	○問情別單이 있음.
372	철종 10년(1859) 11월 26일	秦瑞彩 등 19명	薩義縣	蘇州府 南通州 (海州 靑口)	해로 (完固)	商人	B, C, E, F	○甫木浦 前洋에 표착.

순번	표류일	표인/선박	표도지	출신지(출항지)	송환경로(船體成毀)	표인 신분/직업	출전	비고
373	철종 11년(1860) 윤3월 1일	楊福星 (1명)	東萊	南京 (上海)	해로 (完固)	商人	J	○新草梁 前洋에 표착. ○110명 중 영국인이 109명 있음.
374	철종 11년(1860) 윤3월 6일	陳鼎和 등 20명	(靈巖) 楸子島	浙江, 江南 (日本)	해로 (敗船)	商人	B, C, J, N	○표선에 영국인이 30명 있음. ○51명 중에서 1명은 익사. ○표인이 큰 배 2척을 빌려달라고 청하여 漕船 중에서 가장 튼튼한 2척을 옮겨 정박시켜서 표인에게 스스로 선택하게 함. ○중국인과 영국인에 대한 問情記가 따로 있음.
375	철종 13년(1862) 3월(?)	董稻齡 등 17명	吾叉鎭	登州府 福山縣	해로 (破損)	商人	B, C, E	
376	철종 13년(1862) 5월 10일	邵宗祥 등 2명	絕影島	廣東 (日本)	해로 (完固)	商人	T	○新草梁 前洋에 정박. ○400명 중에 중국인 2명을 제외하고 路松國 사람 398명 있음.
377	철종 13년(1862) 11월 24일	徐萬生 등 20명	(康翎) 南倉浦	登州府 寧海州 (江南)	해로 (完固)	船商	B, C, E, F	
378	철종 14년(1863) 3월 7일	배 1척	長連縣				S	○無人 표선임.
379	철종 14년(1863) 12월 8일	薛雙德 등 16명	(統營) 楸島	上海縣 (上海縣)	해로 (完固)	舵工	T	○船舶해에 대한 기록은 『慶尙監營啓錄』 계해 12월 23일 조를 참조.

순번	표도일	표인/선박	표도지	출신지(출항지)	송환경로(船舶상황)	표인/직업(신분)	출전	비고
380	고종 1년(1864) 4월 4일	管乃明 등 8명	(羅州)都草島	通州(盛金島)	해로	商人	C, E, F	○前洋에 표착.
381	고종 3년(1866) 2월 11일	馮南山 등 2명	東萊	廣東(日本)		傳語官, 跟役	A, J, U	○沙艦 前洋에 표착. ○표선은 美國舫으로서 표류를 당해서 식량을 구하러 왔음. ○미국인이 6명 있음.
382	고종 3년(1866) 3월(?)	亞進 등 2명	東萊	廣東(日本)	해로(完固)	傳語官	U	○미국인이 6명 있음.
383	고종 3년(1866) 5월 12일	華金京 (1명)	萊州府				C, E, J	○미국인·영국인·네덜란드인이 각 2명 있음.
		吳阿京 (1명)	(鐵山)宣沙浦	浙江省 尙海縣 (登州 煙臺)	육로(敗船)	商人		
384	고종 3년(1866) 10월(?)	2명	(明川)漁津			商人	A, B, C	○開市했을 때 함께 장사하다가 표류해음.
		3명	(明川)蒼津					
385	고종 3년(1866) (?)		(白翎)北浦浦		육로		Q	

순번	표도일	표인/선박	표도지	출신지 (출항지)	송환경로 (船體상황)	표인 신분/직업	출전	비고
386	고종 4년(1867) 10월 17일	謝耀淸 등 24명	大靜縣	登州府 黃縣	해로	商人	C, E, F, L	○표류를 당하기 전에 바다에서 강도에게 물건을 빼앗김. ○問情記가 있음.
387	고종 4년(1867) 10월 19일	王逸 등 4명	(咸從) 建之浦	潘陽 (潘陽)	육로 (完固)	商人	C, F, J	
388	고종 4년(1867) 10월 24일	吳勝明 등	大靜縣	上海縣 (上海縣)	해로	商人	C, E, F, L	○問情記가 있음.
	고종 4년(1867) 12월 17일	25명			해로 (敗船)			○풍랑으로 다시 還泊한 것임. 謝耀淸, 盧云書 등 표인의 배를 타고 떠남.
389	고종 4년(1867) 11월 10일	盧云書 등 18명	大靜縣	蘇州府 南通州 (南通州)	해로	商人	C, E, F, L	○問情記가 있음.
390	고종 4년(1867) 11월 11일	林志貞 등 7명	安興	登州府 (登州府)	해로 (破損)	商人	C, E, F	○前洋에 표착.
391	고종 4년(1867) 11월 25일	王士英 등 4명	(扶安) 黔毛浦	登州府 (登州府)	육로 (破損)	商人	C, E, F	
392	고종 5년(1868) 2월(?)		明月鎭				C	
393	고종 5년(1868) 6월 2일	張銘信 등 5명	(鐵山) 善里浦	永平府 樂亭縣 (大孤山)	육로 (破損)	商人	C, E, F	

순번	표도일	표인/선박	표도지	출신지(출항지)	송환경로(선품선황)	표인 신분/직업	출전	비고
394	고종 5년(1868) 10월(?)	1명	鏡城		육로	民人(採蔘)	C	
395	고종 5년(1868) 9월 19일	2명	(富寧)湖津 (富寧)連津	琿春	해로(完固) 해로(敗船)	民人(採蔘) 民人	C, E, F	○湖津 漂到의 표선을 타고 떠나기로 함.
396	고종 6년(1869) (?)	曲有淸 등 8명	登山鎭	登州府	해로?	民人(漁採)	E	
397		顧東性 등 (1명?)	(濱州)挾才浦		(敗船)		W	
398	고종 8년(1871) 4월 17일	姚辰東 등 7명	白翎鎭	登州府 福山縣(煙臺)	육로(破損)	客商	B, C, E, F, Q	○5월 3일 표인을 데리러 온 唐船은 牖洞浦에 정박하다가 현지의 주포로 인하여 도망가고 煙臺 挾洞浦 춘민 2명, 布國人 2명이 붙잡힘. ○5월 22일 布國 參將 夏先福의 부하가 배를 타고 와서 11명을 데리고 감.
●	고종 9년(1872) 9월 3일	姜連公 등 7명	甕津	登州府 榮城縣	해로(完固)	商人	C, Q	○榮城縣에 표착했던 조선 표인 張順芭 등 7명을 호송해옴. ○項箭 內洋에 정박. ○중국에서 조선 표인을 해로로 송환시킨 최초(?)의 기록. ○問情記가 있음.

순번	표도일	표인/선박	표도지	출신지(출향지)	송환경로(船體상황)	표인신분/직업	출전	비고
399	고종 9년(1872) 11월 2일	李爾堂 등 13명	(長淵) 陸島浦	通州, 太倉州 崇明縣 (大孤山)	해로 (破損)	商人	A, B, C, E, F, Q	○前洋에 표착. ○청종 13년 徐萬生 등 표류 사건에 따라 송환을 진행함. ○問情記가 있음.
400	고종 11년(1874) 10월 8일	譚瑞淸 등 5명	(羅州) 黑山島	登州府, 鳳凰城 (大孤山)	육로 (敗船)	商人	B, C, E, F	○牛耳島 前洋에 표착. ○問情別單이 있음.
401	고종 11년(1874) 10월 28일	黃相 등 2명	(長淵) 月機浦	奉天府 秀羊城 (秀羊城)	육로 (破損)	商人	C, E, F, Q, R	○問情記가 있음.
402	고종 11년(1874) 12월(?)	8명	(鋌城) 良化津		해로	商人	C	
403	고종 12년(1875) 2월 14일	배 23척	豊川		(敗船)	民人 (漁採)	R	○배 23척 중 8척은 선체가 트든해서 스스로 떠나감. ○죽인되 사망자가 11명 있음.
404	고종 12년(1875) 11월 13일	梁景先 등 2명	金沙鎭	山東省 秀榮城 (秀榮城)	해로 (完固)	商人	B, C, E, F, Q, R	○後洋에 표착. ○問情記가 있음.

순번	표도일	표인/선박	표도지	출신지(출항지)	송환경로(船體상황)	표인 직업/신분	출전	비고
405	고종 13년(1876) 10월 1일	于集橲 등 7명	安興(1차)	奉天府	해로(破損)	舵工	B, C, E, F, Q	○新津里 前洋에 표착. ○표인이 육로로 돌아가기를 원했지만 조선은 해로로 돌아가는 것을 권유함.
	고종 13년(1876) 11월 11일		注文鎮(2차)	大孤山(大孤山)				○後洋에 표착. ○問情記가 있음.
	고종 13년(1876) 12월 13일		艖津(3차)					○松三里 前洋에 표착.
406	고종 14년(1877) 2월 17일	李培橲 등 3명	德積鎮	登州府 文東縣(登州府)	육로(敗船)	民人(漁採)	A, B, C, E, F	○9명 중에서 5명은 행방불명하고 1명은 사망함. ○問情別單이 있음.
407	고종 15년(1878) 8월 24일	陳阿春 등 9명	雁義縣	上海縣(上海縣)	해로?(破損)	商人	J, K	○紅毛國人 3명이 있음. ○표인은 같은 날 표착된 일본선을 타고 떠나기를 원함. ○問情記가 있음.
408	고종 16년(1879) 2월 3일	孫長來 등 34명		登州府 文登縣	해로	民人(漁採)	A, B, C, J, K	○古群山 前洋에 표착. ○問情記가 있음.
		朱三福 등 12명	萬頃縣	蘇州府 元利縣(文登縣)				
409	고종 16년(1879) 2월 6일	田永昌 등 13명		登州府 榮成縣(文登縣)				

순번	표도일	표인/선박	표도지	출신지 (출항지)	송환경로 (船體상황)	표인 신분/직업	출전	비고
410	고종 16년(1879) 2월 6일	王餘琳 등 40명		登州府 寧海州 (文登縣)		民人 (漁探)	A, B, C, J, K	○古群山 前洋에 표착. ○問情記가 있음.
411		徐長利 등 126명	萬頃縣	登州府 威海衛 (文登縣)	해로			
412	고종 16년(1879) 2월 18일	金大福 등 16명		蘇州府 元和縣 (文登縣)		商人		
413	고종 16년(1879) 10월 26일	叢王慶 등 27명	大靜縣	登州府 黃縣 (蘇州府)	해로	商人	J, K	○問情記가 있음.
414	고종 16년(1879) 11월(?)	2명	(富寧) 多灘津		해로	商人	B, C	○표인이 육로로 돌아가기를 원했지만 해로로 가면 더 편하다는 이유로 이름을 해로로 보냄.
415	고종 16년(1879) 11월 8일	趙泰賓 등 7명	蛇仁縣	奉天府 大孤山 (大孤山)	해로 (破損)	商人	B, C, E, F	
416	고종 17년(1880) 2월 9일	孫作雲 등 10명	靈光	登州府 文登縣 (文登縣)	육로 (敗船)	民人 (漁探)	B, C, E, F	○흉년 때문에 물고기를 잡으러 있다가 있다고 함. ○問情別單이 있음.

순번	표도일	표인/선박	표도지	출신지(출항지)	송환경로(船體상황)	표인 신분/직업	출전	비고
417	고종 17년(1880) 9월 29일	許必濟 등 10명	庇仁縣	潮州府(9명) 海南(1명)(暹羅)	육로(敗船)	商人	A, B, C, E, F	○暹羅人 18명 있었고 그 중에서 1명은 익사. ○問情別單이 있음.
418	고종 17년(1880) 10월 28일	張立喜 등 3명	甕津	奉天府(大孤山)	육로	商人	B, C, F, Q	○問情記가 있음.
419	고종 17년(1880) 11월(?)	1명	(鏡城)多津	琿春	해로	商人	B, C	
420	고종 17년(1880) 11월 5일	宗希潤 등 9명	茂長縣(1차)	奉天府	해로		B, C, E, F,	○古臥浦 前洋에 표착. ○표인은 立春을 보낸 후 돌아가기를 원함.
	고종 18년(1881) 2월 11일		(白翎)大靑島(2차)	甾巖縣(文登縣)	육로(破損)	商人	Q	○問情記가 있음.
421	고종 17년(1880) 12월 5일	李聞發 등 8명	注文鎭	登州府 文登縣(石島)	해로	商人	B, C, F	○後洋에 표착. ○표인은 開春 이후 돌아가기를 원함.
422	고종 18년(1881) 7월 20일	許尙祥 등 13명	注文鎭	登州府 榮城縣(榮城縣)	해로(完固)	商人	B, C, F	○『江華府留營啓牒謄錄』 광서 7년 윤7월 13일조를 참조.

순번	표도일	표인/선박	표도지	출신지 (출향지)	송환경로 (船體상황)	표인 신분/직업	출전	비고
423	고종 18년(1881) 8월 4일	徐鳳會 등 15명	(濟州) 健入浦	登州府 黃縣 (黃縣)	해로 (破損)		B, C, E, F, L	○紅毛國人이 1명 있음. ○34명 중 18명은 익사. ○표인은 육로로 돌아가기를 원했지만, 조선은 뱃길로 돌아가면 더 편하다는 것으로 권유함.
424	고종 18년(1881) 9월(?)		豊川				B, C	○표인 1명의 시신이 있음.
425	고종 19년(1882) 3월 18일	葉維盛 등 24명	大靜縣	寧波府 鄞縣 (長崎)	해로	商人	L	○俄國人이 26명 있음. ○問情記가 있음.
426	고종 19년(1882) 11월 9일	郭鳳云 (1명)	(鐵山) 大和島	山東 海 行島	육로 (敗船)	商人	B, C, E	○2명 중에서 1명은 사망함.
427	고종 20년(1883) 4월(?)	曲禾英 등 4명 李有安 등 4명	(羅州) 黑山島	登州府 文登縣 登州府 榮城縣	해로	商人	B, C, E	○표인을 육로로 보내겠다고 吳長慶에게 통지했느니 吳長慶은 해로로 구환시켜 달라고 말함.
428	고종 20년(1883) 9월(?)	8명	吾叉鎭	金州府	육로 (破損)		B, C	
429	고종 20년(1883) 10월 5일	4명	鐵山	鳳凰城 (大孤山)	육로 (破損)		B, C	○배 2척 중에서 1척은 깨짐.
430	고종 20년(1883) 10월 25일	7명	大靜縣		해로 (完固)	商人?	L	○和順浦 前洋에 표착. ○미국인 200명과 일본인 5명 있음.

순번	표도일	표인/선박	표도지	출신지(출향지)	송환경로(船體損傷)	표인 신분/직업	출전	비고
431	고종 20년(1883) 11월 11일	于興 등 7명	於靑島	奉天府 金州(文登)	육로(破損)	舵工	『情案』	
432	고종 21년(1884) 1월 14일	1명	白翎鎭				B, C, Q. 『情案』	○표주이 표착 후 사망.
433	고종 21년(1884) 10월(?)	5명	助泥鎭	登州府 榮城縣	육로(破損)		B, Q	○問情記가 있음.
434	고종 22년(1885) 9월 15일	柳珍年 등 3명	甕津	鳳凰城	육로(漂失)	民人(漁採)	A, B, C, Q	○5명 중에서 2명은 굶어죽었음. ○問情記가 있음.
435	고종 22년(1885) 9월 18일	劉永和 등 7명	白翎鎭	登州府 福山縣(仁川)	육로(破損)	船客, 民人(運輸)	B, C, Q	○問情記가 있음.
436	고종 22년(1885) 10월 15일	于海太 등 8명	吾乂鎭	寧海州(5명) 榮城縣(2명) 日照縣(1명)	해로(敗船)	船客, 商人	B, C, Q	○표인이 매를 빌려달라고 함. ○問情記가 있음.

순번	표도일	표인/선박	표도지	출신지 (출항지)	송환경로 (船體상황)	표인 신분/직업	출전	비고
437	고종 22년(1885) 10월 22일	賀順興 등 3명	(豊川) 浴井洞	奉天府 大孤山	육로 (敗船)	舵工, 水手	C. E. Q	○問情記가 있음.
438	고종 22년(1885) 10월 23일	于合興 등 5명	助泥鎭	登州府 文登縣	육로 (破損)	商人	B. C. Q	○問情記가 있음.
439	고종 22년(1885) 12월(?)	明 1척	(豊川) 巳頭浦				B	○표선에 표인 2명의 시신이 있음.
440	고종 24년(1887) 2월(?)	3명	(龍岡) 曹鴨島	鄧(登?) 州	해로		B. C. 『華案』	○표인이 盤費를 달라함.
441	고종 25년(1888) (?)	7명	(羅州) 慈恩島	登州	華館을 등해 송환	商人	『仁川港關草』	
442	고종 26년(1889) 11월 18일	張培坤 등 6명	德積島	榮城縣 (煙台)	商局을 통해 송환	民人	『華案』	○지방관의 구조를 받지 못함.
443	고종 27년(1890) 7월 1일	郭潤海 등 15명	(海州) 大岩山島	(仁川)		商人	『華案』	○지역민에 의해 약탈을 당함. ○지방관은 권한이 없다는 이유로 구조를 실시하지 않음.
444	고종 27년(1890) 9월(?)	王永興 등 15명	吾叉鎭	(石島)		商人	『華案』	○그 가운데 10명은 지역민의 습격을 당하여 사로잡힘. ○지역민에게 화물을 빼앗김.
445	고종 30년(1893) 6월 3일	王德昌 등	長淵			商人?	『華案』	○韓人에게 화물을 빼앗김. ○지방관이 구타와 강탈을 당함.

*漂到 일시가 명확하지 않은 경우에는 (?)로 표시;

**인원수는 漂到할 때까지의 생존자 숫자임. 漂到 전후 사망자가 발생한 경우 그 인원수를 비고에 따로 제시함.

***출전: A)『朝鮮王朝實錄』; B)『備邊司謄錄』; C)『承政院日記』; D)『燃藜室記述』; E)『通文館志』; F)『同文彙考』; G)『事大文軌』; H)『謄錄類抄』; I)『吏文謄錄』; J)『日省錄』; K)『湖南啓錄』; L)『濟州(耽羅)啓錄』; M)『全羅監司啓錄』; N)『全羅右水營啓錄』; O)『錦營(忠淸監營)啓錄』; P)『湖西兵營狀啓謄錄』; Q)『黃海水營啓牒』; R)『黃海水營啓報錄』; S)『黃海監營狀啓謄錄』; T)『東萊府啓錄』; U)『萊營文牒』; V)『增補耽羅誌』; W)『耽羅紀年』; X)『知瀛錄』; Y)『海外聞見錄』; Z)『邊例集要』.

참고문헌

1. 資料

1) 年代記·官撰史料

『朝鮮王朝實錄』,『備邊司謄錄』,『承政院日記』,『日省錄』,『謄錄類抄』,『典客司日記』.
『三國史記』,『春官志』,『增補耽羅誌』,『吏文』,『通文館志』,『吏文謄錄』,『事大文軌』,『邊例集要』,『同文彙考』,『萬機要覽』,『龍灣志』,『經國大典』,『受敎輯錄』,『新補受敎輯錄』,『續大典』,『典律通補』,『六典條例』,『新增東國輿地勝覽』,『啓下咨文册』,『淸案』,『耽羅紀年』.
『太平御覽』,『明實錄』,『明史』,『萬曆大明會典』,『明史紀事本末』,『皇明經世文編』,『淸實錄』,『皇朝文獻通考』,『欽定大淸會典則例』,『淸史列傳』,『盛京通志』,『大淸律例』,『淸史稿』,『光緒樂亭縣志』.
『歷代寶案』.

2) 謄錄類·成册·節目·手本

『錦營(忠淸監營)啓錄』(奎15092)	『東萊府啓錄』(奎15105)
『萊營文牒』(奎12469)	『全羅監司啓錄』(奎15095)
『全羅右水營啓錄』(奎15098)	『全羅左水營啓錄』(奎15097)
『濟州(耽羅)啓錄』(奎15099)	『統制營啓錄』(奎15101)
『平安監營啓錄』(奎15110)	『黃海監營關牒謄錄』(奎15131)
『黃海監營狀啓謄錄』(奎15107)	『黃海水營啓報錄』(奎3801)
『黃海水營啓牒』(奎15109)	『湖南啓錄』(古4255.5-12)
『湖南啓錄』(藏K2-3675)	『湖西兵營狀啓謄錄』(奎15093)

『烽煙別將講節目』(제주문화유적지관리사무소, 2007, 『제주목 사료집 제2책』,
　　　제주특별자치도 관광지관리사업부).

『全羅道珍島地方南桃浦掌內漂到由陸彼人日供別饋物種並錄成冊』(奎16971).

『忠淸道泰安府安興新津里前洋漂到異樣船讌餉糧饌帆幅衣服所入物種成冊』(奎
　　　16966).

『統營管下固城地方唐浦境漂到彼人十六名日供別饋式例成冊』(奎16986).

『彼船所泊里供饋革弊節目』(한국학중앙연구원, 2014, 『古文書集成 108: 濟州 涯
　　　月 水山里·中嚴里·下加里 古文書』).

「癸亥十二月淸船問情記」(晉州 麻津 載寧李氏 가문 소장 필사본).

3) 個人書冊·文集·日記

金景善, 『燕轅直指』 　　　　　　金尙憲, 『南槎錄』

金指南, 『東槎日錄』 　　　　　　成海應, 『硏經齋全集』

宋廷奎, 『海外聞見錄』 　　　　　申景濬, 『道路考』

申　檖, 『沁行日記』 　　　　　　安　璹, 『駕海朝天錄』

魚叔權, 『稗官雜記』 　　　　　　柳馨遠, 『磻溪隨錄』

李綱會, 『雲谷雜楮』 　　　　　　李肯翊, 『燃藜室記述』

李德懋, 『靑莊館全書』 　　　　　李源祚, 『耽營關報錄』

李益泰, 『知瀛錄』 　　　　　　　李海應, 『薊山紀程』

李衡祥, 『南宦博物』 　　　　　　丁若鏞, 『牧民心書』

丁若鏞, 『事大考例』 　　　　　　丁若銓, 『玆山漁譜』

趙在三, 『松南雜識』 　　　　　　崔　溥, 『漂海錄』

洪敬謨, 『冠巖全書』 　　　　　　洪良浩, 『耳溪集』

黃景源, 『江漢集』

顧炎武, 『天下郡國利病書』 　　　萬　表, 『海寇議』

嚴從簡, 『殊域周咨錄』　　　　　王士禎, 『香祖筆記』

汪汝淳, 『毛大將軍海上情形』　　鄭若曾, 『江南經略』

陳夢雷, 『松鶴山房文集』　　　　陳壽祺, 『重纂福建通志』

4) 檔案

「夷目在朝鮮遭風即由彼回粵等由」(대만 中央研究院 近代史研究所 소장 朝鮮檔, 청
　　구번호: 01- 01-011-03-030)

「朝鮮國王咨稱已送還海難漂到華洋人等」(대만 中央研究院 近代史研究所 소장 朝
　　鮮檔, 청구번호: 01-25-003-01-017)

「奏報查明福建龍溪商民呂再興裝運黃豆被風漂至朝鮮一案由」(대만 國立故宮博物
　　院 소장 軍機處檔, 청구번호: 001704)

「奏報嚴訊遭風民人龔鳳來等朝鮮國留買鐵物及行查朝鮮國王咨覆各緣由」(대만 國
　　立故宮博物院 소장 宮中檔, 청구번호: 404014199)

5) 出版物

『國家圖書館藏清代孤本外交檔案』(全國圖書館文獻縮微複制中心, 2003)

『中外舊約章彙編』(王鐵崖 編, 1957, 三聯書店)

『清季中日韓關係史料』(中央研究院近代史研究所 編, 1972)

『清代中朝關係檔案資料彙編』(中國第一歷史檔案館 編, 1996, 國際文化出版公司)

『長崎オランタ商館の日記』(村上直次郎 역, 1957, 岩波書店)

「韓佛關係資料(1846~1856)」(韓國敎會史研究所 譯, 1977, 『敎會史研究』1)

Basil Hall, 1818, Account of a Voyage of Discovery to the West Coast of
　　Corea, and the Great Loo-Choo Island, London: John Murray.

Charles Gutzlaff, 1834, Journal of Three Voyages Along the Coast of
　　China, in 1831, 1832, & 1833, with Notices of Siam, Corea,
　　and the Loo-choo Islands, London: Frederick Westley and A. H.

Davis.

Frank S. Marryat, 1848, Borneo and the Indian Archipelago, London: Longman, Brown, Green and Longmans.

John McLeod, 1819, Voyage of His Majesty's ship Alceste, along the coast of Corea, to the island of Lewchew, London: John Murray.

Joseph H. Longford, 1911, The Story of Korea, New York: C. Scribner's sons.

Lindsay and Gutzlaff, 1833, Report of Proceedings on a Voyage to the Northern Ports of China, in the Ship Lord Amherst, London: B. Fellowes.

6) 其他

『首善全圖』, 『航海朝天圖』, 『禮記·中庸』, 『禮記註疏』, 『墨是可新話』

2. 硏究論著

1) 著書·譯書

강성문, 2000, 『韓民族의 軍事的 傳統』, 鳳鳴.

계승범, 2011, 『정지된 시간: 조선의 대보단과 근대의 문턱』, 서강대학교 출판부.

高東煥, 1998, 『朝鮮後期 서울 商業發達史 硏究』, 지식산업사.

高昌錫 외, 1997, 『19세기 濟州社會 硏究』, 일지사.

국사편찬위원회, 1995, 『한국사』22, 국사편찬위원회.

국사편찬위원회, 2000, 『한국사』37, 국사편찬위원회.

국사편찬위원회, 1999, 『한국사』38, 국사편찬위원회.

국토지리정보원, 『한국지리지(2): 전라·제주편』, 국토지리정보원.

김경옥, 2004, 『朝鮮後期 島嶼硏究』, 혜안.

김명호, 2005, 『초기한미관계의 재조명 -셔먼호 사건에서 신미양요까지-』, 역사비평사.

김문식, 2009, 『조선후기 지식인의 대외인식』, 새문사.

김성근, 2010, 『朝·淸 외교관계 변화연구: 朝貢·冊封을 중심으로』, 한국학술정보.

김성준, 2010, 『배와 항해의 역사』, 혜안.

김영원 외, 2003, 『항해와 표류의 역사』, 숲.

金在勝, 1997, 『近代韓英海洋交流史』, 仁濟大學校 出版部.

김학준, 2010, 『서양인들이 관찰한 후기 조선』, 서강대학교 출판부.

大韓民國水路局, 1994, 『近海航路誌』.

동북아역사재단 북방사연구소 편, 2020, 『주제로 보는 조선시대 한중관계사』, 동북아역사재단.

동북아역사재단 한국외교사편찬위원회 편, 2018, 『한국의 대외관계와 외교사 -조선 편-』, 동북아역사재단.

朴元熇, 2002, 『明初朝鮮關係史硏究』, 一潮閣.

박천홍, 2008, 『악령이 출몰하던 조선의 바다』, 현실문화.

孫禎睦, 1977, 『朝鮮時代 都市社會硏究』, 一志社.

孫兌鉉, 1982, 『韓國海運史』, 亜成出版社.

송기중, 2019, 『조선후기 수군 연구』, 역사비평사.

송양섭, 2015, 『18세기 조선의 공공성과 민본이념』, 태학사.

水路部, 1996, 『朝鮮半島沿岸水路誌』, 海上保安廳.

신명호, 2018, 『조선시대 해양정책과 부산의 해양문화』, 한국학술정보.

오금성 외, 2007, 『명청시대 사회경제사』, 이산.

우경섭, 2013, 『조선중화주의의 성립과 동아시아』, 유니스토리.

유근호, 2004, 『조선조 대외사상의 흐름: 중화적 세계관의 형성과 붕괴』, 성신

　　　　여자대학교 출판부.

유봉학, 1998, 『조선후기 학계와 지식인』, 신구문화사.

유승주·이철성, 2002, 『조선후기 중국과의 무역사』, 景仁文化社.

윤명철, 2003, 『한국 해양사』, 학연문화사.

이근우 외, 『19세기 동북아 4개국의 도서분쟁과 해양경계』, 동북아역사재단.

이문기 외 지음, 2007, 『한·중·일의 해양인식과 해금』, 동북아역사재단.

이진한, 2011, 『高麗時代 宋商往來 硏究』, 景仁文化社.

　　　　, 2014, 『고려시대 무역과 바다』, 경인문화사.

이춘식, 1997, 『事大主義』, 고려대학교 출판부.

李　薰, 2000, 『朝鮮後期 漂流民과 韓日關係』, 國學資料院.

全海宗, 1970, 『韓中關係史硏究』, 一潮閣.

　　　　, 1981, 『歷史와 文化: 韓國과 中國, 日本』, 一潮閣.

정옥자, 1998, 『조선후기 조선중화사상 연구』, 일지사.

조병로 외, 2003, 『한국의 봉수』, 눈빛.

조영헌, 2021, 『대운하 시대1415~1784: 중국은 왜 해양 진출을 '주저'했는
　　　　가?』, 민음사.

최덕수, 2021, 『근대 조선과 세계』, 열린책들.

崔韶子, 1997, 『明淸時代 中·韓關係史 硏究』, 이화여자대학교 출판부.

　　　　, 2005, 『淸과 朝鮮』, 혜안.

崔孝軾, 1995, 『朝鮮後期 軍制史硏究』, 신서원.

프랑수아 지푸루 지음, 노영순 옮김, 2014, 『아시아 지중해: 16-21세기 아시아
　　　　해항도시와 네트워크』, 선인.

하우봉 외, 1999, 『朝鮮과 琉球』, 아르케.

하정식·유장근 엮음, 『근대 동아시아 국제관계의 변모』, 혜안.

한명기, 1999, 『임진왜란과 한중관계』, 역사비평사.

　　　　, 2009, 『정묘·병자호란과 동아시아』, 푸른역사.

韓相復, 1988, 『海洋學에서 본 韓國學』, 海潮社.

한일관계사학회 편, 2001, 『조선시대 한일표류민연구』, 國學資料院.

海軍本部水路官室, 1952, 『韓國沿岸水路誌』.

허태구, 2019, 『병자호란과 예, 그리고 중화』, 소명출판.

허태용, 2009, 『조선후기 중화론과 역사인식』, 아카넷.

萬　明, 2000, 『中國融入世界的步履——明與淸前期海外政策比較研究』, 社會科學
　　　　文獻出版社.

復旦大學文史研究院 編, 2011, 『世界史中的東亞海域』, 中華書局.

傅衣凌, 1956, 『明淸時代商人及商業資本』, 人民出版社.

單丕艮, 2000, 『海洋文化研究』, 海洋出版社.

孫衛國, 2007, 『大明旗號與小中華意識』, 商務印書館.

松浦章, 2002, 『明淸時代中國與朝鮮的交流——朝鮮使節與漂流船』, 樂學書局.

宋慧娟, 2007, 『淸代中朝宗藩關係嬗變研究』, 吉林大學出版社.

廖大珂, 2002, 『福建海外交通史』, 福建人民出版社.

王元周, 2013, 『小中華意識的嬗變』, 民族出版社.

張崑將 編, 2017, 『東亞視域中的「中華」意識』, 國立臺灣大學出版中心.

張士尊, 2003, 『淸代東北移民與社會變遷: 1644-1911』, 吉林人民出版社.

周振鶴, 1998, 『中國歷代行政區劃的變遷』, 商務印書館.

秦國經, 1999, 『中華明淸珍檔指南』, 人民出版社.

陳尙勝, 1997, 『中韓關係史論』, 齊魯書社.

千勇·金健人 編, 2019, 『中韓社會與海洋交流研究』, 民族出版社.

廈門大學歷史系 編, 1982, 『鄭成功研究論文選』, 福建人民出版社.

　　　　　　　, 1984, 『鄭成功研究論文選續集』, 福建人民出版社.

加藤榮一 외, 1989, 『幕藩制國家と異域·異國』, 校倉書房.

岡本隆司, 2004,『屬國と自主のあいだ: 近代淸韓關係と東アジアの命運』, 名古屋大學出版會.

桃木至朗 編, 2008,『海域アジア史硏究入門』, 岩波書店.

尾本惠市 외, 2001,『海のアジア(5): 越境するネットワーク』, 岩波書店.

星斌夫, 1963,『明代漕運の硏究』, 日本學術振興會.

小葉田淳, 1941,『中世日支通交貿易史の硏究』, 刀江書院.

松浦章, 2010,『淸代帆船沿海航運史の硏究』, 關西大學出版部.

    , 2013,『近世中國朝鮮交涉史の硏究』, 思文閣出版.

岩生成一, 1958,『朱印船貿易史の硏究』, 弘文堂.

羽田正 編, 2013,『海から見た歷史』, 東京大學出版會.

衛藤瀋吉, 2004,『近代東アジア國際關係史』, 東京大學出版會.

日高孝次, 1942,『海流の話』, 岩波書店.

田中健夫, 1975,『中世對外關係史』, 東京大學出版會.

田中健夫 編, 1995,『前近代の日本と東アジア』, 吉川弘文館.

佐久間重男, 1992,『日明關係史の硏究』, 吉川弘文館.

池內敏, 1998,『近世日本と朝鮮漂流民』, 臨川書店.

荷見守義, 2014,『明代遼東と朝鮮』, 汲古書院.

荒野泰典, 1988,『近世日本と東アジア』, 東京大學出版會.

Angela Schottenhammer ed, 2007, The East Asian Maritime World 1400-1800: Its Fabrics of Power and Dynamics of Exchanges, Wiesbaden: Harrassowitz.

James L. Hevia, 1995, Cherishing Men From Afar: Qing Guest Ritual and The Macartney Embassy of 1793, Durham: Duke University Press.

Key-Hiuk Kim, 1980, The last Phase of the East Asian World Order:

Korea, Japan, and the Chinese Empire, 1860~1882, Berkeley and Los Angeles: the University of California Press.

Kwan-wai So, 1975, Japanese Piracy in Ming China During the 16th Century, East Lansing: Michigan State University Press.

Sarasin Viraphol, 1977, Tribute and Profit: Sino-Siamese Trade, 1652-1853, Cambridge: Harvard University Press.

2) 學位論文

金奈永, 2017a, 『조선시대 濟州島 漂流·漂到 연구』, 제주대학교 사학과 박사학위논문.

金成根, 2008, 『朝·淸 외교관계 변화연구 -朝貢·冊封을 중심으로-』, 강원대학교 사학과 박사학위논문.

盧大煥, 1999, 『19세기 東道西器論 形成過程 硏究』, 서울대학교 국사학과 박사학위논문.

王天泉, 2016b, 『朝鮮의 中國 漂流民 송환 방식 변화와 淸初 동아시아 해역』, 제주대학교 한국학협동과정 박사학위논문.

이규철, 2013, 『조선초기의 對外征伐과 對明意識』, 가톨릭대학교 국사학과 박사학위논문.

李喆永, 2006, 『朝鮮時代 沿邊烽燧에 관한 硏究』, 대구가톨릭대학교 가정관리학과 박사학위논문.

張禎洙, 2020, 『17세기 전반 朝鮮과 後金·淸의 國交 수립 과정 연구』, 고려대학교 한국사학과 박사학위논문.

崔英花, 2017, 『朝鮮後期 漂海錄 硏究』, 연세대학교 국어국문학과 박사학위논문.

吳一煥, 1996, 『17世紀(明末淸初)明·朝鮮海上交往與移民硏究: 以遼東海上交通與在朝鮮的明遺民宗族活動爲中心』, 중국 南開大學 박사학위논문.

湯熙勇, 2011b, 『近代中國救助外國籍海難船の硏究』, 일본 關西大學 박사학위논문.

趙　娟, 2020, 『朝鮮 初期 對明 漂流民 送還 절차의 성립과 그 성격』, 성균관대학교 사학과 석사학위논문.

蔡弘秉, 2019, 『丁卯盟約(1627) 以後 朝鮮의 對後金 關係 추이와 파탄』, 고려대학교 한국사학과 석사학위논문.

姜　博, 2016, 『洋擾中的天朝──西方侵擾朝鮮與淸政府的應對』, 중국 山東大學 석사학위논문.

3) 硏究論文

강봉룡, 2002, 「한국 해양사의 전환: '海洋의 시대'에서 '海禁의 시대'로-」, 『島嶼文化』20.

, 2013, 「고대~고려시대의 海路와 섬」, 『大丘史學』110.

강석화, 2005, 「조선후기의 북방영토의식」, 『韓國史硏究』129.

金鍾圓, 1966, 「朝·中商民水陸貿易章程에 대하여」, 『歷史學報』32.

강창룡, 2004, 「17世紀 中葉 中國人의 濟州 漂到 -顯宗8年(1667) 明나라 商人 林實觀 一行의 濟州 漂着과 處理를 中心으로-」, 『耽羅文化』25.

계승범, 2009, 「조선후기 중화론의 이면과 그 유산」, 『韓國史學史學報』19.

, 2012, 「조선후기 조선중화주의와 그 해석 문제」, 『한국사연구』159.

高東煥, 2003, 「조선후기 商船의 航行條件」, 『韓國史硏究』123.

高昌錫, 1992, 「朝鮮後期 濟州 供彼錢의 設置와 弊端」, 『濟州島史硏究』2.

, 1993, 「〈濟州啓錄〉에 나타난 濟州漂到彼人의 實態」, 『耽羅文化』13.

구도영, 2006, 「중종대(中宗代) 사대인식(事大認識)의 변화 -대례의(大禮議)에 대한 별행(別行) 파견 논의를 중심으로-」, 『역사와 현실』62.

, 2010, 「中宗代 對明외교의 추이와 정치적 의도」, 『朝鮮時代史學報』54.

, 2014, 「16세기 조선의 '寧波의 亂' 관련자 표류민 송환 -朝·明·日의 '세 가지 시선'-」, 『歷史學報』224.

구범진, 2014, 「조선의 청 황제 성절 축하와 건륭 칠순 '진하 외교'」, 『한국문화』68.

구선희, 2005, 「19세기 후반 조선사회와 전통적 조공관계의 성격」, 『史學硏究』80.

권내현, 2017, 「17-18세기 조선의 화폐 유통과 은」, 『민족문화연구』74.

權仁溶, 2005, 「明中期 朝鮮의 宗系辨誣와 對明外交 -權橃의 『朝天錄』을 中心으로-」, 『明淸史硏究』24.

權赫秀, 2010, 「조공관계체제 속의 근대적 통상관계」, 『동북아역사논총』28.

金康植, 2021, 「15~16세기 朝鮮과 琉球의 해역 이동」, 『해항도시문화교섭학』24.

김강일, 2010, 「전 근대 한국의 海難救助와 漂流民 구조 시스템」, 『동북아역사논총』28.

金暻綠, 2005, 「朝鮮後期 事大文書의 종류와 성격」, 『韓國文化』35.

　　　, 2007, 「中宗反正 이후 承襲外交와 朝明關係」, 『韓國文化』40.

　　　, 2008, 「조선의 對淸關係認識과 外交體系」, 『이화사학연구』37.

　　　, 2009, 「『同文彙考』를 통한 조선후기 외교사안 연구 -原編 '封典' 事案을 중심으로-」, 『明淸史硏究』32.

　　　, 2012, 「朝鮮初期 軍人送還問題와 朝明間 軍事外交」, 『軍史』83.

　　　, 2015, 「조선시대 대중국 사행의 정치·외교적 의미 -麟坪大君의 使行을 중심으로-」, 『溫知論叢』42.

　　　, 2020, 「조선의 『通文館志』 편찬과 대청관계」, 『震檀學報』134.

김경옥, 2008, 「18~19세기 서남해 도서지역 漂到民들의 推移 -『備邊司謄錄』問情別單을 중심으로-」, 『朝鮮時代史學報』44.

　　　, 2012, 「15~19세기 琉球人의 朝鮮 漂着과 送還 실태」, 『지방사와 지방문화』15.

　　　, 2014, 「조선의 對淸關係와 西海海域에 표류한 중국 사람들」, 『韓日關係史硏究』49.

　　　, 2017, 「근세 동아시아 해역의 표류연구 동향과 과제」, 『明淸史硏究』48.

김문기, 2011, 「17세기 중국과 조선의 재해와 기근」, 『이화사학연구』43.

, 2014a, 「淸米, 癘疫, 大報壇: 강희제의 海運賑濟와 조선의 반응」, 『歷史學研究』53.

, 2014b, 「온난화와 청어: 청·해·인의 관점에서」, 『역사와 경계』90.

金文植, 2003, 「조선후기 지식인의 對外認識」, 『韓國實學研究』5.

金伯哲, 2008, 「朝鮮後期 正祖代 법제정비와 『大典通編』 체제의 구현」, 『大東文化研究』64.

김 범, 2004, 「朝鮮 中宗代 歷史像의 특징과 그 의미」, 『韓國史學報』17.

김성우, 1997, 「17세기의 위기와 숙종대 사회상」, 『역사와 현실』25.

金世英, 1987, 「朝鮮 孝宗朝 北伐論 研究」, 『白山學報』51.

김영민, 2013, 「조선중화주의의 재검토」, 『한국사연구』162.

김용옥, 2003, 「조선조 후기의 烽燧制度 -해안 봉수대를 중심으로-」, 『법학연구』44.

金源模, 1998, 「조선후기 서구의 충격과 조선의 대응」, 『한국민족운동사연구』18.

, 2004, 「19세기 韓英 航海文化交流와 朝鮮의 海禁政策」, 『문화사학』21.

金在勝, 1987, 「朝鮮海域에 異樣船의 出現과 그 影響」(1)~(4), 『海技』1987-4~8.

, 1996, 「朝鮮海域에서 英國의 海上活動과 韓英關係(1797-1905)」, 『해운물류연구』23.

金鍾圓, 1965, 「通文館志의 編纂과 重刊에 對하여」, 『歷史學報』26.

金周洪, 2001, 「朝鮮時代의 烽燧制」, 『역사와 실학』19·20.

김 준, 2009, 「칠산어장과 조기파시에 대한 연구」, 『島嶼文化』34.

金重權, 2019, 「朝鮮朝 經筵에서 英祖의 讀書歷 考察」, 『書誌學研究』79.

김창수, 2012, 「17세기 후반 朝鮮使臣의 공식보고와 정치적 파장」, 『사학연구』106.

金衡鍾, 2017, 「19세기 근대 한·중 관계의 변용 -자주와 독립의 사이-」, 『東洋史學研究』140.

김혜민, 2018, 「19세기 전반 서양 異樣船의 출몰과 조선 조정의 대응」, 『震檀學

報』131.

계승범, 2006, 「파병 논의를 통해 본 조선전기 對明觀의 변화」, 『大東文化硏究』
　　53.

戴琳劍, 2019a, 「조선후기 정부의 海洋認識에 나타난 防禦的 성격 -漂流民에 대
　　한 태도를 중심으로-」, 『震檀學報』132.

　　, 2019b, 「淸의 日本 漂流民 送還과 朝鮮의 對應 -1644년 韃靼 漂流 事件
　　을 중심으로-」, 『明淸史硏究』51.

노대환, 2003, 「조선후기 서양세력의 접근과 海洋觀의 변화」, 『韓國史硏究』
　　123.

　　, 2008, 「18세기 후반~19세기 중반 노론 척사론의 전개」, 『朝鮮時代史學
　　報』46.

민덕기, 1990, 「朝鮮後期 朝·日講和와 朝·明關係」, 『國史館論叢』12.

　　, 2010, 「동아시아 해금정책의 변화와 해양 경계에서의 분쟁」, 『韓日關係
　　史硏究』42.

　　, 2018, 「조선은 왜 일본과의 통교관계를 중국에 감추려 했을까? -조선
　　前期를 중심으로-」, 『韓日關係史硏究』62.

　　, 2020, 「16~17세기 표류 중국인에 대한 조선의 인식과 대응 - '人情'과
　　'大義' 및 '事大'라는 측면을 중심으로」, 『해항도시문화교섭학』23.

閔斗基, 1986, 「十九世紀後半 朝鮮王朝의 對外危機意識 -第一次, 第二次中英戰爭
　　과 異樣船 出沒에의 對應-」, 『東方學志』52.

문광균, 2018, 「1808년 『만기요람』의 편찬과 그 의미」, 『역사와 현실』107.

朴成柱, 2002, 「15세기 朝·明간 流民의 發生과 送還」, 『慶州史學』21.

　　, 2003, 「조선전기 朝·明 관계에서의 宗系 문제」, 『慶州史學』22.

朴元熇, 1983, 「明 '靖難의 役'에 대한 朝鮮의 對應」, 『亞細亞硏究』70.

　　, 2005, 「明代 朝鮮 漂流民의 送還節次와 情報傳達 -崔溥 『漂海錄』을 중심
　　으로-」, 『明淸史硏究』24.

박현규, 2011, 「17세기 전반 對明 海路使行의 운항과 풍속 분석」, 『韓國實學研究』21.

반윤홍, 2005, 「조선후기 비변사의 국외정보 파악 양상」, 『韓國史學報』20.

裵祐晟, 1997, 「17·18세기 淸에 대한 인식과 북방영토의식의 변화」, 『韓國史研究』99·100.

배종석, 2020, 「명청교체기 조선사신단의 해양표류기 연구 -안경의 가해조천록을 중심으로-」, 『民族文化』56.

徐源翊, 2020, 「明淸交替期 東江鎭의 위상과 경제적 기반」, 『明淸史研究』53.

서인범, 2015, 「청 강희제의 開海政策과 조선 西海海域의 荒唐船」, 『이화사학연구』50.

孫承喆, 1999, 「17세기 耶蘇宗門에 대한 朝鮮의 인식과 대응」, 『史學研究』58·59.

, 2015, 「조선후기 강원도의 표류민 발생과 송환 -1819년 안의기 일행 표류를 중심으로-」, 『인문과학연구』45.

송기중, 2010, 「17세기 수군 방어체제의 개편」, 『朝鮮時代史學報』53.

宋炳基, 1998, 「歐美列强의 朝鮮 進出과 對應」, 『東洋學』28.

宋亮燮, 2005, 「朝鮮後期 羅州諸島의 折受와 設邑論議의 展開」, 『大東文化研究』50.

申東珪, 1998, 「耶蘇宗門禁制를 둘러싼 朝日外交關係」, 『江原史學』13·14.

, 2007, 「근세 일본의 그리스도교 禁制政策과 珍島 표착 異國船의 처리」, 『일본문화연구』29.

신진혜, 2020, 「영조 12년(1736) 老·少論 화해를 위한 耆老臣 宣醞 시행과 의미」, 『사학연구』140.

양지하, 2015, 「17세기 중엽 조선에 표류한 鄭成功 계열 海商에 대한 조선 지배층의 인식과 그 성격」, 『이화사학연구』50.

엄연석, 2016, 「규장각 소장본을 통해 본 조선 중·후기 『중용』 연구 경향」, 『한국문화』74.

吳恒寧·崔鈺珩, 2019, 「조선 세 重臣의 瀋陽 구류와 교유 -金尙憲·崔鳴吉·李敬輿
　　　의 경험-」, 『大東文化硏究』105.

王天泉, 2012, 「朝鮮 漂流民에 대한 明의 救助體制 -중국표착 제주 표류민을 중
　　　심으로-」, 『역사민속학』40.

　　　, 2015, 「從陳乾事件看淸初朝鮮王朝對中國漂流民遣返方式的改變」, 『중국
　　　학연구』73.

　　　, 2016a, 「朝鮮仁祖25年(1647)徐勝漂流事件所折射的淸初東亞海域」, 『중
　　　국학연구』75.

우경섭, 2012, 「朝鮮中華主義에 대한 학설사적 검토」, 『한국사연구』159.

　　　, 2019, 「명청교체기 조선에 표류한 漢人들 -1667년 林寅觀 사건을 중심
　　　으로-」, 『朝鮮時代史學報』88.

劉序楓, 2012, 「中國現存的漂海記錄及其特徵」, 『島嶼文化』40.

柳承宙, 1969, 「朝鮮後期 軍需鑛工業의 發展 -鳥銃問題를 中心으로-」, 『史學志』3.

윤명철, 2008, 「漂流의 발생과 역할에 대한 탐구 -동아시아 해역을 배경으로-」,
　　　『東아시아古代學』18.

윤성익, 2006, 「'後期倭寇'로서의 乙卯倭變」, 『韓日關係史硏究』24.

원정식, 2003, 「淸朝 福建社會와 遷界令 實施」, 『東洋史學硏究』81.

원종민, 2008, 「조선에 표류한 중국인의 유형과 그 사회적 영향」, 『중국학연구』
　　　44.

　　　, 2011, 「『雲谷雜著』를 통해본 조선후기 표류 중국인에 대한 구조 활동」,
　　　『중국학연구』58.

　　　, 2012, 「『玄洲漫錄』·『雲谷雜著』를 통해 본 표류 중국인과의 의사소통 과
　　　정 및 問情 기록」, 『중국학연구』60.

이권영·김왕직, 2007, 「조선후기 관영건축공사에 있어서 철물과 철제 연장의
　　　공급체계에 관한 연구 -營建儀軌 기록을 中心으로-」, 『건축역사연구』

16(3).

이동욱, 2020, 「1840-1860년대 청조의 '속국' 문제에 대한 대응」, 『中國近現代史研究』86.

이 영, 2018, 「황당선의 출현과 조선의 대응 -가정 왜구의 한반도 침공(을묘왜변: 1555년)의 역사적 전제-」, 『日本文化研究』65.

李迎春, 2007, 「『通文館志』의 편찬과 조선후기 韓中關係의 성격」, 『역사와 실학』33.

李廷青, 2021, 「宋人의 高麗 入仕에 대한 일고찰 -복건지역 출신자를 중심으로-」, 『中國史研究』132.

李鎭漢, 2014, 「高麗時代 海上交流와 '海禁'」, 『東洋史學研究』127.

이혜순, 2017, 「종계변무(宗系辨誣)와 조선 사신들의 명나라 인식」, 『국문학연구』36.

전영섭, 2011, 「10~13세기 漂流民 送還體制를 통해 본 동아시아 교통권의 구조와 특성」, 『石堂論叢』50.

全海宗, 1979, 「東洋에 있어서의 民族主義 -中華主義的 民族觀의 변천-」, 『西洋史論』20.

정 민, 2009, 「다산의 해방고(海防考)에 나타난 중국 표선(漂船) 처리문제」, 『韓國學論集』45.

鄭炳喆, 2005, 「明末 遼東 沿海 일대의 '海上勢力'」, 『明清史研究』23.

정재훈, 2015, 「영조의 제왕학과 국정운영」, 『韓國思想과 文化』77.

趙珖, 1974, 「朝鮮後期의 邊境意識」, 『白山學報』16.

조명일, 2015, 「서해지역 봉수의 분포양상과 그 의미」, 『島嶼文化』45.

조세현, 2014, 「19세기후반 해운과 어업을 통해 본 한중관계 -통상조약 해양관련 조항과 해양분쟁 사례를 중심으로-」, 『역사와 경계』90.

池斗煥, 2000, 「仁祖代 後半 親清派와 反清派의 對立 -沈器遠·林慶業 獄事를 중심으로-」, 『韓國思想과 文化』9.

蔡暻洙, 2005, 「明淸交替期 海上權力의 動向 -鄭成功勢力의 抗淸活動을 중심으로-」, 『서울大 東洋史學科論集』29.

, 2017, 「遷界令의 전략적 의미 재검토 -복건 연해 해상세력의 동향을 중심으로-」, 『明淸史硏究』48.

채홍병, 2021, 「조선(朝鮮)의 대후금(對後金) 관계 추이와 정묘맹약(丁卯盟約)의 의미」, 『韓國史硏究』193.

최영화, 2015, 「朝鮮後期 官撰史料를 통해 본 중국인 漂流 사건의 처리」, 『島嶼文化』46.

湯熙勇, 2011a, 「17-19世紀東亞海域海漂民救助機制──形成與特性」, "The Formative His- tory of Sea-port Cities and the Structural Features of Sea-areas" 국제학술회의 논문집.

荷見守義, 2009a, 「明人華重慶の朝鮮漂着とその刷還」, 『東國史學』47.

河正植, 1998, 「歐美列强의 中國侵略과 朝鮮의 反應」, 『東洋學』28

한명기, 2002, 「17·8세기 韓中關係와 仁祖反正」, 『한국사학보』13.

한상권, 1994, 「조선시대 법전 편찬의 흐름과 각종 법률서의 성격」, 『역사와 현실』13.

한임선·신명호, 2009, 「조선후기 海洋境界와 海禁」, 『동북아문화연구』21.

허경진·최해연, 2009, 「明·淸교체기 최초의 수로조천록」, 『中國學論叢』34.

허태구, 2020, 「정조대 대청 외교와 대명의리의 공존, 그 맥락과 의미」, 『지역과 역사』47.

洪性鳩, 2017, 「청질서의 성립과 조청관계의 안정화: 1644~1700」, 『東洋史學硏究』140.

洪承賢, 2008, 「고대 중국 華夷觀의 성립과 성격 -春秋三傳의 검토를 중심으로-」, 『中國史硏究』57.

洪鐘佖, 1977, 「三藩亂을 前後한 顯宗 肅宗年間의 北伐論」, 『사학연구』27.

高志超, 2014,「漢人漂流民與中朝, 日朝間交渉(1641-1689)」,『東北史地』2014-5.

屈廣燕, 2018,「朝鮮西海域淸朝海難船情況初探(1684-1881)」,『淸史研究』
　　　　2018-2.

戴一峰, 1998,「18-19世紀中國與東南亞的海參貿易」,『中國社會經濟史研究』
　　　　1998-4.

鄧孔昭, 2004,「明鄭臺灣建置考」,『臺灣研究集刊』2004-3.

范金民, 2014,「淸代前期福建商人的沿海北艚貿易」,『明淸論叢』2014-2.

孫衛國, 2007,「義理與現實的衝突——從丁未漂流人事件看朝鮮王朝之尊明貶淸文
　　　　化心態」,『漢學研究』25(2).

安成浩, 2018,「中國浙江地區與韓國友好交流國際學術會議綜述」,『當代韓國』97.

楊和之, 2015,「朝鮮李朝實錄中的明鄭「漂漢」及「唐船」事件」,『臺灣文獻季刊』
　　　　38(4).

韋慶遠, 2002,「有關淸初的禁海和遷界的若干問題」,『明淸論叢』2002-1.

劉　晶, 2019,「逃軍、漂流人與"水賊": 16世紀中期中國與朝鮮的海域控制與困境」,
　　　　中國朝鮮史研究會 2019 學術年會, 山東第一醫科大學(미간).

李玉尙·陳亮, 2007,「淸代黃渤海鰤魚資源數量的變動——兼論氣候變遷與海洋漁
　　　　業的關係」,『中國農史』2007-1.

齊　暢, 2022,「淸代中越民間的邊境貿易」,『光明日報』2022년 6월 8일 제11판.

周國瑞, 2015,「朝鮮對淸日漂流民態度比較研究(1882-1894)」,『山西檔案』
　　　　2015-4.

　　　　, 2016,「淸季中朝漁業糾紛交涉研究(1882-1894)」,『韓國研究論叢』2016-2.

周國瑞·陳尙勝, 2014,「淸光緖年間中朝海事交涉研究(1882-1894)——以海難船
　　　　隻被搶爲中心」,『甘肅社會科學』2014-1.

陳時龍, 2005,「明代的勅和勅諭」,『故宮學刊』2005-2.

蔡越蠡, 2018,「朝鮮王朝對明朝"荒唐船"處置政策研究」,『遼東學院學報(社會科學
　　　　版)』2018-3.

竺可楨, 1972, 「中國近五千年來氣候變遷的初步研究」, 『考古學報』1972-1.

湯熙勇, 2002, 「淸順治至乾隆時期中國救助朝鮮海難船及漂流民的方法」, 朱德蘭 編, 『中國海洋發展史論文集』8, 中央研究院中山人文社會科學研究所.

馮立軍, 2000, 「淸初遷海與鄭氏勢力控制下的廈門海外貿易」, 『南洋問題研究』 2000-4.

洪性鳩, 2017, 「丁酉再亂時期明朝的糧餉海運」, 『新亞學報』34.

黃普基, 2018, 「17世紀後期朝鮮王朝政壇的"奉淸""崇明"之辨——以1667年南明 漂流民事件爲中心」, 『中山大學學報(社會科學版)』2018-3.

末松保和, 1965, 「麗末鮮初に於ける對明關係」, 『靑丘史草第一』.

龐新平, 2004, 「『華夷變態』から見た淸初の海禁と長崎貿易」, 『大阪經大論集』 55(1).

李鎭漢, 2009, 「高麗時代における宋商の往來と麗宋外交」, 『年報朝鮮學』12.

山本進, 2020, 「朝鮮後期の荒唐船對策」, 『北九州市立大學外國語學部紀要』151.

松浦章, 2000, 「朱印船の中國·朝鮮漂着をめぐって」, 『南島史學』55.

  , 2007, 「近世東アジア海域諸國における海難救助形態」, 『關西大學東西 學術研究所紀要』40.

園田庸次郎, 1934, 「英艦'アルセスト'及び'リラ'の東航」, 『靑丘學叢』18.

原田環, 1984, 「十九世紀の朝鮮における對外的危機意識」, 『朝鮮史研究論文集』 21.

糟谷政和, 2008, 「17世紀中期朝鮮への漂着中國船とその送還について」, 『茨城 大學人文學部紀要人文コミュニケーション學科論集』4.

田川孝三, 1953, 「通文館志の編纂とその重刊について」, 『朝鮮學報』4.

春名徹, 1994, 「近世東アジアにおける漂流民送還體制の形成」, 『調布日本文化』4.

片倉穰, 1967, 「ヴェトナム李朝の貿易に関する一考察」, 『歷史敎育』15(7).

荷見守義, 2009b, 「華重慶の道程-寧波海賊と朝鮮からの歸還」, 『大阪市立大學

東洋史論叢』別冊特輯號.

香坂昌紀, 1971, 「淸代前期の沿岸貿易に關する一考察――特に雍正年間·福建-天津間に行われていたものについて」, 『文化』35(1·2).

Dai Lin-jian, 2018, "An Introduction to Materials on the Shipwrecks of Choson Korea in the Ch-ing Dynasty Archives", Journal of Ocean-Culture, Vol.1.

Immanuel C. Y. Hsü, 1954, "The Secret Mission of The Lord Amherst on The China Coast, 1832", Harvard Journal of Asiatic Studies, Vol.17, No.1/2.

Klaus Dodds and Stephen A. Royle, 2003, "The Historical Geography of Islands Introduction: rethinking islands", Journal of Historical Geography, 29(4).

Niklas Olsen, 2015, "Reinhart Koselleck's theoretical reflections of the space in history and empirical research", International Social Science Journal(Chinese Edition), Vol.32(4).

Susan Cotts Watkins and Jane Menken, 1985, "Famines in Historical Perspective", Population and Development Review, Vol.11, No.4.

William J. McCarthy, 2011, "Gambling on Empire: The Economic Role of Shipwreck in the Age of Discovery", International Journal of Maritime History, Vol.23(2).